CHARLES SHAAR MURRAY

JIMI HENDRIX

Purple Haze
Die Legende der Rockmusik

Aus dem Englischen
von Lore Boas

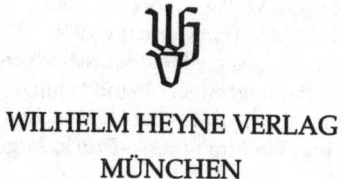

WILHELM HEYNE VERLAG
MÜNCHEN

HEYNE ALLGEMEINE REIHE
Nr. 01/8886

Dieses Buch ist dem Andenken an
Elisabeth de Gaster (1929–87) gewidmet
sowie Vernon Reid, Living colour und
der Black Rock Coalition

Titel der Originalausgabe
CROSSTOWN TRAFFIC
erschienen bei
Crosstown Traffic 1989 Faber and Faber London

Inhalt

Danksagung

>»Yeah, uh, dig, brother... it's really outside to be here...«
(Ja, also, hör mal, Freund... es ist wirklich das Größte,
hier zu stehen...)
Jimi Hendrix, Monterey Pop Festival
(18. Juni 1967)

Trotz einer sentimentalen Schwäche für die ehrwürdige Theorie vom »einsamen Genie« und der nahezu überwältigenden Versuchung, diese Gelegenheit zu ergreifen, um mal schnell einen Chorus von »I did it Myyyyy Wayyyyy« loszulassen, würde eine solch trügerische Behauptung mir in der Kehle steckenbleiben. An *Purple Haze* bin ich selber schuld, ohne Zweifel, aber es wäre nicht vorhanden, ob in dieser oder einer anderen Form, ohne die Beiträge einer kleinen Armee von Leuten, die, zweifellos gegen ihr besseres Wissen, sich ins Zeug legten und mir halfen, einen Krabbelkasten von losen Ideen ohne Zusammenhang und von vagen Theorien in etwas zu verwandeln, das, wie ich hoffe, ein geschlossenes Ganzes geworden ist.

Die größte Ehrenschuld habe ich meiner Frau, Ruth King, gegenüber, die mir während des ganzen Prozesses unbegrenzte geistige, logistische und finanzielle Unterstützung angedeihen ließ, obwohl sie Jimi Hendrix nicht ausstehen kann und es als einen Akt von nahezu selbstmörderischem Wahnsinn ansieht, daß ich für so etwas Tausende von Stunden aufgebracht habe, während ich in eben der Zeit etwas verdient haben könnte, was von ferne einem Lebensunterhalt ähnlich sähe, indem ich meine Tätigkeit als Kritiker und Journalist fortgeführt hätte. Was kann ich da vorbringen, außer – jetzt, wo das

Buch fertig ist, verspreche ich, auch ganz bestimmt mein Studio aufzuräumen, Ruthie... gleich morgen früh als erstes.

Tom Paley, Nigel Levy (der mir auch bei der Übertragung des Pete Townsend-Interviews geholfen hat) und Igor Goldkind stellten ohne Zögern eine Zeitlang Platz und Arbeitsraum zur Verfügung, was eine Unterbrechung ihres persönlichen und beruflichen Lebens bedeutete, wodurch aber die Arbeit an *Purple Haze* auch während der »Großen Renovierung« von 1988 weitergehen konnte. Steve Sparks führte mich in die Wunderwelt des Word Processing ein, während Sue Small, Steve Wallington und Andy Oldfield zu den unchristlichsten Zeiten Panikanrufe entgegennahmen, fliegende Programmierdienste leisteten und einem höchst untechnischen Zwei-Finger-Schreiber über die Anfangsstadien eines Computertraumas hinweghalfen.

Mein guter Freund Peter Hogan nahm während seiner Zeit als Herausgeber in der nicht mehr existierenden Eel Pie Publishing-Firma das Buch – in gänzlich anderer Form – als erster in Auftrag. Später steuerte er es als mein Agent furchtlos auf seinem sturmgepeitschten Kurs, der schließlich bei Faber and Faber endete, wo Chris Barstow und Tracey Scoffield nicht nur das Buch – und dabei auch den Autor – in Form hämmerten, sondern mich auch noch vor dem gerechten Zorn schützten, der mir bei einer Folge von nicht eingehaltenen Terminen um die Ohren donnerte. John Berry, unermüdlicher Sammler von Hendrix-Erinnerungsstücken, adoptierte das Projekt während der ausgedehnten Vorbereitungszeit geradezu als sein eigenes und durchstöberte sein riesiges Archiv mit Enthusiasmus nach seltenen, unveröffentlichten Bändern von Hendrix' »geheimer Musik«, obskuren Zitaten und Anekdoten und ließ mich dabei Einblicke in das musikalische Unterbewußte meines Titelhelden tun, die ich auf andere Weise wohl unmöglich bekommen hätte. Und meine Mutter, Agnes Schaar Murray, half mir, zu begreifen, daß ich da auf etwas wirklich Wertvolles gestoßen war, als ich sie damals, 1970 – als messianischer junger Hippie

– in ein lokales Kino schleppte, um *Woodstock* zu sehen. Sie stand das ganze Ding durch mit dem gequältem Gesichtsausdruck eines Menschen, der stoisch einen üblen Geruch erträgt, bis Hendrix kam und im großen Finale »The Star Spangled Banner« spielte. »Also *das*,« sagte sie, »war *großartig*.« Sean Hogan (der Bruder des obengenannten Peter) stellte den Phototeil mit preiswürdiger Eleganz und Effizienz zusammen.

Ich habe in den Jahren, seit mir die Idee zu diesem Buch (wenn man es so nennen kann) gekommen ist, von so vielen Leuten Anekdoten, Interviews, Einblicke, Meinungen und schlicht und einfach Ermunterung erfahren, daß ich nicht im entferntesten daran denken kann, ihnen allen gebührend zu danken – oder es auch nur zu versuchen. Einige haben mir Platten, Bänder, Bücher und Zeitungsausschnitte geliehen, einige organisierten Interviews oder öffneten mir ihre Adreßbücher, und einige sagten mir, was ich wissen mußte über Dinge, von denen ich wenig oder gar keine Ahnung hatte. Andere wieder schossen meine dümmsten Ideen ab oder schliffen und verfeinerten meine Geistesblitze. Wieder andere schleppten mich einfach raus, einen trinken, wenn ich langsam hysterisch wurde und es brauchen konnte.

Sie sind nicht alle direkt im Text erwähnt, aber sie alle trugen dazu bei, daß dieses Buch zu dem geworden ist, was es ist. In alphabetischer Folge also, nach lieber alter Gewohnheit, Applaus für Keith Altham, Alan Balfour, J. G. Ballard, John Bauldie, Alfreda Benge, Larry Blackmon, Peter Boe, Steve Boon, David Bowie, Lloyd Bradley, Felicity Brooks, Tony Brown, Joanna Burn, Will Calhoun, Roy Carr, Stuart Cohn, Richard Cousins, Robert Cray, Johnny Guitar Crippen, Miles Davis, Bernard »Papa Doc« Doherty, Paul DuNoyer, Mark Ellen, Pete Frame, Debbie Geller, Andy Gill, Corey Glover, Daryl Hall, Barney Hoskyns, Ernie Isley, Wilko Johnson, Nick Jones, Dik Jude, Peter Kameron, Nick Kent, B. B. King, Garrie J. Lammin, Herman Leonard, Ian McDonald, Tom McGuinness, George McManus, Phil Manzanera, Michael Moorcock,

Alan Moore, Bill Nitopi, Rob Partridge, Little Richard Penniman, Noel Redding, Vernon Reid, Marsha Rowe, Vermilion Sands, Jon Savage, Harry Shapiro, David Sinclair, Mark Sinker, Neil Slaven, Mat Snow, Neil Spencer, T. M. Stevens, Barnaby Thompson, Pete Townshend, Tina Turner, Ed Ward, Harold Waterman, den inzwischen verstorbenen Muddy Waters, Cliff White, T-Bone Wolk, Bobby Womack, Robin Wood, Ron Wood (nicht verwandt), Robert Wyatt und Elisabeth J. Young.

Crosstown Traffic (deutscher Titel *Purple Haze*) wurde auf Amstrad PCW 8512 mit NewWord 1.4 Word-Processing Software geschrieben. Zigaretten für den Autor von Lambert & Butler, Feuerzeuge von Zippo, Gitarren von Fender, Jeans von Levi's, Schuhe von Hi-Tec, Konto überzogen bei NatWest.

Nun also, »move over, Rover, let Jimi take over'... (Geh mal weg, Rover, jetzt laß Jimi mal ran).

Einführung:

Die kombinierte englisch-amerikanische Nationalhymne

> »There comes a screaming across the sky.
> It has happened before,
> but there is nothing to compare it to now...«
> (Es zieht ein Schrei über den Himmel.
> Das ist zwar nicht das erste Mal,
> aber dies hier ist mit nichts zu vergleichen).
> Thomas Pynchon, *Gravity's Rainbow*, (1973)

1987: das britische Fernsehen bringt in einer Serie über Kunst eine Dokumentation über die Geschichte der elektrischen Gitarre unter dem herrlich lautmalerischen Titel *Twang Bang Kerrang*. Nach den obligatorischen Verbeugungen vor Charlie Christian und Les Paul werden uns ein paar hoffnungsvolle Halbprofis vorgestellt, werden wir eingeladen, die Hexenkünste der »Country Cousins« Jerry McGee und Jerry Donahue, schön gleichmäßig klingend wie Körper pickende Hühner, zu bewundern, es wird uns mit Ehrfurcht erlaubt, die antiquarischen Wunder von Steve Howes Gitarrensammlung und die technische Zauberei von Andy Summers Einrichtung für Spezialeffekte zu inspizieren, und dann werden wir noch gewürdigt, einen kurzen, geblendeten Blick auf die aufgeheizte, überhektische Frenetik des Chicagoer Bluesmannes Buddy Guy zu tun.

Irgendwo unterwegs erscheint dann Jimi Hendrix, kurz eingefangen in dem oft zitierten Clip vom Monterey Pop Festival, wo er den Vandalismus von »The Who« – die vor ihm aufgetreten waren – noch übertrifft, indem er nicht nur eine Gitarre zerschlägt, sondern sie auch noch mit Feuerzeugbenzin anzündet. Schnitt auf Dr. Glenn Wilson, einen Psychoanalytiker als

Gast, der erklärt, und das in einem so exquisit herablassenden Ton, daß er ihn glatt bei Margaret Thatcher hätte geliehen haben können, Pyromanen hätten oft im Moment des Aufflammens einen Orgasmus. Exit Jimi Hendrix, seinen Platz in der Geschichte seines Instrumentes, seine Musik und seine Zeit säuberlich für die Nachwelt auf den Punkt gebracht, seine Hinterlassenschaft reduziert auf einen Haufen ausrangierter Lautsprechergehäuse, eine Stratocaster-Gitarre, flambiert aufgetragen, und ein angeschmuddeltes Stirnband. Später widmet das Programm volle zehn Minuten liebevoll dem Schauspiel eines überwältigend uninteressanten Vereins von Rockbands bei der Arbeit am nächsten Album. Genau dieses Abtun, dieses Verweisen von Jimi Hendrix auf den Status einer Kuriosität – ein irrer Schwarzer, der mit Sex und Gewalt Geschäfte macht, noch so ein Elefantenmensch aus der Monstrositätenschau der Sechziger – war es, was mir in Erinnerung rief, warum ich dieses Buch schrieb.

Wie die Rockmusik selbst, ist auch die Nostalgie beherrscht von einem einfachen, geraden Prinzip: erst vereinfachen, dann übertreiben. Nostalgie ist ein Filter für Geschichte, der teils vom Unbewußten gehandhabt wird und teils von den Architekten und Gärtnern, die das kultivieren, was J. G. Ballard die Medienlandschaft nennt. Er ist geschaffen, um die ärgerlichen, störenden Unebenheiten der Geschichte zu glätten und er fischt in der entstandenen Suppe nach Rohmaterial – Bildern von ausreichender Resonanz, um sich in Symbole zu verfestigen. Wenn diese Goldklumpen an die Oberfläche kommen, können sie einen doppelten Zweck erfüllen: sie können als tröstende, beruhigende Orientierungspunkte dienen, die es uns möglich machen, im allgemeinen Konsens der Alltagsrealität unsere Fahrtroute zu finden, und – da Symbole nun einmal unendlich beweglicher und flexibler sind, als wir bei ihrer Anwendung vermuten würden – sie lassen sich immer neu arrangieren in einem ewig wechselnden Kaleidoskop von Werten und Geboten. So wie die Bezeichnung »traditionelle Werte« alles bedeuten kann, was einem konservativen Politiker gerade paßt, wenn er oder sie uns etwas ankündigen will, woran wir kein besonderes Interesse haben, so können auch die Bilder und Klänge vergangener Zeiten zu endlosen »Beweisen« praktisch aller Behauptungen und Interessen zurechtgebogen werden. Nostalgie macht gute Stalinisten aus uns allen, da das, was nicht ins Bild paßt oder als Erinnerung unpopulär ist, im Lauf der Zeit immer unwirklicher wird und zu einem Grau verschwimmt, das durch die kühnen Töne und flotten Graphiken der autorisierten Version immer verwaschener wird.

Die »autorisierte Version« von Jimi Hendrix experience (sic) ist die: Hendrix war ein verrückter Schwarzer, der merkwürdige Dinge mit einer Gitarre trieb, Tausende von Frauen hatte und schließlich an Drogen starb, was eine Schande war, denn er war wirklich ein guter Gitarrist, und er konnte sogar mit den Zähnen spielen. (Wie David Bowies Ziggy Stardust »he took it all too far/but, boy, could he play guitar« – er ging zu weit, aber, Mann, konnte er Gitarre spielen). Er ist der geeignete Brennpunkt für hübsche Verallgemeinerungen über die dem Hardrock innewohnenden Phallozentrizität, die Übel des Drogenmißbrauchs und die reaktionäre Langweiligkeit ausgedehnter Gitarrensoli, ebenso auch für rührselige oder warnende Predigten über die verderbliche Macht des Starruhms, den naiven Idealismus der Sechziger, der so vergeblich war, und wie schrecklich es ist, daß so begabte Leute manchmal so jung sterben. Alles das wurde verdaut. Hendrix ist ebenso geeignet als Symbol für die Exzesse, die Genüsse und die Prätensionen seiner Zeit wie für ihre Sehnsüchte und ihre hochfliegende Einbildungskraft. Sein Tod, wie der endliche Kollaps der Beatles, eignet sich gut als kultureller Markstein für den Moment, als (je nach persönlicher Auffassung dieser Dinge) der Bogen zur Jahrtausendwende auf seiner Höhe abgeknickt wurde oder als – Gott sei Dank – alle wieder zur Vernunft kamen und wieder ganz normal ihren Geschäften nachgingen.

Wenn wir uns aber aus dem komfortablen Bad der wohlig warmen Privatgeschichte hinausbegeben, dann entdecken wir wieder dieses solide Skelett, das nicht durch den Filter hindurchgeht, das sich der Reduzierung auf ein Klischee-Beispiel, auf beliebig reproduzierbare Manierismen und auf einen ordentlichen Packen seiner größten Hits verweigert. Seine gesamte Karriere – von den Tagen an, als er noch als Gitarrist in schäbigen Clubs und Bars engagiert war, bis zum Höhepunkt als internationale Zelebrität – war ein endloser Kampf gegen rassische und kulturelle Stereotypen; zunächst saß er in der Falle einer gedankenlosen Reaktion und Ablehnung, dann in der einer ebenso gedankenlosen Annahme alles dessen, was ursprünglich nur als Mittel gedacht war, um die Aufmerksamkeit des Publikums auf seine Musik zu lenken. Seine Innovationen wurden entwickelt, um sich ein persönliches Vokabular zu schaffen; er wurde als Schaunummer bestaunt, wo er sich als einen Poeten sah.

Um es ganz einfach zu sagen, er war der beredteste Instrumentalist, der je in der Rockmusik gearbeitet hat. Ich habe B.B. King einmal gefragt, ob er Jimi Hendrix für einen Bluesmann halte. Er sah mich mitleidig an und antwortete: »Ich halte ihn für einen *Musiker*, einen sehr, sehr großen Musiker.« Da die »Rockkritik« gewöhnlich von Flüchtlingen aus irgendwelchen Literaturklassen praktiziert wurde, ist die Diskussion über Musik als *Musik* für gewöhnlich einer Analyse der Texte untergeordnet worden, während dem musikalischen Arrangement nur geringe Aufmerksamkeit gewidmet wurde (eine Methode der Kritik, die übrigens gerade den schwarzen Musikern im allgemeinen wenig gerecht geworden ist, da der textliche Inhalt der Blues- und Soulmusik ein untrennbarer Teil des Ganzen ist und somit vom musikalischen Kontext und der Intonation der Stimme abhängt, um bis ins Letzte verstanden werden zu können). Hendrix selbst war ein Komponist und Lyriker von bemerkenswertem Talent, aber seine Begabung als Songschreiber ist von seinem Können als Showmann und Instrumentalist weitgehend überschattet worden. Dennoch hat er durch sein Instrument eine persönlichere »Stimme« entwickelt, als es den meisten Popmusikern durch ihre Worte gelingt. *Purple Haze* handelt von dieser »Stimme« und dem, was ich sie sagen höre.

1988: Vernon Reid, Begründer der Black Rock Coalition sowie Gitarrist und Leiter von Living Colour, beschreibt mir seine Empörung über die Wahl Jimi Hendrix' zum »Weißen ehrenhalber« durch das Rock-Establishment. »Das erste Mal, daß mir der Begriff der Rasse in der Musik bewußt wurde und welche Rolle er darin spielt«, erinnert er sich, nicht ohne merkliche Bitterkeit, »das war noch in der High School. Es gab da eine lokale Radiostation, die ich immer hörte und am Jahrestag von Hendrix' Tod, spät abends, spielten sie einiges von Hendrix' Musik, und der Diskjockey sagte, Hendrix sei zwar schwarz gewesen, aber ihm klänge die Musik nicht sehr schwarz. Yeah, es war ein weißer Diskjockey... und ich flippte aus. Zu der Zeit war ich in kultureller Hinsicht sehr wach, was Angelegenheiten der Rasse betraf, wegen Martin Luther King und Malcom X und all der Kräfte, die in der Black Power-Bewegung am Werke waren. Ich verband das alles nicht eigentlich so sehr mit der *Musik*, aber hier sprang es mir geradezu ins Gesicht. Es war eine Show, bei der man anrufen konnte, und ich versuchte die ganze Nacht anzurufen. Ich *schlief ein* mit dem Hörer in der Hand...«

»Es war nicht nur eine Beleidigung für seine Musik, ich nahm es als persönliche Beleidigung gegen mich. Denn wenn das, was der Diskjockey da sagte, wahr war, was sagt er dann von mir als Hörer, der Hendrix *als schwarzen Künstler* liebt? Da fing ich an, auf diese Dinge in der Musik zu achten...«

Der Gitarrist Alvin Lee, dessen Band Ten Years After neben Hendrix 1969 im Woodstock Festival auftrat, gab einmal den Kommentar: »Hendrix war nicht schwarz oder weiß, Hendrix war Hendrix.« Bemerkungen wie diese, aus dem Munde der

Weißen, bedeuteten oft einfach: »Er war keiner von uns, aber er war auch eigentlich keiner von ihnen – und außerdem mochte er uns lieber.« Aber Lee hat da genau den Aspekt von Jimi Hendrix angesprochen, der den quälenden Zwiespalt hervorrief, der Vernon Reid so rasend machte, seine Frustration auf Grund der übernommenen Ideen, was ein schwarzer Künstler sein und tun durfte und was nicht. Seine »Entdeckung« durch den britischen Rockmusiker Chas Chandler machte es ihm möglich, in den Maskenball der weißen Knaben, der unter dem Motto lief »Komm als Schwarzer«, einzudringen und mit den funkelndsten Preisen abzuziehen, aber sein Tod – der auf dem Angelpunkt seiner musikalischen Entwicklung eintrat und seine voll sich entfaltende künstlerische Wiedergeburt abbrach – führte dazu, daß er von nun an und für immer mit dem Hard Rock identifiziert wurde, einem Musikstil, in dem schwarze Musiker seitdem historisch unwillkommen sind. Es machte seine Reputation heillos anfällig für die tränentriefende Heiligengeschichte vom Märtyrersyndrom der Popkultur, so erfreulich wehrlos gegen die Auffassung, daß er eben einfach eine Sternschnuppe war, ein Schrei über den Himmel, ein Fabelmonster, dessen Musik nirgendwo herkam und nirgendwo hinführte, keine Vorfahren und keine Nachkommen hatte. 1961 schrieb George Steiner in seinem Essay »The Retreat From The Word« (Der Rückzug vom Wort) über James Joyce: »Es hat keine Nachfolger von Joyce im Englischen gegeben; vielleicht kann ein Talent, das sein eigenes Potential so weitgehend erschöpft, auch keine haben.« Ist das also auch das Endurteil über die Hinterlassenschaft von Jimi Hendrix?

Die Annahme, daß alle Mittel, die er angewandt hat, von Anbeginn an von ihm selbst kreiert worden sind, ist zweifellos sehr schmeichelhaft für Hendrix, auch, daß sein Werk so unverwechselbar und persönlich ist, daß es weder absorbiert noch nachgeahmt werden kann. Jedoch schlägt eine solche Heiligenlegende auf unerfreuliche Weise auf ihren Gegenstand zurück: das Mystische um ihn nimmt solch einschüchternde Formen an, daß seine Musik dann in einsamer Majestät weiterlebt, eine prächtige, unverbindliche Angelegenheit, hochragend auf einem Piedestal in ihrem eigenen Ehrenanbau an den »psychedelischen Flügel« des Großen Rockmuseums, von einer oberflächlichen und unsensiblen schwarzen Gemeinde abgelehnt und von phantasie- und verständnisvollen Weißen angebetet. (Man kann, über verborgene Lautsprecher, Steve Martin mit seiner Erzählung aus »The Jerk« geradezu hören: »Ich wurde als armes schwarzes Kind geboren...«

Benutzerfreundlich, wie dieser passende kleine Mythos ja sein mag, (*wie* freundlich, hängt natürlich vom Benutzer ab), erweist er nicht nur dem Mann und seiner Musik wahrhaftig einen schlechten Dienst, sondern, wie Vernon Reid glaubt, genau so auch den Wurzeln und Verzweigungen der schwarzen amerikanischen Musiktraditionen, von denen – wie dies Buch bestätigt – Hendrix' Kunst so durstig getrunken und an die sie in so reichem Maße zurückgegeben hat. Zu guter Letzt ist es auch ein tief rassistischer Mythos, einer, der Hendrix chirurgisch von den breiten Verband der schwarzen Kultur abtrennt. Er wird effektiv zum kolonisierten Territorium. Statt daß er als stolzes, leuchtendes Glied in der Kette der großen schwarzen amerikanischen improvisierenden Musiker anerkannt wird, wurde er als großartige Abart in einen Schrein gestellt, sein Genie – denn das war es, wenn man überhaupt etwas in der Popmusik so bezeichnen kann – wie durch Zauber von den schwarzen Seiten des Hauptbuches auf die weißen übertragen. Gelinde gesagt, ist dies das kulturelle Äquivalent zu einem Raubüberfall auf offener, belebter Straße in vollem Tageslicht. In diesem Sinne ist *Purple Haze* der Versuch, einen Bürger festzunehmen.

»Wenn ich frei bin«, sagte Hendrix einmal, »dann nur, weil ich immer wegrannte«, und in der Tat verbrachte er sein ganzes Leben damit, wegzurennen. Wenn es einen Kern von Erfahrung in seiner Musik gibt, dann ist es die der Wurzellosigkeit und des In-der Falle-Sitzens. »There must be some kind of way out of here« (es muß doch einen Weg hier raus geben) sang er in Bob Dylans »All allong the Watchtower« (an den Wachtürmen entlang), und es bedarf keines großen Einfühlungsvermögens, um die Intensität seiner Identifikation mit dieser Zeile zu spüren. Im Leben wie in seinen Songs hat er immer einen Platz gesucht, wo er hingehörte. Er entkam Seattle und der Schule durch seinen Eintritt in die Armee; er entkam der Armee in die Welt der fahrenden Musiker, unentwegt von einer Gruppe in die andere wechselnd; er entkam aus Harlem durch seinen Umzug ins Greenwich Village und indem er sich in London niederließ, entkam er den Gepflogenheiten des schwarzen Showbusiness und ihren genau zu beachtenden Regeln, was ein schwarzer Entertainer sein durfte, und das alles nur, um am Ende von den heimtückischen Netzen eingefangen zu werden, die seine wohlmeinenden neuen Bewunderer aus Erwartung und Vereinnahmung um ihn gesponnen hatten. *Purple Haze* macht sich auf, die Route nachzuzeichnen, die Jimi Hendrix entlanggelaufen ist. In »trying to get to the other side of town« (Versuch, auf die andere Seite der Stadt zu kommen) überschritt er viele Grenzen, sowohl die willkürlichen musikalischen Definitionen, die den Blues vom Soul oder den Jazz vom Rock trennen, als auch die fundamentaleren Unterscheidungen zwischen dem Archaischen und der Avantgarde, zwischen den individualistischen und den kollektivistischen Philosophien, zwischen Schwarz und Weiß, zwischen Amerika und England, zwischen passiver Ruhe und wütendem Widerstand, zwischen Lebensgier und Todesbesessenheit.

Wie Robert Johnson, der umgetriebene Delta Bluesman, dessen geifernde Dämonen ihn nie zu Ruhe kommen ließen, so kam auch Jimi Hendrix nie ganz »auf die andere Seite der Stadt«. Wo er auch hinkam, die Menschen nahmen immer an, seine »wirkliche« Heimat sei ganz woanders. Bobby Womack, der selbsternannte »Last Soul Man«, der Hendrix schon kannte, als er noch, ohne einen Pfennig Geld in der Tasche, als Gitarrist an letzter Stelle auf der Mitgliederliste der Soulrevuen auf Tour ging, meint: »Er hat wohl versucht, sich auf seiner Seite der Stadt einzufügen, aber es war eben nicht seine Seite. Er brauchte einen anderen Ort... als er nach Europa kam, kam er zu Leuten, die waren wie er, und ich war froh, daß er endlich seinen Platz gefunden hatte.« Aber für die Leute, die »so waren wie er«, sah die Sache ganz anders aus. Pete Townshend meint: »Hendrix muß [in London] gedacht haben, er sei im Irrenhaus, aber in einem sehr vergnüglichen, etwa so wie auf einer Fahrt nach Hongkong. Ich habe keine Ahnung, wie das für ihn gewesen sein muß: den Gedanken, er hätte sich hier *wohlgefühlt*, finde ich ziemlich grotesk. Er mag glücklich gewesen sein, sich selbst zu finden, so wie die ewigen Hippies andauernd über ›Selbstfindung‹ in Indien reden.« Robert Wyatt – der frühere Drummer/Vokalist der Soft Machine, der im Management der Jimi Hendrix Experience war und mehr als ein Jahr mit ihnen durch Amerika und Europa reiste – erinnert sich: »Ein einziges Mal habe ich gesehen, daß er fast ganz gelöst war und sich beinahe zu Hause fühlte, das war, als er seinem Zuhause ganz nahe war, auf der Fahrt nach Seattle, da stand diese riesige Familie am Flughafen. Ein wunderbarer Anblick! Man könnte fast sagen, da stand Amerikas Geschichte am Flughafen. Mein erster Eindruck war der einer Menge Schwarzer und einer Menge eingeborener amerikanischer Frauen. Sein Vater, mit seinem hinreißenden Lächeln, sah ganz bezaubernd aus, und Hendrix hatte ein Gesicht richtig wie ein stolzer Junge, der wieder nach Hause kommt...« Nur, daß man natürlich nicht wieder nach Hause gehen kann.

»Keep a foot in each camp long enough, Johnnie«, I said, »and they'll build the barbed wire right trough you,'and Johnnie nodded and the rain dripped from his face.«
    (›Bleib lange genug mit einem Fuß in jedem Lager, Johnnie,‹ sagte ich, ›dann ziehen sie den Stacheldraht direkt durch dich

hindurch,‹ und Johnnie nickte und der Regen tropfte von
seinem Gesicht).

Len Deighton, Funeral in Berlin (1964)

Das Wichtigste an Alvin Lees Kommentar ist nicht seine Behauptung, das Hendrix weder »weiß noch schwarz« war, sonder daß »Hendrix Hendrix war«. Wir alle werden nicht nur von den wesentlichen Merkmalen unserer Kultur geprägt, sondern auch von unseren privaten und persönlichen Erfahrungen, und ein zentraler und einzigartiger Aspekt von Jimi Hendrix, ein Aspekt, der mit Begriffen aus dem breiten Dunstkreis der schwarzamerikanischen Kultur nur schwer zu erklären ist, ist seine Hingabe an ältere Musikformen, die die meisten Schwarzen seiner Generation schon für ausgestorben hielten. Im großen und ganzen, vor dem Hervortreten jüngerer schwarzer Klassiker wie Wynton Marsalis und Robert Cray, haben schwarze Musiker sich die Musik der Gegenwart zunutze gemacht, um eine Musik der Zukunft zu schaffen. Die Vergangenheit war – um es milde auszudrücken – unerfreulich, und die Zukunft kann nur besser werden. Robert Wyatt weist darauf hin, daß »schwarze Musiker nicht dazu neigen, traditionelle Versionen älterer Sachen zu spielen; sie sind normalerweise so wie Miles Davis, der immer nur weitergehen will... es war ganz ungewöhnlich, daß [Hendrix] als Grundlage seiner Stükke immer wieder [ländlichen Blues] die primitivste Form des elektrischen Rock nahm.« Das ist allerdings nicht mit allgemeingültigen Begriffen zu erklären, wohl aber möglicherweise mit Begriffen aus dem persönlichen Bereich: der Jazz und der Blues der Vierziger und frühen Fünfziger war die Musik, die Hendrix in seiner Kindheit gehört hatte, als er am glücklichsten war, als seine Mutter noch lebte und seine Eltern noch zusammen waren. Vieles im Rock der Sechziger läßt sich aus den Kindheitsgeschichten und -phantasien erklären – so verfolgten die Geister der Songs aus der britischen Music-Hall die Musik der Beatles, der Kinks und der Who, war die aus dem

Fernsehen abgeleitete Bildersprache des Cowboy-und-Indianer-Wildwest ihre Schatten auf die Psychedelia-Szene in San Francisco – warum also sollte Hendrix anders sein?

Er war ohne Frage ein Mann seiner Zeit, von seiner Ära und seiner Umgebung geformt, aber seine einzigartige musikalische Formulierung – das »Jazz«, »Blues«, »Rock« und »Soul« keine genau unterschiedenen Musikformen seien, die durch irgendwelche Fusionen und Bindestriche aneinandergefügt werden müßten, sondern eine einzige Musik, aus verschiedenen Perspektiven gesehen – das war ganz und gar sein eigen. Er war kein Mann des Bindestrichs, er spielte keine Musik mit Bindestrich. Wie die meisten interessanten Leute, vereinigte er in sich Paradoxa und Widersprüche. Ein extremer Individualist (wenn nicht aus freier Wahl, so wohl doch von Natur), hungerte er nach Gemeinschaft, Akzeptanz, Zugehörigkeit. Pazifist nach seiner Philosophie und scheu und leise in seiner Sprache, wie er aufgewachsen war, war er fähig zu außerordentlicher, erschreckender Gewalt, sowohl in der stilisierten Form seines Vortrags wie in plötzlichen, unerwarteten privaten Ausbrüchen. Er war ein leidenschaftlicher Bilderstürmer mit tiefem treuem Respekt für die Tradition, ein Symbol wildwütiger Männlichkeit, dessen früheste Stützen und engste Vertraute Frauen waren, ein amerikanischer Künstler, der nach England verpflanzt worden war und dann den Amerikanern als britischer Akt verkauft wurde, ein Mann an den Wurzeln dieser Musik, der zum Pionier für neue Technik wurde, ein Schwarzer, der von Weißen auslieh, die bei Schwarzen geklaut hatten, ein überaus begabter Instrumentalist, der in einem Genre arbeitete, das auf einem Drei-Minuten-Song aufgebaut war, ein überzeugter Pessimist, der nicht aufhörte, sich nach Erlösung zu sehnen, der Gitarrist, der so gerne ein Orchester gewesen wäre.

Wenn man ihm die Freiheit ließ, seiner Vision zu folgen, war seine Wirkung atemberaubend. Ich erinnere mich, ihn zum ersten Mal an einem Freitag abend in einer britischen TV-Show mit dem Titel *Ready Steady Go!* gesehen zu haben, als er »Hey Joe« spielte: mir schien, als hätte ich mein Leben lang darauf gewartet, das zu hören. Seine Musik hatte die streunende Abenteuerlichkeit und den schieren Überschwang der Empfindung, den ich an dem lauten, bizarren Rock der unmittelbar vor-psychedelischen Zeit so liebte, aber sie war geladen mit der soliden Menschlichkeit und emotionellen Authentizität, die ich bisher nur in der Soulmusik und dem Blues gefunden hatte. Hendrix war ungeheuer er selbst, auf eine phantastische Weise; er war alles, was die Townshends und Mayalls und Jaggers und Claptons nur zu sein behaupteten. Gleichzeitig schien er so zeitgenössisch und modern zu sein, wie es Muddy Waters, Howlin Wolf, Bo Diddley und Chuck Berry niemals sein könnten, intensiv, direkt und gerade heraus, wo die Motown-Stars schick und zahm schienen, so unverhüllt spontan wie Otis Redding und so farbig surreal wie die Beatles. Wo die Rolling Stones ebenso kunstvoll wie ironisch ihr Insiderwissen von der schwarzen Musik demonstrierten und das Bewußtsein ihres eigenen Abstands von den Welten verborgener Erfahrungen, die sie enthielt, erkannte Hendrix derlei Barrieren nicht an. Er unterlief beides, die schwarzen Codes, in denen er erzogen war, und die britische Invasion, die diese Codes zu ihren eigenen Zwecken adaptiert hatte. Genau zu dem Zeitpunkt fing ich an, an diesem Buch zu arbeiten (und bin immer noch sehr spät erst damit fertig geworden).

Seine Wirkung auf die, die kenntnisreicher und erfahrener als ich waren, war genau so traumatisch. Pete Townshend erinnert sich so daran: »Hendrix spielen zu sehen, ist die größte psychedelische Erfahrung, die ich je gemacht habe. Als er anfing zu spielen, veränderte sich was: die Farben änderten sich, alles änderte sich. Der Soul änderte sich. Damals benutzte man immer kleine, beschissene Clubmikrophone und einen einzigen Marshall-Verstärkerturm. Das Schlagzeug hörte man direkt, ohne Mikrophon. Noel [Redding] war ein Bassist, der gerade die Grundlagen beherrschte. Es war eben so hinreißend psychedelisch... ich wußte nicht, was ich hörte, und ich wußte nicht, was ich sah. Ich hab mich nie besonders stark auf psychedelische Drogen eingelassen, und bei dieser Gelegenheit hatte ich mit Sicherheit nichts genommen. Ich hab nie viel Pot geraucht. Ich habe nicht mal sehr viel getrunken.

Aber ich erinnere mich, daß von den Rändern seiner Hände Flammen sprühten und Wasser spritzte. Ich erinnere mich, daß er [Triller] spielte und irgendwas mit seiner Zunge machte, um ihn herum in der Luft passierte was. Er war für mich ein solcher Manipulator, ein solcher Magier, eine so charismatische Figur, daß aus meiner Einschüchterung ein totaler Schock wurde, von dem ich mich bis zu seinem Tode nicht erholte.«

Prosaischer, aber nicht weniger beredt, ist ein ähnliches Zeugnis von Robert Wyatt. »Sie waren nicht irgendeine Club-Rockband, wenn Sie wissen, was ich meine. Man ging rein, und plötzlich kam einem der Raum ein bißchen klein und unangemessen vor, als sie spielten. Ich spreche nicht von der Lautstärke, denn damals spielten alle möglichen Leute laut, aber es war wirklich so, als ob da was Riesiges im Gange sei. Verglichen damit waren selbst die besten unter den Londoner Bands schwerfällig. Man könnte sagen, es war so dramatisch wie der plötzliche Einsatz von Technicolor nach X Jahren von Schwarz-Weiß-Filmen. So klar und deutlich war das.«

Ich habe Jimi Hendrix nie getroffen, nie mit ihm gesprochen. Er starb ein Jahr, bevor ich als Profi ins Musikgeschäft ging, wodurch ich dann die offizielle Lizenz bekam, berühmte Leute zu treffen und entweder grob zu ihnen zu sein oder vor ihnen zu kriechen. Ich habe ihn zweimal im Konzert gesehen: einmal am letzten Schwanzende von 1967 auf einer, die ganze Nacht andauernden Veranstaltung mit dem Namen »Christmas On Earth Continued«, wo er an der Spitze eines Programms mit Pink Floyd, Traffic, Soft Machine, The Move, Tomorrow und verschiedenen anderen stand. Damals war er überschäumend, mit tellergroßen Augen, extrovertiert, und schien die unerhörtesten und außerordentlichsten Töne selbst noch aus den Molekülen der Luft herauszuholen: ein irrer Zauberer, der genau so überrascht und hingerissen von seinen Kunststücken schien wie nur irgend einer im Publikum. Er war gerade nach England zurückgekommen, nachdem er sein Heimatland im Sturm erobert hatte und sein zweites Album in Kürze erscheinen sollte; er genoß diesen Augenblick mit der euphorischen Ungläubigkeit eines armen Kindes, das plötzlich in einem Spielzeugladen losgelassen wird.

Das zweite und letzte Mal war es dann auf dem Isle of White Pop Festival, Ende August 1970: ein Ereignis, ruiniert von den Schlachten zwischen den Organisatoren und einer losen Zusammenrottung von Anarchisten und Motorradfahrern, die die Show »liberalisieren« und daraus ein eintrittsfreies Festival machen wollten. Hendrix war fast anderthalb Jahre lang nicht in England aufgetreten und war, trotz Miles Daves, The Doors, Joni Mitchell, Sly and the Family Stone und – verzeihen Sie bitte – Emerson, Lake & Palmer, unstreitig das Hauptereignis. Nach einer unverschämt lang ausgedehnten Verzögerung schlenderte er auf die Bühne und kämpfte sich grimmig durch einen Set seiner bekanntesten Titel, latschte dann mit Stockungen und Windungen wieder raus. Hendrix und seine Begleiter – der Bassist Billy Cox, der Schlagzeuger Mitch Mitchell – schienen zwar parallel zueinander zu spielen, aber in verschiedenen Universen, nie griff es ineinander, nur gelegentlich fing es Feuer. Die elektronischen Dämonen, einst so mühelos aus den Marshall-Verstärkern beschworen, kontrolliert und gezähmt von seiner Gitarre, narrten ihn und wichen ihm aus. Selbst in seinem langsamen Blues »Red House«, der musikalischen Zuflucht, in die er sich immer retten konnte, wenn was schiefging, bekämpfte ihn die Gitarre und verriet ihn; die Saiten rutschten wie zum Hohn unter seinen unbegreiflich steifen Fingern weg. Fröstelnd in der kalten, feuchten Nacht, trieb ihn die Menge an – schließlich waren sie um seinetwillen gekommen – aber es nützte nichts. Er schien erschöpft, gequält, gefangen. Sein Tod, nicht einmal drei Wochen später, schien auf abscheuliche Weise angemessen. Auf der Festivalbühne hatte Hendrix schon zu Dreiviertel tot ausgesehen.

Natürlich konnte keiner von uns im Publikum auch nur ahnen, daß Hendrix den Hardrock eines Power-Trios zum Sterben leid war, daß ökonomischer Druck, der durch falsches finanzielles Management entstanden war, ihn gezwungen hatte, wieder umherzuziehen auf einer Tournee, an der er nicht das geringste künstlerische Interesse hatte, daß es sich nicht darum handelte, daß er ausgebrannt war, sondern daß er als Künstler noch Stilmittel mit sich herumschleppte, über die er sich längst hinausgewachsen wußte und die zu verlassen sein Publikum ihm nicht gestatten wollte.

> I got stoned and I can't go home
> I'm callin' long distance on a public
> saxophone...
> Feel like I got run over
> By public opinion and the past...

(Ich bin vollgedröhnt und kann nach Hause/ich hab ein Ferngespräch auf einem örtlichen Saxophon/mir ist, als wenn ich überfahren worden wäre/von der öffentlichen Meinung und der Vergangenheit)

Jimi Hendrix, »Midnight Lightning«
(Isle of Wight, 1970)

»Y'all wanna hear all those *old* songs, man? Damn, everybody's tryin' to get some *other* things together...«

(Ihr wollt all diese alten Songs hören, Mensch? Verdammt noch mal, jeder versucht doch, was anderes auf die Beine zu bringen...)

Jimi Hendrix
(Isle of Wight, 1970)

Jimi Hendrix war vor allem ein außerordentlich unzugänglicher Mensch. Seine Unzugänglichkeit kam nicht aus der Isolation – es ist schwer vorstellbar, daß er so wie Elvis Presley gelebt hätte, eingemauert in einen großen Landsitz, umgeben von Handlangern und Leibwächtern – wann immer er in London, Los Angeles oder New York war, fand man ihn gewöhnlich unterwegs von einem Club zum andern mit einer Gitarre und ein paar Revox-Taperecordern, und er stieg ein bei jedem Musiker, der an dem Abend gerade in der Stadt war, ob es nun Stephen Stills oder Roland Kirk, Howlin' Wolf oder Jonny Winter war. Diese Unzugänglichkeit schuf er durch seine Wortkargheit, sein halb ironisches, halb scheues Benehmen; er hatte viele Bekannte, aber wenige Freunde. Seine Freundinnen – Monika Dannemann, Kathy Etchingham, Fayne Pridgeon, die Verstorbene Devon Wilson – kannten ihn sicher gut, ebenso wie seine Kollegen – Billy Cox, Chas Chandler, Mitch Mitchell, Noel Redding, Eddie Kramer, Alan Douglas – aber sie alle und noch viele andere haben ihre eigenen Versionen der Geschichte, ihre eigenen Perspektiven und ihre eigenen Geschäftsinteressen.

Da *Purple Haze* keine Biographie von Jimi Hendrix sein soll – es gibt ja bis jetzt schon fünf, und es kommen noch mehr – habe ich mich entschlossen, Jimi Hendrix da zu suchen, seine Welt in dem Medium zu erforschen, in dem seine innersten Gefühle am deutlichsten zutage treten; in der Gesamtheit seines Werkes, das ja das Wichtigste und Wesentliche in seinem Leben war. Wenn man Jimi Hendrix irgendwo finden kann, dann in seiner Musik, und in der Musik, von der er gelernt hat und die von ihm gelernt hat, aber auch in dem Klima, in dem seine Musik entstand. Dieses Buch handelt von Musik und auch davon, wovon diese Musik handelt.

Und ich hoffe, es wird dieser Musik gerecht.

Charles Shaar Murray
London, März 1989

1

The We Decade

Die Sechziger als Geisteszustand und wie das anglo-amerikanische Kulturkontinuum von drüben nach hier kam

»Wee-e-e-e shall overco-o-o-ome...«

Pete Segers Adaption eines traditionellen Gospelsongs, beliebt bei Gewerkschaftsaktivisten und absolutes Muß bei Demonstrationen in den Sechzigern.

»If you can remember the sixties, you weren't really there.«

(Wenn man sich an die Sechziger noch erinnern kann, dann war man eigentlich gar nicht richtig dabei).

Robin Williams

»Hi, I'm Bob Dylan. Remember those fabulous sixties? The marches, the be-ins, the draft-card burnings and best of all – the music. Now Apple House has collected the best of those songs on one album called *Golden Protest*... and if you order now you'll also receive *A Treasury Of Acid Rock* und *The Best of The Supergroups*. Yes, it's a collector's dream: *Golden Protest* and two fabulous sixties albums for only $ 3.95. If you were to purchase these selections separately they'd cost you many hundreds of dollars, and many cannot be found today at any price...«

(Hi, ich bin Bob Dylan. Erinnern Sie sich noch an die phantastischen Sechziger? Die Märsche, die Verbrüderungtreffen, das Verbrennen der Wehrpässe und das Beste von allem – die Musik. Nun hat Apple House die besten dieser Songs auf einem Album mit dem Titel *Golden Protest* zusammengestellt... und wenn Sie jetzt bestellen, bekommen Sie *A Treasury Of Acid Rock* und *The Best Of The Supergroups* noch dazu. Ja, das ist der Traum eines Sammlers: *Golden Protest* und zwei phantastische Alben aus den Sechzigern für nur 3,95 $. Wenn Sie diese ganzen Aufnahmen einzeln kaufen müßten, würde Sie das Hunderte von Dollars kosten, und viele könnten Sie heute für keinen Preis der Welt mehr auftreiben...«)

> Der imitierte Bob Dylan in der satirischen Sendung
> »Radio Dinner« (1972)

»The tragedy of our generation is that we will *always* be ›the kids‹.«

(Die Tragik unserer Generation ist es, daß wir für immer die »Kinder« bleiben.)

> (Der einzige scharfsinnige Ausspruch, den man je in der
> Sendung »Thirtysomething« vernommen hat).

Der Lauf der Zeit ebnet alles ein: die veränderte Perspektive, die so entsteht, hebt den Ablauf der Ereignisse auf und ersetzt ihn durch die Illusion der Gleichzeitigkeit, eine Illusion, noch verstärkt von der bequemen Gewohnheit, die Geschichte in schön gleichmäßige Stücke von Dekadengröße zu schneiden. Die Auffassung von »den Sechzigern« als eines klar umrissenen, homogenen Tropfens Zeit ist außerordentlich verführerisch, denn sie schafft in der Tat den Mythos einer merkwürdigen, absonderlichen Periode – am Ende »der Fünfziger« nach links wenden, dann kommt man, benommen, konfus und sonderbar gewandet, gerade noch zurecht, um sich am Anfang »der Siebziger« wieder nach rechts zu wenden – als Merseybeat und Macmillan, der Vietcong und Vidal Sassoon, James Bond und John F. Kennedy, Andy Warhol und Harold Wilson, der Rote Danny und David Frost, Martin Luther King und Mandy Rice Davis alle irgendwie zusammenstießen, gemeinsame Gäste bei der längsten aller Cocktailparties, versammelt bei Sonderauftritten im letzten, gültigen Rockvideo.

Die richtige Antwort auf die Frage »Was ist in den Sechzigern *wirklich* losgewesen?« lautet »*Wann* in den Sechzigern und *wo?*« Selbst die meistverbreiteten kulturellen Phänomene – die Vergötzung der Jugend, das öffentliche Fasziniertsein von der Sexualität, die Akzeptanz der Rockmusik bei der breiten Masse, die Übernahme der Anti-Establishment-Rhetorik als Stoff für leichte Unterhaltung – traten in wechselnder Umgebung zu verschiedenen Zeiten und aus sehr verschiedenen Gründen auf. England und Amerika waren sehr unterschiedliche Wege gewandelt, um schließlich am gleichen kulturellen Ziel zu landen: wie das eine schrumpfte, so dehnte das andere sich aus. Britannien hatte den Zweiten Weltkrieg dem Namen nach als eine der Siegermächte beendet, aber die Nation war der Zerrüttung nahe, erschöpft, blutig und geschunden. Seine Städte lagen in Trümmern, die Zahl seiner Opfer – der militärischen sowohl wie der zivilen – war enorm, seine Industrie war in Stücke geschlagen, seine Schulden waren ungeheuer, und jedes Fünkchen Energie wurde gebraucht, um die Wunden zu heilen und die entmutigende Aufgabe des nationalen Wiederaufbaus und der Erneuerung anzupacken. Amerika andererseits trat aus dem Konflikt als die dominierende Militär- und Wirtschaftsmacht hervor (von allen Alliierten hatte es am wenigsten gegeben, am wenigsten gelitten und am meisten gewonnen), und es hatte den höchsten Lebensstandard in der Welt. Während Britannien den schmerzhaften Prozeß einleitete, sich eines Empires zu entledigen, dessen Erhalt es weder mit moralischen, noch politischen oder praktischen Gründen rechtfertigen konnte, schickte sich Amerika an, sich ein solches anzueignen.

Und was die Popkultur angeht, war es nur natürlich, daß England ein Teil dieses Empire wurde. Als die kleinen Briten sich noch mit den Ausläufern der Rationierung herumschlugen und den Orangensaft der National Health Organisation schlürften, da blickten sie über den Atlantik und sahen da Fernsehen in (anscheinend) jedem Heim, riesige, spritfressende Wagen, mit Chrom geziert, schöne Kleider und überall Geld, alles Zeichen von Reichtum, Macht, Status und in die Augen springendem Konsum. Sie sahen sich amerikanische

Filme und TV-Shows an, lasen amerikanische Comic-Hefte und hörten amerikanische Musik. Amerika war der Himmel, besonders der Himmel der *Jugend*: Amerika lag da, wo das Geld war, es lag da, wo das Vergnügen herkam. Amerikanische Kinder hatten alles. Zu einer Zeit, als britische Familien sich für die Grundbedürfnisse des Lebens abschufteten – Autos, Fernseher, Waschmaschinen, Kühlschränke – schien fast jeder amerikanische Teenager schon seinen oder ihren eigenen Wagen und einen Fernseher zu haben. Außerdem hatten sie noch Elvis und Superman, Levi-Jeans und Fendergitarren.

Damals wie heute wurde diese Kolonisation des Geschmacks mitunter mißbilligt, aber in jenen Tagen war es die politische Rechte, die die Stirn runzelte. Mehr als irgend etwas anderes repräsentierte Amerika für die Briten die Zukunft. In den Fünfzigern und frühen Sechzigern waren es die Rechten, die der Zukunft mißtrauten und die zu Recht fürchteten, daß sie diejenigen seien, die von dem, was auf sie zukam, bedroht werden würden: von einer ausgesprochenen Herausforderung an die Hierarchie und einer Verherrlichung von Jugend und Tatkraft. Auch hatte die amerikanische Popkultur im großen und ganzen (besonders aber im offenen Bezug auf ihre Herkunft von den Schwarzen) auch eine Nebenwirkung: sie bot Gelegenheit und Mittel, Lärm zu machen, sich auffällig anzuziehen, sich absurd aufzuführen und die Älteren zu schocken, sie war eine Absage an den Zwang zur heuchlerischen Ehrerbietung und zum vorgetäuschten Respekt. Heutzutage feiert das Ethos des amerikanischen Kulturexports schlicht und selbstzufrieden den Reichtum und die Macht, ohne die Konsequenzen zu bedenken (geschweige denn sie zu begreifen), und nun ist es die Linke, die den US-Kulturimperialismus am lautesten verdammt. Die Linken lassen sich auch am leichtesten als diejenigen verunglimpfen, die die Leute daran hindern wollen, sich zu amüsieren.

Natürlich kannten die britischen Jugendlichen nicht die ganze Geschichte: sie waren zu jung, als daß sie darüber etwas gewußt oder sich darum gekümmert hätten. Sie nahmen nicht wahr, daß Amerika, bei all seinem materiellen Reichtum, eine ebenso konformistische Kultur war wie unsere eigene. Die konservativen Gerontokraten, die Britannien zwischen 1951 und 1964 regierten, waren in ihrer verqueren Mischung aus Selbstgefälligkeit und Paranoia das Ebenbild der republikanischen Gerontokratie der USA, die um Haaresbreite von dem Sieg Kennedys 1960 hinweggefegt worden wäre. Der amerikanische Rock and Roll, den die jungen Briten so hungrig einsogen – Elvis! Little Richard! Jerry Lee Lewis! – war die Stimme der Unterschichten der Südstaaten, sowohl weiß wie schwarz, die an dem Massenwohlstand der Eisenhower-Ära keinen Teil hatten. Aus unterschiedlichen Gründen sprach der R&B mindestens so beredt zu den britischen Jugendlichen der Fünfziger wie zu den Kindern der amerikanischen Mittelklasse, die ihn sich mit solchem Tempo zu eigen machten. Für Amerikaner mag er die bis dato unterdrückte Stimme der Schwarzen und der armen, ungeschliffenen Weißen gewesen sein, im diesigen, grauen Britannien war er einfach die Stimme Amerikas.

1957 verkündete der konservative Premierminister Harold Macmillan, daß der Wohlstand der Massen oder etwas, das dem amerikanischen Vorbild nahekam, endlich auch England erreicht habe. Seine Feststellung ist in der Allgemeinheit zum Mythos des »Wir haben es noch nie so gut gehabt« geworden, obwohl das, was er wirklich gesagt hat, lautete: »Seien wir offen. Die große Masse unseres Volkes hat es noch nie so gut gehabt«. Dennoch, im Prinzip war es das gleiche: England hatte sich mehr oder weniger von der Erschöpfung des Krieges und dem ruhmlosen, nachkolonialen Rückzug erholt und war nun wieder bereit für Geschäfte. In einem ganz bestimmten, sehr wesentlichen Sinne hatten damit die fünfziger Jahre in England endlich begonnen, nur drei Jahre, bevor die Wahl von John F. Kennedy die Sechziger in den USA einleitete. Macmillan wollte damit sagen, mal mit Herabsetzen, mal mit Beglückwünschen seiner selbst, wie es typisch für ihn war, daß es in England endlich Jobs und Geld gab und daß es darum genau so bereit zum Konsum sei wie nur irgendwer sonst. Die frühen Sechziger in England sahen also den amerikanischen Fünfzigern ein bißchen ähnlich: es war die Zeit, in der man den Konsum und die Macht des Geldes feierte, die Genügsamkeit begrub, Eigentum erwarb und in die Ferien fuhr. Die amerikanische Jugend wurde mittlerweile den Konsum schon wieder leid und entdeckte eine spezielle Eigenart des bourgeoisen Idealismus, bei der man den Wohlstand zwar ablehnt, aber ohne ihn nicht leben kann. Kennedy war jung, sah gut aus und war ein Kreuzzügler: seine Innenpolitik stand mutig für die Gleichheit aller ein und war antirassistisch. Die gleiche Kreuzzugsmentalität brachte er jedoch auch in seiner Außenpolitik ein, indem er sich dem internationalen Eindreschen auf die Kommunisten anschloß, wie er es von seinen republikanischen Vorgängern übernommen hatte, so wie der Anprangerung derselben alten Diktatoren. Das war allerdings unvermeidlich: denn wie die China-Initiative von Richard Nixon und die Spielchen, die Ronald Reagan mit Michail Gorbatschow trieb, beweisen, können nur republikanische Präsidenten und Verwaltungen mit den kommunistischen Mächten ins Geschäft kommen, ohne wegen unterschwelliger Kommunistensympathie angefeindet zu werden. Eigentlich treiben die Demokraten eine durch und durch republikanische Außenpolitik; demokratische Außenpolitik kann daher nur von Republikanern ausgeführt werden.

Bei den Nachwehen der Katastrophe in der Schweinebucht fing Kennedy an zu begreifen, daß die Armee und der CIA ihn im Interesse ihrer eigenen ideologischen Pläne in betrüblicher Weise fehlgeleitet hatten und er entschloß sich, ernsthaft umzudenken. Es wäre durchaus vorstellbar, daß er sich vom Rande des Vietnamkrieg-Abgrundes zurückgerissen hätte, wenn er dem Mord entgangen wäre. Ebenso kann man sich vorstellen, daß dieser beabsichtigte Richtungswechsel ein entscheidender Faktor bei den Geschehnissen im November 1963 war. Das ist indessen eine Art von Spekulation, die man am besten den fähigen Konspirationsfachleuten überläßt.

Zu Hause aber wurde das Weiße Haus Kennedys bewundernd als Camelot bezeichnet; Amerika hatte einen wunderschönen, begabten König, eine wunderschöne Königin und einen Hofstaat, der die Kultur anerkannte und zu neuen, unternehmenden Ideen einlud. »Stellt Euch bloß mal eine Party bei Eisenhower vor und dagegen eine bei Kennedy,« schrieb Norman Mailer. »Muß man da noch fragen, auf welcher Party man mehr Spaß hat?« Plötzlich erschien das Weiße Haus – so viele Jahre lang als Altersheim – fruchtbar und sexy, und ein spürbarer Frühling lag in der Luft. In der Tat trat Sex nur in seiner stilisiertesten und sublimiertesten Form in Erscheinung: die gigantischen, beutelartigen Brüste und das blendend gebleichte Blondhaar einer Monroe oder Mansfield waren fleischerne Analogien zu den bauchigen Chromauswüchsen der Traumboot-Cadillacs, dem Triumph amerikanischer Technik. Nun kam der entschiedene Beweis, daß der Sex wieder Einzug gehalten hatte in Amerika: Der Präsident und die First Lady (ohne die Tausende von Bediensteten zu nennen) taten es! Im Weißen Haus!

Britische Politiker hatten es natürlich auch getan, nur unter Umständen, die weniger dazu angetan waren, Bewunderung oder Zustimmung zu erregen. Begleitet vom stentorhaften Entrüstungsgetöne fast des gesamten britischen Establishments, das vor Verlegenheit nicht wußte, wo es hinschauen sollte, wurde enthüllt, Seine Ehren John Profumo, der Staatssekretär Ihrer Majestät im Verteidigungsministerium, habe sich nicht nur ein »Girlfriend« mit dem sowjetischen Marineattaché »geteilt«, sondern habe das Parlament auch noch darüber belogen. Es wäre eine merkliche Übertreibung zu sagen, die Profumo-Affäre habe die Regierung gestürzt oder auch nur den Fall Macmillans beschleunigt – die Labour Party war schließlich den Konservativen in den Meinungsumfragen schon eine ganze Weile dicht auf den Fersen – aber es machte die Dinge nicht besser.

Im politisch-historischen Sinne versuchte die Profumo-Affäre zu vertuschen, daß der fragliche sowjetische Marineattaché da nur reingeraten war, weil der MI5 (der militärische Geheimdienst) ihn mit der Absicht verkuppelt hatte, ihn abtrünnig zu machen, aber die kulturelle Bedeutung lag in der Enthüllung, daß so viele, eisern getrennte britische Gesellschaftsschichten – westindische Rauschgifthändler aus Notting Hill, ältere Politiker und »denken Sie, meine Liebe, Leute aus den *besten Familien*« – für Nervenkitzel und Vergnügungen gemeinsame Sache machten. Heute kopiert das moderne England das amerikanische Modell der Trennung durch Rasse und Geld. Die Schichten im England Macmillans bauten sich aus Klassen auf (das heißt Rasse plus Geld plus Geschichte). Dieses System hing davon ab, daß jeder seinen Platz kannte und daß man sich nur unter Bedingungen traf, die von den »Besseren« bestimmt wurden (beim »bummeln gehen« z.B.). Für die mittleren und oberen Klassen begann der Rockboom mit bummeln gehen, aber die, bei denen man bummelte, hatten bald die Oberhand.

In schöner Ironie hieß der Staatsanwalt in der Anklage gegen Stephen Ward, den jungen Künstler, Chiropraktiker und Arrangeur des Ortes der Handlung, der Profumo mit seiner Nemesis, Christine Keeler, bekanntgemacht hatte, Kronanwalt Mervyn Griffith-Jones, der schon 1960 in gleicher Eigenschaft aufgetreten war, als Penguin Books wegen der Veröffentlichung von D.H. Lawrence' »Lady Chatterley's Lover« angeprangert wurde. »Würden Sie dieses Buch Ihrer Gattin oder Ihrem Personal in die Hand geben?« fragte er mit rhetorischem Donnergrollen, aber die Antwort der Jury – und die der Nation – entsprach nicht ganz den Wünschen dieser erlauchten Advokaten. Griffith-Jones forderte Jury und Nation auf, die Welt vom Standpunkt des Rechtschaffenen aus anzusehen, der für alle anderen die Entscheidungen trifft, aber der Glaube der Öffentlichkeit an den Rechtschaffenen hatte erheblich abgenommen.

Die Welle von Spionageskandalen, die auf die Profumo-Affäre folgte – Vassall, Blake, Lonsdale u.a. – bewies, daß nicht der Gewerkschaftler oder der Linke aus der Labour Party derjenige war, der die Nation an die Roten auslieferte, sondern der Rechtschaffene, der aus der Bahn geraten war. Die Kombination aus sexueller Heuchelei und politischer Inkompetenz stellte Macmillans Regierung aus lauter Rechtschaffenen in ein ziemlich schlechtes Licht, eine Regierung, die – obwohl sie für die wirtschaftlichen Güter gesorgt hatte – doch sehr anachronistisch schien und mehr und mehr den Kontakt mit einem England verlor, das neuerdings immer munterer und wissensdurstiger wurde. Die Medien wurden immer respektloser: die BBC strahlte *That Was The Week That Was* aus, eine Sendung, in der vorlaute junge Rotznasen wie David Frost ein immenses Vergnügen daran hatten, die verkrusteten alten Mollusken in der Regierung bei jeder Gelegenheit zu piesacken, und das tat auch, geradezu enthusiastisch, ein neues Magazin, genannt *Private Eye*. Dies alles wurde bekannt als der Große Satire-Boom.

Harold Macmillan war als Politiker gewieft genug, um zu wissen, wann das Spiel aus war, und er trug dieser Erkenntnis Rechnung, indem er seinen Rücktritt anbot. Aus den altehrwürdigen und verwickelten Prozeduren der Konservativen »ging« ein neuer Premierminister »hervor«: der Staatssekretär des Auswärtigen Amtes, Lord Home (»Hume« ausgesprochen) verschwand von der Bildfläche und erschien wieder, wie durch Zauber, als Sir Alec Douglas-Home, nunmehr wählbar für das Unterhaus und für das Amt des Premierministers. Das Schauspiel, wie man diesen liebevoll präparierten Aristokraten an die Spitze bugsierte, war der endgültige Beweis dafür, daß die Konservative Partei nicht geeignet war, die Nation zu führen, zu der Britannien werden sollte. Harold Wilson trieb auf einer Welle von Schlagworten an die Macht – »klassenlos«, »zupackend«, »die Weißglut der Technologie« und so fort –

und es wurde in gewisser Weise Mode, jung zu sein, aus der Arbeiterklasse oder der Provinz zu kommen, d.h. von irgendwo anders her als von London oder den umliegenden Grafschaften. Mein Eintritt in die Grammar School fiel zusammen mit der Veröffentlichung der ersten Beatles-Single. Im folgenden Sommer hatten die meisten meiner Klassenkameraden sich etwas angeeignet, das wir nur zu gerne für einen »authentischen« Liverpool-Akzent hielten.

Die Beatles hatten das Glück, für alle Beteiligten genau zur rechten Zeit zu erscheinen. Sie waren genau das richtige Thema für Zeitungsartikel, das die britischen Verleger auswalzen konnten, um die Leute von der Profumo-Affäre abzulenken, und in den USA wurde die Beatlemania schon entfesselt, als die Erschütterungen von Lee Harvey Oswalds Schüssen kaum abgeklungen waren. Sie waren jung, sie waren talentiert, sie hatten Witz, sie waren Arbeiterkinder, die es geschafft hatten, und so hätten sie keine besseren Maskottchen für das neue Britannien abgeben können, wenn Harold Wilson sie selber erfunden hätte. Sie wurden, wenn nicht die Idole der ganzen Welt, so doch die Lieblinge der ganzen Welt und schließlich der Welt heilige Narren.

Das Ende der Sechziger war – wenigstens was die Popkultur betrifft – so etwas wie eine wilde, extravagante und glitzernde Party, auf der jeder kühn und schön und witzig und charismatisch seltsam und wunderbar war, bis das Deckenlicht anging. Einige hielten stur durch, wiederholten ihre stilisierten Gesten unentwegt und forderten alle Welt heraus. Andere verschwanden von der Bildfläche, wobei sie ihren Rückzug mit mehr oder weniger Eleganz und Würde vollzogen, um dann von Neuankömmlingen ersetzt zu werden, die wußten, was die Glocke geschlagen hatte. Die Beatles und Jimi Hendrix waren die Quintessenz des Popstars der Sechziger, und irgendwie ist es durchaus angemessen, daß keiner von beiden das Jahr 1971 überstanden hat. Die Beatles gingen auseinander und zerfielen in Einheiten, deren Summe auf schockierende Weise weniger ergab als das Ganze, während Jimi Hendrix, eine der wenigen Ikonen der Sechziger mit der Sensibilität zu wissen, daß Wiederholung nicht genügt, aber auch mit dem Mut, die notwendige öffentliche Wandlung vorzunehmen, er also verpaßte diese Gelegenheit, als er in der Wohnung einer Frau, die später behauptete, er habe sie heiraten wollen, still seinen Geist aufgab. Er starb an einer Überdosis Schlaftabletten, wenn auch jemand mit dem Sinn für Symbole sagen könnte, er sei an einer Überdosis der Sechziger oder einer Überdosis Ruhm oder einer Überdosis Rock and Roll gestorben oder an einer Kombination alles dessen. Sein Tod war aus vielen Gründen eine Tragödie, am meisten aber, weil er so würdelos und so unnötig war: an seinem eigenen Erbrochenen zu ersticken ist ein so häßlicher, dummer, brutaler und degradierender Tod. Es war ein solch grausam symbolisches Ende der wirr utopischen sechziger Jahre, wie es sich ein Spötter nur wünschen konnte.

Man kann sich nur schwer vorstellen, was man noch hätte machen können, um aus Jimi Hendrix den Kulturheros für die wilde Jugend der späten Sechziger zu machen. Zu einer Zeit, als sexuelle Freiheit – besonders die der Männer – ganz oben auf dem Plan stand, etablierte er sich als Preishengst, einmal mit den eindeutig betonten erotischen Darbietungen, wie sie ein Rockpublikum seit langem nicht mehr gesehen hatte, aber auch mit dem Ruf, im Privatleben zahllose und wahllose Frauenaffären zu haben. Als die Gitarre als Penis-Surrogat zum Fetisch wurde, wurde Hendrix zum Gitarristen aller Gitarristen, der Mann, der ihr Vokabular und ihre Symbolik neu erfunden hatte. Als weiße Jugendliche, »hip« und »radikal«, eine musikalische und politische Annäherung an die schwarze Kultur suchten, in den Beziehungen zu wirklichen, lebendigen Schwarzen aber ein unüberwindliches Problem sahen, da erschien Hendrix, ein Schwarzer ihrer eigenen Generation, der sie verstand, ihre Sprache sprach und sich tatsächlich um ihre Gunst bemühte.

Er spielte mit ihrer Phantasie, weihte sie aber auch in die seine ein und dabei donnerte er sie vehement in Grund und Boden, kicherte dann und sagte »Peace«-Frieden. Als »Far Out« zum Losungswort geworden war und das Publikum »Bewußtseinserweiterung« in der Ekstase suchte, war Hendrix' Auftritt – anfangs wenigstens – der lauteste und dramatischste, den es gab, und er war der spektakulärste Dandy auf der ganzen Musikszene. Seine Musik bezog sich offensichtlich auf denselben Rhythmen and Blues wie die Musik der »Genies« des weißen Rock, aber sie enthielt das unverkennbare Feeling des originalen Prototyps, selbst dann noch, wenn sie zu ohrenbetäubender Lautstärke aufgeblasen und mit extravaganten, halluzinatorischen Produktionseinfällen, angelehnt an die Beatles, garniert wurde. Darüber hinaus schimmerte durch die Texte seiner Songs seine Bewunderung für Bob Dylan, obwohl ihm der Science-Fiction-Schund wohl vertrauter war als die Poesie der französischen Symbolisten. Außerdem war er der personifizierte anglo-amerikanische Dialog. Er brachte die einzigartige, unnachahmliche Würze der schwarzen amerikanischen Musik in den britischen Rock ein und kam nach Amerika zurück als die Speerspitze der britischen Avantgarde.

Selbst seine Politik war mehr die der Love-Generation als die der Neuen Linken oder der von Malcolm X und der aufkommenden Generationen militanter Schwarzer. Er war *für* Frieden, Liebe, Drogen, Musik, Freiheit und Verbrüderungen, *gegen* Krieg, Haß, Rassismus und spießbürgerliche Konventionen der »Ordnung« und des Anstands. Mit anderen Worten, er war das Hippie-Äquivalent zum Einstehen für Gott, Amerika, Mammi und Apfelkuchen, so vage und so platt. Die Meinungen sind geteilt darüber, ob das nur strategische Konzessionen an die Einstellung seines mutmaßlichen Publikums waren oder sein eigener, tiefempfundener Glaube: manche vermuten, daß sich unter Hendrix' ausgeflipptem Äußeren ein ganz konventionelles Gemüt verbarg, während andere wiederum darauf bestehen, er sei durch und durch ein Hippie gewesen und das schon lange, bevor die Existenz solcher Wesen vermerkt und zu Papier gebracht worden sei. Nichtsdestoweniger war es ein Glücksfall für alle Beteiligten, daß Hendrix existierte: hätte es ihn nicht gegeben, wer hätte den Weitblick gehabt, ihn zu erfinden?

> White collared conservative flashing down the street
> Pointing their plastic finger at me
> They're hoping soon my kind will drop and die
> But I'm gonna wave my freak flag high
> High!

(Der Konservative mit seinem weißen Kragen geht die Straße lang und zeigt mit seinem Plastikfinger auf mich. Sie hoffen, ich falle bald tot um, aber ich halte meine Freakflagge hoch. Ganz hoch!)

Jimi Hendrix. »If 6 was 9« (1967)

Something is happening but you don't know what it is, do you, Mr Jones?

(Irgendwas ist im Gange, aber man weiß nicht, was es ist, wissen Sie es, Mr. Jones?)

Bob Dylan, »Ballad Of A Thin Man« (1965)

I fought the law and the law won.

(Ich habe das Gesetz bekämpft, und das Gesetz hat gewonnen.)

The Bobby Fuller Four, »I Fought the Law« (1966)

Wenn die Sechziger wirklich ein »Thema« hatten, dann die Erkenntnis, daß die Macht sich deutlich sichtbar von ihren traditionellen Zentren entfernt hatte hin zu Leuten, die historisch von jeglichem Fünkchen Kontrolle über ihr eigenes Schicksal und ihre Geschichte ausgeschlossen waren. Von den Reichen zu den Armen, von den Alten zu den Jungen, von den

Rechten zu den Linken, von den Weißen zu den Schwarzen. Das Ergebnis war eine eigentümliche Koalition von Gruppen, die von ihrer jeweiligen Existenz vorher kaum eine Ahnung gehabt hatten: Linke, Beatniks und Naturbewegte trafen auf flotte, statusbewußte Großstadtjugend und heruntergekommene Kunststudenten, den Kopf voller irrer Ideen. Individualistische und kollektivistische Philosophien wurden wie durch Zauber miteinander ausgesöhnt, Konsumdenken und Antimaterialismus wurden abwechselnd gefeuert. Aber in erster Linie war es eine Zeit für Abenteuer.

»Eine ›moderne Demokratie‹«, schrieb Norman Mailer in der Einleitung zu seiner 1964er Sammlung *The Presidential Papers*, »ist eine Tyrannis, deren Grenzen nicht genau definiert sind; nur indem man immer geradeaus weiterfährt, bis man gestoppt wird, kann man feststellen, wie weit man gehen kann.« Dieser Aphorismus (mag er auch noch so weit und locker gefaßt sein), beschreibt besser als alles andere, »was in den Sechzigern passiert ist«. Ob der Weg nun politisch oder kulturell war, vom Lebensstil oder vom Unternehmungsgeist bestimmt wurde oder wovon auch immer, in den Sechzigern taten eine Menge Leute genau das: immer geradeaus fahren, bis sie gestoppt wurden. Im Schatten der Bombe, in den Nachwehen der Kubakrise – als die Welt ihrem Ende so nah war wie nie zuvor in ihrer Geschichte – begannen die Klügsten und die Tapfersten, die absoluten Grenzen der Gesellschaft, in der sie sich befanden, auszuloten.

Einige der Kämpfe waren todernst, mit richtigen Siegestrophäen und richtigen Strafen – die Bürgerrechtsbewegung in den USA, der Kampf der Vietnamesen gegen Amerika und seine Strohmänner, die Mobilisierung des African National Congress gegen die Apartheid in Südafrika – während andere, wie der Underground in England, nur pures, lustvoll angeberisches Herumstolzieren war, trotz der Versuche, sich durch Vereinigungen glaubwürdig zu machen, trotz der Lippenbekenntnisse zu den aktuellen Befreiungs- und Revolutionsbewegungen. Man kann darüber streiten, ob die diversen Establishments wirklich von den Hippies, Yippies und Rockern in Gefahr gebracht wurden: daß sie glaubten, es zu sein und dementsprechend handelten, steht fest. Abgesehen von den Routinedingen wie Polizei und Soldaten, die Leute bei Demonstrationen zusammenschlugen (das gipfelte darin, daß Männer von der American National Guard 1970 tatsächlich vier Studenten der Kent State University erschossen), hielt der FBI John Lennon und Yoko Ono für eine solche Bedrohung für die Sicherheit der USA, daß sie sie ständig überwachen ließen, und einige besonders kluge Konspirationstheoretiker sind mit der ziemlich verführerischen Behauptung herausgekommen, daß Jimi Hendrix' Tod kein Unfall gewesen sei, sondern ein verkappter Mord des CIA. (Was sagt ihr nun, ihr mit eurer Paranoia?).

Es war der Sinn für das Mögliche, der die Radikalen mit denen verband, die die Revolution nur als Entschuldigung dafür nahmen, ihr Zimmer nicht aufzuräumen, es war die Feststellung, daß alles möglich war, daß die Monster der Unterdrückung gar nicht so groß und stark waren, sie waren nur hochaufgeschossen, sonst nichts. Die Rocker hatten darin ihre symbolische Rolle zu spielen: die Beatles waren liebenswert frech gegen die Autorität, die Rolling Stones benahmen sich flegelhaft ihr gegenüber und verhöhnten sie, Bob Dylan klagte sie erst an, dann schockierte er sie, Hendrix benahm sich, als gäbe es sie gar nicht.

Die Kernfakten des amerikanischen öffentlichen Lebens in den Sechzigern waren einmal der Kampf der Schwarzen – zuerst durch Martin Luther King jr. und die Bürgerrechtsbewegung verkörpert, später durch Huey P. Newton und Bobby Seales paramilitärische Black-Panther-Partei – dann der Vietnamkrieg, beides ein Maßstab für die Machtgrenzen der USA. »Kein Vietnamese hat mich je Nigger genannt«, sagte Muhammad Ali, als man ihm seinen Weltmeisterschaftstitel im Schwergewicht aberkannte, weil er sich geweigert hatte, zur

Armee zu gehen, aber es waren bestimmt nicht die jungen Schwarzen, die, entweder mit Hilfe einflußreicher Eltern oder dadurch, daß sie als Studenten zurückgestellt wurden, vom Gestellungsbefehl verschont bleiben. Eine unverhältnismäßig hohe Zahl von Schwarzen kämpfte in Vietnam, theoretisch – wie schon im Zweiten Weltkrieg und in Korea – zur Verteidigung eines amerikanischen Lebensstils, in dem man ihnen immer noch nicht die vollen Bürgerrechte garantierte. Ein großer Teil der massiven politischen Unzufriedenheit der Sechziger stand in direktem Zusammenhang mit dem institutionalisierten Rassismus und dem Krieg: fast 50 Prozent der amerikanischen Öffentlichkeit mißbilligte den Krieg, aber keine der beiden politischen Parteien (oder, um genauer zu sein, keine der beiden Richtungen in Amerikas Einparteienstaat) war bereit, die Beendigung des Krieges 1968 zum Wahlkampfthema zu machen. Das politische Establishment vollzog den Schulterschluß; US-Bürger, die gegen den Krieg waren, hatten im drängendsten internationalen Problem der Nation effektiv kein Stimmrecht.

In England erzürnte Harold Wilsons Labour Party viele ihrer Anhänger mit der Weigerung, die Politik der USA in Südostasien zu verurteilen (obwohl ihre lauwarme verbale Unterstützung weit hinter dem Grad von Engagement zurückblieb, den Präsident Lyndon B. Johnson erwartete, der direkte militärische Beteiligung der Briten angefordert hatte). Auf einer trivialeren Ebene war die »Stimme der Jugend« überaus wenig angetan von der Art, wie die Wilson-Regierung mit den Piratensendern vor der Küste umging, die das despotische Monopol der BBC herausforderten, indem sie Popmusik rundum in die Gegend pumpten. Unter Anthony Wedgwood Benn (der damals noch nicht als Neuproletarier Tony Benn wiedergeboren war) wurden die meisten von ihnen ausgehoben und die besten ihrer Diskjockeys von der BBC angeheuert, die ihre eigene Orthodoxie ausbügelte und einen neuen Service mit ausschließlich Pop unter dem Namen Radio One installierte. Die

Piratensender hatten das grobe Simple munter mit der Avantgarde gemischt in einer Weise, die auf ein echtes, nicht im voraus bekanntes Radioprogramm hinauslief. Sie zu hören (was theoretisch illegal war) war auch ein Protest gegen die BBC, die jede Woche nur ein paar Stunden Popmusik spielte.

Dieser Punkt kann nicht stark genug betont werden: wenn man in den frühen Sechzigern in England lebte, war es fast unmöglich, irgendwo im Radio Pop zu hören, der ein bißchen Biß hatte. Fernsehen half da auch nicht. Das Zeug war *selten*, man mußte *Jagd* darauf machen. Man mußte sich eine halbe Stunde lang eine öde Unterhaltungssendung anhören wegen einer Gruppe, die irgendwo mittendrin als Gast auftrat. So wurden die »Kinder« geködert, aber auch die Erwachsenen. Wenn man indessen ein Halbwüchsiger war, mit all den Ängsten und Energien und der Neugier der Halbwüchsigen, dann hörte man Radio Luxemburg oder die Piratensender und verfolgte das wandernde Sendezeichen rund um die Uhr. Es war nun nicht gerade die französische Résistance – nicht von ungefähr benutzte Clash *London Calling* als Albumtitel – aber die Platten schienen von irgendwo herzukommen, wo es bunter und verlockender, herausfordernder und übermütiger zuging als in einem Vorort mit wohlgepflegten Rasen.

In Amerika – so hatten es die britischen Jugendlichen wenigstens gehört – gab es Tausende von Radiostationen, und einige davon spielten Pop oder Soul oder Country den *ganzen Tag* und die *ganze Nacht.* Alles, was die jungen Briten hatten, waren ein paar Stunden im BBC Light Programme. Dann gab es die Piratensender, und nun waren sie wieder weg. Benns Handlungsweise war wie die eines Erwachsenen, der einem ein wunderschönes Spielzeug wegnimmt und dann sagt, man könne es gelegentlich mal wiederhaben, aber nur unter Aufsicht und unter der Bedingung, daß man auch schön *brav* damit spielt, mein Liebes. Väterlichkeit? Man hätte darauf *spucken* mögen.

Was den Zeitgeist angeht, hätte die Regierung keinen

schlimmeren Schritt tun können. Wilson hatte so verzweifelt versucht, ein Premierminister für den jungen Menschen zu sein, ständig hatte er die Leute daran erinnert, daß er und die Beatles, beide aus Liverpool waren, und nun benahm ausgerechnet er sich wie die spießigen alten Tories, denen die Piratensender mißfielen, weil sie vulgär und verbreitet und nicht zu kontrollieren waren, Labour mißfielen sie aus untadelig sozialistischen Gründen. Sie ging aus von der direkten, praktischen Seite (die Frequenzen, die die Piratensender nutzten, brachten den Schiffsverkehr und den offiziellen europäischen Rundfunk durcheinander), von der politischen Orthodoxie (Rundfunk war Staatsmonopol) und von schierer Trägheit (Rundfunk war ein Staatsmonopol), sie hämmerte auf all die holperigen Manifestationen jugendlicher Kulturautonomie ein und verstreute den Kapitalismus mit der schweren Hand des Staates.

Es war eine erhellende kleine Episode, die grell den tiefen Unterschied zwischen dem britischen Underground und seinem amerikanischen Gegenstück klarmachte. Grob gesagt, die Amerikaner machten Politik, für die Briten ging es um eine Lebenshaltung, und einer borgte fröhlich vom anderen. Die amerikanische Jugend mußte sich schließlich mit dem allgegenwärtigen Geist des Vietnamkrieges und den seismischen Verwerfungen des schwarzen Aufbegehrens herumschlagen. Ihre englischen Vettern hingegen spielten mit der Ästhetik des Stils herum und verachteten die Ansicht, brave Kinder sähe man, aber man höre sie nicht. Es war – wie es die Quintessenz des englischen Wesens war – im Kern ein Klassenkonflikt: die Rockszene und der Underground waren Orte, an denen Flüchtlinge aus allen Klassen den Einschränkungen durch die berufenen Hierarchien und vorgeschriebenen Verhaltensweisen entkommen konnten. Abtrünnige alte Etonschüler und Halbstarke aus Shephards Bush oder Tyneside standen Seite an Seite – nicht ohne ein gewisses Maß an gegenseitigem Mißtrauen – in der relativen Gleichheit einer Pufferzone zwischen denen, die nach oben wollten und den Absteigern, jede Gruppe fasziniert von Benehmen und Stil der jeweils anderen. Ohne das grimmige Umfeld, das durch die echten sozialen Unruhen in den USA entstand, war der britische Underground einfach ein herrlich verspieltes und dekadentes Exerzitium in Lebensstil.

Das Kontinuum derer, die der Bewegung Lippenbekenntnisse ablegten, erstreckte sich von eingeschworenen Stadtguerillas wie die europäische Angry Brigade und den amerikanischen Weathermen (die herumrannten und Häuser in die Luft jagten) bis zu grauhaarigen Plattenleuten, die sich buschige Koteletten wachsen ließen, sich mit Nehrujacken und Medaillons ausstaffierten, sich Joints in ihre Zigarettenetuis fürs Büro taten und sich daran gewöhnten, bevorzugte Gruppen mit erhobener Faust zu grüßen und »Right On!« (Vorwärts!) zu murmeln. Es war, meine ich, wohl nur folgerichtig, daß man erzählte, die CBS Records, und nicht mehr die Bank von Amerika, solle in die Luft gesprengt werden, besonders, als die erstere aus dem leicht entzündlichen politischen Klima von 1968 – die Polizeiübergriffe bei der Democratic Convention, die King- und Kennedy-Morde u.a. – Kapital zu schlagen suchte mit der heute verrufenen Kampagne »The Man Can't Bust Our Music« (Der Mann kann unsere Musik nicht sprengen), bei der eine Schwadron von aufmüpfig struppigen Typen zu sehen war, die hinter einer Bar grimmig Plakate schwenkte (von einer CBS-Plattenhülle genommen), während schweinische Chicago Cops anscheinend direkt um die Ecke lauerten, mit Schlagstöcken, von denen sie gerade die letzten Spuren von Blut und Haaren abgewischt hatten. Das stellte den Kauf eines Big Brother-, Electric Flag- oder Moby Grape-Albums mit dem Verbrennen des Wehrpasses und den Solidarmärschen mit den Black Panthers gleich oder mit den Demonstrationen gegen die zynische Entscheidung der demokratischen Partei, den Vietnamkriegsgegnern die politische Legitimität vorzuenthalten. Es war –

gelinde gesagt – ein etwas hinterhältiges Stück Marketing: durchsichtig, korrupt und voll Verachtung. Es beutete die drängendsten sozialen und politischen Probleme der Zeit aus, lediglich um der Verkaufszahlen willen, und die Untergrundpresse konnte noch so sehr rasen gegen das »Anzapfen der Kultur der Leute« oder »die Ableitung revolutionärer Energien«, den amerikanischen Jugendlichen machte es möglich, der Revolution so nahe zu kommen, wie sie nur wollten: eine Chance, ihre Eltern zu ärgern, ein bißchen Sex, einen Joint oder eine Prise Acid und ein *geiles* neues Album.

Es ist sehr leicht, zynisch zu werden gegenüber dieser Zeit, die Prätensionen dieser Ära aufzuspießen, die Litanei der Fehlschläge und Naivitäten und Heucheleien herzubeten oder den Opportunismus, die Zusammenhanglosigkeit und die inneren Widersprüche der sozialen und politischen Ideologien der späten Sechziger genüßlich zu analysieren. Immerhin hat England in jenen Jahren die reaktionären Gesetze gegen die Homosexualität und die Abtreibung liberalisiert – zum bleibenden Kummer der konservativen Politiker und der Leitartikler – und der amerikanische Protest stoppte den Vietnamkrieg und stürzte im Verlauf dieses Prozesses einen Präsidenten (obwohl er im Endergebnis durch einen noch schlechteren ersetzt wurde). Mit diesen Taten haben sie ihrer Nation und der Welt einen ganz großen Dienst erwiesen: sie waren gleichzeitig bessere Patrioten und bessere Internationalisten als die Mehrzahl ihrer gewählten Volksvertreter.

Grob gesagt, es war ein klares »wir« gegen ein klares »sie«, selbst wenn die meisten von »uns« viel weniger gemeinsam hatten, als man zugab. Tom Wolfe spießte die Siebziger als die »Mir«-Dekade auf (was auch stimmte). Was seine Beobachtung so scharfsinnig machte, war das Eingeständnis, daß man von dem gebrochenen Versprechen der Sechziger, daß »wir« es überwinden würden – »we« would overcome – abgelassen hatte. In diesem Zeichen waren die Sechziger die Dekade des Wir gewesen – die Ära, in der sich eine neue Übereinkunft

formen sollte, die das Unrecht der Vergangenheit wiedergut-
machen würde. Am Ende aber trafen »wir« auf den Feind, und
das waren »wir«.

> They got the guns but
> We got the numbers
> Gona win, babe, we're
> Takin' OVAH...

(Sie haben die Waffen, aber wir sind zahlreich, wir werden
gewinnen, Baby jetzt kommen wir...)

Jim Morrison für die Doors, »Five to One« –
Fünf gegen Einen (1968)

Selbst die, die nur zu Demonstrationen gingen, um sich vollzu-
dröhnen, die Bullen zu bekämpfen, Bands zu hören oder sich
irgendwen zu angeln – aus schlichter Langeweile oder ähnlichem Druck – leisteten einen Beitrag. Durch ihr bloßes Dabei-
sein erinnerten sie die Welt daran, daß nicht alle Amerikaner
diesen Krieg mittrugen. Zu jener Zeit war das sehr wichtig. Es
schien, als gäbe es zwei Amerikas. Das dominierende war
ebenso willkürlich brutal und erstickend bürokratisch wie die
Sowjetunion, gleichzeitig so schonungslos oberflächlich und
hysterisch gierig wie eine billig produzierte Spielshow am
Nachmittag. Sie führte zu gleicher Zeit einen abscheulichen
und ungerechten Krieg gegen ein fernes, friedliches kleines
Land und gegen diejenigen unter ihren eigenen Leuten, die
sich weigerten, sich als Bürger zweiter Klasse behandeln zu
lassen. Dieses Amerika war ein blindes Monstrum – go, Norman Mailer, go! – das in fieberhafter, wahllos zerstörerischer
Rage um sich schlug. Es liebte, schützte und verteidigte den
Vietnamkrieg.

Das andere Amerika, im Gegensatz dazu, war voll Liebe
und Lachen, Phantasie und Stil. Es glaubte an Frieden, Freiheit, Gerechtigkeit und Brüderlichkeit daheim und in der Welt,

für alle und jeden, und gestand jedem das Recht zu, genau das zu sein, was er sein wollte. (Außerdem gab es die besten Parties). Das wichtigste war, es verabscheute, verhöhnte und bekämpfte den Vietnamkrieg. Im Prinzip zeigte sich am Thema Vietnam deutlich, wer man war, wenn auch etwas vorschnell und nicht immer ganz genau. So wurden zum Beispiel die Soldaten, die in dem Krieg kämpften, vereinfachend als sadistische Kinderschlächter hingestellt, während ihr einziges Verbrechen zumeist darin bestand, daß sie entweder über den wirklichen Sinn dieses Krieges und die Art seiner Führung schlecht informiert waren oder nicht genügend Hilfsquellen und Einfluß hatten, dem Gestellungsbefehl zu entgehen. Notwendigerweise warf Vietnam seine Schatten über vieles im eindringlichsten Pop der Zeit. Kein Aspekt des amerikanischen Lebens (und des kulturellen und politischen Lebens nahezu der gesamten Welt) konnte hoffen, davon völlig frei zu bleiben.

»I'd like to do this one for all the Soldiers that are fightin' in Chicago, Milwaukee and New York... oh yes, and all the soldiers fightin' in Vietnam. Like to do a thing called ›Machine Gun‹...«

(Dies hier spiele ich für alle Soldaten, die in Chicago, Milwaukee und New York kämpfen... ach ja, und für alle Soldaten, die in Vietnam kämpfen. Ich möchte ein Stück spielen, das heißt ›Machine Gun‹..)

Jimi Hendrix, Fillmore East, New York City, Sylvester 1969

»Eines Tages operierten wir mit der ARVN [Army Republic Vietnam] in den Reisfeldern über Vinh Long, vierzig verschreckte Vietnamesen und fünf Amerikaner, alle auf drei Hubschrauber gepackt, die uns bis an die Knie in den weichen Boden fallen ließen. Ich bin nie vorher in einem Reisfeld gewesen. Wir zerstreuten uns und krochen zu der sumpfigen Senke, die in den Dschungel führte. Wir waren noch zwanzig Fuß von der ersten Deckung entfernt, einem niedrigen Wall aus

Reislehm, als wir von den Bäumen aus unter Beschuß genommen wurden. Wahrscheinlich war es die eine, funktionierende Hälfte eines Kreuzfeuers, das irgendwie schiefgelaufen war. Es traf einen von der ARVN direkt in den Kopf, er fiel nach hinten ins Wasser und verschwand. Wir schafften es mit zwei Mann Verlust bis zum Wall. Es gab keine Möglichkeit, das Feuer zu stoppen, keinen Raum, Geleitschutz zu geben, so forderten wir Kampfhubschrauber an, duckten uns hinter den Wall und warteten. Es kamen eine Menge Schüsse aus den Bäumen herunter, aber so lange wir uns duckten, war alles in Ordnung. Ich dachte gerade, oh Mann, so sieht also ein Reisfeld aus, du liebe Güte, als mir plötzlich eine elektrische Gitarre direkt in die Ohren knallte und eine hingerissene schwarze Wahnsinnsstimme sang und bettelte, »Now c'mon baby, stop actin' so crazy« und als ich endlich begriffen und mich umgedreht hatte, sah ich einen grinsenden schwarzen Corporal über einen Kassettenrecorder gebeugt. »Laß doch«, sagte er. »Wir sind ja doch hier festgenagelt, bis die Hubschrauber kommen.«

Das ist die Geschichte, wie ich zum ersten Mal Jimi Hendrix gehört habe, immerhin in einem Krieg, in dem viele Leute von Aretha Franklins »Satisfaction« so sprachen wie andere Leute von der Vierten von Brahms, es war weit mehr als nur eine Story, es war eine Beglaubigung. Jemand sagte dann wohl, »Also, Jimi Hendrix, das ist mein Mann. Der weiß genau, wovon er redet.« Hendrix war mal in der 101. Luftlandetruppe gewesen, und die Luftlandetruppen in Vietnam waren voll von Schwarzen wie ihm, leicht verrückt und sehr helle, gut und böse, beides gleich echt. Jungs, die sich immer um einen kümmerten, wenn es schlimm wurde. Diese Musik bedeutete ihnen eine ganze Menge. Über AFN hab ich sie nicht ein einziges Mal gehört.«

Michael Herr, *Dispatches* (1977)

Jimi Hendrix' altes Regiment, die 101. Luftlandedivision (auch »Screaming Eagles« – schreienden Adler – genannt) wurde

Anfang 1965 nach Vietnam geschickt. Zu der Zeit war Hendrix selbst schon lange nicht mehr dabei – er wurde nach einer Verletzung beim Exerzieren im Herbst 1962 in Ehren entlassen – und trieb sich in Harlem herum, fast ein Jahr bevor Chas Chandler ihn auffischte und nach London beförderte. Wenn er ein paar Jahre jünger gewesen wäre oder noch keinen Wehrdienst hinter sich gehabt hätte, als die Gestellungsbefehle anfingen, hätte er möglicherweise von Uncle Sam einen Freifahrtschein bekommen nach dem Land, das einmal Französisch-Indochina gewesen war. So, wie die Dinge lagen, gingen Männer, die er kannte und mit denen zusammen er exerziert hatte, nach Vietnam, um die Verbreitung des Marxismus-Leninismus aufzuhalten – und einem hartgestotterten alten Gauner von einem Präsidenten politisch aus der Patsche zu helfen, der den rechten Flügel, mit seinem tiefen Mißtrauen gegen die Bürgerrechte, die Wohlfahrt und die Große Volksgemeinschaft, besänftigen wollte. Hendrix kannte die Methode ganz genau, soweit sie die Lage der schwarzen GIs betraf: In Vietnam stellten sie 2 Prozent der Offiziere, wurden aber zu 28 Prozent der Fronteinsätze herangezogen. Als er »Machine Gun« »allen Soldaten, die in Vietnam kämpfen«, widmete, machte er weder Sprüche für das Publikum, noch leistete er sich billige Ironie. Hendrix wußte *ganz genau*, wer in Vietnam den Preis für die Schachzüge der Politiker bezahlte, und als er die unheimlich lautmalerische Kraft seiner Gitarre beschwor, um die Klänge der städtischen Aufstände und der Dschungelkämpfe hervorzurufen – wie er es in »Machine Gun« und »The Star Spangled Banner« getan hat – nutzte er dazu jedes Atom dieses Wissens.

Diese Vorträge klangen so authentisch, daß Vernon Reid, der Vor-Metal-Gitarrist, der Living Color leitete und die Black Coalition gründen half, einmal fest glaubte, Hendrix sei ein Vietnam-Veteran. Reid kennt Jimi Hendrix' Musik durch und durch, dessen persönliche Geschichte aber weit weniger, aber sein Irrtum enthält nichtsdestoweniger eine tiefe psychologische Wahrheit. »Hendrix«, sagt Reid, »hat die ganze Vietnam-

Erfahrung verinnerlicht. Er ist *drin*, vollkommen darin eingetaucht, und es geht über das Spielen hinaus. Selbst das Feedback klingt, als wenn Menschen weinen und wie Dörfer im Napalmregen... er schaltete sich in etwas ganz *Tiefes* ein, jenseits von Gut und Böse«.

Hendrix hat das »Star Spangled Banner« bei verschiedenen Gelegenheiten gespielt, aber die bekannteste Version der Nationalhymne seines Landes ist die, die er auf dem Höhepunkt seines Auftritts im Woodstock Festival (»Drei Tage Frieden und Musik«) im August 1969 gespielt hat. Es war eine tödliche Ironie: ein Schwarzer mit einer weißen Gitarre, eine Masse Publikum, fast ausschließlich Weiße, die sich in einem Feld von selbst produziertem Matsch wälzten; die klaren, reinen, trompetenhaften Töne der vertrauten Melodie, die sich mühten, durch die Wolken von Tränengas, die Explosionen der Streubomben, die Schreie der Sterbenden, das Knistern der Flammen, die schweren Rauchwolken, die von menschlichem Fett stanken, zu dringen, darüber noch das Knattern der Hubschrauber... Es ist nur zu gerechtfertigt, daß Francis Ford Coppola Randy Hansen engagierte, einen jungen Gitarristen, dessen Akt für gewöhnlich aus Ton-für-Ton-Reproduktionen von Hendrix, mit Perücke und Make up, bestand, um einen intensiv an Hendrix angelehnten Gitarren-Overkill zu liefern, als Soundtrack für eine Hinterhaltszene in seinem Vietnam-Exorzismus von 1979, *Apokalypse Now*.

Das »Star Spangled Banner« ist wahrscheinlich das komplexeste und machtvollste Werk in der amerikanischen Kunst, soweit sie sich mit dem Vietnamkrieg und seiner verderblichen, entstellenden Wirkung auf die nachfolgenden Generationen der amerikanischen Psyche befaßt. Ein einziger Mann mit einer einzigen Gitarre sagte in dreieinhalb Minuten mehr über diesen besonders widerlichen Krieg und seine Nachwirkungen aus als alle Romane, Memoiren und Filme zusammengenommen. Es ist eine Interpretation der Geschichte, die weder

Raum läßt für den blinden revisionistischen Eifer eines Sylvester Stallone oder Chuck Norris, noch für die ichbezogenen Ängste von Coppola und Stone. Es stellt so plastisch, wie das ein Stück Musik nur tun kann, sowohl das heraus, was die Amerikaner den Vietnamesen angetan, wie das, was sie sich selber zugefügt haben.

Und es hört auch nicht auf: 1988 verwendeten die irischen Rockpropheten U_2 ein Schnipsel aus dem »Star Spangled Banner« als Vorspiel zu der Bühnenschau »Bullet the Blue Sky«, einer wilden Kritik an dem, von den USA unterstützten Terror der Contras in Nicaragua. Und – von der Tragödie zur Farce – Stevie Ray Vaughan, Hendrix' größter lebender Imitator, spielte das »Star Spangled Banner« zur Eröffnung der Baseballsaison 1985 im Huston Astrodome. Vaughan wies mit Entrüstung den Einwand zurück, daß bei einer solchen Gelegenheit wohl einiges dazu zu sagen sei. »Warum machen die Leute eigentlich immer mehr davon her, als es ist?« fragte er mit scheinbarer Logik. »Ich kann solche Vergleiche nicht leiden«.

Hendrix hätte wahrscheinlich das Schauspiel, »seine« Version der Nationalhymne zur Eröffnung der Baseballsaison gespielt zu sehen, mit einem gewissen trockenen Amüsement begrüßt. In einem Zeitalter, in dem die Kunst in erster Linie als Gebrauchsware existiert, hat der Künstler letztlich wenig dabei zu sagen, was für eine Art Gebrauch von seiner oder ihrer Kunst gemacht wird. Schließlich, während das politische Establishment die Gegenkultur der Sechziger als eine Bedrohung ansah, sah die Musikindustrie darin nur einen Markt und selbst, als die festgestellte Bedrohung sich in Luft auflöste, blieb der Markt.

Und er existiert heute noch: die Jugend der Sechziger wurde wieder nüchtern, verantwortungsbewußt, wurde zu Konservativen oder zu Republikanern. Die Tage des Zorns waren längst vorüber: ein alter Radikaler und Student wie David Stockmann konnte am Ende Verantwortlicher für den Staatshaushalt unter Ronald Reagan werden, der einer geduldig leidenden amerikanischen Öffentlichkeit den unveränderten Monetarismus auf den Hals lud, während Jonathan Aitken, einst Mitunterzeichner der Anzeige von 1967 in der *Times*, »Legalisiert Marihuana«, auf der Bahn von Margaret Thatcher und ihren viktorianischen Werten nahtlos und bequem den Übergang zum Tory und Parlamentsmitglied geschafft hat. Jerry Rubin ist an der Wall Street: da es ihm nicht gelungen ist, die Bank von Amerika niederzubrennen, versucht er anscheinend jetzt, sie zu kaufen.* Neil Young, Komponist der Kent State-Eloge »Ohio« (»Tin soldiers and Nixon coming/we're finally on our own« – Da kommen Zinnsoldaten und Nixon/wir aber sind schließlich allein) erliegt seiner Furcht vor AIDS-kranken Schwulen und wildgewordenen Iranern und unterschreibt bei Ronald Reagans Propagandatruppe. George Bushs Wahlkampagne, die offen mit den rassistischen Alpträumen der amerikanischen Mittelklasse spielte und das Wort »liberal« in der gleichen Weise anwandte wie Joe MacCarthy seinerzeit das Wort »Commie« (Kommunist), wurde durchgeführt von dem ehemaligen Soulrocker aus den Südstaaten, Lee Atwater; als auf der Party zu Bushs Amtseinführung eine ganze Reihe von R&B- und Rockstars aufkreuzte, um zu jammen, präsentierte Ron Wood Atwater mit seiner Gitarre. (Daraufhin brachte *Rolling Stone* einen bissigen Kommentar von einem gewissen Mike Woodrard aus Phoenix, Arizona, in dem dieser sagte, daß »die (republikanische) Partei durch ihre Hinwendung zur Bluesmusik gerade viele von denen einzufangen hofft, denen sie zu allererst, mit ihrer repressiven, elitären Politik, den Blues erst gegeben hat«). Amerikas beliebtester zeitgenössischer Humorist ist der Ex-Hippie vom rechten Flügel, P. J. O'Rourke, der eine moderne, marktgerechte, literarische Version des konservativen Anarchismus repräsentiert, einen Anarchismus, der einst die Hell's Angels dazu brachte, Anti-

---

* Abbie Hoffmann, Rubins alter Partner bei allen Yippie-Schandtaten, beging im April 1989 Selbstmord. Er trat zum letzten Mal öffentlich in Erscheinung, als er an der Seite Amy Carters bei einer Demonstration verhaftet wurde.

kriegsdemonstrationen zu zerschlagen. Natürlich ist O'Rourkes bekanntestes öffentliches Forum *Rolling Stone*, das ja auch regelmäßig Anzeigen der US-Armee mit dem mystischen Slogan des Neuen Zeitalters bringt: BE ALL YOU CAN BE – Sei alles, was du sein kannst. Der extremste Fall von Abstreifen der Sechziger war wohl der von Cat Stevens, der die Metamorphose zu Yusuf Islam, dem Führer einer Moslemgemeinde, durchmachte und das letzte, was man von ihm gehört hat, war sein Gebrüll nach Salman Rushdies Kopf. Und so fort.

Manches davon stammt wohl aus der Sehnsucht nach Stabilität und Vernunft, die nach dem dreißigsten Geburtstag einsetzt, aber da ist auch noch der schlichte Drang, an der Seite der Gewinner gesehen zu werden. (Die Auffassung vom »beautiful loser«, dem schönen Verlierer – unsterblich geworden in Leonard Cohens Roman – ist durch und durch sechziger Jahre; heutzutage hat der Verlierer nichts Schönes an sich). George Orwell schrieb die Faszination, die Stalins Russland auf die westlichen Intellektuellen ausübte, der »Anbetung der Macht« zu – dem unwiderstehlichen Drang, sich um das nächstgelegene, felsenfest stehende Objekt zu scharen – und ein dem sehr ähnliches Motiv verhalf dazu, daß sich viele der entsprechenden Intellektuellen in den Achtzigern der Rechten zuwandten. In den sechziger Jahren spürten die Demokraten Kennedys und Wilsons Sozialisten, daß die Zeitströmung mit ihnen war – ebenso wie, später im gleichen Jahrzehnt, die Neue Linke sich von der Woge des Augenblicks tragen ließ, die scheinbar nach oben führte – und alle möglichen glatten Oberflächen wurden routinemäßig mit dem Firnis der passenden Rhetorik und des passenden Benehmens überzogen. Genauso leicht und gedankenlos tat man das zwanzig Jahre später mit dem ökonomischen Liberalismus und sozialen Konservatismus der Achtziger.

Aber – *he, wow!* – die Kinder des Babyboom sind immer noch begeistert für ihren Rock and Roll. Zweifellos war er es, den sie an ihren wilden Jahren am meisten geliebt haben: und so haben sie eben daran festgehalten: »Freiheit« halten sie immer noch hoch, aber sie wird fast ausschließlich als Freiheit *für* etwas interpretiert, nicht als Freiheit *von* etwas. P.J. O'Rourke zum Beispiel ist vielleicht der deutlichste und lautstärkste Sprecher für die älteste aller westlichen Freiheiten: Die des gutsituierten weißen Mannes, zu tun, was immer er will, überall in der Welt. Der Gedanke der Freiheit *von* etwas (Armut, Krankheit, Schmutz, Heimatlosigkeit, Arbeitslosigkeit, Krieg) ist wieder einmal verdächtig. schließlich würde niemand, er sei den ein Narr oder ein Stänker, die essentielle Berechtigung eines sozialen Systems in Frage stellen, von dem man persönlich so fein profitiert hat. Auf der Höhe ihrer Inspiration haben der politische und der theoretische Zweig der Hippies die Klischees sowohl des linken wie des rechten Flügels der politischen Diskussion überwunden, indem sie Freiheit sowohl *von* wie *für* etwas verlangten, aber sobald ökonomischer Druck einsetzte, erwiesen sich die beiden Arten von Freiheit als äußerst ungleich. Es ergab sich ein Kampf von der Sorte, wie ihn ein Schiedsrichter in der fünften Runde abbricht.

Antirassismus, einst so stolz verkündet, war kein ernstzunehmendes Anliegen mehr gegenüber der dringlichen Forderung, die Grundstückspreise zu halten; AIDS, ausufernde Männerfeindlichkeit und die von der Frauenbewegung beeinflußten Kritiker haben gemeinsam den Begriff der »sexuellen Freiheit« zuschanden gemacht; der Kampf um die Umwelt ist schon verloren, und es hat so viele Todesfälle gegeben, daß niemand, der noch ein Fünkchen Verstand hat, einer härteren Droge als Marihuana auch nur nahekommen würde. Aber die Grateful Dead sind besser im Geschäft als je, Crosby, Stills, Nash & Young sind alle zusammen wieder da, Stevie Winwood und Eric Clapton, letzterer selbst ein Mitglied der Anonymen Alkoholiker, erscheinen in Werbespots für Bier, die Alben der Beatles sind wieder Bestseller in der Originalversion auf glänzenden Compact Discs, und eine Zeitlang konnte man nicht an einem Kino oder einer Videothek vorbeigehen, ohne über sechs Filme mit dem Thema Vietnam zu stolpern. Die Ära von Reagan und Thatcher mag die Werte der Fünfziger wieder eingeführt haben, ebenso hat sie aber auch die Geschmacksrichtungen der Sechziger wieder aufleben lassen, wie wenig das auch immer zusammenpassen mag für jemand, der sich an das erste Aufkommen all dessen erinnert. Die Sechziger, meine Brüder und Schwestern, bleiben uns erhalten. Sie laufen in der Tat in beständigen Umdrehungen – aber das Band wird mit jedem Mal schlechter.

»There's a song that I sing, and I believe that if *everybody* was to sing that song we could save the whole world. *Listen* to me!«
(Da gibt es ein Lied, das ich singe, und ich glaube, wenn jeder dieses Lied sänge, könnten wir die ganze Welt erlösen. Hört mir mal zu!)
Solomon Burke, »Everybody Needs Somebody To Love« (1964)

Schnell weiter: stellt euch mal einen mehr oder weniger typischen Rockfan vor, der so Mitte der siebziger Jahre von einem UFO gekidnappt worden wäre und dann in das, was wir so lachend die Wirkliche Welt von 1985 nennen, zurückgeschleudert würde, direkt neben einen Zeitungsstand mit der Spezialausgabe der *Rolling Stone* über das Live Aid-Konzert. Da starrten ihn oder sie eine beruhigende Reihe vertrauter Gesichter an: Mick Jagger, Bob Dylan, Paul McCartney, Pete Townshend, Eric Clapton, Robert Plant und Tina Turner (plus, in einer etwas größeren Aufnahme, David Bowie, den unsere gedachten Figuren möglicherweise noch von seinem 1969er »Space Oddity«-Hit kennen). Ein früherer UFOnaut, der in den Fünfzigern gekapert worden wäre, hätte vergeblich nach einem bekannten Gesicht gesucht. Es stimmt schon, Elvis Presley, Rick(y) Nelson, Eddie Cochran, Gene Vincent und Buddy Holly sind tot und Chuck Berry, berühmt genug in seinem Metier, aber nicht annähernd reich genug, hat in seinem ganzen Leben nichts umsonst gemacht, aber was ist mit Little Richard? Was ist mit Jerry Lee Lewis? Was ist mit Bo Diddley?

Die Antwort ist verhältnismäßig klar. Dies illustre Trio – und alle anderen, noch aktiven Künstler aus der Zeit – treten als »Oldies« auf. Für die Generation, die Live Aid organisiert und daran teilgenommen hat, begann der »zeitgenössische Pop« ungefähr, als die Beatles und die Rolling Stones zum Eigentum der Öffentlichkeit geworden waren, und das geht heute noch so weiter. Jeder aus der Zeit davor ist prähistorisch: Dinosaurier, die wie Menschen rockten. So ziemlich der einzige Künstler, der schon in den fünfziger Jahren Hits hatte, und sie immer noch hat, ist James Brown (mal abgesehen von Dan Hartmann, Full Force und PCP), obwohl der verstorbene Roy Orbison zum Zeitpunkt seines Todes im Dezember 1988 kurz vor einem größeren Comeback stand, zum Teil dank seiner höchst erfolgreichen Mitwirkung an The Traveling Wilburys, einer Gemeinschaftsproduktion von Bob Dylan, George Harrison, Jeff Lynne und Tom Petty. Ich habe mich nicht einmal getraut, ihr gemeinsames Alter zusammenzuzählen.

Trotzdem, alt ist schön. Alte Gruppen kommen wieder, voll angemessener Zerknirschung über ihren politischen Extremismus, ihre sexuellen Exzesse und die Geschichte von dem beinahe verhängnisvoll gewordenen Verschwenden ihres Vermögens. Alte Songs tauchen wieder auf, vorgetragen von jungen Künstlern, die unendlich viel vernünftiger und professioneller sind als ihre Vorläufer. Manchmal, wenn die neuen Künstler einen Anfall von Großzügigkeit haben, schieben sie das Original zu einem Erinnerungsduett ein; wenn sie es eilig haben, bringen sie nur eine Kostprobe. Die Rundfunkstationen leiern non-stop alte Songs ab mit dem Ergebnis, daß die meisten jungen Künstler wie die jüngeren Ableger oder gar die Kinder ihrer Vorläufer klingen. (In manchen Fällen – Julian Lennon, Ziggy Marley, Dweezil Zappa, Ivan Neville – sind sie es sogar). Das Aufkommen der Compact Discs senkte die Waagschale noch weiter auf die Seite der Vergangenheit, so daß – in einer klassischen Demonstration des Zuges zum Konservativen – Tausende von Leuten (inklusive dieses Autors natürlich) rausrannten und sich so großer Teile ihres gesamten Einkommens entäußerten, daß es schon bedenklich war, nur um eine verbesserte Auflage dessen zu erwerben, was sie ohnehin schon besaßen.

Ich habe zwar speziell die Popmusik angesprochen, aber das gleiche gilt auch für das geradezu manische Recycling, das die Ökologie der meisten populären Künste bestimmt: Folgen, Remakes, Genrestücke, Wiederaufführungen jeglicher Art, angefangen vom simpelsten Wiederkäuen der Populisten bis zu den kunstvollen Ketten ironischer Variationen, die von denen, die bewußter mit den Medien umzugehen verstehen, um die beliebtesten Klischees herumgeknüpft werden. Und geradeso, wie die neuen Platten und Filme mehr und mehr den alten gleichen, so befähigt der technologische Fortschritt die alten, immer mehr wie die neuen zu werden. Der Medienmogul Ted Turner hat angekündigt, er beabsichtige alte Schwarzweißfilme der MGM zu kolorieren (das bedeutet, für die Feinde des Alltagsjargons, »computerisierte Tönung«), Filme wie »Casablanca«, als Konzession an diejenigen, die den Hauch des Antiquierten bei den Schwarzweißfilmen zu befremdlich finden; es gibt auch einen lukrativen Handel mit der Aufarbeitung alter Platten, bei denen das Fehlen des maschinellen Schlagzeugs die Popjugend von heute verstört. Bei einer Neufassung von »Papa Was A Rolling Stone« der Temptations gelang es, alle Spuren der messerscharfen Spannung des Originals zu zerstören, indem man hinter all die ruhigen Teile das dicke, schwere »Buff-Baff« eines elektronischen Schlagzeugs knallte. Trotzdem kam es unter die Top 30, also war es wohl eine gute Entscheidung.* Natürlich gehört »Papa Was A Rol-

---

* Merkwürdig genug war eines der ersten Opfer dieser Art von synchronisiertem Revisionismus Sly Stone, dessen Originalhits aus den Sechzigern für das Album *Ten Years Too Soon* schärfer, »diskofähig« gemacht wurden. Leider war es 1979 zehn Jahre zu früh dafür. Ein solches Vorgehen, das heute gang und gäbe ist, wurde damals noch nicht akzeptiert, und so starb das Album einen

ling Stone« der Motown, und »Casablanca« gehört Ted Turner, also ist das Original nur ein Stück Rohmaterial, das man ummodeln und neu formen kann, ganz wie der Unternehmergeist es einem eingibt.

Die traditionelle Antwort auf die Frage »Wem gehört die Geschichte?« war immer »Den Siegern«, obgleich die Geschichte des Vietnamkrieges den USA »gehört«, wenn sie den Krieg selbst auch verloren haben. Die Antwort auf die Frage »Wem gehört die Kultur?« war immer viel komplexer: eine Gruppe von Ideologen behauptet, sie gehöre den Künstlern, eine andere, sie gehöre dem Publikum. Die Achtziger sagen uns, die *wirkliche* Antwort sei weder die eine noch die andere: Kultur und Geschichte seien nur Gebrauchswaren und könnten (und sollten) als solche behandelt werden. In einer sehr wichtigen Hinsicht jedoch kann das Publikum diese Ware »besitzen«, und zwar in einem engeren Sinn als je zuvor. Zuschauer mit einer TV/Video-Fernbedienung können in die Programme hinein- und wieder herausspringen, und das in einem schwindelerregenden Tempo, wobei sie jedem Stück, das sie erwischen, nur so viele Sekunden zugestehen, als für die Wirkung nötig ist, bevor sie weiterspringen in etwas anderes. Eine Bandaufnahme kann angehalten werden, man kann sie zurückspielen, mit halbem Tempo wiederholen, nach Herzenslust schnell zurück- oder vorlaufen lassen. Der Betrachter braucht sich nicht mehr zu langweilen, er kann direkt zum »spannenden Teil« übergehen. Es ist nicht überraschend, daß so viele zeitgenössische Filme nur aus »spannenden Teilen« bestehen. Es ist überaus angebracht, daß im Moment die Popgruppe mit dem besten Namen »Pop Will Eat Itself« heißt (Pop ißt sich selber auf); äße sich nur der Pop selber auf, hätten wir mehr Grund zum Optimismus.

schändlichen Tod. Vielleicht sollte man das Album *Ten Years Too Soon* nehmen und *das* mal aufmöbeln.

Is this tomorrow, or just the end of time?
(Ist es schon morgen oder nur das Ende der Zeit?)
Jimi Hendrix, »Purple Haze« (1967)

»...Ich glaube, wir brauchen eine nichtlineare Technik einfach deswegen, weil unser Leben nicht in linearen Begriffen verläuft. Es ist in einer unendlich größeren Vielfalt aufgeteilt; wir erleben einen ganzen Strom zufälliger Ereignisse... wir schalten das Fernsehen an, schalten es eine halbe Stunde später wieder ab, lesen Magazine, träumen usw. Wir leben unser Leben nicht linear, wie man es in der viktorianischen Zeit tat.«
J.G. Ballard, BBC Radio Three (1969)

Wir leben in einem grotesk aufgeblasenen kulturellen *Jetzt*, das sich von hier (mein augenblickliches *Jetzt* ist April 89, aber das Prinzip ist das gleiche) bis zurück in die frühen sechziger Jahre erstreckt. Ich habe es so lange wie möglich vermieden, das P-Wort zu gebrauchen (also gut: P*ST-m*D*RNE), einmal, weil es ein Schlagwort mit leergelaufener Batterie ist, zum anderen ist es völlig unzureichend, eine Kulturwelt zu beschrieben, die aus ihrem Zusammenhang gerissen, die zugleich infantil und senil ist. Allen Sinn für das Historische verloren zu haben, während man in der Vergangenheit feststeckt wie in einem Sumpf, das ist eine zweifelhafte Errungenschaft von bemerkenswertem Ausmaß, aber es ist eine durchaus logische Konsequenz des Zusammentreffens von konservativer Ideologie und technischem Fortschritt, das unvermeidliche Ergebnis der Anwendung fortschrittlicher Methoden für antiquierte Ziele.

»See those assholes? *Ordinary* people. AH HATE 'EM.«
(Siehst Du diese Arschlöcher? *Normale, gewöhnliche* Leute. Ich hasse sie!)
Harry Dean Stanton in Alex Cox' *Repo Man* (1984)

»It's real hard to be free when you're bought and sold in the marketplace. 'Course don't ever tell anybody that they're not free, 'cause then they're gonna get real busy killin' and maimin' to prove you that they are...«

(Es ist verdammt schwer, frei zu sein, wenn man auf dem Markt gekauft und verkauft wird. Erzähl bloß niemand, er sei nicht frei, den dann gehen sie los und töten und verstümmeln, nur um dir zu beweisen, wie frei sie sind...)

Jack Nicholson in Dennis Hopper und Peter Fondas
Easy Rider (1969)

Es ist eine Binsenweisheit der Konservativen – wenn nicht sogar *die* konservative Binsenweisheit – daß der Wettbewerb unweigerlich exzellente Qualität und Innovation stimuliert. In der Praxis ermutigt er die erstere und entmutigt die letztere, wobei sich »exzellente Qualität« im konventionellsten Sinn des Wortes definiert, der möglich ist: nämlich das zu tun, was alle anderen auch tun, nur lauter, länger, wuchtiger, größer, schneller, stärker, gewinnbringender. Es ist im Grunde die Anwendung des Glaubens an den technischen Fortschritt (mit seinem allgegenwärtigen Unterton von geplantem Veralten) auf die Menschen, die dazu ermutigt werden, sich entweder als Produkte zu verstehen, die die volle Bandbreite des Industriestandards in all seinen Zügen verkörpern, um auf dem Markt überleben zu können, oder als Maschinen, die ständig auf den neuesten Stand gebracht werden müssen, sonst werden sie gegen neuere und tüchtigere Modelle ausgewechselt. Unseligerweise verkommt die pure Technik als Kriterium für das Ausgezeichnete bald zum Kraftakt oder zum Wettbewerb in »Wer kann das besser?«; endlose Kavalkaden von Musikern und Filmemachern trampeln sich gegenseitig bei dem Versuch, dieselbe Sackgasse entlangzurasen, zu Tode. Innovation in den populären Künsten wird viel zu leicht als Inkompetenz, Degeneration oder Unfug mißverstanden, als daß sie vielen als realistische Möglichkeit erscheinen könnte, dazu ist die Gefahr der Niederlage, des Verlustes oder der Demütigung viel zu groß. Daher stellen Kulturen, die die »Individualität« totemisieren, ihre Pläne so auf, daß sie den totalen Konformisten hervorbringen: den »gewöhnlichen, normalen Menschen«, dessen Selbstgefühl sich am stärksten in ihm regt, wenn er mit der Herde rennt.

Natürlich klappt das: unsere Athleten sind größer – schneller – stärker, unsere Heavy Metal-Gitarristen spielen immer mehr und mehr Noten, unsere Filme spielen routinemäßig immer mehr davon, nur mit besseren Spezialeffekten. Da stellt sich unweigerlich das theoretische und ideologische Problem, dem sich ein konservatives Zeitalter gegenübersieht, das sich in seiner Nostalgie nach turbulenten Zeiten sehnt: wenn man die unüberwindlichen praktischen Probleme bedenkt, die *Rollerball*, *The Running Man* und all diese SF-Szenarios eines Gladiatorenkampfes aufwerfen, wie soll man dann den Bedarf nach Stabilität mit der Sehnsucht nach aufregenden Erlebnissen in Einklang bringen?

Die endlich gefundene Lösung hat sich als klassisch sauber erwiesen; die sechziger Jahre kehren wieder, entschärft, desodoriert, auseinandergenommen und – das Beste daran – vergangen. Es ist eine sehr aufregende Story, voll von bedeutenden Dingen wie Kriegen und Attentaten und Aufständen, mit Präsidenten und Premierministern, die überall wie zusammengestürztes Fachwerk herumliegen. Die Story fließt über von irren und bizarren Phänomenen, wie z.B. großen Teilen der jugendlichen Bevölkerung, die sich plötzlich zu einer systematischen Irrationalität entschließen: Eltern beleidigen, gegen die Regierung marschieren, große Mengen gefährlicher Drogen nehmen, alles zu vögeln, was sich bewegt, barfuß per Anhalter durch das halbe Land fahren und – am tiefsten beunruhigend – mangelnden Respekt zeigen gegenüber der absoluten Priorität materieller Sicherheit und des Privateigentums. (Natürlich waren sie die Kinder derjenigen, die in der Zeit der Depression aufwuchsen, vielleicht erklärt das, warum gerade dieser Graben zwischen den Generationen so ungeheuer tief war). Die Erzählung von den Sechzigern enthält aber auch manches Leichte und Befreiende. Es ist etwas unwiderstehlich Komisches um eine Aera, in der *Easy Rider* als guter Film mißverstanden werden konnte (ganz zu schweigen von ihm als Meisterwerk) und *Hair* beschrieben wurde als »eine der bedeutendsten Entwicklungen im modernen amerikanischen Theater« (vielen Dank und gute Nacht, *LA Times*). Der erstere ist unzusammenhängend, voller Plattitüden und hängt gefährlich durch, sobald Jack Nicholson nicht auf der Leinwand ist, während das letztere wie die schärfste Satire des rechten Flügels auf die Unbedarftheit, Trägheit und Verderbtheit aller Hippies aussieht. (Ich erwarte dringend seine Wiederaufführung, vorzugsweise von den Jungen Konservativen finanziert). Und welche Dekade hatte je einen besseren Soundtrack? Na also, die meisten Stars sind doch heute noch populär!

Jawoll, es ist eine wunderbare Story, und sie ist mit dem besten aller grundlegenden Elemente einer guten Story gesegnet: sie hat ein glückliches Ende. Ein paar prominente Hippies sind gestorben (die schmierigen weißen Typen Brian Jones und Jim Morrison, die Schlampe Janis Joplin mit ihrer großen Klappe, der aufsässige Nigger Jimi Hendrix), eines dieser großen Festivals in Kalifornien ging baden, als die Hell's Angels einen jungen Schwarzen umbrachten, der eine Kanone gegen Mick Jagger geschwenkt hatte, und allmählich verschwanden fast alle in der Versenkung, um ihren Kater auszukurieren, und die ewigen Wahrheiten traten wieder in ihre Rechte ein. Oder – um genauer zu sein – der Kampf erwies sich nicht als nur mühselig, nicht nur als langweilig, sondern in der Tat als abschreckend. Schließlich, welche Gesellschaft hätten sie denn bekommen, wenn sie gesiegt hätten?

I couldn't stay a Maoist forever. I got too fat to wear bell-bottoms. And I realized that communism meant giving my golf clubs away to a family in Zaire.

(Ich konnte ja nicht für immer ein Maoist bleiben. Ich wurde für die engen Hosen zu fett. Und mir wurde klar, daß Kommunist zu sein bedeutete, meine Golfschläger einer Familie in Zaire zu geben).

P.J. O'Rourke. Einleitung zu *Republican Party Reptile* (1986)

Der deprimierendste Aspekt des Ganzen ist es, daß die Sprößlinge der Leute, die sich in den Sechzigern so sehr gehen ließen, genau das tun, was ihre Eltern niemals getan haben: den Geschmack der vorherigen Generation übernehmen – Rundfunkstationen mit »Classic Rock« – die Nachhippie-Vorpunk-Wiederaufbereitungen in die Gegend dröhnen mit der Behauptung, Led Zeppelin sei sowohl die letzte Rockband der Sechziger wie die erste der Siebziger – sind ebenso populär bei Teenagern wie bei denen über dreißig; eine Show von Eric Clapton oder den Grateful Dead ist etwas für die gaze Familie. Ein volles Viertel aller Alben, die in den USA verkauft werden, sind von Heavy Metal Bands, die meisten davon klingen noch mehr wie Led Zeppelin als Led Zeppelin selber. Die Underground-Bands der Indies, die ihr ideologisches Spiegelbild sind und also die anständigen Jungs repräsentieren, sind entweder die Roots-Rocker der neuen Authentizität in ihren karierten Hemden, wie die Rickenbackers etwa, oder aber schwarzgewandete Neue Dekadente, die das Songbook der Velvet Underground neu schreiben. Man scheint allgemein darin übereinzustimmen, daß die Sechziger das Goldene Zeitalter des Pop darstellen, eine Ansicht, die man so weit trieb, daß sie zur Farce wurde, als der Kritikerpoll der *Rolling Stone* 1988 feststellte, daß nicht weniger als sechsundneunzig der 100 besten Singles der letzten fünfundzwanzig Jahre (inklusive der Top 20) vor Ende 1970 aufgenommen worden sind.[*] Das

---

[*] Im Gegensatz dazu gehen die »Classic Soul«-Stationen davon aus, daß sich ein ungebrochenes Kontinuum von Ray Charles und Jackie Wilson bis zu Alexander O'Neal, Anita Baker und darüber hinaus erstreckt.

scheint doch ein ziemlich überzeugendes Votum für den Mangel an Vertrauen darauf zu sein, daß sich die populäre Musik zu erneuern und sich neu zu erfinden imstande ist, aber reflektiert dieses Ergebnis die Hohlheit des heutigen Pop oder den rigiden Sechziger-Jahre-Fetischismus der Kritiker, deren kollektive Ansicht es repräsentiert? Keine der beiden Schlußfolgerungen stimmt besonders zuversichtlich (aber beide klingen plausibel). Das hängt wohl damit zusammen, daß die Popkultur der Post-Rock-Ära die Fibern der Sozialstruktur so tief durchtränkt hat, daß der Rock eine Musik der »Jugend« ist, in alle Ewigkeit mit den Begriffen derjenigen definiert, die ihre »Jugend« in den Sechzigern hatten.

Die Sechziger sind also bequem als eine Ära des Abenteuers und des Engagements institutionalisiert worden, eine Zeit, in der große Dinge möglich waren, weil die Menschen nicht unentwegt *vernünftig* sein mußten, wie das heute ist. Gleichzeitig schimpfen die Politiker des rechten Flügels auf die »permissive Gesellschaft« und den daraus folgenden Beinahe-Zusammenbruch aller moralischen Werte und der öffentlichen Ordnung. Dabei legen sie alle heutigen Übel der Laxheit und Disziplinlosigkeit zur Last, die von John Lennon und Dr. Benjamin Spock hervorgerufen wurden. Wie durch Zauberei verbindet die Popkultur diese scheinbar unvereinbaren Standpunkte; sie hat begriffen, daß sie eines gemeinsam haben: Machtbesessenheit. Die achtziger Jahre waren eine Dekade, in der die Macht alles war – wer sie hatte und wer nicht – und der charakteristische Rock dieser Periode stellte die Macht der Musik in den Dienst derer, gegen die sie in den Sechzigern ausdrücklich gerichtet war. In den Triumphier-Filmen wie *Top Gun* verstärkt der bombastische Lärm des Rocks im Stadion den bombastischen Lärm des blindwütigen Militarismus, wo Heavy Metal Eisen in die Gegend schleudert und Libyen bombardiert. *Hey! Rock and ROLL!*

»Everywhere I hear the sound of marchin', chargin' feet, boy...«

(Überall höre ich den Klang marschierender, sturmlaufender Füße, Junge...)

Mick Jagger und Keith Richards, »Street Fighting Man« (1969)

»The sixties was hashish and Hendrix, the seventies was cocaine und herpes, and the eighties are Perrier and push-ups«.

(Die Sechziger waren Haschisch und Hendrix, die Siebziger Kokain und Herpes, die Achtziger Mineralwasser und Fitnesstraining).

Michael Des Barres, Sänger bei zahllosen Gruppen, von denen keiner je gehört hat (1984)

Vote for something weak and to the point.

(Entscheide dich für etwas Schwaches und Angemessenes).

Paul Haynes & Carla Bley, *Escalator Over The Hills* (1972)

Die Auffassung, ein Künstler sei einfach nur ein Spiegelbild seines Publikums, ist fehlerhaft und unvollständig, aber sie enthält ein Körnchen Wahrheit: daß ein konservatives, konformistisches Publikum – durch die Magie des Marktes – auch konservative, konformistische Unterhaltung bekommt. Wenn kultureller Revisionismus behauptet, die Beatles, die Rolling Stones, Jimi Hendrix und Bob Dylan u.a. seien Rattenfänger gewesen, die die Jugend der Sechziger entweder fortgelockt oder auf Abwege geführt hätten, so war es doch in Wahrheit so, daß das Publikum die Künstler verlockt hat. Es – das Publikum – war doch »far out«, nicht Mick Jagger: zur Blütezeit der Hippies (wie später auch beim Punk) wurden die Bands, wie Robert Wyatt gesagt hat, »im Kielwasser der Publikumserwartungen fortgeschleppt«, während in den Achtzigern diese Publikumserwartungen, im wesentlichen konservativ, die Künstler eher zurückgeschleppt haben statt vorwärts. Prince, der einzige Star der Achtziger, der eine wirkliche Herausforderung für die Aufnahmefähigkeit seines Publikums war, hat für seine Vermessenheit einen hohen Preis gezahlt. Anfang 1989 gingen die Verkaufszahlen seiner Platten sehr zurück und es war die Rede davon, daß drastische Personaleinsparungen im Hauptsitz seines Paisley-Park-Studios auf finanzielle Schwierigkeiten zurückzuführen seien.

»In der Musik«, sagt Wyatt, »geht es nicht um fertige Resultate; es geht darum, etwas auszuprobieren.« Das ist, in wenigen Worten gesagt, der Unterschied zwischen der Dekade des Wir und der Dekade der Macht, der Ära zwischen Hippies und Yuppies. »Fertige Resultate«, genau darum ging es in den Achtzigern, und die Faszination der Achtziger von den Sechzigern zeigt deutlich, bis zu welchem Grad der ganze frei fliegende Blödsinn der Sechziger zum »fertigen Resultat« geworden ist. In den Achtzigern konnte man gefahrlos Filme über herausfordernde Themen wie den Vietnamkrieg oder die Bürgerrechte machen; wenn jemand den Mut gehabt hätte, sie zu jener Zeit zu machen, hätten sie vielleicht sogar nützlich sein können. »Die gute alte Zeit«, wie Loudon Wainwright III zu singen pflegte, »ist gut, weil sie vorbei ist«.

Und genau darum ist das schlichte Recycling der stilistischen Mittel der Sechziger – sei es nun als nostalgischer Kitsch oder als mit Witz aus dem Zusammenhang gerissene Mixtur von allerlei Zusammengekratztem – ein billiger Ausweg, nichts Halbes und nichts Ganzes. Die Fragen der Sechziger sind nicht verschwunden, nur weil man übereingekommen ist, sie unter den Teppich zu kehren. Welche Verantwortung haben freie Individuen und freie Gesellschaften füreinander? Was haben sich rassische Minderheiten und Mehrheiten zu sagen in offen oder verdeckt rassistischen Gesellschaften? Welcher Art ist die Geschäftsbeziehung zwischen Künstlern und Publikum? Meint die Bezeichnung »populäre Kultur« im wesentlichen die Kultur, die vom Volk geschaffen ist oder einfach nur einen Freizeitservice, der ihm von Künstlern serviert wird? Wenn die Nation verlangt, ein Individuum solle bei etwas mitarbeiten, das ihm oder ihr zuwider ist, liegt dann der höhere Patriotismus im Stillhalten oder in der Verweigerung? Gewinnt wirklich derjenige, der bei seinem Tod die meisten Spielsachen hinterläßt?

Die aktuelle Antwort auf solche Fragen ist eher die der Fünfziger als die der Sechziger: inzwischen haben die Kultur der Sechziger und die ihrer Aspekte, die in den Siebzigern zu Institutionen geworden sind, das große Wort. Von den Turbulenzen der Zeit abgehoben, fahren die alten Songs und Filmschnipsel fort, zu klingen, nicht auf Grund dessen, was sie bedeuten oder einmal bedeutet haben, lediglich wegen der verbliebenen Macht, die ihnen immer noch innewohnt, der magischen Aura, die ihnen eigen ist, weil sie einmal etwas bedeutet haben. Nur sind wenige Menschen gewillt, sich zu erinnern, was das war.

2

Highway Chile

Fakten zum Fall Jimi Hendrix

»We just want the facts, ma'am«.
  (Wir wollen nur die Tatsachen, meine Dame).
  Jack Webb als Sgt. Joe Friday in Jack Webbs »Dragnet« (1954)

»Facts, Sir, are nothing without their nuance«.
  (Tatsachen ohne Nuancen, Sir, bedeuten gar nichts).
                    Norman Mailer als Zeuge in der Verhandlung über die
                                      Chicago Conspiracy (1970).

Die Fakten im Fall Jimi Hendrix sind folgende:
  Er wurde am 27. November 1942 im Seattle General Hospital, Washington, als Abkömmling schwarzer, weißer und Cherokee-Vorfahren geboren: ein echter Amerikaner, mit dem Stempel der gesamten Geschichte seiner Nation in den Genen. Sein Vater, James Allen (Al) Hendrix war gerade in der Armee: seine Mutter, früher Lucille Jeter, nannte ihr Baby John Allen Hendrix. Lucille war zart und schwindsüchtig, und so wurde das Baby bei verschiedenen Verwandten auf dem Lande aufgezogen. Als Al 1945 aus der Armee zurückkam, machte er sich auf nach Berkeley und suchte den Jungen, um ihn zurück nach Seattle zu bringen, wo er dann legal den Namen James Marshall Hendrix bekam. Al und Lucille, die sich vorübergehend getrennt hatten, kamen gerade lange genug wieder zusammen, um noch einen Sohn zu bekommen – Leon, geboren 1948 – aber 1950 war es endgültig vorbei mit der Ehe und sie ließen sich scheiden. Al, der in der Vorkriegszeit ein sehr talentierter, halb-professioneller Jazztänzer gewesen war, war sonst zu we-

nigem zu gebrauchen und fand nur schwer sein Auskommen: er bemühte sich, einen Job als Gärtner und Hilfskraft zu bekommen und schickte seine Jungen zu ihrer Tante Patricia nach Vancouver, wo sie die nächsten zwei Jahre blieben. Zu Jimmys glücklichsten Erinnerungen aus dieser Zeit gehörten die Tage, die er und Leon bei ihrer Großmutter mütterlicherseits verbrachten, die halb Cherokee war und im örtlichen Reservat lebte. Von ihr erfuhr er die Geschichte der eingeborenen Amerikaner und ihrer Leiden durch die Siedler, die ihnen ihre Heimat genommen hatten, und so wurde ihm ein tiefer Stolz auf sein Cherokee-Erbe eingepflanzt.

Der junge Jimmy Hendrix war ein außerordentlich scheues und introvertiertes Kind, so still und in sich gekehrt, daß Freunde, Nachbarn und Verwandte Bemerkungen (oft genug spöttischer Art) über ihn machten. In späteren Jahren erinnerte er sich an seinen Vater immer als an einen unbeugsamen, autoritären und schwer arbeitenden Mann, an seine Mutter als laut, lebenslustig, immer für einen Drink und ein Vergnügen zu haben. Aber seine wenigen Schulfreunde erinnern sich auch an seine ständige Sorge um Lucille – ihre Depressionen, ihre angegriffene Gesundheit. Nach ihrer endgültigen Scheidung von Al heiratete sie in Kanada wieder, aber die vielen Parties und das Trinken brachten sie bald wieder ins Krankenhaus. Sie starb 1958, und Al verweigerte seinen beiden Söhnen die Erlaubnis, zu ihrer Beerdigung zu gehen. Später erzählte Hendrix Interviewern, seine Mutter sei gestorben, als er zehn war.

Er fand Zuflucht in der Musik. Er war immer gerne in die Kirche gegangen – er liebte das Händeklatschen bei den Hymnen der Erhebung in den schwarzen Baptistenkirchen, wenn sich der Geist herabsenkte und die Leute von Glück und Freude überströmten – aber mit acht Jahren war er wegen seiner schäbigen, zerlumpten Kleider aus dem Gottesdienst nach Hause geschickt worden. Er hat diese Demütigung nie vergessen und ist nie wieder in die Kirche gegangen. Statt dessen gab es im Radio Rock-and-Roll-Musik, und es gab eine neue Geliebte,

Freundin und Vertraute: die Gitarre. Jimmy war 13, als Al seinen Sohn mit einem Besen als Gitarre in der Hand vorfand, auf dem er Akkorde griff und die Töne der Gitarre mit dem Mund imitierte, und so brachte er ihm eine kaputte Ukulele mit, die er bei Leuten, bei denen er beschäftigt gewesen war, im Keller gefunden hatte. Die aufgearbeitete Ukulele wurde durch eine ebenso kümmerliche akustische 5 S-Gitarre ersetzt, später dann durch eine elektrische Silvertone, das billigste Modell, das zu haben war. (Diese Silvertone ist übrigens jetzt das stolze Besitztum von Soulman Bobby Womack: gesäubert, überholt und auch Hochglanz poliert, nimmt sie nun unter den Instrumenten im Musikzimmer von Bobby Womacks Heim in Los Angeles einen Ehrenplatz ein).

Selbst der Zugriff auf diese psychische Lebenslinie ging nicht ohne Kampf ab. Jimmy war Linkshänder, und Linkshändergitarren sind sowohl teurer wie schwerer zu finden als ihre Gegenstücke für Rechtshänder. Für den Rechtshänder ist das Leben wesentlich einfacher: die meisten Instrumente, die man bekommt, sind für Rechtshänder und darum leichter zugänglich, und es ist bei weitem einfacher, zu lernen, wenn man sich die nächstbeste Gitarre angeln kann, um zu üben. Ein linkshändiger Musiker dagegen muß erst mal die Saiten umgekehrt aufziehen, bevor er spielen kann. Selbst wenn sie umgespannt sind, braucht die Rechtshändergitarre noch Umänderungen: die Kerben und der Steg, über die jede Saite an ihren Schwingungsenden läuft, müssen für die unterschiedlichen Saitenstärken zurechtgestutzt und -geschnitten werden. Einige linkshändige Spieler (wie Bobby Womack, der Gitarrist von Defunkt, Ronnie Drayton und die Bluesmen Otis Rush und Albert King) haben es gelernt, »rückwärts« zu spielen, auf Instrumenten, die für Rechtshänder eingerichtet und bespannt sind: Jimmy entschied sich sehr früh dafür, den mühseligeren Weg zu gehen und die Saiten umzukehren, und so hat er noch lange, nachdem er sich längst die Linkshändervariante leisten konnte, auf Rechtshänderinstrumenten gespielt.

Von da an verbrachte Jimmy praktisch seine ganze Freizeit mit der Gitarre. Er hat von allen gelernt, die ihm nur immer etwas beibringen konnten – Als, seines Vaters, schmaler Etat ließ keine reguläre, formale Ausbildung zu – und vom Radio, aus dem sämtliche Rock and Roll- und R&B-Hits der Zeit dröhnten. Während Elvis Presley, Chuck Berry, Ray Charles, James Brown, Buddy Holly, Little Richard, Fats Domino, Bill Haley, Big Joe Turner, The Moonglows, Muddy Waters, Bo Diddley und all die anderen Hitlieferanten der Zeit sich Nacht für Nacht auf den Ätherwellen austobten, saß Jimmy Hendrix in seinem Zimmer eingeschlossen mit seinem Radio und seiner Gitarre und sog das alles ein. Er war immer noch furchtbar introvertiert und zurückgezogen, aber die Gitarre brachte ihn dazu, rauszugehen und er begann, hier und da mit lokalen Bands zu spielen. Allmählich wurde er richtig gut. Er ging zu einer High School Band mit Namen The Rocking Kings, und es wurde offenbar, daß die Bühne sein natürliches Territorium war. Da oben bei der Band, da zählten seine Scheu und seine Unbeholfenheit nicht mehr. Es war, als wäre er ein völlig anderer Mensch: die Gitarre war seine Ergänzung, sie gab ihm Selbstvertrauen und Kraft für Rock, Boogie und Schau, Kraft, eine Persönlichkeit zu werden.

Diese Seite seines Wesens kam groß beim Publikum an, besonders bei den Mädchen. Nicht ganz so groß bei einigen seiner Bandkollegen. Junge Mädchen mögen Jungs, die schüchtern und hübsch sind; Jungs verabscheuen Jungs, die schüchtern und hübsch sind, besonders, wenn sie beliebt bei den Mädchen sind. Ein Faustkampf vor dem Auftritt mit einem Rocking King, der gar nicht entzückt von der Reaktion seiner Freundin auf Jimmys Bühnenschau war, endete damit, daß die Band auseinanderbrach, ein Prozeß, der schon durch den Entschluß des Bandleaders Fred Rollins, sich zu den Fallschirmjägern zu melden, in Gang gekommen war. Die Schule war auch kein Erfolg für Jimmy gewesen: er machte sie nicht zu Ende, ging 1959 ab und folgte nicht ganz zwei Jahre später Rollins in die 101. Luftlandedivision. Al versuchte, seinen Sohn davon abzubringen, aber ohne Erfolg. Jimmy hatte nun einmal sein Herz ans Militär gehängt: er war so fest entschlossen, sein Leben zu ändern, daß er nicht einmal eine Gitarre mitnahm.

Er war jedoch noch nicht lange dabei, da schrieb er schon an seinen Vater, der ihm auch umgehend seine Gitarre schickte. Er war in Fort Campbell, Kentucky, stationiert, zum ersten Mal im Süden. Zum ersten Mal traf er aber auch auf eine tiefere, reichere musikalische Tradition als den Pop, Rock und R&B des Mainstream, die sie im Radio in Seattle spielten, wo es keine spezielle schwarze Bevölkerung gab, die man unterhalten mußte. In Kentucky entdeckte er den Blues.

Es ging ihm in der Armee nicht besser als in der High School. Seine Fallschirmjägerkameraden fanden ihn bescheuert und weggetreten, und als er anfing, seine Gitarre mit ins Bett zu nehmen, da hielten sie ihn für endgültig übergeschnappt. Er sprach immer davon, daß er mit der Gitarre den Klang der Bläser in den Swing- und Jumpbands, die sein Vater so liebte, einfangen wollte und den sausenden Wind, den er hörte, wenn er mit dem Fallschirm absprang. Er wurde regelmäßig verspottet, angepöbelt und zusammengeschlagen, seine Gitarre wurde gestohlen und versteckt, bis er auf den Knien flehte, sie ihm wiederzugeben. Mehr und mehr Zeit verbrachte er außerhalb des Lagers im nahen Nashville, hing herum in Music City, der Hauptstadt der Countrymusik des Landes. Er zog sich bei seinem sechsundzwanzigsten Absprung einen Knacks im Rücken zu und bekam im Sommer 1962 seine Entlassungspapiere. Jedenfalls war die Armee genau so froh, Jimmy Hendrix los zu sein wie er, daß er von ihr befreit war.

Ende 1961 machte er die Bekanntschaft des Musikers, mit dem ihn wahrscheinlich die größte Gemeinsamkeit verband. Billy Cox, ein junger Mann aus Pennsylvanien, kam aus einer höchst musikalischen Familie: seine Mutter war klassische Pianistin und sein Onkel, ein Saxophonist, war ein ehemaliges Mitglied der Duke Ellington Band. Cox selber war Multi-Instrumentalist sowohl mit Jazz- als auch mit klassischer Ausbildung, aber sein Lieblingsinstrument war der Baß, sein Abgott Charles Mingus. Im Regen hatte er sich an einem Service Club untergestellt und hörte da drinnen eine Gitarre, die »wie eine Mischung aus John Lee Hooker und Beethoven« klang. Er rannte rein, schnappte sich einen Baß aus dem Instrumentenfundus des Clubs, und die beiden fingen an zu jammen. Bald hatten Hendrix und Cox ihre eigene Band, The Casuals, die in Service Clubs auftrat, aber bald auch in lokalen Bars außerhalb des Camps spielte, mit einem Repertoire, das alles enthielt, von Jimmys Lieblingsstücken von Chuck Berry und Albert King bis zu Standards wie »Misty«, »Harlem Nocturne« und »Moonlight in Vermont«.

Cox wurde einige Monate später als Hendrix entlassen, und sie ließen sich in Nashville nieder. Cox, der von Natur vorsichtig war, war froh und glücklich, in Music City zu wohnen und zu arbeiten, so lange, bis sich von selbst eine reale Möglichkeit bot, etwas Neues zu machen, aber Hendrix war erheblich weniger geduldig: er schloß sich praktisch an jede Tourneeband an, die durch die Stadt kam, strandete dann oft irgendwo, mußte im Motel die Zeche prellen, weil er sie nicht bezahlen konnte, und per Anhalter nach Nashville zurückfahren. Die nächsten drei Jahre lernte Hendrix, was das hieß, Showbusiness, und das in der harten Schule dessen, was man den Chitlin Circiut nannte, die Kette der schwarzen Theater*.

---

* B.B. King z.B. hält die Bezeichnung »Chitlin Circuit« – allgemein gebraucht als Bezeichnung für die Kette der schwarzen Clubs, Bars und Theater, die noch aus der Zeit vor der »Integration« des Showbusiness stammen und heute noch Arbeitsmöglichkeiten für schwarze Künstler ohne größeres weißes Publikum bieten – für unerträglich herabsetzend: »Ich spiele immer noch an vielen dieser Plätze, und an manchen würde ich gerne spielen, wenn sie mich bezahlen könnten«. »Chitlin« ist eine Abkürzung von »Chitterling«, d.h. Schweinekutteln, die eine gehaltvolle Delikatesse des »Soul Food« sind, der traditionellen ländlichen Südstaatenküche der Schwarzen, zubereitet mit den billigsten Fleischstücken, denen, die die Weißen nicht haben wollten und – zur Zeit der großen Plantagen – großzügig an ihre Sklaven weitergaben. Hinter dem Wort »Chitlin Circuit« verbirgt sich ein massives historisches Unterthema.

Freiberuflicher Sideman zu sein, war kein Zuckerlecken, ob der Bandleader nun ein echter »Hit-Maker« mit einer eigenen Identität und eigenem Repertoire war oder einfach der »Front-Man« einer Band, die nur nachspielte. Wenn auch nicht jeder Bandleader ein solcher Perfektionist wie James Brown war (bei ihm mußten Musiker, die einen Tanzschritt verpatzt hatten, nachlässig angezogen auf die Bühne kamen oder eine falsche Note spielten, Strafe zahlen, außerdem hatte er ein so scharfes musikalisches Ohr, daß er sagen konnte, welcher von drei Trompetern zu hoch war, selbst mitten in seiner Akrobatik an der Rampe – Mikrophon hochwerfen, Salto in den Spagat, hochkommen und das Mikrophon wieder auffangen) sie alle wußten genau, was sie haben wollten und was nicht und sie wußten genau, wer der Star der Show sein sollte und wer nicht. Mit anderen Worten, sich ins Rampenlicht drängen (oder auch nur die Aufmerksamkeit vom Star abziehen) gab es nicht. Grüne junge Gitarristen aus dem finstersten Hinterland wurden nicht dafür bezahlt, daß sie Meinungen hatten; sie wurden dafür bezahlt, daß sie standen, wo sie stehen sollten, sich bewegen, wie sie sich bewegen sollten, anzogen, was sie anziehen sollten und die Rolle spielten, die sie spielen sollten. Außerdem hatten sie pünktlich zu erscheinen, nüchtern genug für den Auftritt zu sein und keinen zu lauten Zoff zu machen, wenn sie in viertklassigen Motels untergebracht wurden oder tagelang kein Geld bekamen. Das waren die Spielregeln. Einige setzten sie rigoroser durch als andere, aber der letzte Druck entstand durch die erbarmungslosen Gesetze des Marktes. Es war keine große Sache, einen übereifrigen jungen Gitarristen zu feuern, es gab in jeder Stadt genügend Ersatz, falls nötig, und das Repertoire der führenden R&B-Stars war so sehr Allgemeingut, daß die meisten jungen Musiker es schon draufhatten.

Hendrix wurde viele Male rausgeschmissen. Er ließ sich alles gefallen, so lange er konnte, aber nach einer Weile drängte er entweder den Star in den Hintergrund oder verpaßte den

Tourneebus. Er war oft genug äußerst unbeliebt bei seinen Musikerkollegen, von denen ihn manche so erbarmungslos schikanierten wie einst seine Mitschüler oder die Fallschirmjägerkameraden. Auf der Tournee mit Gorgeous George, dem Ansager und Conférencier auf einer Sam Cooke/Jackie Wilson-Tour, legte er sich mit Harry Womack, Bobbys inzwischen verstorbenem Bruder, einem von Cookes Schützlingen, den Valentinos, an. Bobby selbst – auch einer der Valentinos, der aber auch in Sam Cookes Show Gitarre spielte – erinnert sich noch im einzelnen an den Vorfall. »Mein Bruder Harry war in der Garderobe mit Jimi und rollte sein Geld zusammen und tat es in seinen Schuh... er ging raus, und als er zurückkam, war das Geld weg und Jimi saß da und spielte seine Gitarre und hielt das Ohr ganz dicht ran, denn ohne Verstärker kann man ja eine elektrische Gitarre nicht hören. Harry sagte: ›Du hast mein Geld genommen,‹ und Jimi sagte: ›Ich würde nie jemand etwas wegnehmen, ich weiß doch gar nicht, wo dein Geld gewesen ist‹ Jimi war aber mit einigen von der Band zusammen, Billy Cox und noch einem, die sahen alle aus wie er, richtig dünn. Ich sag noch, ›verdammt noch mal, vielleicht waren die es, es könnte doch jeder in die Garderobe gekommen sein,‹ aber Harry sagte beim Rausgehen, Jimi sei allein drin gewesen.

Also eines Nachts, als Jimi schlief, sagte Harry: ›Den krieg ich mir‹ Harry war nämlich die ganze Woche pleite gewesen. Also nahm er Jimis Gitarre und warf sie aus dem Busfenster. Ich hörte sie auf den Boden fallen und Jimi lag da und schlief. Mann, und dann stand er auf und wollte seine Gitarre spielen – er spielte nämlich den ganzen Tag, die ganze Nacht, jeden Tag, er tat nichts anderes – und nun suchte er sie und dann, Mann, hat der geweint, er war ganz aus dem Häuschen, er wußte ja nicht, was los war. Erst fand ich's ja auch komisch, aber dann dachte ich doch, *meine Güte*, ich bin doch auch Gitarrist. Ich sagte, ›James, hör mal...« Das endete damit, daß Bobby Hendrix das Geld für eine neue Gitarre lieh.

Gelegentlich ließen ihn seine Brötchengeber auch absichtlich irgendwo zurück und nahmen sich in der nächsten Stadt einen anderen Gitarristen. Dann zog Hendrix durch die lokalen Clubs und Bars auf der Suche nach einem Job, oder er fuhr per Anhalter in eine andere Stadt, wo die Aussichten vielleicht besser waren. Es war ein so hartes, schonungsloses Training in der Praxis des Künstlerlebens, wie es keiner der Rockstars, mit denen er sich später messen mußte, je durchgemacht hat. Zwischen seiner Entlassung aus der Armee 1962 und seiner Ankunft in New York 1964 hatte er längere Engagements bei Little Richard gehabt und hatte auf seinen Tourneen in verschiedenen Ensembles jeden begleitet, von Sam Cooke, Jackie Wilson und B.B. King bis zu den Supremes, Chuck Jackson und Solomon Burke.

Viele dieser Jobs dauerten nicht lange, aber gelernt hat er bei allen. Bei seinem Herumziehen jammte er in einem Nashville-Studio mit Steve Cropper, dem Gitarristen von Booker T. & the MGs und Zentralfigur der Aktivitäten von Stax Records in Memphis, auch ging er zu einem Probespiel für die Ike and Tina Turner-Revue, ohne Erfolg, was ihn aber nicht davon abhielt, in späteren Jahren immer wieder zu behaupten, er sei wirklich mit ihnen aufgetreten. Ähnliche Behauptungen stellte er in bezug auf Cooke, Wilson und andere auf. Obwohl er bestimmt mit ihnen auf Tournee gewesen ist und bei solchen Gelegenheiten viel Bühnenerfahrung sammeln konnte, ist er nie mit ihnen zusammen aufgetreten oder war Mitglied ihrer Bands. Im Lauf der Zeit bekam er deutliche, aber nicht unfreundliche Lektionen in den feineren Nuancen des Blues von Muddy Waters, dem »Paten«, der Vaterfigur des Chicago Blues, aber auch unverbindliche Unterweisung von dem linkshändigen Gitarristen Albert King. Das war entschieden besser, als irgendwo im Schlafzimmer in heimischen Gefilden zu sitzen und Songs von der Platte zu lernen.

Seine bekannteste professionelle Beziehung in jenen Jahren war ohne Zweifel sein kurzes Engagement bei Little Richard. Hendrix traf Little Richard 1962 während seines Aufenthaltes in Vancouver, als er in einer populären lokalen Gruppe unter einem gewissen Bobby Taylor spielte, die sich die Vancouvers nannte. Taylor kam dem ganz großen Erfolg dreimal in seiner Karriere sehr nahe, ohne ihn je zu schaffen. Sein Partner bei den Vancouvers war ein chinesisch-amerikanischer Sänger namens Tommy Chong, der die Musik später aufgab, um Comedien zu werden. Er tat sich dann mit »Cheech« Marin zusammen, und sie wurden zu dem erstaunlich dauerhaften Duo Cheech & Chong. Er (Taylor) entdeckte auch eine sensationelle Vokalgruppe, eine Familie aus Indiana namens The Jackson 5 und sang Lobesarien auf sie bei Gladys Knight, die wiederum ihren Chefs bei der Motown davon erzählte, um dann festzustellen, daß das Debut-Album der Gruppe unter dem lügenhaften Titel *Diana Ross Presents The Jackson 5* herauskam. Jimmy Hendrix spielte fast jedes Wochenende mit Taylor und den Vancouvers, bis Little Richard Penniman – von allen Rockern der Fünfziger der schrillste und aufregendste, aufregend bis zur Hysterie – in die Stadt kam und sich nach Musikern umsah. Am Ende hatte er die halbe Bobby Taylor Band an Land gezogen, inklusive des Leadgitarristen (Little Richard hat die Geschichte etwas anders in Erinnerung: in Charles Whites *The Life and Times of Little Richard: The Quasar of Rock* erinnert er sich, Hendrix – der sich damals Maurice James nannte – sei zu ihm gekommen, als er von Gorgeous George in Atlanta, Georgia, auf die Straße gesetzt worden war).

Man kann die Bedeutung von Little Richard als formenden Einfluß auf Jimi Hendrix gar nicht hoch genug einschätzen. Bei seiner Ankunft in England sagte Hendrix den Interviewern: »Ich möchte mit meiner Gitarre das machen, was Little Richard mit seiner Stimme macht«. Richard selbst sagte zu Charles White, daß Hendrix »es einfach toll fand, daß ich mir Stirnbänder um die Haare tat und daß ich mich so verrückt anzog... er spielte aber nicht meine Art von Musik. Er spielte, wie B.B. King, Blues. Dann fing er aber an zu rocken, und er war ein guter Mann. Er fing dann auch an, sich anzuziehen wie ich und ließ sich einen kleinen Schnurrbart stehen, genau wie ich.« Nach einem von Richards damaligen Roadmanagern war »[Hendrix] damals noch nicht spektakulär oder so... Richard hat Hendrix herausgestellt. Hat ihm 'ne Menge geholfen, zu dem zu werden, was er dann war«. »Maurice James« kann man auf ein paar von Little Richards Platten aus dieser Periode hören. Sein Solo auf der Version von Jerry Lee Lewis' »Whole Lotta Shakin' Goin' On« von 1963, das so unpräzise in der Ausführung wie ehrgeizig in der Anlage ist, gibt uns mehr als einen Hinweis darauf, wie hart Hendrix arbeiten mußte, um »zu dem zu werden, was er dann war«.

Unweigerlich mußten sich Richard und Hendrix entzweien. Hendrix behauptete später, Richard habe ihn fertiggemacht, weil er auf der Bühne ein Rüschenhemd getragen hatte und habe ihn rausgeworfen mit der Bemerkung, »Der einzige, der sich hier fein anziehen darf, bin *ich*«. Richard, sehr aufgebracht, besteht darauf, Hendrix sei rausgeworfen worden, weil er beständig zu spät kam, er habe dann schließlich einen Bus zuviel verpaßt. Was auch immer der Grund war, das Ergebnis war, daß »Maurice« zum freien Wanderleben zurückkehrte. In bestimmten Abständen kehrte Jimmy nach Nashville zurück und versuchte, Billy Cox zum Mitkommen zu überreden. Einmal hatte er sogar Little Richard mitgebracht, aber Cox blieb am Ort. Sie blieben in Verbindung, bis Hendrix 1964 nach New York ging.

In New York machte sich Hendrix auf den Weg durch Harlem auf der Suche nach Arbeit und versuchte, jemanden zu finden, der ihm etwas dafür zu zahlen gewillt war, daß er wie er selbst klang. Es war aber absolut kein Raum in der Herberge, bis die Isley Brothers ihn aufnahmen, eine junge Vokalgruppe, die aber schon für Veteranen durchgingen, dank ihrer Hits »Twist and Shout« und »Shout« in den späten Fünfzigern.

Er war von einem von Ronnie Isleys Freunden empfohlen worden, der ihn bei einem in der endlosen Kette von demütigenden Probespielen gesehen hatte, bei dem er die Hausband gegen sich aufbrachte, und obwohl er so pleite war, daß Ronnie ihm noch die Saiten für seine Gitarre kaufen mußte, bevor er vorspielen konnte, bekam er den Job. Die Isly Brothers nahmen ihn mit auf Tournee, nahmen ihn bei einigen Nummern auf Platten auf und ließen ihn für ein paar kurze, aber spektakuläre Soli von der Leine, in denen er einen weit größeren Spielraum hatte, als er bei den meisten seiner früheren Arbeitgeber gehabt hatte. Er fing sogar schon an, sich einen gewissen Ruf zu erwerben: als die Isleys im gleichen Programm auftraten wie der sagenhafte Wilson Pickett – der immer noch ganz oben war mit seinem internationalen Hit »In The Midnight Hour« – machte er einen unauslöschlichen Eindruck auf Picketts Drummer, einen kräftigen, sechzehn Jahre alten Jungen namens Buddy Miles. Er war jedoch immer noch ein Angestellter, der sein Können für dreißig Dollar den Abend vermietete, frustriert und gelangweilt war und gelegentlich mal auf schlecht bezahlten Plattensessions mitspielte, die unweigerlich zu Nieten wurden. Nach acht Monaten ging er weg.

Hendrix landete schließlich in einer hart arbeitenden Clubband namens Curtis Knight & the Squires, möglicherweise weil er ein bißchen mehr Raum für sich selber bekam, wenn er in einer unbekannten Band spielte neben jemand, der noch kein etablierter Star mit eingefahrener Routine war. Sie hatten ein Standardrepertoire von Soul-, Rock- und Blues-Hits, die so arrangiert waren, daß Hendrix fast so viel wie der Leader herausgestellt wurde. Curtis Knight war nun allerdings wirklich kein großer Sänger oder Gitarrist, aber er war clever genug, zu wissen, warum seine Band eine so beständige Attraktion in den Clubs »downtown« wurde. So clever war auch Knights Manager, Ed Chalpin, der Hendrix einen Exklusiv-Plattenvertrag gab. Der Vorschuß bei Vertragsunterschrift betrug einen Dollar.

Hendrix spielte bei Curtis Knight mehr oder weniger beständig ein Jahr lang. Der Plattenvertrag, den er bei Chalpin unterschrieben hatte, erbrachte nur einige sporadische Sessions, die meist übereilt und schlecht organisiert waren, und die übrige Studioarbeit außerhalb war auch nicht gerade sehr eindrucksvoll. Hendrix und Knight verstanden sich indessen gut, und sie verbrachten schöne Tage zusammen: mit Knight fing Hendrix an, im Greenwich Village herumzuhängen. Da entdeckte er neue musikalische Welten: die Who und die Yardbirds, die englische Blues-Rock-Avantgarde mit ihrem Netzwerk von Feedback, die ausgefallenen Wortspiele von Bob Dylan – dessen Stimme (nach konventionellen Vorstellungen) so unattraktiv war, daß Hendrix zum ersten Mal an die Möglichkeit dachte, selber auch zu singen – und die elektrisierende, ungezügelte Ausdruckskraft des New Jazz, kreiert von John Coltrane, Ornette Coleman, Roland Kirk und all denen, die in ihre Fußstapfen traten. Jeder dieser neuen Einflüsse schloß eine Lücke in Hendrix' musikalischem Puzzlespiel. Er packte es allmählich. Er fing auch an, die wunderbare Welt der Drogen zu erforschen und experimentierte immer öfter mit Marihuana und dieser neuen Sache da, genannt *Acid*: mit diesem Stoff Musik zu hören, das brachte alle einzelnen Teile in ganz anderen Kombinationen wieder zusammen. Ende 1965 nahm er noch einmal einen Job des Geldes wegen an: eine Tournee mit Joey Dee & the Starlighters. Sie hatten während der Twistwelle ein paar Jahre zuvor einen einzigen riesigen Hit gehabt – »Peppermint Twist« – und eigentlich waren sie schon Vergangenheit, aber außerhalb der anspruchsvollen Stadtzentren konnten sie die Leute immer noch von den Stühlen holen.

Anfang 1966 kam der Höhepunkt in Hendrix' Karriere als R&B-Sideman. In King Curtis' Band, The Kingsmen, mußte dringend eine freie Stelle besetzt werden, und Hendrix sah sich plötzlich an der Seite von einigen Größen der New Yorker R&B-Sessionszene. King Curtis (Curtis Ousley für das Finanzamt) war ein Saxophonist aus Texas, der einige der unvergeßlichsten Tenorbreaks im Rock der fünfziger Jahre zu den berühmten Hits der Coasters beigetragen hatte und seine Band wurde später meist zu Aretha Franklins New Yorker Sessions geholt. Auch hier brachte Hendrix' wirre, geistesabwesende Art, sein nachlässiges Äußeres und sein wild-unorthodoxes Spiel ihn in Konflikt mit dem eisern orthodoxen Curtis. Die Unzufriedenheit war gegenseitig, und von der King Curtis Band konnte Hendrix nirgendwo hin gehen, es sei denn »down« – oder auf Abwege. So ging er endgültig nach »downtown« und fing an, sich im Village nach Arbeit umzusehen.

Zum ersten Mal stellte er seine eigene Band zusammen und begann zu singen. Als Frontman einer bunt zusammengewürfelten Band von jugendlichen Weißen – inklusive Randy Californias, des späteren Leadgitarristen der psychedelischen Kultband Spirit – leitete er Jimmy & the Blue Flames und spielte im Café Wha?, der schäbigsten Kneipe im Village, die auch die schlechtesten Gagen zahlte, aber bald hatte er noch einen zweiten Job als Leadgitarrist bei John Hammond jr., dem Sohn des namensgleichen Produzenten und Unternehmers, der die Karrieren von allen, angefangen von Bessie Smith, Billie Holiday und Benny Goodman bis hin zu Bob Dylan und Aretha Franklin, gesponsert hatte. Hammond jr. war ein fanatischer Bewunderer des Country Blues und hatte gerade *So Many Roads* herausgebracht, das die Faszination, die der städtische Blues für die Folk-Anhänger hatte, in eine feste Form gebracht hatte mit Hammonds Interpretationen der Songs aus dem Repertoire von Howlin' Wolf, Muddy Waters, Bo Diddley, Robert Johnson, Otis Rush, Jimmy Reed und anderen. Einige von Hendrix' Musikern waren vertraut mit dem Album, und so war es einfach für Hendrix, vieles aus Hammonds Repertoire als Grundlage für die Blue Flames zu übernehmen.* Das

---

* Im Studio wurde Hammond begleitet von, unter anderen, Robbie Robertson, Eric »Garth« Hudson und Levon Helm, die alle drei gerade ein paar Monate vorher bei Bob Dylan angefangen und den Grundstein zu ihrer eigenen späteren Karriere als The Band gelegt hatten.

Ergebnis war, daß Hammond, wann immer er eine Band für zwei Wochen im Café Au Go Go – einem weitaus angeseheneren Lokal als dem Wha? – brauchte, die die Songs auf seinem Album kannte, Hendrix' gesamte Gruppe engagierte.

Und es sprach sich herum. Hendrix begleitete Hammond gewöhnlich den ganzen Abend und bewies seine schwer erworbene Meisterschaft auf der zeitgenössischen Bluesgitarre, im letzten Set erst richtete Hammond das Spotlight auf seinen Leadgitarristen, der dann Bob Diddleys »I'm A Man« vortrug – seine große Solonummer seit den Tagen von Curtis Knight & the Squires. Da kamen dann alle Tricks zum Vorschein, die Hendrix je in den fünf Jahren auf der R&B-Szene gelernt und die er sich so sehnlichst gewünscht hatte, einmal frei anwenden zu dürfen: er spielte die Gitarre hinter dem Kopf oder dem Rücken, zwischen den Beinen oder mit den Zähnen. Und das Instrument jaulte, brüllte und kicherte bei den leichtesten Berührungen seines Herrn. Jede Nacht war das Publikum geschockt.

Selbst wenn der Auftritt mit Hammond vorbei war und Jimmy James & the Blue Flames ins Wha? zurückkehrten, ließen die Berühmten und Erfolgreichen es sich angelegen sein, diesem erstaunlichen jungen schwarzen Gitarristen nachzuspüren, der mit den Zähnen spielte. Bob Dylan, Miles Davis, die Rolling Stones, Mike Bloomfield und Al Kooper, Micky Dolenz von den Monkees, John Phillips von The Mamas and The Papas, alle kamen sie und erzählten es wiederum *ihren* Freunden. Mittlerweile war Hendrix' Selbstvertrauen erheblich gewachsen; er hatte professionellen Applaus, wenn schon nicht finanziellen Erfolg. Wie Bloomfield, damals auf dem Höhepunkt seiner Popularität mit Paul Butterfield's Bluesband und frisch von seinen Studiotriumphen mit Bob Dylan, später Ed Ward erzählte: »Ich ging eines Abends mal rüber und, Mensch, der gab mir noch nicht mal die Hand. Will sagen, er wußte genau, wie sagenhaft er war. Er ging rauf auf die Bühne... und da starteten die Jets. Da gab es Atomexplosionen und zusammenstürzende Gebäude. Ich hab in meinem ganzen Leben so etwas nicht gehört. Ich saß in der vordersten Reihe, und er zielte direkt auf mich, wie ein Maschinengewehr. ›Gefällt Dir das, Mann?‹ B-bb-bbb-room! Er mähte mich einfach um. *Oh*! Erinnere mich nicht an Brände! *Oh*!«

Eine von Hendrix lautesten Bewunderern war Linda Keith, die mit ihrem Freund, dem Gitarristen der Rolling Stones, Keith Richard, hingegangen war, um ihn zu sehen. Ein paar Tage später schnappte sie sich einen ihrer Freunde mit Namen Chas Chandler. Er hatte bei den Animals Bass gespielt, einer der »British Invasion Bands« mit dem echtesten Soulfeeling, aber die Gruppe war gerade dabei, sich aufzulösen und Chandler, des Musikerlebens müde (wohl eher der finanziellen Lage eines Musikers), hatte sich entschlossen, mit Mike Jeffery, dem Manager der Animals, als Partner ins Management zu gehen. Linda Keith sagte Chandler, wenn er eine Gruppe suche, die er managen könnte, dann wisse sie jemand, der dafür geeignet sei. Auch schlug sie Hendrix vor, doch vielleicht in die Hotelsuite zu ziehen, in der Keith Richard sie untergebracht hatte.

Chandler ging mit Linda Keith runter zum Wha? und erlebte die göttliche Erleuchtung eines Managers. Ob er nun in einem einzigen blendenden Inspirationsblitz begriff, daß der Mann da vor ihm auf der Bühne nicht nur die britische Rockszene auf den Kopf stellen konnte, sondern sich auch als britische Sensation rückexportieren ließ in die USA, oder ob er das nicht sofort begriff, jedenfalls bewies er bei weitem mehr Scharfsinn als irgend einer der anderen Professionals im Musikgeschäft, die Hendrix bis dahin gesehen hatte. Sobald der Set vorbei war, bot er Hendrix einen Kontrakt an, ihn zu managen und lud ihn nach London ein. Nicht die Band, nur Hendrix. Hendrix brauchte nicht mehr als ein paar Stunden, um die wichtigste Entscheidung seines Lebens zu treffen. Er hatte sein Handwerk unter den härtesten Bedingungen gelernt, fünf Jahre lang non-stop gearbeitet, es wurde Zeit, daß er mal eine Chance bekam. Er stimmte zu.

Es folgten noch ein paar frustrierende Wochen, in denen Chandler seine letzte Tour als Mitglied der Animals absolvierte. Nach seiner Rückkehr machte er sich auf den beschwerlichen Weg, Hendrix einen Paß und eine Arbeitserlaubnis zu beschaffen. Außerdem tat er sein Bestes, sich zu versichern, daß sein neuer Klient keine früheren oder noch ausstehenden Verträge und professionellen Verpflichtungen hatte, aber irgendwie kam Hendrix nie dazu, Chandler etwas von dem Ed Chalpin-Handel zu sagen. Eines allerdings tat Hendrix: er rief Billy Cox in Nashville an und lud ihn ein, mit auf die Fahrt zu kommen, aber Cox war pleite: er hatte noch nicht einmal einen ganzen Satz Saiten auf seinem Baß oder einen eigenen Verstärker, ganz zu schweigen vom Fahrgeld für den Bus nach New York City. Schließlich war alles – nach Chandlers bestem Wissen und seinen Fähigkeiten entsprechend – geregelt. Hendrix und Chandler flogen vom Kennedy Airport ab, und während des Fluges entschlossen sie sich – um es noch denkwürdiger zu machen – die Schreibweise von Hendrix' Vornamen zu ändern. Früh am Morgen des 21. September 1966 kam Jimi Hendrix in London an, nur mit einem Koffer und seiner Gitarre, in der Stadt, in der das häßliche Entlein vom Chitlin Circuit zum prachtvollen, psychedelischen Schwan werden sollte und in der er nur etwas über vier Jahre später sterben würde. Er war noch nicht ganz vierundzwanzig.

Die Londoner Rockszene gegen Ende des Jahres 66 hatte ihre eigenen etablierten Hierarchien. Die Beatles und die Rolling Stones waren die Größten, Eric Clapton und Jeff Beck waren die Gitarrenidole, die Who die aufregendste und auffallendste Bühnenschau. Claptons neu formierte Band Cream – mit dem Drummer Ginger Baker und dem Bassisten/Vokalisten Jack Bruce – waren als Band am meisten in Mode, Baker und Keith Moon von den Who waren die Topdrummer. Bob Dylan war bei weitem der einflußreichste Textdichter und Songschreiber, Phil Spectors Plattenproduktionen – besonders »River Deep Mountain High«, gesungen von Tina Turner – wurden geradezu mit Ehrfurcht betrachtet, und alle bewunderten und sammelten Soulplatten von Stax, Atlantic und Tamla-Motown. Der »Hip«-Geschmack war aus eisern festgelegten Schichten gebildet und jeder kannte seinen Platz. Chas Chandler wußte, Hendrix war seine Geheimwaffe, mit der er die Struktur der Kasten in der Londoner »Hipoisie« zerstören konnte. Er brachte seinen Schützling in einem bescheidenen Londoner Hotel unter und machte sich auf den Weg, jeden Kontakt zu mobilisieren, den er hatte.

Wie eine Debütantin wurde Hendrix in den nächsten Wochen in die Gesellschaft eingeführt. Chandler nahm ihn überall mit ihn: er machte eine Stippvisite bei einer Plattensession der Who, damit sein Knabe ihnen die Hände schütteln konnte, machte die Runde durch alle Clubs, damit er so viele Bands wie möglich sah und brachte schließlich das letzte an Kühnheit fertig: er ließ Hendrix Eric Clapton selbst bei einem Gig der Cream herausfordern. Zu jener Zeit war Clapton »Gott selbst« und *niemand* forderte Gott zum Duell heraus. Hendrix hämmerte drauflos mit Howlin' Wolfs »Killing Floor«, brachte an dem Abend Gott um und erwarb sich Claptons hingebungsvolle Freundschaft. Ein paar Abende später jammte er in einer weniger anspruchsvollen Umgebung (mit Brian Augers Trinity) und wurde da von dem französischen Star Johnny Hallyday entdeckt, der ihn umgehend als Auftakt für seine Show im Pariser Olympia verpflichtete. Chandler und Hendrix blieben zwei Wochen Zeit, um eine Band zu finden und einzuarbeiten.

Sie begannen sofort mit dem Probespiel. Ein junger Gitarrist aus Folkestone, der in Chandlers Büro gekommen war, um für die Stelle des Leadgitarristen bei Eric Burdons New Animals vorzuspielen, die aber schon besetzt war, bekam einen Baß in die Hand gedrückt und wurde reingeschickt, mit Hendrix zu jammen. Der war höchst interessiert an dem roten Kraushaar und tief beeindruckt von der Schnelligkeit, mit der jener die Songs lernte. Sein Name war Noel Redding; er wurde gebeten, am nächsten Tag wiederzukommen und sich dem Team anzuschließen. Verschiedene Drummer versuchten ihr Glück, inklusive des Veteranen Ainesley Dunbar, der bei den Mojos, den Wunderknaben mit nur einem einzigen Hit, und mit John Mayalls sehr ernsthaften und hochangesehenen Bluesbreakers gespielt hatte, dann kam noch ein aufgedrehter Junge namens John »Mitch« Mitchell, ein früherer Kinderstar, der gerade aus Georgie Fames Blue Flames rausgeworfen worden war. Am Ende warfen Hendrix und Chandler eine Münze, und Mitchell gewann. Er war also mit dabei. Während des Probespiels hatten sie mal kurz mit Keyboardspielen experimentiert, sich dann aber entschlossen, die Dinge so einfach wie möglich zu halten und bei einem Trio zu bleiben. Es entsprach ja auch der herrschenden Mode: die Who und Cream – die Bands, zu deren Herausforderung die neu formierte Jimi Hendrix Experience speziell gegründet worden war – bestanden beide aus drei Instrumenten (das Tamburin und die Harmonika, die der Vokalist der Who, Roger Daltrey, spielte, zählten eigentlich nicht richtig), und Mitch Mitchells hektischer, von Elvin Jones abgeleiteter Schlagzeugstil konnte mit Sicherheit den Vergleich mit den schon etablierten Moon und Baker aushalten. Es blieb nur noch übrig, Arbeit zu bekommen und eine Plattensitzung zu arrangieren.

Sie hatten kaum drei Tage Zeit für die Pariser Shows, infolgedessen bestand das Repertoire hauptsächlich aus ausgeweiteten Versionen von Soulstandards wie »Respect«, »Land of 1000 Dances« und »Mercy, Mercy, Mercy«, die Redding aus seiner Zeit, als er in den amerikanischen Stützpunkten in Deutschland gespielt hatte, fast so vertraut waren wie Hendrix aus seiner Zeit auf dem Chitlin Circuit. Sie kamen im Olympia so gut an, daß Hallyday sie für ein paar Auftritte in Deutschland mit in seine Show nahm, bevor sie nach London zurückgingen, um ihre erste Plattenaufnahme zu machen. Wieder war Chandler seiner Zeit voraus: er und Mike Jeffery brachten selber das Geld für die Sessions auf mit der Absicht, die fertige Aufnahme als unabhängige Produktion später an eine Plattenfirma zu verleihen. Als Mitglied der Animals hatte er an sich selbst aus erster Hand erfahren, wie machtlos eine Gruppe dagegen sein konnte, daß die Entscheidungen im Studio von autokratischen Produzenten für sie getroffen wurden. Chandler selbst agierte als Produzent für Jefferys Yameta-Organisation: er, Hendrix und der Techniker Eddie Kramer bildeten die nächsten Jahre ein eng verbundenes, kleines Kollektiv.

Die ersten beiden Titel, die sie aufnahmen, waren »Hey Joe« und »Stone Free«, letzteres eine Komposition von Hendrix, eine Fusion von Bluesharmonien, dem Beat einer Soulrevue und einem aufreizenden Gitarrensolo, das erstere ein Pop-Folk-Hit aus den USA, der einzige, mit dem eine Gruppe namens The Leaves jemals unter die Top 40 kam. Er war auch schon einmal von den Byrds aufgenommen worden, aber Hendrix' Version basierte auf der einer Kultfigur des Folkrock, Tim Rose, der das flotte Tempo des Songs auf ein trübsinniges Schleichen heruntergedreht hatte. (»Hey Joe« war die Komposition eines gewissen Billy Roberts, hier stand nun aber »Trad. arr.J. Hendrix: das bedeutet im Englischen, ein traditioneller Song, von dem oder dem arrangiert. Arrangements von traditionellen Songs konnten sehr lukrativ sein: Chandlers früherer Kollege Alan Price hat sich mit seinem Arrangement des ersten internationalen Hits der Animals, »House Of The Rising Sun«, ein ordentliches Sümmchen zusammengekratzt).

Nachdem die Single fertig war, ging Chandler los, um einen Plattenvertrag aufzutreiben. Decca Records bewies wieder einmal den gleichen auffallenden geschäftlichen Scharfsinn, der sie dazu verleitet hatte, vier Jahre vorher die Beatles abzulehnen, sie wiesen auch ihn ab. Die Band begab sich auf eine Serie von demonstrativen Auftritten in den elegantesten Londoner Rockclubs. Es war einfach Pflicht für jeden in der Stadt, der auch nur entfernt mit dem Rockgeschäft zu tun hatte, da hinzugehen. Die Journalisten kamen raus und versprühten Superlative (Chris Welch vom *Melody Maker* und Keith Altham vom *New Musical Express* waren unter seinen frühesten und lautstärksten Bewunderern), die Topgitarristen fühlten sich zugleich benommen und bedroht, und viele Frauen waren wild auf ihn. »Jimi Hendrix, ein phantastischer amerikanischer Gitarrist, brachte eine von Stars nur so wimmelnde Menge um den Verstand«, so Welch mit Enthusiasmus nach einem Clubauftritt. »Jimis Trio fegte durch ganz wunderschöne Klänge... Jimi hat eine großartige Bühnenpräsenz und eine außerordentliche Gitarrentechnik, die ihm erlaubt, manchmal mit den Zähnen und manchmal ohne Hände zu spielen. Es sieht so aus, als würde Jimi einer der ganz großen Namen von 67 werden.«

Das Managerteam der Who, Kit Lambert und Chris Stamp, waren daran interessiert, Hendrix für ihr neues Label, Track Records, unter Vertrag zu nehmen, planten den Vertrieb aber erst für das nächste Frühjahr. Die täglichen Ausgaben der nationalen Boulevardpresse behandelten ihn wie eine Kuriositätenschau, gaben ihm den Spitznamen »The Wild Man of Pop« und schlugen ihm den rituellen Gruß um die Ohren »Würdest du deiner Schwester erlauben, den zu heiraten?«, mit dem seit dem Aufkommen von Elvis Presley in den Fünfzigern noch jedes neue Pop-Phänomen traditionell willkommen geheißen wurde. Alles lief nach Plan, nur wollte niemand »Hey Joe« herausbringen, niemand wollte die Band für irgend eine Show engagieren, und Chandler und Jeffery ging langsam das Geld aus.

Oder, um genau zu sein, Chandler ging es aus. Jeffery war für gewöhnlich gerade anderswo, wenn es darum ging, Rechnungen zu bezahlen und so blieb Chandler nichts anderes übrig, als seine Sammlung von Baßgitarren zu verkaufen, um die Band finanzieren zu können. Er hatte gerade noch eine letzte, als Polydor Records, die Vertriebsfirma für Robert Stigwoods Reaction Label, das früher die Platten der Who herausgebracht hatte, sich zögernd entschloß, »Hey Joe« zu veröffentlichen.

Für die fürstliche Summe von 25 $ spielte die Band als

Vorgruppe für Eric Burdons New Animals im Croydon Club, eine Show, die ein für alle Mal ohne den Schatten eines Zweifels darlegte, daß Hendrix die geborene Zugnummer war und daß jeder, der nach seinem Auftritt noch auf die Bühne ging, solches auf eigene Gefahr tat. Dann kam die nächste Show im London's Round House, bei der Hendrix' Gitarre gestohlen wurde, da mußte sich Chandler dann von seinem letzten Baß trennen, um eine neue kaufen zu können. Dann folgte ein Glücksfall: die nun veröffentlichte »Hey Joe« wurde in der Show »*Ready Steady Go!*«, der TV-Show mit dem weitesten Blick in die Zukunft und der besten Nase für die Trends im Lande, vorgestellt und als die Plattenläden der Nation nach Neujahr wieder aufmachten, kletterte »Hey Joe« nach oben in die Top 50. Da kamen die Aufträge schnell und massiv, und im Februar war sie schon unter den Top Five. London war in der unmittelbar vor-psychedelischen Ära das unbestrittene Zentrum des Popuniversums, und Hendrix, wie eine unwahrscheinliche Mischung aus Julius Caesar und Aschenputtel, kam, sah und siegte und wurde prompt zur Ballkönigin und zum Helden der Stunde.

Es muß wie ein wahr gewordener Traum gewesen sein: als ob Chandler einen Zauberstab geschwungen und, wie die Patenfee aus dem Märchen, Hendrix auf magische Weise nach seinem *wirklichen* Zuhause befördert hätte, dem Platz, an den er schon immer gehörte, an dem er sein Leben lang hätte sein sollen. Überall wurde er hofiert, er ging in den exklusivsten Clubs und auf ebensolchen Parties ein und aus, angetan mit seinen neu erworbenen feinen Gewändern, während die größten Namen im britischen Rock entweder Schlange standen, um seinen bewußt lässigen Händedruck entgegenzunehmen oder wütend in den Ecken herummoserten, er solle gefälligst die Finger von *ihren* Mädchen lassen. Hendrix schloß eine seiner wenigen engen Londoner Freundschaften mit Brian Jones, dem verwöhnten Prinzen der Rolling Stones, dessen langer Abstieg in die Paranoia, die ihn in der Substanz aushöhlte, und in die musikalische Impotenz bereits begonnen hatte. Mick Jagger und Keith Richards behandelten Jones wie einen Außenseiter, und keiner von beiden hatte persönliche Zuneigung zu Hendrix. Richards hatte noch nicht vergessen, was in New York mit Linda Keith geschehen war und Jagger schmorte innerlich noch wegen einer Begegnung zwischen seiner Freundin Marianne Faithfull und Hendrix, die beinahe in einer öffentlichen Demütigung des Königs der Steine, angesehen als der regierende Böse Bube und Sexgott, geendet hätte. Jones' Selbstachtung war von seinen Kollegen so gründlich vernichtet worden, daß er Hendrix gegenüber völlig schutzlos war, der wiederum Respekt vor Jones' Talent hatte und sich bis zu einem gewissen Grade in einen Menschen einfühlen konnte, der von denen um ihn herum so rücksichtslos behandelt wurde. Gemeinsam ließen sie die übliche Runde des Rock-Nachtlebens bleiben und gingen statt dessen in die Londoner Jazzclubs.

Hendrix warf sich mit Vehemenz auf das Schreiben und auf die Plattenaufnahmen: im März sollten endlich die Aktivitäten von Track Records beginnen, und es wurde dringend Musik genug für ein Album und eine neue Single gebraucht. Die Band hatte schließlich einen Stapel Material angehäuft, der für zwei Singles, ihr erstes Album und noch für die folgende ausreichte. Die ersten beiden wurden für die Single »Purple Haze«/»51st Anniversary« aufgespart, die als Auftakt für Track herauskommen sollte. Die Who, deren Manager die Eigentümer und Betreiber des Labels waren, fühlten sich irgendwie beiseite geschoben, aber ihre Verkaufszahlen gingen runter und Hendrix war der Mann des Tages. Pete Townshend zufolge war »Kit Lambert, der der Manager der Who und mein Svengali war, der Mann, der mich als erster mit Hendrix bekannt gemacht hatte, der mir als erster von ihm erzählt und mir als erster gesagt hatte, wie groß der werden würde... und dann sagte er mir, er habe ihn für Track aufgenommen. Kit hatte eine enorme unternehmerische Begabung. Er konnte sich gar nicht irren. Ich fühlte mich bedroht, weil ich dachte, ›O Gott, Kit Lambert hat einen neuen Gitarristen gefunden‹ Er war mein Svengali, und er hatte einen anderen gefunden.«

Auf eine Tournee mit den Walker Brothers und Engelbert Humperdinck geschickt – eine mehr als unmögliche Zusammenstellung – brauten Hendrix, Chandler und Keith Altham die perfekte Show zusammen, die Schlagzeilen machen mußte. In einem vollgepackten Londoner Theater beendete Hendrix seinen Auftritt damit, daß er seine Gitarre verbrannte. *Das* hatte noch nicht einmal Pete Townshend getan! Auf der Stelle gab es Chaos, Aufruhr, Schlagzeilen auf der ersten Seite vom »Ende dessen, was wir Zivilisation nennen« und eine erstklassige Reklame für »Purple Haze«. Quer durch das Land drehte das Publikum durch, Eltern beschwerten sich und schrieben wütende Briefe an Zeitungen und Veranstalter. Die anderen Gruppen im Programm hätten genauso gut zu Hause bleiben können.

Mitte Mai war »Purple Haze« ein größerer Hit, als es »Hey Joe« gewesen war und eine dritte Single, »The Wind Cries Mary«/»Highway Chile«, wurde ihm eiligst nachgeschickt. Hendrix' Ruf breitete sich bis in die Staaten aus, und die erste Firma, die das anschwellende Gerücht nicht mehr ruhen ließ, war Reprise – eine Zweigfirma der Warner Brothers, gegründet von Frank Sinatra – die für die US-Rechte 120.000 $ zahlte. Hiermit bewies sie einen bemerkenswert guten Riecher; weniger als einen Monat später hätten sie diese Rechte erheblich mehr gekostet.

Juni 1967 wurde als Datum für das Monterey International Pop Festival festgesetzt, die Debüt-Party der Hippies und die offizielle Eröffnung des »Summer of Love«. Die Geistesfrucht von vier Männern – dem umtriebigen Geschäftemacher in Sachen Musik aus Los Angeles, Alan Pariser, dem Produzenten und Unternehmer Lou Adler, dem Chef der Mamas und Papas,

John Philips, und dem expatriierten britischen Publizisten und zeitweiligen Beistand der Beatles, Derek Taylor – war es konzipiert als eine Demonstration des New Pop ohne Profit. Den »International« genannten Teil des Programms bestritten der indische Sitarmeister Ravi Shankar und der südafrikanische Jazztrompeter Hugh Masekela, der Star auf den Hitsingles der Byrds, der Association, Simon and Garfunkel und der Mamas und Papas selbst. Ein ausreichend großes San Francisco-Kontingent war ebenfalls dabei mit Big Brother and the Holding Company (Janis Joplin als ihr Star), der Steve Miller Band, den Grateful Dead, Jefferson Airplane, Mike Bloomfields Electric Flag (mit Buddy Miles an den Drums), Country Joe and the Fish und Quicksilver Messenger Service. Otis Redding, begleitet von Booker T & the MGs (mit Steve Cropper an der Gitarre) und den Memphis Horns, war der einzige Repräsentant der Soulmusik, trotz der Gegenwart von Smokey Robinson im Vorstand des Festivals. Auf Empfehlung von Paul McCartney – den Phillips und Taylor überredet hatten, nominell einen Sitz im Vorstand zu übernehmen – bestand das britische Kontingent aus Eric Burden & the Animals, den Who und der Jimi Hendrix Experience.

In Monterey schaffte der Begriff Hippie den Übergang von einem exzentrischen Aussteigerkult der Westküste zum bevorzugten nationalen Freizeitvergnügen der weißen Jugendlichen des Westens. Im gleichen Monat brachten die Beatles *Sgt. Pepper's Lonely Hearts Club Band* heraus, und sowohl »Light My Fire« von den Doors als auch Procol Harums »A Whiter Shade Of Pearl« kamen in die Bestsellerlisten der USA. Die verzuckerte Produktion von Philips und Adler, »San Francisco« (Wear Some Flowers In Your Hair), der Erkennungsmelodie des Festivals, gesungen von dem wandernden Folksänger Scott McKenzie, wurde zur »Hymne« und resultierte darin, daß San Francisco überschwemmt wurde von Tausenden von davongelaufenen Teenagern, high und auf der Suche nach Nirvana. Es war der Prototyp für eine ganze Dekade von Rockfestivals.

In den drei Tagen von Monterey gab es drei größere Debüts,

von denen jedes einzelne als *der* Hit des Festivals gelten konnte. Otis Redding, ein R&B-Veteran, den sowohl die Soulleute wie auch die Anhänger alles Neuen in England gleichermaßen liebten, elektrisierte die Menge, die er als »Love Crowd« bezeichnete, in einem Durchbruch, der durch seinen Tod sechs Monate später bei einem Flugzeugunglück einen bitteren Beigeschmack bekam. Janis Joplin, begleitet von dem drollig vergammelten Big Brother, brauchte nur die Zeit, in der sie »Ball and Chain« sang, um ein internationaler Star zu werden. Und nach einigem Durcheinander hinter der Bühne darüber, wer nach den Who kommen sollte – ein genaues Abbild des Standardgerangels im Rockgeschäft, bei dem der Sieger gewöhnlich am Ende der Show auftritt, und die Folge des innigen Wunsches der Who, so etwas wie die Show im Londoner Saville Theater nicht noch einmal zu erleben, wo Hendrix sie hinweggefegt hatte, bevor sie überhaupt aufgetreten waren – brachten die Who das Haus zum Rasen und schafften den Übergang von einer Kultband für Anglophile zum großen Kassenmagneten auf dem Rock-Circuit. Aber bei Hendrix stand das Haus in Flammen.

Von Acid befeuert und vorgestellt von Brian Jones, der speziell dafür herübergeflogen kam und die meiste Zeit während des Festivals selig vernebelt hinter der Bühne herumgefallen war, spulte Hendrix seine England-Hits ab, adaptierte Songs von Howlin' Wolf und Bob Dylan nach seinen eigenen Vorstellungen, wandte jeden bühnenwirksamen Trick, den er je gelernt hatte, an und sprach zwischen den Songs zum Publikum in sanftem Ton, vollständig high und mit leiser Stimme, die die Aggressivität und ausdrücklich betonte Sexualität der Musik entschärfte, beendete seinen Auftritt dann damit, daß er die Gitarre anzündete und danach noch in Stücke schlug. Sofortiger totaler Sieg. Der Abend gehörte Hendrix: er war nun offiziell der Liebling der weltweiten Rockgemeinde. Er wurde nach Los Angeles eingeladen, zu Jams und Parties in das Haus von Buffalo Springfields Stephen Stills, und er, Stills, Neil

Young, David Crosby, Buddy Miles, Hugh Masekela und noch einige ausgesuchte Leute törnten sich an, bis sie high waren und machten zwei volle Tage lang erheblichen Lärm. Hendrix wurde dann schließlich ständiger Gast im Haus von Peter Tork von den Monkees, der das Areal hinter der Bühne in Monterey als Folie für endlose Schnappschüsse mit jedem, der prominenter war als er, benutzt hatte.

Währenddessen schaufelten Chandler und Jeffery die Buchungen herein. Die Konzerthallen und Clubs an beiden Küsten, die am meisten »in« waren, rissen sich um Hendrix, ebenso Unternehmer des New Age wie Bill Graham (vom Fillmore Auditorium) und Steve Paul (vom Scene Club). Darum kam es wie ein Schock für Hendrix und Chandler, daß Jeffery die Band für eine Tournee mit den Monkees gebucht hatte. Die Kombination vom »Wild Man of Pop« mit den »Prefab Four« (den Vorläufern der sagenhaften Vier, i.e. der Beatles) kam als ein so harter Kulturschock für beide Seiten, daß Chandler eine Story zusammenbraute, in der behauptet wurde, die rechtsgerichteten »Töchter der Amerikanischen Revolution« hätten Hendrix' Entfernung aus der Tournee ins Werk gesetzt. Dieses Vorgehen zur Wahrung des Gesichtes erlaubte es jedem, mit mehr oder weniger unbeschädigter Würde und Glaubhaftigkeit daraus hervorzugehen, und so begab sich die Band auf eine stürmische Serie von Showauftritten in Kalifornien und New York und verbreitete die Botschaft. In New York hatte Hendrix eine kurze Wiederbegegnung mit Curtis Knight, mit dem er mal eben in einem Plattenstudio jammte, wobei er die Gelegenheit ergriff, die Möglichkeiten des Wah-Wah-Pedals zu erforschen, eines neuen Gitarrenspielzeugs, das er sich im Laufe des Tages angeschafft hatte, nachdem er es bei einer merkwürdigen kalifornischen Band, den Mothers of Invention, gesehen hatte.

Ed Chalpin war es nicht entgangen, daß der Kontrakt, den er mit Hendrix zwei Jahre zuvor geschlossen hatte, technisch noch gültig war, daß es Hendrix war, der ihn gebrochen hatte, als er bei Chandler, Polydor, Track und Reprise unterschrieb und daß er nun erheblich mehr wert war als der Ein-Dollar-Vorschuß, den Chalpin dem Künstler gezahlt hatte. Chalpin, der immer noch Knights Manager war, verkaufte schleunigst die Jamsessions, zusammen mit den früheren Hendrix/Knight-Aufnahmen aus der Vor-Experience-Zeit, an die Capitol Records, die sie im folgenden November unter dem Titel *Get That Feeling (Jimi Hendrix Plays and Curtis Knight Sings)* herausbrachte, vervollständigt durch ein Coverphoto, aufgenommen beim Monterey-Festival. Chandler, Jeffery, Polydor, Track und Reprise waren sichtlich wenig erfreut: wenn auch ein britisches Gericht Chalpins Anspruch abwies, so wußten sie doch, daß in Amerika etwas davon hängen bleiben würde, und auf Amerika kam es letztlich an.

Zurück in England, ging man gnadenlos auf Tour (siebenundzwanzig Auftritte – oftmals zwei Shows an einem Abend – inklusive einiger Abstecher nach Paris und Rotterdam), während man noch dem zweiten Album den letzten Schliff gab, *Axis: Bold As Love*, dessen Hauptteil schon bei denselben Sessions aufgenommen worden war, bei denen *Are You Experienced* produziert wurde. Gleich nach Hendrix' zweitem Weinachten und Neujahr, die er nicht zu Hause verbrachte, wurden sie wieder auf Tournee gejagt, diesmal nach Skandinavien. Am 4. Januar 1968 brach Hendrix' ruhige, freundliche Fassade zusammen. Er hatte schon eine ganze Weile mit schöner Regelmäßigkeit soviel LSD genommen, daß sogar seine weniger enthaltsamen Kollegen sich Sorgen machten, aber diesmal, in Göteborg, goß er auch noch soviel Alkohol hinterher, daß er ernstlich und böse betrunken war. Von einer berserkerhaften Wut ergriffen, so intensiv, daß er fast das ganze Hotelzimmer zusammenschlug, bevor es dem Bassisten Noel Redding und dem Roadie Gerry Stickells gelang, ihn zu bändigen, wurde Hendrix in Handschellen in eine Zelle gebracht und wachte am anderen Morgen verwirrt und reuig auf, ohne die geringste Erinnerung daran, was am vorhergehenden Abend vorgefallen war.

Wie intensiv der Druck auf Hendrix zu diesem Zeitpunkt auch war, er wehrte sich nicht gegen die Tourneen. Im Februar war die Band wieder zurück in den USA, diesmal an der Spitze einer Gruppe britischer Bands (von denen nicht wenige – Eric Burdon & The Animals, Soft Machine und die Alan Price-Gruppe – Klienten von Jefferys und Chandlers Yameta Company waren), die eine Kette von Arenen und großen Hallen bespielten, für ein Publikum von 20.000 und mehr. Er schaffte sogar eine triumphale Rückkehr nach Seattle in die zum Bersten volle Center Arena in der City, mit einem strahlenden Al Hendrix in der Mitte der ersten Reihe. Am Abend vorher hatten sich Vater und Sohn zum ersten Mal nach sieben Jahren wiedergesehen. Die Tour rollte weiter und brach einen Zuschauerrekord nach dem andern. Chandler und Jeffery waren entzückt: sie arbeiteten mehr mit Prozenten als mit festen Gagen und scheffelten eine erstaunliche Menge Geldes. *Are You Experienced* verkaufte sich in mehr als einer Million Kopien und die Single »Purple Haze« in 100.000; nun war *Axis: Bold As Love* fest in den Top 20 etabliert. Selbst von Ed Chalpins Curtis Knight Sessions wurden noch 100.000 Kopien verkauft – obwohl Hendrix davon keinerlei Tantiemen bekam.

Zum Frühjahr hatte Hendrix die Basis seiner Operationen nach New York City verlagert, als die Arbeit am dritten Experience-Album begann. Das Problem war, daß jeder, der damit zu tun hatte, andere Vorstellungen davon hegte, wie es werden sollte. Hendrix fühlte sich immer mehr und mehr frustriert in dem festgefügten Rahmen des Experience-Setups: Noel am Bass, Mitch am Schlagzeug und Chas Chandler am Kontrolltisch. Die Form dieser endlosen Shows langweilte ihn mehr und mehr, aber auch die Betonung der Schaueffekte, die immer gleichen alten »Größten Hits« (obwohl auf dem *Axis*-Album ein paar neue Songs ins Repertoire genommen worden waren) und die Anforderungen eines Publikums, das ihn lieber in seiner Rolle als wilden schwarzen Hengst sehen wollte mit photogenen Gitarrenkunststücken, statt daß sie ihm zugehört hätten, wenn er auf dem Instrument seine Geschichte erzählte. All diese aufsehenerregenden Bühnentricks, die ihm in der Vergangenheit so gute Dienste getan hatten, wurden nun seine ganz persönlichen Eisenketten. Immer größer wurde der Wunsch, seine eigenen Platten zu produzieren; er wollte mit anderen Musikern als Mitch Mitchell und Noel Redding spielen – oder sie wenigstens dazunehmen, und er wollte mit seiner Musik in andere Gebiete vordringen, anspruchsvollere, als der Rock es war mit seinen drei Akkorden und drei Instrumenten. Andererseits fanden Redding, Mitchell und Chandler – und wahrscheinlich auch die Mehrzahl seiner Fans – die Dinge ganz wunderschön so, wie sie waren und sahen nicht ein, warum Hendrix diese gewinnträchtige Formel ändern wollte.

Hendrix und sein Team lebten sich immer mehr auseinander. Sein Privatleben bestand aus einer endlosen Runde durch Nachtclubs und Studios, wo er seinen Musikerkollegen zuhörte und dann meist einstieg. Überall, wo er hinkam, wollten sich die Menschen mit ihm anfreunden. Er hatte mehr Freunde, als er brauchen konnte. Sie gaben ihm Drogen (manchmal in einem gespritzten Drink, wenn er es am wenigsten erwartete; man hatte wohl die Vorstellung, er wolle immer und unentwegt high sein bis zum Geht-nicht-mehr), Klimperkram und Kleider. Er kaufte ihnen Autos und Gitarren und gab Leuten, die er kaum kannte, Tausende von Dollars in bar. Seine Plattensitzungen wurden immer unkontrollierbarer: plötzlich tauchte er in The Record Plant auf (damals New York Citys teuerstes und anspruchsvollstes Studio) mit einem halben Dutzend Musikern und all *deren* Freunden im Schlepptau und fing an, ausgedehnte Jams aufzunehmen, die die ganze Nacht andauerten. Er stritt sich immer mehr mit seinem englischen Team herum: sie fühlten sich in zunehmendem Maße an die Wand gedrängt, und das mit gutem Grund.

Hendrix verlor mehr und mehr die Geduld mit Noel Redding, und bei mehr als einer Gelegenheit kam es zum Schlagabtausch. Redding paßte es nicht, daß ihm seine Baßpassagen Note für Note vorgegeben wurden, und gelegentlich hatte Hendrix den Baß für bestimmte Titel selbst überspielt. Auf dem späteren Doppelalbum *Electric Ladyland* spielte Jack Casady von Jefferson Airplane bei einer Nummer Baß, und der allgegenwärtige Buddy Miles saß bei einer anderen an Mitchells Schlagzeug, dazu kam noch ein Sortiment anderer »Freunde und Durchreisende« an verschiedenen Instrumenten – unter ihnen Stevie Winwood, Dave Mason und Chris Wood von Traffic und Al Kooper. Als die Aufnahme halb fertig war, verschwand Hendrix plötzlich nach Los Angeles, wo er viel mit Buddy Miles herumzog (der gerade ein Album mit seiner eigenen Band, Buddy Miles Express, aufnahm), mischte und überspielte Teile von *Electric Ladyland* in lokalen Studios, schwelgte in höchst uncharakteristischer öffentlicher Trunkenheit, kaufte teure Wagen (die er höchstwahrscheinlich ein paar Tage später zu Bruch fuhr) und mußte einem Mädchen ein beachtliches Schweigegeld zahlen – so etwa um die 10.000 $ herum – das er so zusammengeschlagen hatte, daß es ins Krankenhaus mußte. Das war mit Sicherheit nicht mehr der scheue, sanfte, gefügige Jimi Hendrix, wie ihn seine englischen Freunde kannten.

Schließlich wurde es Chas Chandler zuviel: er zog sich zurück, sowohl als Hendrix' Produzent wie als Manager. Jeffery zahlte ihn aus mit der respektablen Summe von 300.000 $, und *Electric Ladyland* erschien mit dem Vermerk »Produktion und Leitung Jimi Hendrix«, obwohl mehrere Titel in London aufgenommen und von Chandler während des fieberhaften Ausbruchs von Studioaktivitäten im vorigen Jahr produziert worden waren. Es war Hendrix' erfolgreichstes Album – die erste und einzige seiner Langspielplatten, die in die Spitze der Charts kam – und von ihr stammte seine meistverkaufte US-

Single: seine epochale Version von Bob Dylans »All Along The Watchtower« erreichte die Nummer 20 in den Popcharts. Was den kommerziellen Erfolg angeht, so war dies der Höhepunkt seiner Karriere.

Zu sagen, es sei nicht alles in Ordnung gewesen, ist eine ziemliche Untertreibung. Die Experience war kurz vor dem Auseinanderbrechen, und Ed Chalpin hatte mittlerweile seine Hendrix/Knight-Bänder zu nicht weniger als vier Alben ausgewalzt. Er mit seinem Ein-Dollar-Kontrakt dachte gar nicht daran, aufzuhören, obwohl das US-Gericht seinen Anspruch auf Hendrix' Management und die Aufnahmerechte zurückgewiesen hatte. Der sich daraus ergebende Rechtsstreit zog sich noch fast über das ganze nächste Jahr hin.

Mit einer wohlüberlegten Kombination von Zwang, Drohung und eindringlicher Überredung brachte Jeffery Hendrix, Mitchell und Redding dazu, noch so lange zusammenzubleiben, daß sie ihre bestehenden Verpflichtungen für die 1969er Tourneedaten in England, Europa und den USA erfüllen konnten. Redding hatte in der Zwischenzeit seine eigene Gruppe zusammengestellt, Fatt Mattress, in der er sich auf seine eigentliche Berufung als Gitarrist besann, und seine Vorbedingung für die Teilnahme an der Experience-Tour war, daß Fatt Mattress Hendrix' Show eröffnete. Sie schleppten sich durch Skandinavien und Europa in Begleitung eines Filmteams, gaben ihre letzte Vorstellung in England am 24. Februar in der Royal Albert Hall und kehrten im März in die USA zurück. Inzwischen war Hendrix der höchstbezahlte Akt auf der ganzen Szene geworden. Er bekam nie weniger als 50.000 $ für eine Show und oft auch, an größeren Veranstaltungsorten, 100.000 $ und mehr. Die persönlichen Animositäten innerhalb der Experience steigerten sich, und die Shows waren bekannt für den Mangel an Übereinstimmung unter den drei Musikern; aber die Menge strömte nur so herein, und jede Show war ausverkauft. Der einzige wirkliche Schock kam, als Jefferys – verlockt von der Aussicht auf einen Extraverdienst von

10.000 $ – ein zusätzliches Engagement im Maple Leaf Garden in Toronto ausmachte. Der kanadische Zoll war berüchtigt für seine unerbittliche Härte in puncto Drogen; sie stellten die Band an der Grenze gründlich auf den Kopf, und in einer von Hendrix' Taschen fanden sie richtig auch ein kleines Fläschchen Heroin.

Es war zweifellos eine arrangierte Geschichte: Hendrix nahm gerne und ohne Bedenken Psychedelica und Marihuana, hatte auch nichts gegen einen gelegentlichen Löffel Kokain, aber er war froh, daß er – zu der Zeit zumindest – gut ohne Heroin auskommen konnte. Schnell wurde Kaution gestellt und die Tour ging weiter – man gestattete sogar einen kurzen Urlaub in Marokko – aber Hendrix' immer anfälliger werdendem Seelenfrieden wurde durch diesen Vorfall in keiner Weise geholfen. Sein Status als schicker Rebell wurde durch eine spektakuläre Festnahme wegen Drogenbesitzes höchstens noch gehoben: für sein Auftreten beim Devonshire Downs Festival an der Westküste zahlte man der Experience die Rekordsumme von 125.000 $. Es war ihre vorletzte Vorstellung; noch eine Open-Air-Show in Denver, und Noel Redding und Mitch Mitchell fuhren zurück nach London und verkündeten die Auflösung der Jimi Hendrix Experience. Redding hielt sein Wort; Mitchell ging bald in die USA zurück und wurde ein Teil des lockeren Kreises von Musikern, die sich um Hendrix' Mietwohnung in Boiseville scharten, in der Nähe von Woodstock oben im Staat New York. Das wichtigste aber war, daß Billy Cox sich endlich dazu durchgerungen hatte, Nashville zu verlassen und als Ersatz für Noel Redding zu seinem alten Wehrmachtskumpel zu gehen. Hendrix vertraute Billy schrankenlos: Cox war zu einer Zeit, als er es am nötigsten brauchte, ein loyaler Freund gewesen, bevor der Wahnsinn begann. Darüber hinaus würde Cox' schlichter, erdiger, geradliniger Baßstil Hendrix' neuer Musik einen solideren, weniger frenetischen Unterbau geben. In jeder Hinsicht war es Cox' Funktion, für die Beständigkeit zu sorgen, die Hendrix so dringend nötig hatte.

Theoretisch hätte es eine Zeit der Ruhe und der Wiederherstellung sein können, eine Gelegenheit für Hendrix zur Erholung von den Non-Stop-Aktivitäten und dem Irrsinn der letzten drei Jahre. Leider war es nichts desgleichen. Sein Freund Brian Jones war kürzlich in England gestorben, in seinem eigenen Swimmingpool ertrunken. Die Heroinanklage von Toronto hing immer noch über ihm, genau wie Ed Chalpins Gerichtsverfahren, das damit endete, daß alle Tantiemen der Reprise Records an Hendrix eingefroren wurden, bis die Rechtslage geklärt war. Schlimmer noch, Hendrix gab immer noch ein Vermögen an Aufnahmekosten bei The Record Plant aus, wo er mit Buddy Miles und Mitgliedern der John McLaughlin-Studioband jammte und endlose Titel für ein geplantes Doppelalbum einspielte. In dem Versuch, Hendrix' Ausgaben für die Aufnahmen unter Kontrolle zu halten, hatte Mike Jeffery – in sehr weiser Voraussicht – entschieden, Hendrix brauche sein eigenes Studio, einen künstlerischen Arbeitsplatz, an dem er aufnehmen konnte, wann immer er wollte und der an andere Künstler vermietet werden konnte, wenn Hendrix selber es nicht benötigte. Die Schwierigkeit war nur, daß der Bau dieses Studios – natürlicherweise als Electric Lady bekannt – auf ernsthafte Probleme stieß. Der Standort an der West 8th Street lag gefährlich nahe an einer U-Bahn-Unterführung, wodurch ein erschreckend großes Aufgebot an zusätzlichen Systemen zur Sicherung des Sound nötig wurde. Die Dinge verschlimmerten sich noch, als Erdarbeiter eine unterirdische Wasserleitung beschädigten und eine arge Überschwemmung auslösten. All das kostete ein Vermögen, das – dank Chalpin – der Organisation nicht mehr zur Verfügung stand. Es mußte bei der Reprise ein Extra-Vorschuß von 250.000 $ aufgenommen werden, damit jeder flüssig blieb.

Als wäre das alles noch nicht genug, gefiel Jeffery die Richtung von Hendrix' musikalischen Experimenten nicht. Er (Hendrix) suchte mehr und mehr die Gesellschaft von Jazzmusikern, mit denen ein neuer Freund, der Produzent Alan Douglas, ihn bekannt gemacht hatte, und jammte mit ihnen; der bewährte Hardrock, mit dem er sich durchgesetzt hatte, erfüllte ihn mit immer weniger Enthusiasmus. Douglas versuchte, eine Session zusammenzubringen mit Hendrix und Miles Davis – dessen neueste Musik deutlich die Einflüsse von James Brown, Sly Stone und Hendrix selbst verriet – aber das fiel in letzter Minute flach, weil Davis, bevor er das Studio betrat, schon eine Vorauszahlung von 50.000 $ verlangte. John MacLaughlin, ein ehemaliger Kollege von Jack Bruce, Ginger Baker, Graham Bond und anderen frühen Londoner Jazz-Rock-Fusionisten, ließ Buddy Miles bei dem Material, das er für Douglas' Label aufnahm, Schlagzeug spielen, und McLaughlin selbst war eine Schlüsselfigur in der Entwicklung von Miles Davis' neuem Sound. Neue Verbindungen wurden geknüpft, neue Musik wurde gespielt, und das alles schien Hendrix erheblich interessanter, als sich hinzustellen und immer wieder »Purple Haze« zu spielen.

In der Zwischenzeit summte die Flüsterpropaganda in allen Rockarealen des Staates New York von einem kommenden Rockfestival, das das größte aller Zeiten sein sollte. Mit dem Untertitel »Three days of peace and music« – Drei Tage Friede und Musik – war der Woodstock Music and Arts Fair als die höchste Zelebrierung der Gegenkultur geplant, und Hendrix wurde natürlich eingeladen, den letzten Abend zu beschließen. Er sollte der höchstbezahlte Künstler sein, wenn auch seine Gage wesentlich geringer war als die, die er normalerweise bekam. Er wählte für diese Gelegenheit eine erweiterte Besetzung und kombinierte Mitch Mitchell und Billy Cox mit dem Rhythmusgitarristen Larry Lee sowie zwei Percussionisten. Das war gewißlich Cox' Feuertaufe: gefilmt und noch aufgenommen, sollte sein erstes Auftreten mit Hendrix vor einem Publikum stattfinden, das man von vorne herein auf ein Potential von 100.000 Leuten schätzte. Die Veranstaltung lief nicht ganz so wie geplant. Fast 300.000 Leute kamen, wälzten sich im Matsch, quasselten euphorisch auf einander ein und warfen sich Trips rein, bis ihnen der Schädel platzte, aber das Programm wurde so drastisch überzogen, daß Hendrix' Gruppe – die für diese Gelegenheit den Namen »Sky Church« bekam – erst am Morgen, nachdem das Festival offiziell geendet hatte, auf die Bühne gehen konnte, einer Zeit, zu der nur noch etwa 30.000 dieser gewaltigen Menge dageblieben waren, um sie zu hören. Nichtsdestoweniger, selbst als das Publikum sich mühselig wieder in die Zivilisation zurückgekämpft hatte, liefen immer noch die Tonbänder und die Kameras und was sie einfingen, war ein epochales Ereignis, das den Höhepunkt des Featurefilms und des Drei-Platten-Albums bildete und für die ganze übrige Welt definierte, was Woodstock bedeutete. Hendrix' beredteste Aussage war wortlos: eine epische Zerlegung des »Star Spangled Banner« für Gitarre und mittelmäßig aufgenommene Drums und Percussion, die wie nichts sonst die tönenden Wirbelstürme in Erinnerung rief, die John Coltrane um so harmlose Shownummern wie »Chim Chim Cheree« und »My Favourite Things« herum gebildet hatte. Akustisches Portrait eines Landes in Aufruhr, einer Nation, die in Gefahr war, in den Abgrund zu fallen, der sich durch die Widersprüche zwischen ihren Idealen und Bestrebungen und ihrer Realität aufgetan hatte, war es beides, eine Darbietung, die kein anderer lebender Musiker fähig gewesen wäre, zu ersinnen und auszuführen, und die anschauliche Demonstration, daß Hendrix' künstlerische Ambitionen im Verhältnis zu seiner immensen Popularität gewachsen war – wenn auch in einer radikal anderen Richtung dazu.

Als nächstes wurde es Zeit zum Kampf mit den Gerichtshöfen: sich Ed Chalpin vom Halse zu schaffen und sich der Heroinklage von Toronto zu stellen. Jeffery und Chalpin fanden schließlich eine Lösung: Chalpin sollte von *Are You Experienced, Axis: Bold As Love* und *Electric Ladyland* 2 Prozent Tantiemen erhalten, und ein ganz neues Hendrix-Album sollte an Chalpins Produktionsgesellschaft geliefert werden, das die Plattenfirma mit dem höchsten Angebot herausgeben sollte. Da Hendrix schon zugestimmt hatte, ein Sylversterkonzert im New Yorker Fillmore East zu spielen, arrangierte man für ein Album eine Life-Aufnahme. Das bedeutete, daß Chalpin seine Hand auf keinen von Hendrix' laufendem Stapel von Studioaufnahmen legen konnte, aber es wurmte doch: Hendrix glaubte, wenn Jeffery und Reprise den Fall gewissenhaft ausgefochten hätten, hätte er Chalpin gar nichts geben müssen.

Zu seiner großen Erleichterung wurde er in Toronto freigesprochen. Hendrix bezeugte, daß ihm andauernd irgendwelche Geschenke gegeben wurden, und bei der fraglichen Gelegenheit habe er das Päckchen in die Tasche geworfen, ohne es näher anzusehen und er versprach, in Zukunft vorsichtiger zu sein. Dieses Argument – noch verstärkt durch die durchaus unaufrichtige und höchst unwahre Behauptung, er habe die Drogen ganz aufgegeben – erschien Richter und Beisitzer akzeptabel. Hendrix wurde ohne Auflagen freigelassen, frei, nach New York zurückzukehren, wo er, Billy Cox und Buddy Miles – Mitch Mitchell war beurlaubt und auf Tournee mit Jack Bruce – sich anschickten, intensiv für die Fillmore-Show zu proben. Das neue Trio – bekannt geworden unter dem Namen »Band of Gypsys« (sic) – behielt zwar das Format der alten Experience bei, aber es verwandelte eine englische Gruppe mit einem schwarzen Amerikaner als Frontman in eine mit drei schwarzen Amerikanern, und dieses Vorhaben gefiel Michael Jeffery ganz und gar nicht. Die weitaus größte Unterstützung bekam Hendrix von jungen Weißen, und die zogen es aus symbolischen, wenn nicht sogar aus musikalischen Gründen vor, Hendrix mit Redding und Mitchell zu sehen. Der Inhalt eines Songtextes, der im Fillmore gespielt wurde, gefiel Jeffery noch viel weniger.

Hendrix' Einstellung zu dem fertigen Album *Band of Gypsys* war immer zwiespältig – seine Gitarre war für seinen Geschmack zu oft unsauber – aber es enthielt die alles überragende, ausgesprochene Antikriegsnummer »Machine Gun«. Für

Jefferys politischen Konservatismus muß das gewesen sein, als wollte Hendrix bei der Black Panther Party unterschreiben. Als die Band of Gypsys zustimmte, eine Konzert/Rally für das Vietnam Moratorium Committee im Madison Square Garden anzuführen, kannte Jefferys Wut keine Grenzen, aber – merkwürdigerweise – was das Schicksal wohl im stillen auf seiner Seite. Vor dem Konzert gab jemand (ein oder mehrere Unbekannte(r), obwohl Buddy Miles behauptet, es sei Jeffery selbst gewesen) Hendrix LSD von ganz besonders bösartigem Kaliber, das fast sofort Krämpfe und Erbrechen hervorrief. Die Vorstellung war eine Katastrophe: ein geisterhaft bleicher, zitternder Hendrix ließ seine Gitarre fallen und ging nach der zweiten Nummer von der Bühne. Buddy Miles wurde gleich am nächsten Tag gefeuert, und kaum eine Woche später verkündete Jeffery stolz die Wiedervereinigung der originalen Experience. Aus bestimmten Gründen blieb Noel Redding jedoch nicht dabei, sondern entschied sich für die Aussicht auf eine Tournee mit Jeff Beck (die tatsächlich nie stattfand). Billy Cox behielt also seinen Job, obwohl er, im Gegensatz zu Mitchell, ein bezahlter Angestellter blieb.

Jeffery unterschrieb schleunigst für eine Handvoll Filme: einer davon war eigentlich ein ausgesprochener Konzertfilm mit dem Titel *Jimi Plays Berkeley*, und der andere – der seinem Herzen erheblich näherstand – ein unzusammenhängendes Sammelsurium von Drogen und Mystizismus, aufgenommen auf der Hawaii-Insel Maui von dem früheren Andy Warhol-Schützling Chuck Wein. Das letztere Projekt, *Rainbow Bridge*, wurde in einer finanziellen Absprache zwischen Warner und Reprise im Austausch für die Rechte an dem unvermeidlichen Soundtrack-Album finanziert. Zwischen den fieberhaften Aktivitäten im immer noch nicht vollendeten Electric-Lady-Aufnahmestudio gingen Hendrix, Mitchell und Cox noch einmal auf Tournee und spielten eine Mixtur aus alten Standards und neueren Songs, aber – Hendrix sah es mit Abscheu und Verzweiflung – das neue Material wurde vom Publikum nur gerade eben ertragen, das den enthusiastischsten Applaus für die alten Publikumsrenner aufsparte. Sowohl sein Management wie auch sein Publikum schienen entschlossen, Hendrix nur immer seine früheren Triumphe wiederholen zu lassen, damit sollte er zufrieden sein, und man stellte fest, daß Hendrix' Drogenkonsum, der selbst zu seinen besten Zeiten schon beinahe ungeheuerlich war, nun dramatisch in die Höhe ging, nicht gerade ein Zeichen von innerer Ruhe und großer Zufriedenheit. Er fing an, sich mit unabhängigen Anwälten und Finanzexperten zu beraten, in der Absicht, seine verworrenen Finanzen in Ordnung zu bringen und sich von Mike Jeffery zu befreien.

Und er nahm nochmals und nochmals und nochmals Platten auf: er wollte Ende des Jahres ein Doppelalbum herausbringen mit dem Arbeitstitel *First Rays of the New Rising Sun*, eine Platte, die sowohl die Summe der Arbeit war, die er in den Sechzigern geleistet hatte, als auch den Weg wies zu der neuen Musik, die er spielen sollte, sobald er sein Leben und seine Finanzen unter Kontrolle hatte. Zu diesem Zweck hatte er sich an Alan Douglas und an Chas Chandler gewandt, daß sie seine Karriere in die Hand nehmen sollten, obwohl es ein Rätsel ist, wie er deren so sehr verschiedene Auffassung von Musik und Geschäft unter einen Hut bringen wollte. Der ehrgeizigste Plan, den Douglas und er ausgebrütet hatten, war die Zusammenarbeit mit dem großen Jazzarrangeur Gil Evans, bestens bekannt für seine Arbeit mit Miles Davis. Es wurde vereinbart, daß Hendrix und das Evans-Orchester mit den Proben für ein Album und ein Konzert mit Evans' Arrangements von Hendrix-Kompositionen beginnen sollten – mit Hendrix als Solisten – sobald der Gitarrist von seiner anstehenden Europatournee zurück sein würde.

Ende August war das Studio fertig, und es bedurfte nur noch einiger Wochen Arbeit. Hendrix und die Band flogen direkt von einer Galaparty nach Europa, wo man plante, die Tour mit dem gigantischen Drei-Tage-Festival auf der Isle of

Wight beginnen zu lassen. Das Festival zeichnete sich durch erhebliche Konflikte zwischen Organisatoren und verschiedenen Gruppen aus – beginnend von französischen Anarchisten unter Führung eines Jean-Jacques Lebel bis zu den Hell's Angels – die der Auffassung waren, das Festival müsse in ein eintrittsfreies Konzert umgewandelt werden. Es lag eine spürbare Spannung in der Luft, als Hendrix auf die Bühne kam: die Show war schon zu lang, die Temperatur war gefallen, und der größte Teil des Publikums hatte sich schon in die Schlafsäcke verkrochen, kuschelte sich an Lagerfeuern aneinander und versuchte, sich warm zu halten. Die Soundqualität war miserabel, die Reaktion des Publikums war verhalten und ungleichmäßig, der Funkverkehr über die Walkie-Talkies der Sicherheitskräfte des Festivals krächzten immer wieder über die Bandverstärker, und Hendrix selbst war sowohl voll mit Drogen als auch erschöpft. Es war kein aussichtsreicher Auftakt für Hendrix' erstes Auftreten in England nach anderthalb Jahren.

Mit dem Fortgang der Tournee wurden die Dinge immer schlimmer. Noch ein Festival, diesmal in Deutschland, wurde von Motorradfahrern und Chaoten zerschlagen, und hinter der Bühne wurde Billy Cox ein Drink verabreicht, der mit LSD versetzt war. Der ausgeglichene, umgängliche Billy Cox war – ungewöhnlich für einen so engen Freund von Hendrix – den Drogen völlig abgeneigt, und die unwissentliche Einnahme einer starken Dosis Acid brachte ihn im Eiltempo an den Rand eines totalen Zusammenbruchs. In einem örtlichen Krankenhaus brachte man ihn »vom Trip runter« mit einem massiven Schuß des Tranquilizers Thorazin, das ihn fast in einen Starrkrampf verfallen ließ. Die beiden nächsten Shows mußten ausfallen, und die Truppe kehrte völlig aufgelöst nach London zurück. Hendrix verkroch sich in der Wohnung seiner Freundin Monika Dannemann, wo er den kranken Billy Cox pflegen konnte; er hatte auch noch eine Suite im Cumberland Hotel, aber es war ihm unmöglich, sich da aufzuhalten, da er von verschiedenen Gerichtsdienern und Leuten mit Vorladungen gesucht wurde – das Ed Chalpin-Verfahren war beim englischen Gericht noch nicht abgeschlossen. Er ging immer noch aus – jammte mit Eric Burden und dessen neuer Band, War, in Ronnie Scotts Jazzclub, versuchte einen Jam zu arrangieren mit Mitch Mitchell, Ginger Baker und Sly Stone, als der letztere zu einem Konzert von Sly & the Family Stone ankam, er ging zu einer Dinnerparty, die der Ex-Monkee Mike Nesmith gab, er gab sogar Interviews – aber im Grunde hielt er sich bedeckt. Ein Telegramm ging ab an Noel Redding, er möge doch bei der Band einsteigen, damit die Tournee weitergehen könne, bis dahin wolle er sich in London verbergen. Irgendwann am Abend des 17. September beschloß er, sich mit ein paar von Monika Dannemanns Schlaftabletten hinzuhauen: er würde dann den ganzen 18. durchschlafen und London am Wochenende verlassen, nach New York zurückgehen und die Arbeit an seinem Album beenden, sich ein paar seiner Demobänder greifen und sich dann wieder mit Chas Chandler zusammensetzen.

Dazu kam es nicht mehr. Früh am nächsten Morgen bemerkte Monika Dannemann, daß Hendrix nachts erbrochen hatte, aber da sein Atem scheinbar ruhig ging und er normal zu schlafen schien, lief sie mal eben zum Laden an der Ecke, um Zigaretten zu holen. Nach ihrer Rückkehr konnte sie ihn nicht mehr aufwecken. In ihrer Panik rief sie Eric Burdon an, der sie anschrie, sie solle den Krankenwagen holen. Die Ambulanz kam auch gleich, aber irgendwie hatte man Hendrix beim Transport auf den Rücken gelegt, und da sein Körper durch die Tabletten vollständig gelähmt war, konnte er das Erbrochene nicht ausspucken oder -husten und ist einfach daran erstickt. Die Leute von der Ambulanz hatten Monika Dannemann gesagt, Hendrix käme schon wieder in Ordnung, aber ihre Versicherungen erwiesen sich als völlig unbegründet. Am Morgen des 18. September 1970 starb Jimi Hendrix, ohne das Bewußtsein wiedererlangt zu haben, in der Stadt, in der er vor etwas über vier Jahren mit so viel Hoffnung und Optimismus gekommen war. Er war siebenundzwanzig Jahre alt.

Das sind die Fakten im Fall Jimi Hendrix. Nun ist es Zeit, sich den Nuancen zuzuwenden.

3

I'm A Man
(At Least I'm Tryin' To Be)

(War Jimi Hendrix also ein sexistisches Schwein oder wie?)

»Niggers be holdin' them dicks too, Jack.. white folks say, ›Why do you guys hold your things?‹ ›Cause You done *took* everything else, motherfucker..«

(»Nigger halten auch immer ihren Schwanz fest, Jack...die Weißen sagen immer... ›Warum haltet ihr eigentlich immer eure Dinger fest?‹ Alles andere habt ihr uns ja *weggenommen*, ihr Saukerle...«)

Richard Pryor, *It's something I said* (1975)

»Oh, but black guys ar SO SEXIST...«
(Oh, die Schwarzen sind aber doch SO SEXBESESSEN...«)
Konventionelle Klage, die man immer wieder bei Dinner-parties hört

»The only Position for women in the SNCC (Student Non-Violent-Co-ordinating Committee) is *prone*.«
(»Die einzige Stellung, die Frauen in der SNCC einnehmen dürfen, ist die der Unterwürfigkeit«).

Der Bürgerrechtsaktivist Stokeley Carmichael (1964)

When I was a young boy
At the age of five,
I had sump'n in my pocket,
Keep a lot of folks alive
Now I'm a man,
Way past twenty-one,

I tell you, baby,
I have lots of fun
I'm a man...
I spell M...A...N...
Now ain't that a man?

(Als ich noch ein kleiner Junge war, so mit fünf Jahren, hatte ich was in der Tasche, das viele Leute am Leben hielt. Jetzt bin ich ein Mann, weit über einundzwanzig, ich sag dir, Baby, ich hab 'ne Menge Spaß, ich bin ein Mann... das schreibt sich M...A...N...N. Na, bin ich ein Mann?)

Bo Diddley und Muddy Waters,
»I'm a Man«/»Manish Boy« (1955)

In den alten Tagen, als Jimi Hendrix noch Begleitgitarrist für Curtis Knight und John Hammond war, wurde er im allgemeinen nur mit diesem einen Song als Vokalist vorgestellt: Bo Diddleys »I'm a Man«. Im Grunde nur eine deklamatorische Improvisation über einem einzigen, immer wieder wiederholten Riff aus dem Erkennungsmotiv von Muddy Waters' Angebersong »Hoochie Coochie Man« (geschrieben von Willie Dixon), wurde es fast umgehend von Waters selbst annektiert und neu betitelt »Man(n)ish Boy«. Beide Versionen waren immens populär beim Nachwuchs unter den englischen Bluesfans, und eine junge Band (geleitet von einem gewissen David Jones, der später allein ganz gut rauskam unter dem Namen David Bowie), ging sogar so weit, sich The Manish Boys zu nennen. Die Yardbirds machten es zu einem der zentralen Stücke ihrer Bühnenshow und spielten zwei Aufnahmen davon ein: eine 1964, noch mit Eric Clapton als Leadgitarrist, und dann noch eine im folgenden Jahr, als Clapton durch Jeff Beck ersetzt worden war. Es erschien auch auf dem ersten Album der Who.

»I'm a Man« entsprach vollkommen den Bedürfnissen und dem Denken der jungen Experten, aus denen die britischen

R&B-Bands und ihre Hörer in den frühen Sechzigern bestanden, obwohl die phallozentrische Prahlerei des Songs leicht komisch wirkte, wenn sie von pickeligen Jungen mit Fistelstimmen vorgetragen wurde, wie dem Sänger der Yardbirds, Keith Relf, und kaum weniger komisch in Roger Daltreys maniriertem Grollen. Der Text mag sich wohl einer außerordentlichen sexuellen Potenz rühmen, die für ein sichtbares Kennzeichen der Reife gehalten wurde, aber ihre Stimmen ließen etwas anderes erkennen: hier war ein Trüppchen von Jungen, die ein Erwachsensein behaupteten, von dem sie nicht so absolut sicher waren, daß sie es schon erreicht hätten, aber nach dem sie sich verzweifelt sehnten.

Solche Zweifel waren Muddy Waters und Bo Diddley fremd, und das ist einer der Gründe, warum sie für ihre jungen britischen Bewunderer als Rollenvorbilder so anziehend waren; ein zweiter ist der, daß die Schwarzen als Schwarze schon fast *per definitionem* als Männer angesehen wurden. Beide Männer nahmen den Song 1955 auf, als Bo siebenundzwanzig und Muddy vierzig war. Es könnte doch wohl keiner Vorstellungskraft gelingen, in ihnen etwas anderes zu sehen als ausgewachsene Männer. Der Unterschied war natürlich der, daß weiße Rassisten jeglichen Alters traditionell den Schwarzen jeglichen Alters als »Boy« bezeichnet hatten. Der unterschwellige Text der weißen Version des Songs war »Ich bin ein Mann (und du bist ein Mädchen, also zieh dich aus)«; der unterschwellige Text bei Muddy und Bo war »Ich bin ein Mann (nenn mich *nie wieder* Boy)«.

»Mir scheint, den schwarzen Boys fällt es viel leichter, aus der Garderobe zu kommen und genau das zu singen, was sie im Kopf haben, statt da mit Kosmetik ranzugehen wie eure Spandau Ballets und so weiter.«

David Coverdale, Vokalist der Whitesnake, in einem Interview mit dem *New Musical Express* (1984).

Die Geschichte, wie die Sexualität, die sich im Blues ausdrückt, allmählich zum Peniswahnsinn des Heavy Metal-Rock mutierte, ist lang und kurios. Schlaue »Hard«rocker wie David Coverdale (dessen Bandname eine nur allzu wörtliche Verbeugung vor dem textlichen Inhalt von Songs wie Blind Lemon Jeffersons »Black Snake Moan« oder John Lee Hookers »Crawling King Snake« ist) legitimieren ihren sexistischen Schwulst durch Zitate von Blues-Vorläufern: na ja, die alten Bluestypen sangen doch auch immer von Vögeln und »Suff«, etwa nicht? Die Antwort ist ja, natürlich taten sie das – es gibt mehr Bluessongs über Frauen als über irgend etwas anderes, mit Alkohol und Geld gleich dahinter – aber leider ist das Leben nicht so simpel; diese Songs sind erheblich beredter, als eine schlichte Transkription ihres Textes (oder sogar die von einer weißen Band nachgespielte Version) auch nur vermuten läßt. Es ist Tradition, daß die weißen Machtstrukturen die Schwarzen am wenigsten bedrohlich finden, wenn sie entweder von Jesus oder von Sex und Tanz singen. Im Endergebnis wurden solche Songs mehr oder weniger zu Gesangscodes über praktisch jedes Thema unter der Sonne, und der letzte Sinn einer Blues-, Soul- oder Gospelnummer wird höchstwahrscheinlich durch die Nuancen der rhythmischen Betonung oder den vokalen Ton und seine Auszierungen ebenso vermittelt wie durch den offenen Inhalt seines Textes. Die besten und schönsten Momente im weißen, auf dem Blues basierenden Rock entstanden durch das kreative Mißverstehen des Untertextes der Musik, die die Initialzündung lieferte; die schlechtesten entstanden durch die krasse Übertreibung des oberflächlichen Eindrucks und durch das besoffene Ego der Bübchen, die da posierten und nicht zu begreifen schienen, daß sie den Schwanz von jemand anderem in ihre Hosen stopften.

Nehmen wir noch ein anderes typisches Beispiel: Muddy Waters' 1963er Aufnahme von »You Need Love«, wie sie sich, nur sechs Jahre später, in Led Zeppelins »Whole Lotta Love« verwandelt hat (ein Prozeß, bei dem Willie Dixons Rolle als

Komponist des Ganzen irgendwie unter den Tisch fiel). Das erstere ist eine Verführung, und sein schlimmstes Verbrechen, selbst nach heutigen sexualpolitischen Vorstellungen, ist, daß man es als leicht herablassend und väterlich-überlegen ansehen könnte, »onkelhaft« wäre wohl der passendere Ausdruck dafür. Muddys Ton ist warm und besorgt: er macht den Eindruck, als sei die Frau, die er ansingt, sowohl sexuell unerfahren wie ausgehungert nach Zuneigung, und er erklärt sich bereit, beidem abzuhelfen. Die Musik, zu der »You Need Love« gesetzt ist, ist ein Echo auf Muddys Wärme, mit einer komplizierten Gitarrenfigur und einer Hammondorgel, die wie ein Schuß feinen Brandys in die Melodie einfließt; die Gesamtwirkung ist intim, locker und äußerst sinnlich.

Im Gegensatz dazu kommt Led Zeppelin daher wie eine thermonukleare Gruppenvergewaltigung. Die Frau – die in Muddy Waters' Song als wirkliche Person mit wirklichen Gefühlen in einer wirklichen Situation vorgestellt wird – ist hier auf ein bloßes Gefäß reduziert, ein völlig passives Anwesendsein, dessen einzige Funktion es ist, mit dem angemessenen Grad an Verehrung und Dankbarkeit den Großen Zeppelin zu empfangen (wie es sich auch auf den ersten beiden Plattenhüllen der Gruppe ausnimmt: neckische Unbeholfenheit, in der Pose der Ironie). Selbst ihre Reaktion ist überflüssig: Zeppelins Vokalist Robert Plant hat buchstäblich für sie den Orgasmus. Schließlich erfolgt die Befriedigung der Frau nicht ihr zuliebe, sondern ihm zuliebe: es ist die Bestätigung seiner männlichen Tüchtigkeit und der Preis für seine Zulassung zur urmännlichen Gesellschaft. Das Zurschaustellen ihrer maskulinen Fähigkeiten bei Heavy Metal ist ein Ritual, in dem sich die Männer gegenseitig feiern; es ist keineswegs zunächst einmal für die Frauen da, die – bei britischen Metal-Shows, wenn schon nicht bei ihren amerikanischen Gegenspielern – überhaupt nicht erst in Erscheinung treten und dadurch ihr Verständnis für die Natur der Ereignisse beweisen. Die Gegenwart der Frau ist streng abstrakt, gesichtslos; sie ist zwar ein wesentlicher

Bestandteil in der Abfolge des Geschlechtsaktes, aber nicht als Individuum. »Liebe« ist in diesem Zusammenhang ein beschönigender Ausdruck für etwas, das man mit einem Lineal messen kann; wenn Plant heult, »I'm gonna give you every inch of MAH LURVE« (ich geb dir jeden Zentimeter meiner Liebe), dann ist das Wort »Andeutung« viel zu milde für die Intensität, mit der er zu verstehen gibt, daß seine Liebe ganz wörtlich sein Penis ist.

Death and my cock are the World.
(Der Tod und mein Schwanz sind die Welt).

Jim Morrison, »An American Prayer«

Der Fachausdruck für dieses Zeug ist »Cock Rock«: er übersetzt die vergnügte Fleischlichkeit und den betrüblichen sozialen Realismus des Blues in ein blühendes Schwelgen in den Machtphantasien heranwachsender Männlichkeit. Die Frauen, denen die Bluesleute, von Robert Johnson bis Robert Cray, nachlaufen und mit denen sie sich auseinandersetzen, sind stark, greifbar und präsent: sie sind den Männern zumindest ebenbürtig und oft überlegen. Letzen Endes brauchen Männer die Frauen mehr als umgekehrt, und das weiß jeder; genau aus diesem Grunde sind die Männer ja auch so höllisch sauer auf die Frauen, und *das* weiß auch jeder.

Nachdem das einmal gesagt ist, wird wohl niemand bestreiten, daß ein großer Teil der Bluestexte in der Tat tief sexistisch ist (wenigstens niemand außer den eingefleischten Chauvinisten, die die bloße Erwähnung des Sexismus schon für ein Hirngespinst halten). Warum das so *sein muß*, ist jedoch weit weniger klar ersichtlich.

Zunächst einmal war das Leben eines männlichen Entertainers (jeder Rasse, jeden Stils, jeder Bedeutung und jeden finanziellen Erfolges) der häuslichen Stabilität noch nie sehr förderlich. Lange Perioden der Abwesenheit von zu Hause machten die Trennung von Ehefrau, Freundin oder Familie

unvermeidlich und ließen viel Raum für sexuelles Herumzi-
geunern bei beiden Parteien, noch dazu entstand dadurch ein
erheblicher Grad an Zynismus in bezug auf die Dauerhaftigkeit
der Beziehungen. Noch wichtiger war es in jeder Art von
rassistischer Gesellschaft, daß Angehörige einer rassisch nicht
akzeptierten Gruppe immer unter sehr schwerer ökonomischer Benachteiligung arbeiten mußten und das wiederum einen zusätzlichen familiären Streß hervorrief. Vielfach fanden
die schwarzen Frauen viel leichter eine Beschäftigung (wenn
auch schlecht bezahlt und in erniedrigenden und degradieren-
den Positionen) als ihre Männer, so daß die Frauen oft zu
potentiellen Ernährern wurden. In diesem Prozeß entwickelte
sich ein Gefühl der Ungleichheit, das wiederum ein höheres
Maß an häuslicher Selbstbestätigung für die Männer erforderte; sie wollten wenigstens einen Platz in der Welt haben, in
dem sie mit einigem Respekt behandelt wurden: die Außen-
welt (lies: die weiße) behandelte sie wie den letzten Dreck.

Der Bluesman betont immer wieder die dringende Forderung,
als Haupt der Familie behandelt zu werden und die Anstrengungen, die er unternimmt, um seine Funktion als guter Er-
nährer zu erfüllen (B.G. Kings »Paying The Cost To Be The
Boss« – Ich zahl dafür, daß ich der Boß bin – ist ein Beispiel
unter vielen für diese Schule von Songs, denn Mitte der Sechziger war sein Repertoire voll davon: *His Best: The Electric B.B.
King* enthält auch Songs wie »Tired Of Your Jive« – Ich bin dein
Geschwätz leid – »Don't Answer The Door« – Mach nicht auf –,
»Think It Over« – Denk noch mal darüber nach – und »I Don't
Want You to Cut Your Hair« – Ich will nicht, daß du dir die
Haare schneiden läßt – alles Fallstudien aus dem Textbuch der
männlichen Unsicherheit). Der weibliche Widerpart des Bluesman schlägt zurück und besteht darauf, *sie* sei ja nicht schuld
daran, daß er draußen nicht klarkommt und daß sie nicht
stillhalten wird, wenn er seine Frustrationen an ihr ausläßt.
Aretha Franklins Krach mit Matt »Guitar« Murphy in John

Landis' Film *The Blues Brothers* ist eine trivial angelegte, ins Komische gezogene Reduzierung dieses Konfliktes, aber der Konflikt ist immer noch ein sehr realer unernster, und die Vehemenz von Aretha Franklins Darbietung dient nur dazu, das noch zu unterstreichen.

Das Problem ist natürlich im wesentlichen mehr eines der Klasse als eines der Rasse – in den Arbeitervierteln hat man, grob gesagt, hartnäckig an den traditionellen Vorstellungen von den Geschlechterrollen festgehalten – und hat darum mehr mit den harten ökonomischen Bedingungen zu tun als mit den Überbleibseln der herzlos auseinander gerissenen Familien in der Sklavenzeit oder mit den Resten der patriarchalischen Praktiken in der westafrikanischen Polygamie (trotz Bob Marley und Fela Kuti). Der Blues ist ganz spezifisch die Musik der ärmsten und am wenigsten »respektablen« Schwarzen und wurde, wie viele Bluesleute, von Muddy Waters bis B.B. King, bezeugt haben, von den hart arbeitenden, respektablen Kirchengängern und den gebildeten, aufstrebenden schwarzen Berufsklassen, deren musikalischer Geschmack, je nach Wahl, mehr zu Gospel oder Jazz neigt, über die Achsel angesehen. Wenn jedoch die überwiegende Mehrzahl der städtischen Armen Schwarze sind, dann werden auch all diejenigen überwiegend Schwarze sein, die sich am Ende an all das halten, um durchzukommen, zu dem nur die ärmsten und verzweifeltsten Schichten jeder Gemeinde bereit sind – Raub, Drogenhandel, Prostitution. Darum ist es für die hoffnungslos Verbohrten oder die, die ihr rassistisches Süppchen kochen wollen, sehr einfach, zu behaupten, die Betreffenden täten das nicht, weil sie arm, sondern weil sie schwarz seien.

Darüber hinaus fällt denen, die an den Rand gedrängt werden, Idealismus nicht gerade leicht. Die möglicherweise zynischste Abrechnung mit den vermeintlichen »Realitäten« der Beziehungen zwischen Mann und Frau kommt von Malcolm X in seiner Autobiographie, in der er auf der Grundlage seiner früheren Erfahrungen als Zuhälter wie seines späteren islamischen Fundamentalismus behauptet: »Prostituierte haben immer gesagt, die meisten Männer sollten wissen, was jeder Zuhälter weiß. Man sollte eine Frau genügend hätscheln, daß sie weiß, der Mann hat was für sie übrig, aber darüber hinaus sollte man streng mit ihr sein... alle Frauen sind ihrer Natur nach zerbrechlich und schwach: sie fühlen sich zu dem Mann hingezogen, bei dem sie Stärke wahrnehmen... Ich habe zu oft erfahren, daß Frauen nur durchtriebenes, verlogenes und nicht vertrauenswürdiges Fleisch sind.« Frauen, so glaubte er ursprünglich, seien ihrem Wesen nach Huren; Männer seien, ebenfalls ihrem Wesen nach, entweder Zuhälter oder »Freier«. Er hätte wahrscheinlich nicht allzuviel gegen Led Zeppelins Versicherung einzuwenden gehabt (in »Dazed and Confused«), daß »many people talkin' but few of them know/the soul of a woman was created below« – viele reden zwar davon, aber nur wenige wissen, daß die Seele der Frau in der Hölle erschaffen wurde – oder (in »Black Dog«) »I don't know but I've been told/a big-leg woman ain't got no soul« – ich weiß ja nicht, aber man hat mir gesagt, daß eine Frau mit strammen Beinen keine Seele hat. Der junge Malcolm X hatte allerdings ein Leben voller Nackenschläge geführt, in dem er immer wieder das Opfer war, was seinen Sexismus vielleicht erklärt, wenn es ihn auch nicht im mindesten entschuldigt. Led Zeppelin und Genossen käuten nur schlicht und selbstgefällig halbverstandene Klischees wieder, die sie sich von einem Stapel Bluesplatten gemerkt hatten.

Als Michael Lydon ihn für sein Buch *Boogie Lightning* interviewte, erinnerte sich Bo Diddley – der Urheber von »I'm a Man« – *seiner*seits so an seine Erfahrungen als Boxer: »Es war nicht so, daß ich unbedingt hart sein wollte, aber ich dachte, man sollte doch etwas Rauhes mögen, um ein *Mann* zu sein. Ich meine, ›Mann‹, das bedeutet mehr, als nur männlichen Geschlechts zu sein. Wie das Wort ›Frau‹. Was macht eine Frau? Sie bekommt Kinder. Das ist etwas Großes, und da hat sie nun den Titel ›Frau‹... ›Mann‹ bedeutet für mich, ein Typ muß sich und auch seine Familie beschützen können, muß sein Leben für sie einsetzen. Die Möglichkeit, Ehemann, Vater und Ernährer zu sein, das ist ein guter Titel, wenn man dem gerecht wird.«

Der »Sexismus« des Blues enthält alle Hitze und Leidenschaft eines vollblütigen häuslichen Krachs zwischen zwei Leuten, die, trotz gelegentlicher Ausbrüche mit Geschrei und Tellerwerfen, eine tiefe und dauernde Bindung aneinander haben. Als die Sprache aus ihrem Zusammenhang gerissen und von gerade eben erst erwachsen gewordenen grünen Jungen auf der Suche nach einer Identität übernommen wurde, da war es ja kein Wunder, daß das in einer Kombination von Geilheit und Frauenfeindlichkeit resultierte, die der Legitimation und Glorifikation der Vergewaltigung gefährlich nahe kam. Wenn Ted Nugent ein Album *Penetrator*, Whitesnake eines der seinen *Slide It In* (Schieb ihn rein) nennen kann und eine Band tatsächlich den dämlichen Titel Great White (Der Große Weiße) annimmt, dann wird das Muster klar. Und wenn dann dieselben Great White noch Texte wie diesen benutzen dürfen »Knockin' down the door, pull you to the floor/'cause you need it so bad... gonna drive my love inside you, nail your ass to the floor/down on your knees« (Tür einschlagen, und dann zieh ich dich auf den Boden, denn du brauchst es so dringend... ich treib meine Liebe in dich hinein, nagele deinen Hintern an den Boden, runter auf die Knie) dann haben wir einen weiten Weg gemacht von dem weitherzigen Sichrühmen des Blues.

Eine der Hauptattraktionen des Blues für seine jugendliche weiße Gemeinde in den frühen Sechzigern war der krasse Gegensatz zu den faderen Aspekten der Popkompositionen mit ihren Teenie-Engelchen. Es wäre geradezu flegelhaft, wollte man den betörenden Charme und die betäubende Romantik der besten unter den Girlgruppen leugnen – jemand, dem »Will You Love Me Tomorrow« von den Shirelles nicht zu

Herzen geht, sollte sich Popmusik zunächst einmal überhaupt nicht erst anhören – oder zu behaupten, die schönen Aufnahmen von Burt Bacharach und Hal David, die sie Dionne Warwick auf den Leib geschrieben haben, hätten auf den Plattentellern eines intelligenten Menschen weniger zu suchen als der Hardrock aus dem Jugendzentrum der Who. Indessen waren Songs über Teddybären, geliebte Hündchen und lebendige Puppen überhaupt nicht reizvoll für männliche Heranwachsende, deren Hormone langsam verrückt spielten. Für sie war die harte, wissende Sexualität des Blues und die der jungen weißen Musiker, die den Blues an Land gezogen hatten, weit attraktiver; es war das perfekte Gegenmittel gegen die verzukkerten, romantischen Stereotyen des konventionellen Pop. (Die unbedingte Loyalität, die die Mädchen den Beatles entgegenbrachten, war ja kein Zufall; sie (die Beatles) wurden ja viel mehr von Motown und dem Pop der Girlgruppen aus dem Brill Building inspiriert als von R&B und dem Macho-Rock der Fünfziger, und die daraus resultierende Zärtlichkeit, die ihre Musik beseelte, wurde nicht nur hingenommen, sondern auch verstanden. Aus diesem Grund waren sie viel mehr eine Gruppe für Mädchen als die Rolling Stones oder *deren* Nachfolger; und ein weitaus größerer Teil der Jungen hielt deshalb die Beatles für ein bißchen »soft«).

Leider ging die Jugend dabei in eine Falle. Sie setzte die romantischen Stereotypen und die Idee der Monogamie mit Frauen und Weiblichkeit im allgemeinen gleich. Es bedurfte nur einer geringfügigen Übertreibung des traditionellen männlichen Dranges, die Frau den männlichen Bedürfnissen und Vorstellungen entsprechend zu definieren, und schon erlagen die Songschreiber der Sechziger der Versuchung, den Frauen jeglichen Platz in der Mitte zwischen dem Piedestal und der Gosse zu verweigern. In Songs wie dem der Rolling Stones, »Play With Fire«, und Bob Dylans »Like A Rolling Stone«, die beide mit Wut und Verachtung an ein verwöhntes reiches Mädchen gerichtet sind, das Jaggers und Dylans (fiktive) proletarische Integrität gezielt beleidigt, wird die reaktionäre Stagnation der sozialen Ordnung durch eine Frau personifiziert. Jimi Hendrix ist in diese Falle nur einmal gegangen, in »Are You Experienced«, als er ein junges Mädchen anschnauzt, das anscheinend kein Acid nehmen und nicht ins Bett will:

> I know, I know, you'll probably squeal und cry
> That your little world won't let you go,
> But to who in your measly little world
> Are you trying to prove,
> That you're made out of gold,
> and can't be sold?

(Ja, ja, ich weiß, du wirst wahrscheinlich zetern und weinen, deine kleine Welt würde dich nicht loslassen, aber wem in deiner kümmerlichen kleinen Welt willst du eigentlich beweisen, daß du aus Gold bist und nicht verkauft werden darfst?)

Da spricht kein Liebender – da spricht ein Zuhälter.

Die kanadischen Rocknarren Guess Who gingen sogar so weit, die amerikanische Einmischung in den Krieg und den kulturellen Imperialismus als weiblich zu bezeichnen und so die Frauen für den Vietnamkrieg verantwortlich zu machen. »Amerikanische Frauen«, sangen sie, »bleibt mir vom Leibe.« Es versteht sich von selbst, daß Tausende amerikanischer Frauen Guess Who beim Wort nahmen. (Erst kürzlich wurde ein Rocker aus Britisch-Guayana, Eddy Grant, zum Echo der Guess Who, als er die Apartheid als Frau personifizierte in seinem 1987er Hit, »Gimme Hope, Jo'anna«, der eigentlich ganz *extrem* in die Zukunft wies).

»Sieh dir die dumme Gans an,« tönten die Rolling Stones, die mehr als jeder andere die zweifelhafte Ehre haben, die führenden Sexisten des Rock der Sechziger zu sein. Sie stellten den rührseligen Tribut an die Engel mit den gebrochenen Flügeln, wie »Ruby Tuesday«, den triumphierenden Hymnen an die dominierende Überlegenheit gegenüber, wie »Under My

Thumb«, die andeuteten, die Unterjochung der Frau sei ein wesentlicher Bestandteil des Reifeprozesses, der einzige Weg, durch den ein Knabe zum Mann werden könne. Frauen, so klingt es aus diesen Liedern, versuchen unaufhörlich, den Mann in die Falle der Ehe zu locken; sie wollen die Häuslichkeit (und wenn sie sie dann haben, dann haben sie keine Freude dran und nehmen ihre Zuflucht zu Tranquilizern – wie in »Mother's Little Helper« von den Stones). Männer andrerseits wollen Sex ohne Bindungen und ohne Streitereien und dabei noch ein bißchen moralische Unterstützung, und versuchen unentwegt, die Frauen zu bereden, mit ihnen ins Bett zu gehen (und sie nachher zu bereden, wieder da rauszugehen). Gute Frauen spielen da mit, schlechte Frauen nicht, die bestehen darauf – äußerst irritierend – ihre eigenen Wünsche und Bedürfnisse mit einzubringen in eine Angelegenheit, die ansonsten so einfach und unkompliziert wäre. In solchen Momenten muß man ihnen sagen »Baby, Don't Bother me No More« (Kind, laß mich in Ruhe) oder »Baby, baby, baby, you' out of time« (Kind, du tickst nicht richtig). Alle diese Songs findet man auf *Aftermath* (1966), das den Höhepunkt im Sexismus der gerade erwachsen gewordenen Stones darstellt – im Gegensatz zu dem nörgelnden Sexismus der »reifen« Zeit – und es war interessanterweise das erste unter ihren Alben, dessen Songs ausschließlich von Mick Jagger und Keith Richard komponiert worden waren. Die alptraumhafte sexuelle Gewalt des »Midnight Rambler« (»Well, you heard about the Boston.. Strangler/honey, it ain't one of those« – Nun, von dem Würger aus Boston hast du ja gehört, Süße, also so bin ich nicht) und der Sadismus von »Brown Sugar«, der sich schon die Lippen leckt (»Scarred old slaver knows he's doin' alright/ he use'ta whip the women just around midnight« – Der narbige alte Sklavenhalter weiß schon, was er macht, er peitscht die Frauen immer um Mitternacht aus), der wartet schon hinter der Bühne. Nur einen Kuß entfernt...

Die beiden prominentesten Heroinen des Hippie-Rock der Sechziger waren Grace Slick und Janis Joplin. Slick war eine der Leadsängerinnen der ständig wechselnden »Electric-Post-Folk«-Combo Jefferson Airplane, und ihre Gesänge klangen wenigstens weder weinerlich noch verwundbar: in »Somebody To Love« macht sie sich über die Einsamen lustig, ein Grüppchen, das in der Dialektik des Pop aus Tradition sakrosankt ist. Slick war die einzige Frau, die die Männerrolle des Hippie-Guru als Führer durch das Land der Trips übernahm: sie war die *wirkliche* Acid Queen, ganz und gar eisige Lyserg-Erhabenheit. Im Gegensatz dazu war Janis Joplin – die oft als größte weiße Bluessängerin ihrer Zeit bejubelt wird – der Archetyp des weiblichen Opfers. Sie beklagte ständig die Behandlung, die sie unter den Händen einer endlosen Reihe von nichtsnutzigen Männern erfuhr; schlampig, betrunken, brüllte sie unaufhörlich ihre Urschreie hinaus, die, in ihrer besten Form, ein echter, erschreckender innerer Schmerz und in ihrer schlechtesten ein ausgedehnter Koller aus schlechter Laune waren. Man wünschte dringlich, sie singen zu hören wie die Chicagoer Bluessängerin Koko Tayler, »I'll Love You Like A Woman (But I'll Fight You Like A Man)« – ich werde dich lieben wie eine Frau, aber ich werde mit dir kämpfen wie ein Mann. Wenn die Taylor sich aufbäumt und *damit* loslegt, dann kann man sich gut vorstellen, wie auch der große, böse, schwadronierende Bo Diddley ganz schnell wegtaucht und ihr Platz macht.

Für viele junge Frauen in aller Welt repräsentierte Janis Joplin allerdings die Aspekte einer neuen Freiheit. Sie mag geschrieen haben, aber sie hat sich wenigstens nicht geziert; sie war für niemanden der Inbegriff des Püppchens (Beine wie Zahnstocher, Haare steif von Haarspray, Augen-Make-up wie ein Buschbaby) oder der mausgrauen Vorstadthausfrau (Dauerwelle, Hüfthalterhöschen, war's ein harter Tag im Büro, Liebling?), und ihre Sexualität war nichts, das man am Netz an- und abschalten konnte, wie es dem Mann gerade paßte. »Women Is Losers« (Frauen sind die Verlierer) stellte sie in einem ihrer frühen Songs wütend fest, und das ist sicher eine der wichtigen Grundthesen der Feministinnen, aber nichts in ihrem Leben oder ihrem Werk deutet darauf hin, daß ihr auch nur die Idee gekommen ist, es gäbe praktikable Möglichkeiten, daran etwas Wesentliches zu ändern. Sie tat, was sie wollte (zumindest theoretisch) und stellte sich außerhalb der Codes des akzeptierten weiblichen Betragens, aber man sah, daß sie dafür zu leiden hatte und die Myriaden von Kümmernissen in Alkohol und Heroin ertränkte, immer wieder von ihren Spielzeugmännern verlassen, die sie wie Weintrauben konsumierte. Sie war unweigerlich »A Woman Left Lonely« – die einsame und verlassene Frau – die für ihre Kühnheit die fällige Strafe erhielt, wie es das Naturgesetz ohne Unterschied bestimmt hatte. »Blues are easy to write« – ein Blues ist leicht zu schreiben – hat sie einmal gesagt. »Just a lonely womans's song» – nur der Song einer einsamen Frau.

Man kann getrost annehmen, daß, hätte Janis Joplin Bob Dylans Vorstellung von der vollkommenen Frau entsprochen, niemand je etwas von ihr gehört hätte, es sei denn, es wäre irgend einem Mann eingefallen, einen Song ihr zu Ehren zu schreiben. In »Love Minus Zero/No Limit« zollt Dylan der Frau Tribut, die schon bald seine Frau werden sollte und sich – zwölf Jahre später – wieder von ihm scheiden lassen würde. »My love, she speaks like silence« – meine Geliebte spricht wie das Schweigen – beginnt er und krönt den Vers mit der allhöchsten Ehrung: »She knows too much to argue or judge« – sie weiß zuviel, als daß sie argumentierte oder urteilte. Ungemein bequem das, besonders für Männer, die es nicht besonders gerne haben, wenn man mit ihnen streitet, ganz zu schweigen vom Beurteilen. Argumente und Urteile sind schließlich Männersache.* Gewiß hätten die Frauen (sowohl

* Dylan ist durchaus nicht der einzige Künstler, der Großes geleistet hat und dennoch einen unseligen Einfluß auf andere hatte; er war die Inspiration für genauso viele fürchterliche Songs wie Hendrix es für lähmend langweilige Gitarrensoli war. Trotzdem wurde Hendrix – wie Lennon, wie Wonder-Dylans

die realen wie die symbolischen) in Hendrix' Songs den Frauen in Dylans Songs eine Menge zu sagen: wie z.B. daß es eher der Meister als der Schüler war, der seine Wut, seinen Ekel und seine Galle gegen das Image der Frau rauslassen mußte.

»Also wissen Sie, die Engländer haben da eine riesige Vorstellung von den Schwarzen. In diese magische Idee sind sie ganz verliebt. Alle sind sie von so was beeindruckt. Hinz und Kunz in England glauben, die Schwarzen hätten ganz große Schwänze. Und Jimi kam nun hier rüber und nutzte das bis an die Grenze aus... und jeder fiel darauf herein.«

    Eric Clapton in einem Interview mit der *Rolling Stone* (1968)

»Ich glaube, wir wissen alle, daß Clapton und die ganze liebenswerte Cockney-Szene so ihre Probleme hat. Es hätte mich mal interessiert, ob Clapton das Hendrix auch ins Gesicht gesagt hätte.«

    Robert Wyatt in einem Interview mit dem Autor (1987)

Die Popmythologie ist im allgemeinen eine lose Mischung von Lügen, Gerüchten, alten Zeitungsausschnitten und vorschnellen Urteilen, und so ist es nicht weiter verwunderlich, daß ungehemmte Sexualität und Allzweckherrschaft des Penis die Eckpfeiler von Hendrix' Legende bilden. So unterschiedliche Schreiber wie Julie Burchill, die veraltet-moderne Sirene, als Thatcher-Groupie wiedergeboren, und der Dichter und frühere Fernsehkritiker des *New Statesman*, Hugo Williams, sahen diesen Aspekt des Mannes und seines Werkes als so wesentlich an, daß sie seine Musik in ihrer Gesamtheit schlicht als

---

unbedingter Herausforderung gerecht. Dylans Einfluß auf Hendrix war zwiefach: so wie er ihn dazu inspirierte, seine eigene Innenwelt in seinen Texten zu erforschen, so überzeugte ihn Dylan auch davon, daß er zumindest versuchen könnte, zu singen. Genau wie man von allen Neugeborenen sagt, sie sähen aus wie Churchill, so klingen auch alle Möchtegern-Rocksänger, die »nicht singen können« (wie z.B. Reith Richards, wenn er solo singt) immer etwas wie Dylan.

»cock-happy guitar heroics« – penis-selige Gitarrenheldentaten
– abtaten.

So bedeuteten also der Tod und sein Schwanz die ganze
Welt für Hendrix, wie für seinen Zeitgenossen Jim Morrison?
Nicht mehr, als sie es für Robert Johnson waren, der für seine
Sünden die Zeile »Squeeze my lemon 'til the juice runs down
my legs« (Press mir die Zitrone aus, bis mir der Saft die Beine
runterläuft) schuf, die dann so hartnäckig von Led Zeppelin
vereinnahmt wurde. Ob nun in »Liebe und Tod« verkörpert
oder in »Sex und Gewalt«, dies sind immer die großen Themen
aller großen und ernsten Kunst (übrigens auch aller populären
Kunst) gewesen. Hendrix' Aneignung von Johnsons Erbe der
Lebensangst und Verzweiflung behandeln wir noch in Kapitel 5. Seine Beziehung zu Frauen und dem weiblichen Prinzip
insgesamt war tief, beständig und vielschichtig.

Zu Beginn sollten wir uns ins Gedächtnis rufen, daß er unter
einem strengen Vater und Zuchtmeister aufwuchs und daß er
seine lebhafte, lebenslustige Mutter vergötterte, bis zu ihrem
vorzeitigen Tod, als er sechzehn war. Als Teenager und noch
als junger Mann entsprach er wohl für niemand dem Bild des
Macho Man, und seine frühesten Freunde, Fürsprecher und
Förderer waren fast ausnahmslos Frauen, die ihm zu essen
gaben, ihn unterbrachten, ihn kleideten, ihm Gitarren kauften
und sogar Jobs für ihn an Land zogen. Männer verabscheuten
ihn oft gründlich und waren (bevor er zum ganz großen Rock
and Roll-Star wurde) irritiert und eifersüchtig wegen seiner
Anziehungskraft auf Frauen, vor und hinter der Bühne.

Alfreda Benge, heute mit Robert Wyatt verheiratet, beschreibt Hendrix' Wirkung in ähnlicher Weise. »Für meine
Generation weißer Weiblichkeit«, erinnert sie sich, »war er der
erste, der die Grenze überschritt... man mochte die Schwarzen
als Musiker oder was auch immer, aber irgendwie hatte man
immer das Gefühl, die sind anders; man identifizierte sich
nicht mit ihnen. Er war der erste schwarze Künstler, von dem
man sagen konnte ›Oh Mann auf dich steh ich.‹ Ich weiß

nicht, was er an sich hatte, aber er war unglaublich wichtig dafür... Ich hatte mit Schwarzen im gleichen Haus gewohnt, ich stand den Schwarzen nicht *fern*, aber es wäre mir nie eingefallen, mich in einen Schwarzen zu verlieben. Er war für den Antirassismus der große Durchbruch. Von da an konnte man auch Schwarze anschwärmen.«

Der britische Rockjournalist Nick Kent sah Hendrix Anfang 1967 in Cardiff spielen. »Ich war wie vom Donner gerührt«, erinnert er sich, »als ich alle die Mädchen sah, die ich noch von der Schule her kannte und die immer so züchtig und zimperlich gewesen waren und die nun hier schrieen und über die Stühle kletterten, um an den Mann auf der Bühne ranzukommen.« Es waren auch nicht nur die Schulmädchen aus Wales; Peter Townshend, der Leader der Who, nahm seine Freundin Karen Astley (nunmehr Mrs. T.) auf eine ausgedehnte Runde durch die Clubs mit, als Hendrix sein Debüt im Londoner Clubzirkel gab. Er handelte sich mehr ein, als ihm lieb war. »Wenn ich gewußt hätte, was ich heute weiß, wie aufgewühlt meine Frau sein würde, dann hätte ich sie wohl nicht so bereitwillig von Club zu Club geschleppt. *Ich* wäre ja gegangen, aber ich hätte schon dafür gesorgt, daß *sie* etwas Antiseptischeres zu sehen bekommen hätte... es war sehr sexuell; nicht auf eine ansprechende Weise, eher bedrohlich. Ich hab auch mit Karen darüber gesprochen, wissen Sie: ›Wie war das? War das was Sexuelles?‹ Sie sagte: ›Was für eine saublöde Frage!‹«

Truman Capote äußerte mal die Ansicht, Mick Jaggers »erotische« Bühnenschau sei »ungefähr so sexy wie ein pissender Frosch«: Hendrix war sicherlich wissender, offener, zündender. Er beugte sich zu den Frauen im Publikum, ließ seine Zunge eilig spielen in der deutlichen Gebärde des Cunnilingus (zu einer Zeit, als das noch für eine exotische sexuelle Praktik galt, die nur lasterhafte, verkommene Männer vollzogen und die nur bei Frauen erwünscht war, die noch lasterhafter und verkommener waren). Die Gitarre wurde entweder zum Sexualpartner oder zum eigenen Geschlechtsorgan. Aber diese Gesten machte er immer nur, wenn er entweder überströmte vor Glück oder verzweifelt bemüht war, sein Publikum zu beeindrucken; in seinen frühen Londoner Clubauftritten und bei seinem Durchbruch in dem US-Auftritt auf dem Monterey Pop Festival war er möglicherweise beides. Später in seiner Karriere zog er es indessen vor, einfach seine Songs zu singen und Gitarre zu spielen. Es ist traurig, daß viele in seinem Publikum glauben, sie hätten nur dann den wirklichen Hendrix gesehen, wenn sie die sexuelle Pantomime zusammen mit der Musik bekämen; wie viele andere Künstler auch, war er in seiner eigenen Schlinge gefangen.

»Er benutzte *alles*«, erinnert sich Robert Wyatt. »Er war ein totaler Mensch, ein total erwachsener Mann. Wenn es irgend etwas gab, das die Show noch aufregender machen konnte, dann machte er es... und in seinem Auftritt ist das auch drin, schließlich sind wir doch alle Sexualtiere. Das macht alles viel Spaß.«

Übrigens hab ich da ein bißchen gemogelt, als ich Eric Claptons oben zitierte Bemerkung über Hendrix' Ausnutzen weißer Mythen von schwarzer Sexualität so völlig aus dem Zusammenhang riß. In demselben 1968er Interview führte Clapton weiter aus: »Was er auf der Bühne macht, wenn er es macht, tut er, um das Publikum zu testen. Er macht eine Menge Dinge, wie z.B. mit der Zunge herumspielen und die Gitarre hinter dem Rücken spielen oder sie in seiner Leistengegend auf und ab reiben. Und er sieht sich das Publikum an und wenn sie drauf stehen, dann mag er das Publikum nicht. Er wird es zwar weitermachen und sie anheizen. Und weniger Musik spielen. Wenn sie es nicht mögen, dann spielt er richtig, denn er weiß, da muß er es... wenn man all den Scheiß, den er rumschleppt, wegkratzt, dann findet man einen phantastisch begabten Typ und einen wunderbaren Gitarristen...«

Bestimmt war Hendrix sich der Wirkung, die er erzielte, bewußt. Wenn Townshend auch mit rotem Kopf rausging, kam er immer noch besser davon als Mick Jagger. Townshend war Zeuge des berüchtigten Vorfalls, als Hendrix Mick Jagger fast in aller Öffentlichkeit Hörner aufsetzte mit seiner demonstrativen Anmache von Marianne Faithfull. »Und sie war durchaus bereit, aufzustehen und mit rauszugehen, er war eine so elektrisierende Sexmaschine. Wenn man in einem Nachtclub ist und man sieht jemand, der offensichtlich ganz atemberaubend ist und der kommt dann, geht an einem vorbei und nimmt nicht mal Notiz von dir, geht zu deiner Freundin, flüstert ihr was ins Ohr und sie überlegt, verdammt noch mal... soll sie mit rausgehn oder nicht.«

Germaine Greer bemerkt in ihrem Nachruf auf Hendrix in der OZ (später wieder abgedruckt in ihrer 1986er Sammlung *The Madwoman's Underclothes*), daß »die Groupies eigentlich mehr des Prestiges wegen gevögelt haben als aus ehrlicher Sexualität.« Das gilt auch für die Musiker selbst, und Hendrix' eindruckschindendes Spiel um Marianne Faithfull war ein gutes Mittel, einen kalkulierten Schlag gegen Mick Jaggers Status als Oberboß der Londoner Szene (verzeihen Sie den Ausdruck) zu führen. Jagger nahm einige Jahre später Rache, als Devon Wilson – das New Yorker Super-Groupie, das das Urbild zu Hendrix' Song »Dolly Dagger« war und eine der wichtigsten Frauen in Hendrix' Leben – Hendrix' Party zu seinem siebenundzwanzigsten Geburtstag an Mick Jaggers Arm verließ.

Die Explosion des Groupie-Phänomens war eine der unverwüstlichsten Fabeln aus dieser Periode: man bedenke, es handelt sich um die Ära nach der Pille und nach dem Minirock, aber noch vor dem Feminismus und vor AIDS. Im Gürtel der Londoner Clubs nahm sich das Groupiewesen vergleichsweise still und unauffällig aus. Townshend erinnert sich wieder: »Immer hört man wieder die Stories über London und all die Groupies, die sich um Hendrix scharten, aber das war eine auserwählte Gruppe. Es waren nur so etwa zehn, und sie waren die einzigen Frauen, die wir außer unseren Freundinnen kannten und die zu so einer Zeit so zugänglich waren. Sie waren qualifizierte Musikfanatikerinnen, aber sie waren auch abgebrüht... sie waren Nymphomaninnen! Sie wollten Sex und sie wollten etwas Aufregendes und sie wußten, wo sie das bekamen. Es war alles *ganz klar*...«

Amerika, das war eine andere Geschichte. Als das Groupiewesen zu einem Medienereignis wurde, wurde das, was ursprünglich mal die Domäne einiger hingebungsvoller Fetischisten gewesen war, zu so etwas wie einer allgemeinen Mode. Junge Männer wollten selber Rockstars werden, während viele junge Frauen (damals »Chicks« genannt, eine Bezeichnung, die, außer von Keith Richards, von allen fallengelassen worden ist) auf den Mangel an positiven Rollenvorbildern reagierten, indem sie sich im nächstbesten einrichteten und Stars im Bett wurden. Es gab keine feministische Kritik, die einen Boykott der phallozentrischen Chauvinistenschweine empfohlen hätte, und so demonstrierten sie die Ablehnung der zugeknöpften moralischen Werte der fünfziger Jahre dadurch, daß sie ein exotisches sexuelles Entertainment erfanden, das das Gleichgewicht der pickligen englischen Jungen schwer erschütterte, die sie mit ihren Aufmerksamkeiten überhäuften. Eric Clapton: »Man war noch in der Schule und man hatte Pickel und keiner wollte was mit einem zu tun haben. Da kommt man in eine Gruppe und da sind dann Tausende von Chicks. Und da steht man dann vor Tausenden von kleinen Mädchen, die sich die Seele aus dem Hals schreien nach dir. Mann, das ist Macht... Wow!«

Die extremsten waren die Chicago Plastercasters (Gipsgießer), die – wie ihr Künstlername schon sagt – ihre Zeit damit verbrachten, lebensgroße Modelle von Erektionen der Rockstars zu schaffen. Einer von ihnen spezialisierte sich auf die technischen und bildhauerischen Aspekte des Prozesses, die mit dem Gips, dem Ton usw. zusammenhingen, während der andere dafür sorgte, daß es da auch etwas gab, was sich zu modellieren lohnte. Es spricht Bände – sowohl für die Dehnbarkeit des Begriffes »sexuelle Befreiung« als auch für die Stimmung der Zeit – daß auf ein, zwei Jahre die Plastercasters weder als albern noch als rührend angesehen wurden, sondern als Manifestationen der sexuellen Freiheit und durch und durch als Künstler. Als sie ihre erste »Ausstellung« machten, hielt man das Hendrix-»Exponat« für das weitaus »eindrucksvollste«, und der daraus resultierende Klatsch trug einiges zu der Hendrix-Legende bei, auf das er, in der Retrospektive, gut hätte verzichten können.

Anders als den Rolling Stones und Led Zeppelins dieser Welt, konnte man ihm nie nachsagen, er sei auf die absichtliche Demütigung dieser Groupies aus gewesen. Sicherlich genoß er den Sex – als Teil der Entspannung nach der Intensität einer Konzertveranstaltung sowohl als auch um seiner selbst willen – aber in sexuellen Dingen, wie in so vielem anderem in seinem Leben, inklusive (zu seinem bleibenden Bedauern) seiner geschäftlichen Angelegenheiten, hatte Hendrix ernste Probleme damit, zu jemandem »nein« zu sagen. Sie wollten mit ihm schlafen (»make love«, falls das der passende Ausdruck dafür sein sollte) und es machte einfach weniger Umstände, ja als nein zu sagen. In einem Schnipsel aus Joe Boyds biographischer Dokumentation beschreibt Hendrix eine typische Tourneebegegnung:

»Ich steh also um 7 Uhr morgens auf und bin richtig verschlafen, und ich mache die Tür auf und sehe da eine stehen, die mir wirklich gefällt, und erst frage ich mich »Was macht sie hier? Was will sie denn nur?« oder so was. Und dann sagt sie, »Ah, kann ich reinkommen?« Und ich steh nur so da und finde sie echt gut... sie mag so neunzehn, zwanzig, über *das gewisse Alter* raus rein... also lade ich sie dann ein, auf einen Sprung reinzukommen.«

Man ist sich allgemein darüber einig, daß Hendrix das Muster jungenhafter Höflichkeit Frauen gegenüber war, der seinen Status nie als Vorwand für Ungeschliffenheit nahm. In *Days in the Life*, der mündlichen Geschichte Londons in den Sechzigern, erzählt Jo Cruikshank eine bezeichnende kleine Anekdote. Sie hatte ihren Platz im Speakeasy Club verlassen, um zu tanzen, und als sie wiederkam, hatte sich Hendrix – damals gerade sehr in Mode und die gefragteste Persönlichkeit in London – da hingesetzt. Darauf angesprochen, sprang er sofort auf und entschuldigte sich überschwenglich: »Hab ich Ihnen den Platz weggenommen? Hier, da haben Sie ihn wieder.« An und für sich ist das nichts Großartiges, aber es wäre falsch zu glauben, daß diese Antwort für die Londoner Rockstars jener Zeit typisch gewesen wäre. Allerdings konnte seine sanfte, benebelte, gesittete Fassade sich unter schwerem Druck in erschreckende Anfälle von Gewalt auflösen, die sich gegen jeden richteten, der das Pech hatte, ihm gerade im Wege zu stehen, sei es Noel Redding, irgendein weiblicher Partner, schwedische Polizei oder wer auch immer.

Die beiden, auf seiner ersten Single gekoppelten Songs, »Hey Joe« und »Stone Free«, sind ein so interessantes Diptychon der doppelten maskulinen Moral in der Tradition des Rock and Roll, wie es seit dem berühmten Zweierset der Hits von Dion & the Belmonts, »The Wanderer« und »Runaround Sue«, keines mehr gegeben hatte. Genau wie Dion erst einmal sein Recht feststellt, sich seiner männlichen Unabhängigkeit durch Promiskuität zu versichern, um dann seinen Abscheu vor der Frau zu äußern, die der Natur ins Gesicht schlägt, indem sie das Gleiche wagt, so erklärt Hendrix in »Hey Joe« seine Absicht, die Frau zu erschießen, die er »mit einem anderen Mann erwischt.« »Stone Free« findet ihn dagegen in der traditionellen Rolle des reisenden Musikers:

Women here, women there, try to put me in a plastic cage,
But they don't realize it's so easy to break,
Oh, but sometimes I feel my heart kinda running hot,
That's when I got to move 'fore I get caught...«

(Frauen hier, Frauen da, alle wollen sie mich in einen Plastik-
käfig sperren, sie merken nicht, wie leicht es ist, auszubre-
chen, o, aber manchmal da wird mir warm ums Herz, dann
muß ich sehen, daß ich wegkomme, bevor ich eingefangen
werde).

Mit anderen Worten, der gleiche Blödsinn. Bei den üblichen
sexuellen Stereotypen ist die Welt voll von jammernden oder
schimpfenden Männern, die den Sex vermutlich für ein ihnen
zustehendes kleines Vergnügen halten (und damit ein bißchen
herumzuspielen ist also völlig in Ordnung), für die Frauen sei
er aber tödlicher Ernst (und muß also unter allen Umständen
verhindert werden, falls der betreffende Mann nicht gerade
beteiligt ist). Darüber hinaus sind es die Männer, die die Initia-
tive ergreifen – sie »haben« Frauen – wenn also ein Mann
herumvögelt, dann »hat« er eine Menge Frauen (hat der Hund
ein Schwein!), während eine Frau, die herumvögelt, »durchge-
zogen wird« (das Dreckstück!) Wenn der Mann die Frauen
anfleht, ihn nicht in einer Bindung auf Dauer festzuhalten,
bittet er sie gleichzeitig, sich ihrerseits an ihn zu binden, ihm
gegenüber eine Loyalität zu wahren, zu der er niemals bereit
wäre. In seinem großen langsamen Blues »Red House« kommt
Hendrix nach Hause »nach etwa – nun – neunundneunzigein-
halb Tagen« und findet das Schloß ausgewechselt, und sein
Mädchen »wohnt nicht mehr da.« Er zuckt die Achseln –
schließlich kann man da nichts machen, und überhaupt hat er
ja noch seine Gitarre – und macht sich davon auf der Suche
nach der Schwester seiner verschwundenen Freundin.

Immerhin sind in den beiden Songs, die Hendrix' erstes Album, *Are You Experienced* (1967) einleiten, diese Klischees ge-
kippt und enthüllen eine denn doch komplexere Situation. In
»Foxy Lady«, zu einem harschen Funk-Rock, prahlerisch aufdringlich wie ein Bulldozer, sehen wir Hendrix sich geradezu
die Lippen lecken über ein bezauberndes junges Exemplar, das

ihm gerade ins Blickfeld geraten ist. Er kann sein Glück kaum fassen; ihretwegen könnte er so aufstehen und *schreien*. Er kann es kaum erwarten, sie mit nach Hause zu nehmen. Aber das turbulente, aufwühlende »Manic Depression«, das darauf folgt, (übrigens eine kuriose musikalische Hybride mit dem rhythmischen Antrieb eines Jazzwalzers, der Struktur des Hardrock und dem formalen Aufbau des Blues) bringt am anderen Morgen das hier hervor:

> Woman so willing, the sweet cause in vain,
> You make love, you break love, it's all the same,
> When it's over...

(Die Frau ist so willig, aber alle Süße ist vorbei, man liebt sich, man bricht aus, es ist immer dasselbe, wenn es vorbei ist...)

Und »vorbei« war es ausnahmslos immer. Die Traurigkeit nach dem Koitus ist einfach eine weitere Manifestation der existentiellen Melancholie, die allen Songs von Hendrix, mit Ausnahme der offenen jubelnden, eigen ist, und »Manic Depression« umreißt mit nur wenigen Strichen eine tiefe Lebensmüdigkeit und Verzweiflung. Die Sexualität stellt eine immer wieder angebotene, breite Straße dar, auf der man dem manisch-depressiven Kreis entkommen kann, die man manchmal geradezu hinunterrennt (»I know what I want but I just don't know/how to go about gettin' it« – ich weiß, was ich will, ich weiß nur nicht, wie ich es kriegen kann), und seine Musik ist nicht nur die einzige Rechtfertigung seines Lebens, sondern seine Art, eine Landkarte der Welt zu zeichnen und seinen Platz innerhalb dieser Welt zu erkennen. »Music, sweet music/I wish I could caress and kiss/kiss...« (Musik, süße Musik, ich wollte ich könnte dich liebkosen und küssen). Gelegentlich stellte er den Song in einer Veranstaltung mit der hingeworfenen Bemerkung vor, er würde lieber »mit der Musik schlafen als mit immer derselben alltäglichen Frau.« In Hendrix' Kunst, wie bei so vielen seiner Vorgänger, ist die Muse immer weiblich. Was »derselben alltäglichen Frau« eine ziemlich schwere Verantwortung aufbürdet.

Allmählich kristallisiert sich eine ganze Galerie von weiblichen Archetypen aus Hendrix' Kompositionen heraus. Da sind die eitlen Flittchen wie »Foxy Lady« oder »Little Miss Lover«, die Hendrix anmachen wie er sie; da sind die Frauen, die er mit Anreißern wie »Fire« bezirzt und die, wenn es ihnen nicht nur ums Bumsen geht, sich entweder zu so faden Klebpflastern entwickeln können wie ein »Stone Free«, »51st Anniversary«, »Ain't No Telling« oder »Crosstown Traffic«, oder sie werden so bedrohlich, daß sie ihn in seiner Männlichkeit lähmen, wie in »Dolly Dagger« oder »Stepping Stone«. Manchmal kommen sie Hendrix zuvor und verlassen ihn, bevor er sie verläßt und lassen ihn allein und konfus den Mond anbellen. In »Stepping Stone«, einem seiner zynischsten Songs, geht die Frau weniger mit ihm als mit seiner Gitarre ins Bett, will wohl mehr das Image des Künstlers als den wirklichen Menschen, Sex also als Statussymbol. Beim Verschwinden von »Dolly Dagger« (das Pseudonym, das Hendrix dem fiktiven Double von Devon Wilson gegeben hat, ist ein spezieller Hinweis auf ihre gleichzeitige Beziehung zu Mick Jagger) ruft er aus: »Nimm dich in acht, Baby, hier kommt dein Meister«, aber die Zeile wird ohne Überzeugung gebracht. Wenn man bedenkt, welches Ausmaß der Mythos von Hendrix als prahlendem Macho in der öffentlichen Meinung angenommen hat, dann muß es immerhin jeden überraschen, der sich die Mühe macht, den tatsächlichen Inhalt seines Werkes zu betrachten, daß all diese Flittchen und Biester – deren Funktion in diesen Songs es ist, ihn zu mißhandeln und sich von ihm mißhandeln zu lassen – in keiner Weise das Bild der Frau repräsentieren, das für ihn offenbar im Zentrum steht.

Das weibliche Ideal, das durch Hendrix' schönste Songs geistert, ist weder Geisha, noch Sklavin noch Groupie. Sie ist stärker und weiser als er, und sie ist seine einzige Hoffnung auf Frieden und Rettung. Bei ihr gibt es kein oberflächliches, arrogantes Eindruckschinden, kein Herumparadieren eines üppig ausgestatteten Alpha-Männchens. Es ist nicht so, daß er ihr hilflos gegenübersteht; es ist wohl mehr dies, daß nur ihre Gegenwart ihn dazu bringen kann, die Hilflosigkeit, die er ja schon empfindet, zu akzeptieren und einzugestehen. Er hat sich verlaufen, und nur sie kann ihn finden; er ist gefallen, und nur sie kann ihn aufrichten; er stirbt, und nur sie kann ihn wieder ins Leben zurückbringen. Sie schuldet ihm nichts; er kann ihr nur alles geben, weil er ohne sie ohnehin nichts hat. Wenn sie ihn verläßt, kann er nicht bellen und stampfen und losstürmen, um sich mit dem sanften Mitleid von Dolly oder Foxy zu trösten; er kann nur hilflos warten, bis sie sich entschließt, zurückzukommen. Seine gelegentlichen Tobsuchtsanfälle sind nicht von langer Dauer.

Sie hat viele Namen und viele Masken. Manchmal ist sie ein Geist, manchmal eine Phantasie, manchmal eine Frau, ebenso handfest und greifbar körperlich wie er selber. Manchmal, wenn er sich in seinem purpurnen Acidrausch verliert, ist das Vertrauen auf seine gesunden Sinne so gering, daß er kaum glauben kann, sie sei wirklich da; manchmal auch lähmt ihn sein innerer Aufruhr bis zu dem Punkt, wo er nicht einmal mehr die Hand nach ihr ausstrecken kann. Er will sie nicht in seine Welt hineinziehen; seine Welt, das ist ja die, die ihn so deprimiert (trotz seiner äußerlichen Bedeutung in ihr) und er würde viel lieber für wert befunden, in die ihre einzutreten.

Sie taucht zum ersten Mal in dem Titel »May This Be Love« in *Are You Experienced* auf, und ihr Name ist Waterfall. Bei ihr »nothing can harm me at all/my worries are so very small – kann mir gar nichts passieren, meine Sorgen kommen mir so klein vor.« Ihre bloße Gegenwart ist schon eine Zufluchtsstätte. Sie beherrscht *Axis: Bold As Love*, sein verspieltestes und sorgloses Album (warum auch nicht; 1967 war möglicherweise das glücklichste Jahr in seinem Erwachsenenleben). Da ist sie Little Wing, ein Spielkamerad aus dem Elfenreich (*kein* Playmate im Hugh Hefner'schen Sinne, möchte ich schleunigst hinzufügen), ein warmherziger, liebevoller Kobold; sie ist die Heldin aus dem glühenden, strahlenden »One Rainy Wish«, die, unwiderstehlich und flüchtig wie ein Traum, in einem Zauberwald auf ihn wartet; in ihrer irdischsten, nicht halluzinogenen Verkörperung treibt sie ihm den Blues aus in »You Got Me Floating« und tritt auf dem Höhepunkt von »Bold As Love« hervor, schön und schrecklich wie ein Heer mit seinen Fahnen, und Hendrix muß erst seine eigenen Ängste und Konflikte besiegen, ehe er ihrer wirklich würdig werden kann. »And all these emotions of mine keep holding me/from giving my life to a rainbow like you... but I'm, yeah. I'm bold as love – all meine Gefühle halten mich davon zurück, meine ganze Liebe einem Regenbogen wie dir zu geben... aber ich, ja doch, ich bin kühn wie die Liebe.«

1968, in *Electric Ladyland*, ist sie die Electric Woman, die alle Zweifel und Ängste ausräumen kann. »I'm so glad that my baby's comin' to rescue me – ich bin so froh, daß mein Liebling kommt und mich errettet«, ruft er in »Long Hot Summer Night« aus, wo er während ihrer Abwesenheit soviel durchgemacht hat, eine Notlage, ähnlich der, unter der er während der Abwesenheit seiner geliebten »Gypsy Eyes« gelitten hat, die auch kommt und die Situation rettet. »My Gypsy Eyes has found me and I've been saved yeah/Lord, I've been saved/ That's why I love you... – meine Gypsy Eyes hat mich gefunden und nun bin ich gerettet, o Gott, ich bin gerettet, darum liebe ich sie ja so sehr...« Sie fällt auf durch ihre Abwesenheit in dem verzweifelten »Burnin' of the Midnight Lamp«: das Leben ist ohne sie sinnlos, banal, leer.

> Now the smiling portrait of you
> Is still hanging on may frowning wall
> It really doesn't bother me too much at all

It's just the ever-falling dust that makes
it so hard for me to see
That forgotten earring laying on the floor
Facing coldly towards the door...

(An der stirnrunzelnden Wand hängt immer noch dein Portrait.
Es macht mir nicht allzuviel aus, es ist nur der dauernd fallende
Staub, den ich nicht ansehen kann, der vergessene Ohrring, der
auf dem Boden liegt und kalt auf die Tür gerichtet ist...)

Vielleicht ist sie es, mit der sich Hendrix, in der längeren,
unsteten Phantasie von »1983/A Mermaid I Should Turn To Be«,
endgültig aus der, in Kriegen zerrissenen, verseuchten Welt
zurückzieht und sich auf dem Grunde des Meeres niederläßt
(nehmen wir an, die Meere sind in dieser Szenerie noch nicht
hoffnungslos verschmutzt). Oder vielleicht *ist* sie auch der
Ozean, oder wenigstens seine mikrokosmische Entsprechung,
die salzigen Wasser des Mutterleibes.

Natürlich ist es nicht schwer, diese ganzen Dinge einfach nur
krankhaft sentimental zu nennen oder masochistische Selbster-
niedrigung oder auch einen Beweis dafür, daß sich hinter dem
hartgesottenen Äußeren ein weinerliches Muttersöhnchen verbirgt, das quengelig darauf wartet, daß ihm die metaphysische
Scheiße von seinem spirituellen Hintern abgewischt wird. Genau wie das andere innerlich weiche Rauhbein, John Lennon,
verlor auch Hendrix seine Mutter schon in frühem Kindesalter,
aber wir können hoffentlich davon ausgehen, daß jeder seinen
populären Freud gelesen hat. Es gibt kein direktes Äquivalent
zu Lennons »Mother« in Hendrix' Werk – es sei denn, wir sähen
uns bemüßigt, den gesamten Zyklus von Songs, die ihren
Höhepunkt in »Angel« haben, in diesem speziellen Licht zu
betrachten – aber wenn je Urschreie durch ein elektrisches
Instrument ausgestoßen worden sind, dann durch Hendrix'
Gitarre.

Angel came down from heaven yesterday
She stayed just long enough to rescue me...

(Mein Engel kam gestern vom Himmel herab und blieb gerade
lange genug, um mich zu retten).

Jimi Hendrix, »Angel«

»Jimi Hendrix was, like, I don't know, as if he really wasn't
human... he was that way in private too. He would walk into a
place and you could just feel him there. A lot of other big stars,
when you meet them you realize they're just human, but it
wasn't that way with him.«

(Jimi Hendrix war, also, ich weiß nicht recht, so als ob er gar
kein richtig irdischer Mensch gewesen wäre... auch privat war
er so. Er kam in einen Club und man spürte förmlich, er ist da.
Bei vielen anderen großen Stars, wenn man die kennenlernt,
dann merkt man plötzlich, die sind ja auch nur Menschen, so
war das bei ihm nicht).

Tommy Shannon, früher Bassist bei Johnny Winter, jetzt bei
Stevie Ray Vaughan,
in einem Interview mit der Guitarist (1988).

»God? She's black.«
(Gott? Die ist schwarz.)

Traditioneller Anarchistenwitz.

Bis »Sie« wieder auf Platten erschien, war Hendrix selber
schon tot, und dadurch bekommen Songs wie »Angel« etwas
Unheimliches, das von ihrem Urheber in keiner Weise beabsichtigt war. Zwei nachgelassene Alben, herausgegeben 1971,
Cry of Love und *Rainbow Bridge* (das letztere wurde fälschlicher-
weise als »Original Soundtrack« dessen deklariert, was zweifellos der dümmste Hippie-Film war, der je gedreht wurde;
Gott sei Dank ist das bei dem Album nicht der Fall), wurden
aus den vollständigsten der Fragmente zusammengestellt, die

einmal das Doppelalbum *First Rays of the New Rising Sun* werden sollten. Beide Alben verraten ihren Ursprung als Provisorium – einige der Titel waren offenbar Demos, an denen die Arbeit noch nicht abgeschlossen war, daher die gelegentlich stümperhaften Texte oder die verstimmte Gitarre – aber die unsichtbare Präsenz der Muse ist unüberhörbar.

In »Drifting« verfolgt er sie: »Drifting/on a sea of forgotten teardrops/on a lifeboat/ sailing for your love/sailing home – Ich treibe auf einem Meer vergessener Tränen, auf einem Rettungsboot, das zu deiner Liebe fährt, nach Hause.« In »Nightbird Flying« verbringt sie die Nacht mit ihm, bleibt aber nur vorübergehend da, trotz seines Flehens: »Please take me through your dreams/inside your world I want to be – bitte, nimm mich mit in deine Träume, ich möchte in deiner Welt leben.« Und in »In from the Storm« rettet sie ihn noch einmal: »I want to thank you, my sweet darling/for digging in the mud and picking me up – Ich will dir danken, mein süßer Liebling, denn du hast den Dreck weggeschaufelt und mich herausgeholt«, singt er, »it was you my love who brought me in – du warst es, meine Liebe, die mich hereingeholt hat.« Allerdings ist in »Angel« und in dem quälenden »Hey Baby (New Rising Sun)« ihre Rolle als Hendrix' Retterin und Erlöserin am deutlichsten herausgearbeitet.

»Angel« ist einer von Hendrix' berühmtesten Songs, teils dank der erfolgreich nachgespielten Version von Rod Stewart 1972, aber hauptsächlich wegen seines Themas und seiner Sprache (»came down from heaven – kam vom Himmel« – »my angel, she said unto me – mein Engel sagte zu mir«, »tomorrow I'll be by your side – morgen werde ich an deiner Seite sein« – und so weiter) und der Nähe zu seinem Tod. (Das Original wurde übrigens 1971 als Single herausgebracht, die sich nur mäßig verkaufte). Es ist möglicherweise der solidest gebaute von Hendrix' späteren Popsongs, mit einem feierlichen, gemessenen Tempo und einer unvergeßlich herrlichen Melodie, und nirgendwo wird die Beziehung zwischen Hendrix und seiner Muse deutlicher ausgesprochen:

... my angel, she said unto me,
Today is the day for you to rise
Take my hand,
You're gonna be my man,
You're gonna rise...

(... mein Engel hat zu mir gesagt, heute ist der Tag, an dem du dich erheben sollst, nimm meine Hand, du wirst mir gehören, du wirst aufsteigen...)

Es ist eine Schande, daß »Hey, Baby (the Land of the New Rising Sun)« nie in guter Qualität aufgenommen worden ist, denn der Song hatte für Hendrix ganz klar eine sehr große Bedeutung. Die Version auf *Rainbow Bridge* ist zaghaft und tastend, kaum mehr als ein Entwurf: die Gitarre wird mit einer Unsicherheit gespielt, daß es klingt, als sei sie mit einem Leslie-Cabinet verbunden, auf dem die Tonhöhe dermaßen schwankt, daß der Hörer, ich wenigstens, davon leicht seekrank werden kann. Man hört Hendrix einen Techniker fragen: »Ist das Mikrophon an?«, bevor er mit dem Song anfängt, wobei er die erste Zeile total falsch bringt – es sei denn, er hätte tatsächlich *beabsichtigt*, »Hey baby, where do you coming from« zu singen, was ich aber bezweifle. (Eine noch unausgefeiltere Version, aber mit anderem Text, gibt es auf *Midnight Lightning*, eines von zwei Alben, auf denen der Produzent Alan Douglas die Begleitung von Hendrix durch eine neue mit Studiomusikern überspielt hat, aber sie ist verhunzt durch eine Gitarre, die so verstimmt ist, daß einem die Zähne wehtun und die Hendrix mit Sicherheit als völlig ungeeignet für irgend eine Art von Veröffentlichung erklärt hätte. Einige Jahre lang flog auch eine Live-Version von der Isle of Wight – mit wieder anderen Textvariationen – auf »Bootlegs«, Raubpressungen also, durch die Gegend und wird wahrscheinlich auf der Gesamtaufnahme des Isle of Wight-Auftritts erscheinen, die man nach dem Druck dieses Buches zu veröffentlichen plant. Nun ja...)

Man kann getrost sagen, daß wir nie eine vollständige Version dieses Songs zu hören bekommen haben und auch nicht hören werden, eines Songs, der so bezaubernd wehmütig ist, wie Hendrix nur je etwas geschrieben hat. »Sie« erscheint ihm, wie in einer Vision: offenbar ist sie Angel, Waterfall, Gypsy Eyes. Sie stellt sich ihm vor als ein Wesen aus dem »Land of the New Rising Sun«, und er fleht sie an, ihn mitzunehmen. »Hey baby, can I step into your world awhile? – kann ich nicht eine Weile mit in deine Welt kommen?« – und sie sagt, »Yes, you can... we gotta help your people out right now/and that's what I'm doing here is all about – Ja, kannst du... wir müssen euch Menschen jetzt heraushelfen, und deshalb bin ich ja auch hier.« Sie wird endlich entschleiert: nicht nur als Hendrix' persönliche Retterin, sondern als Erlöserin der ganzen Menschheit.

Das ist nun nicht gerade die Idee, auf die der übliche, sperma-besessene »Mannish Boy« käme, selbst wenn die Ansicht, Frauen seien der Erde und gleichzeitig den spirituellen Gefilden näher als Männer, eine äußerst langlebige Pflanze ist und manchem sexistischen Dreh dazu gedient hat, die Frauen aus dem ernsthaften Geschäft herauszuhalten (Sie wissen ja – unter uns *Männern*). Bei Hendrix gibt es weder den Wunsch noch die Notwendigkeit, diese Frau dazu zu überreden, seine Partnerin zu werden, vielmehr ist es sein innigster, demütigster Wunsch, ihr zu eigen zu sein. Nur ein unreifer Knabe – wie alt oder erfahren er auch immer sein mag – will die Frauen beherrschen oder ihnen überlegen sein, zur Feier und zur Neuinszenierung der Flucht vor dem Schreckgespenst der mütterlichen Macht. Sie zu akzeptieren und sich vor ihr zu neigen, auch wenn es nicht verlangt wird, dazu gehört viel mehr.

Ain't that a Man?
I'm a Man
At least I'm trying to be,

And I'm looking for
The other half of me...

(Ich bin ein Mann, wenigstens versuche ich, es zu sein, und ich
suche nach meiner anderen Hälfte...)

Jimi Hendrix, »Stepping Stone« (1969)

4

Roomful Of Mirrors

Der schwarze Künstler und sein weißes Publikum

»Es gibt zwei Arten [von Rock] – weißen und schwarzen, die schwarzen Bourgeois versuchen, weiß zu singen und die weißen versuchen, schwarz zu klingen. Für mich ist das peinlich... all diese weißen Gruppen haben 'ne Menge Haare und irre Klamotten... den Scheiß müssen sie haben, damit sie ankommen... [aber] Jimi Hendrix, der kann sich zwei weiße Typen nehmen und sie dazu bringen, daß sie sich die Seele aus dem Leib spielen...«

Miles Davis in einem Interview mit *Rolling Stone* (1969)

»Mir tat jeder Muskel weh, als ich an dem lila Abend unter den Lichtern der 27th und Welton in das farbige Viertel von Denver ging und wünschte, ich wäre ein Neger, und ich spürte, das Beste, was die weiße Welt zu bieten hatte, war mir immer noch nicht genug an Ekstase, an Leben, Freude, Kicks, Dunkelheit, Musik, nicht genug Nacht. Ich wollte, ich wäre ein Mexikaner aus Denver oder sogar ein armer, überarbeiteter Japaner, alles nur nicht das, was ich war, ein desillusionierter Weißer«.

Jack Kerouac, *On the Road*

»Da er sich in allen Zellen seines Daseins bewußt war, daß das Leben ein Krieg ist, nichts als ein Krieg, konnte der Neger sich die intellektuellen Hemmungen der Zivilisation kaum je leisten [von Ausnahmen natürlich abgesehen], und so behielt er für sein Überleben die Künste der Primitiven bei, er lebte in einer ungeheuerlichen Gegenwart, er lebte nur für seine Samstagsvergnügen, ließ die Freuden des Geistes für die obligatorischen

Freuden des Körpers fahren und gab mit seiner Musik dem Charakter und der Qualität seiner Existenz eine Stimme... es gab also eine neue Sorte von Abenteurern, Abenteurer der Stadt, die sich des Nachts herumtrieben auf der Suche nach Plätzen, wo was los war, nach den Regeln der Schwarzen, Regeln, die ihren Bedürfnissen entsprachen. Der »Hipster« hatte die existentialistische Lebensauffassung des Negers absorbiert, und so konnte man ihn selbst nun als »weißen Neger« bezeichnen.

Norman Mailer, The White Negro, (1957)

»Selbst in der Welt der ›Hipster‹ blieb der Neger im wesentlichen das, als was Ralph Ellison ihn bezeichnet hatte – ein Unsichtbarer. Der ›weiße Neger‹ akzeptiert den Neger nicht als menschliches Wesen in seiner Ganzheit, sondern als den Träger einer ›kulturellen Mitgift‹, mit Mailers Worten gesagt. Damit stellt er die Formel ›den Nigger da lassen, wo er hingehört‹ auf den Kopf.

Ned Polsky in seiner Antwort auf »The White Negro«, zitiert von Norman Mailer in »Advertisement for Myself« (1961)

Die »kulturelle Mitgift«, die Jimi Hendrix in den Popmarkt einbrachte, bestand nicht nur aus seinem immensen Talent und den jahrelangen Erfahrungen, die er in der besonders harten Schule des Showbusiness gesammelt hatte, sondern auch aus dem Gesamtgewicht an Phantasien und Mythen, die die Weißen allesamt, die Hipster und die Reaktionäre, um die Schwarzen und die schwarze Musik herum gebildet hatten. Beide Gruppen hatten einen Glaubensartikel gemeinsam, nämlich den: daß die Schwarzen die Personifikation der ungehemmten menschlichen Natur seien – im tiefsten Inneren wild, sinnlich, gefährlich, »ungezähmt« im Sinne des Wortes. In diesen Phantasien finden die Hipster alles, wonach sie sich sehnen und die Gruppe ihrer Gegenspieler alles, was sie fürchten, ablehnen und mit Abscheu von sich weisen. Der

Unterschied ist der, daß der Hipster – und alle folgenden, zeitgenössischen Inkarnationen – sich einredet, seine auserwählten schwarzen Lieblingskünstler seien existentialistische Gesetzlose, während der Konservative nur das beruhigende Bild der Schwarzen als ungefährliche, ein bißchen exzentrische Geschöpfe akzeptiert, die gerne bereit, ja glücklich sind, wenn sie für die »Besseren«, die ihnen Überlegenen, singen und tanzen dürfen. Ein Stereotyp ist letztendlich so trügerisch wie das andere: der schwarze Entertainer hat bei den Weißen nur Erfolg, wenn er entweder den Aspekt des Schwarzseins verkörpert, bei dem sich das Publikum entspannen kann, oder aber, er darf die schwarze Gemeinde nur am Rande berühren, und so ist er nirgendwo eingebunden, er ist »universal«.

Darüber hinaus ist weder der »schwarze Künstler« noch das »weiße Publikum« ein simpler monolithischer Block, auf den eine einzige, allumfassende Beschreibung paßt: »der schwarze Künstler« kann alles sein, von Toni Morrison bis Ornette Coleman, von Bill Cosby bis Public Enemy, von Diana Ross bis Spike Lee, während »das weiße Publikum« Großstadt-Teenager, einen ländlichen Konservativen mittleren Alters oder irgend jemanden sonst unter den unzähligen Möglichkeiten des Alters, Einkommens, der politischen Ansichten, des Geschmacks oder des geographischen Standortes bedeuten kann. So gibt es also viele Arten von weißem Publikum und viele schwarze Entertainer: der erste und grundlegende Fehler der Rassisten, sowohl derjenigen mit liberalen als derjenigen mit konservativen Tendenzen, ist die Vorstellung, es gäbe da eine Art von platonischem Ideal des Schwarzen und jeder Schwarze, der augenscheinlich nicht in dieses Ideal hineinpaßt, sei entweder ein Heuchler oder ein Schwindler. Und dieses Ideal ist natürlich zunächst einmal von den Weißen aufgestellt worden und nicht von den Schwarzen selber. Es ist der weiße Experte, der im Zusammenhang mit der Popkultur entscheidet, wer schwarz ist und wer nicht: Mick Farren, der 1975 für den *New Musical Express* schrieb, brachte es fertig, einen Satz Kriterien aufzustellen, die »bewiesen«, daß Bob Dylan »schwärzer« als Isaac Hayes war; Nick Cohn, in der enorm einflußreichen *Awopbopaloobopalopbamboom* denunzierte Otis Reddings, vom Gospel herkommende Frenetik als »guten alten [Onkel] Tom«, ohne jeden Hinweis darauf, daß er mal darüber nachgedacht hätte, was eine solche Darbietung wohl für ein schwarzes Publikum bedeuten könnte.

Die wahrscheinlich bündigste und genaueste Darstellung dieser Haltung gab 1967 der inzwischen verstorbene Ralph J. Gleason, der Senior unter den Professoren der orthodoxen Popkultur in San Francisco und Hausguru der *Rolling Stone*.

»Die Negerkünstler, von James Brown bis Aaron Neville, den Supremes und den Four Tops, sind auf dem Ed Sullivan-Trip und versuchen mit aller Macht, diese Bühne zu erobern und zum Bestandteil der amerikanischen Erfolgsstory zu werden, während die weißen Rockmusiker den dringenden Wunsch haben, diesem Stereotyp zu entkommen... Die Choreographie der Supremes und der Tops ähnelt mehr und mehr der der Four Lads, der Ames Brothers und der McGuire Sisters. Ich habe den Verdacht, daß das sehr stark in Beziehung steht zum heutigen Zustand der Bürgerrechtsbewegung, in der die einzige wirklich schwarze Position die von Stokeley Carmichael ist und in der die NAACP [Vereinigung zur Förderung der Schwarzen] und die meisten anderen formierten Gruppen, genau wie die Four Tops und die Supremes, auf dem Ed Sullivan/TV-Trip ins Amerika der Mittelklasse sind. Und die einzige echte Musik der amerikanischen Neger ist die, die sich vom System der Tonleitern, Tonarten und Noten abwendet hin zu einer Musik, deren Wurzeln in der Kultur der farbigen Völker in aller Welt liegen...«

Mit anderen Worten, Chancengleichheit und Teilnahme am kulturellen, sozialen und ökonomischen Hauptstrom Amerikas wurde zum wertlosen und verächtlichen Ziel erklärt, gerade als es den Anschein hatte, daß die Schwarzen die Möglichkeit hatten, es zu erreichen.* Weiterhin scheint Gleasons Definition der »einzigen wirklichen Musik der amerikanischen Neger« dazu angetan, allen zeitgenössischen schwarzen Pop, allen harmonisch raffinierten Jazz und in der Tat alles auszuschließen, außer Free Jazz und dem rauhsten, »primitivsten« Country Blues: d.h. alle Musik, die die Schwarzen noch machen könnten und die eine nennenswerte Zahl von Weißen eventuell kaufen möchte. Der Hippie, schreibt Gleason,

»ist bemerkenswert frei von Vorurteilen, aber er versucht nicht, sich [der schwarzen Kultur] anzuschließen oder ein Teil von ihr zu werden, wie es sein musikalischer Vorgänger, der Jazzer, oder ein sozialer, der Beatnik, getan haben… meines Wissens geschieht zum ersten Mal in Jahrzehnten etwas Neues und Bedeutsames auf dem Felde der Musik und der Kunst in dieser Gesellschaft, etwas, das nichts mit dem Neger zu tun hat und zu dem der Neger hinkommen muß, wenn er überhaupt Interesse daran hat, so wie in der Vergangenheit die weiße Jugend »uptown« nach Harlem ging…«

Gleason widerspricht sich hier, milde ausgedrückt, selbst: die Schwarzen *sollten nicht* an weißen Standards kleben oder weiße Ziele anstreben, aber sie *sollten* hingehen und sich die aufregenden Dinge anhören, die die jungen Weißen da machten. Er war nicht der einzige, der sich einer kaum verhohlenen Schadenfreude überließ: man beachte die feindselige Freude, mit der Tom Wolfe in *The Electric Kool-Aid-Acid Test* (1968) das Mißbehagen von »Big Nig« beschreibt, der für den Schauplatz von Ken Keseys erstem Acid-Versuch in San Francisco sorgt:

* Wahrscheinlich ist es ganz gut, daß ich Nelson Georges *The Death of Rhythm & Blues* erst gelesen habe, als dieses Buch schon fast vollendet war; sonst hätte ich der Versuchung, ihn – an dieser und anderen Stellen – ausführlich zu zitieren, wohl nicht widerstehen können.

»... ein großer, vergammelter Neger, der armselig und zickig aussah. In zwanzig Jahren meines Hipsterlebens hatte ich nie einen Neger gesehen, der auch nur zickig *aussah*. Sie waren die Urbilder des Soul. Aber was heißt schon Soul, Funky, Cool oder Baby... in dieser neuen Welt der Ekstase, des All-Einen...« Auftritt Jimi Hendrix.

»Man, I don't know what we're going to do now that Jimi Hendrix copped out on us... he was the only black cat who could play psychedelic.«

(Mensch, ich weiß nicht, was wir jetzt machen sollen, wo Jimi uns sitzen gelassen hat... er war der einzige Schwarze, der psychedelisch spielen konnte).

Bo Diddley in *Boggie Lightning* von Michael Lydon (1974)

Hendrix kam in eine Londoner Hipoisie, die alles, was mit Amerika zusammenhing, anbetete – besonders alles, was die Schwarzen betraf – über einen anscheinend unüberwindlichen Abgrund hinweg. Sie hatten Blues- und Soulmusik eifrig studiert und nachgespielt in dem Versuch, sich bis zu einem gewissen Grad in diese, alles überwältigenden Ausbrüche der Freude und des Schmerzes einzufühlen und die Fassade der echt britischen Reserve aufzubrechen, indem sie sich die Persönlichkeitsmerkmale des Bluessängers oder des Soulman aneigneten. Sie wußten mehr über Motown, Mingus oder Muddy Waters als alle anderen, außer einigen weißen Amerikanern, aber der kulturelle Kontext, dem diese Musik entstammt, war ihnen ein Geheimnis. Sie begriffen die vokalen Tricks und die Gitarrenläufe, und die besten unter ihnen konnten sie nach Belieben Ton für Ton reproduzieren, aber bei dem wirklichen Kontakt mit schwarzen Amerikanern standen sie verblüfft und verwirrt da. Die schwarzen Bluesleute, denen sie begegneten, waren größtenteils zwei- oder dreimal so alt wie sie und entschieden wunderlich: der ehrwürdige Taugenichts Sonny Boy Williamson hatte die Yardbirds, die Animals und andere als

Begleitgruppe genommen und war nicht besonders beeindruckt. »Die Typen in England wollen so schrecklich gerne Blues spielen«, erzählte er Robbie Robertson, später bei The Band, »und so schrecklich spielen sie ihn dann auch.« Sie wiederum betrachteten Williamson als Fabelmonster, irgendwo zwischen Zentaur und Einhorn: ein Musiker von Ehrfurcht gebietenden Gaben, aber chronisch mißtrauisch und ein notorischer Geheimniskrämer, fast immer betrunken, entweder unwillig oder unfähig, sich an ein gegebenes musikalisches Programm zu halten, rupfte auch wohl mal Hühner im Bad seiner Gastgeber.

Sonny Boy Williamson war immerhin ein fast analphabetischer Sechziger aus dem Mississippi-Delta, und es kann nicht überraschen, daß er wenig Kontakt zu den ernsthaften jungen Engländern aus der mittleren, unteren oder der Arbeiterklasse fand; städtische schwarze Amerikaner gleichen Alters wären bei dem alten Bussard wohl auch nicht besser angekommen als die Yardbirds.

Die britischen Popstars wären wohl mindestens ebenso verstört gewesen bei der Begegnung mit ihren schwarzamerikanischen Beinahe-Zeitgenossen. Bei ihrem ersten Aufenthalt in New York luden die Beatles – zweifellos auf der Suche nach sexuellen Abenteuern und allgemeinen Erlebnissen – die Supremes (das weibliche Vokaltrio der Motown, die einzige ernsthafte Konkurrenz der berühmten Vier auf den Bestsellerlisten der Zeit) ein, sie in ihrer Hotelsuite zu besuchen. Beide Seiten waren wie vom Donner gerührt, als Diana Ross und ihre Kolleginnen ankamen. Die Supremes fanden einen Raum mit Wolken von Marihuanaqualm vor und vier Typen in Jeans, die da total vollgedröhnt rumlagen; die Beatles sahen drei Mädchen in ordentlichen Kleidern, mit Handschuhen, Pelzmänteln und allem plus einer Anstandsdame. Die Supremes konnten nicht fassen, daß die Beatles so vergammelte Doper waren; die Beatles waren schockiert, wie »etepetete« und »zickig« schwarze Mädchen aus Detroit sein konnten. Die beiderseitige Vorstellung davon, wie die anderen sein sollten, basierte auf einem fundamentalen Mißverständnis und die Begegnung brach bald unter dem Gewicht der beiderseitigen Verlegenheit zusammen. Das Kontingent aus Detroit erwartete englische »Klasse« und Höflichkeit à la David Niven von den Beatles, die ihrerseits geglaubt hatten, die Supremes seien rüde Partytypen, bei denen höllisch was los wäre – lebendig gewordene Bessie Smith Songs. Die »Fab Four« waren völlig unfähig, sich in die Sehnsüchte des aufstrebenden schwarzen Proletariats einzufühlen; die Supremes ihrerseits mißverstanden die Bohème des weißen Rock and Roll ebenfalls gründlich.

Jimi Hendrix jedoch verstand die weiße Bohème instinktiv und die weiße Rock and Roll-Bohème ganz besonders; schließlich hatte er mit ihnen Geschmack und Obsessionen gemein, und für eine gewisse Zeit wenigstens war er glücklich, ihnen geben zu können, was sie wollten, die Rolle des »Electric Nigger Dandy der Blumenkinder zu spielen« – um John Morthland von der *Rolling Stone* zu zitieren – »ihren Preishengst und ihr goldenes Kalb, ihren Schöpfer kraftvoller Drogenmusik, ihre aufs empörendste sichtbare Macht.« Genau diese Art von Rollenspiel mag es gewesen sein, die seine Akzeptanz beim schwarzen Publikum verhinderte: er verkörperte – zugegebenermaßen in der Weise des »Summer of Love« – genau die Art von Stereotyp, die viele schwarze Amerikaner so verzweifelt abzuschütteln suchten. Selbst einige seiner neu gefundenen britischen Kumpels, wie Eric Clapton, fingen an, die mörderische Ironie zu ahnen, mit der er diese verstaubten alten Mythen ausschlachtete.

Hendrix war allerdings schrill, exhibitionistisch, sichtlich voll von Drogen, ließ sich liebend gerne photographieren, umgeben von Blondinen und völlig bar all der Würde, Disziplin und Zurückhaltung, die das schwarze Amerika mittlerweile von seinen Entertainern verlangte. Es war der weiße Kritiker Robert Christgau, der Hendrix in Monterey gesehen hatte und ihn »einen psychedelischen Onkel Tom« nannte, aber er gab zweifellos nur wieder, was eine große Anzahl schwarzer Amerikaner empfand, die – anfangs wenigstens – Hendrix für einen drogenbenebelten Clown ansah, der zum Gaudium der Weißen den Nigger machte. Andere jedoch sahen das ganz anders. Für eine jüngere Generation schwarzer Amerikaner war Hendrix' schrille Selbstdarstellung eine positive Inspiration.

»Man muß sich die Gesellschaft ansehen, die uns ein bestimmtes Bild von uns selber gibt«, sagte Vernon Reid. »Auf einer bestimmten Ebene ist die Idee, aufzufallen oder deutlich seine Meinung kundzutun, durchaus verlockend, denn von früh an, als man noch klein war, gab es, wenn man schwarz ist, die gesellschaftliche Tendenz, deine Existenz zu negieren. Wie ist das, wenn man ein Nichts ist? Die kommen nicht an und *sagen* ›du bist nichts!‹, aber Bandagen sind fleischfarben, auch wenn es nicht die Farbe *deines* Fleisches ist... jetzt ist es schon viel besser geworden, aber zu der Zeit, als Hendrix aufkam, war das eben der Status quo. Wenn man also Leute sieht, die schwarz sind und sich empörend benehmen, dann ist das Selbstbehauptung. Es gibt diesen psychologischen Drang, sich zu behaupten, denn da ist das Gefühl, wenn man schwarz ist, ist man überhaupt gar nichts.«

»I'm black. They never forget it. I'm black all right – and I'll never let *them* forget it.«

(Ich bin schwarz. Das vergessen sie nie. Jawohl, ich bin schwarz – und ich werde *sie* das nie vergessen lassen).

Brock Peters' Schlußansprache auf Miles Davis'
Jack Johnson (1971)

Zu sagen, Hendrix hätte überhaupt keine schwarze Gefolgschaft gehabt, hieße indessen, einen Mythos zu lancieren, noch dazu einen rassistischen Mythos. »Es mußte erst eine neue Art von Schwarzen kommen, die ihn entdecken würden«, sagte Bobby Womack, »denn die [Platten]firmen glaubten nicht, daß [Schwarze] eine Beziehung zu einem Nigger wie ihm hätten. Auf einmal sah ich junge Schwarze, Fans, die sich anzogen wie er und ich dachte, ›*Verdammt* noch mal, ich hab noch nie schwarze Hippies gesehen.‹« Hendrix' Biograph David Henderson betont in ›*Scuse Me While I Kiss the Sky*‹ (1983), daß Schwarze durchaus zu seinen Shows gegangen sind, selbst wenn das Ausmaß seiner weißen Anhänger ihre Gegenwart weniger ins Auge fallen ließ; und sie kauften auch seine Platten, obwohl sie direkt in die Popcharts kamen, statt erst einmal auf den R&B-Listen aufzutauchen, wodurch alles, was er verkaufte, unter Pop rangierte. Es ist allerdings unbestreitbar, daß er wenig oder gar keine Sendezeit auf den schwarzen Radiostationen bekam, weil die das Gefühl hatten, seine Musik passe einfach nicht in das bestehende Sendeschema. Die leichtfertige Annahme, er habe keine schwarze Anhängerschaft, band ihn nicht nur enger an sein weißes Publikum, sondern bestärkte auch Mike Jefferys Meinung, er solle sich ausschließlich darauf konzentrieren.

Das Ergebnis war, daß weiße Kritiker sich und ihre Leserschaft der Täuschung hingaben, Hendrix' Mangel an breiter Akzeptanz beim schwarzen Publikum, sowohl vor wie nach seiner Londoner Metamorphose, sei ein Ergebnis des Konservativismus und fehlender Phantasie eben dieses Publikums. Wenige Kritiker jener Zeit bekannten so ehrlich, worin ihre Reaktion auf Hendrix wurzelte wie Richard Goldstein. Bei der Veröffentlichung von *Electric Ladyland* 1968 schrieb Goldstein eine Besprechung für die *Village Voice* und beschrieb darin Hendrix so:

»Er stürzte sich in das Unternehmen, schwarz und absurd zu sein, mit Verachtung und Wonne – die Engländer nennen das Flash... wenn ich mir die unnötigsten Fehler in Erinnerung rufe, die ich als Kritiker gemacht habe, dann muß ich immer an meine Empörung über Hendrix' Vulgarität denken. Nun ja, sicher peitschte er sein Publikum auf, und sicher findet man das beschämend. Von einem Weißen [Morrison oder Jagger] hätte ich diesen billigen, knalligen Reiz noch hingenommen. Aber von einem schwarzen Künstler verlangte ich Würde... möglich, daß man dieses Kriterium damit entschuldigen kann, daß es noch ein Überbleibsel aus der Volksmusik ist, wo die Schwarzen rebellisch sein durften, solange sie gleichzeitig halbe Heilige waren. Aber eigentlich geht das viel tiefer und hat mit der veränderten Haltung zu tun, die ich als Weißer in Gegenwart von aggressiven [d.h. unhöflichen] Schwarzen einnehmen sollte. Es ist immer noch sehr schwer für mich, einen Schwarzen zu akzeptieren, der seine eigene Gewöhnlichkeit genießt. Die [Black] Panther mit ihrer coolen Aggressivität kann ich akzeptieren, oder die Priester mit ihrer christlichen Mildtätigkeit, aber Hendrix macht den Leuten eine Schau vor, und das auf bedrohlichste Weise. Verkleidet als korrupter Schwarzer Prinz – Othellos Rache – ist er das Spiegelbild der Idee des Schwarzen in uns, der sich abmüht, clownesk, sexuell und frei zu sein. Vielleicht ist Jimi Hendrix deswegen so viel weniger bedeutsam für die Kultur der Schwarzen. Letzten Endes ist seine Botschaft für die Schwarzen schon lange nichts Neues mehr: jeder ist sein eigener Schwarzer.«

Daß es ihm nicht gelungen war, im schwarzen Showbusiness Fuß zu fassen, genau das geriet Hendrix paradoxerweise zum größten Vorteil in seiner Kampagne, die Herzen des neu entstandenen Hippie-Rockpublikums zu gewinnen. Er war schwarz, und er war auf dem Wege, ein Star zu werden, aber eines war er nicht – in keiner der traditionellen Bedeutungen – ein schwarzer Star mit einem schwarzen Publikum. Das hieß, seine Fans hatten nie Probleme damit, daß die Schwarzen bei seinen Shows zahlreicher gewesen wären als sie selber. Eric Burdon kennt da eine vielsagende Anekdote, die genau diesen Punkt beleuchtet: während der Tournee der Animals 1965 landete die Band in Alabama, und Burdon kam ins Gespräch mit einem weißen Mädchen, das dieselben schwarzen Stars bewunderte wie er. Er stellte fest, daß Otis Redding am Abend vorher in derselben Halle gespielt hatte und fragte, ob sie die Show gesehen habe. »Ob ich ihn gesehen habe?« antwortete sie ungläubig, »das ist doch wohl nicht dein Ernst, Mann? Der Laden war doch voll von Niggern.« Es dauerte noch zwei Jahre, bis Otis Redding auf dem Monterey International Pop Festival auftrat und ihm das Crossover (das Ankommen bei den Weißen) gelang, etwas, um das sich Jimi Hendrix nie bemühen mußte. Sein Problem war das »Crossing Back«.

Im Jargon des Marketing im Musikgeschäft ist *Crossover* ein Zauberwort. Es bezieht sich auf den Prozeß, in dem sich die Platten einer schwarzen Gruppe, gewöhnlich einer, die sich schon weitgehend beim schwarzen Publikum durchgesetzt hat, auch bei einer beträchtlichen Anzahl von Weißen zu verkaufen beginnen. Manchmal kann das nur dadurch erreicht werden, daß die Gruppe die Popularität bei den Schwarzen auf dem Altar der Massenakzeptanz durch die Weißen opfert: bis zu einem gewissen Grad erlitt Ray Charles dieses Schicksal nach seinen Erfolgen mit Countrymusik in den frühen Sechzigern. Andere Künstler, deren Stil beim veränderten Geschmack der Schwarzen nicht mehr ankam, sahen, daß sie nur durch ihre Popularität bei den Weißen im Geschäft blieben. Bobby Womack erinnert sich, daß sein Mentor Sam Cooke sich der Fallstricke des Crossover haargenau bewußt war. »Wenn ich Platten mache, muß ich weiß klingen, um anzukommen,« erzählte Cooke Womack, »aber andrerseits muß ich schwarz klingen, um meine Basis nicht zu verlieren. Das werde ich dir beibringen, vergiß es nie.«

In dem Sinn, den Cooke meint, hat Hendrix nie eine Basis gehabt. Im »Death of Rhythm & Blues« beschreibt Nelson George Hendrix' Musik als »die Rache des R&B-Sideman«; als er die Experience gründete, lagen hinter ihm fünf Jahre der Frustration durch die Behinderungen auf dem Chitlin Circuit, die er erst einmal loswerden mußte. Im Gegensatz dazu war Sly Stone – der nie durch diese Mangel gedreht worden war – in viel größerem Maße bereit, sich die Konventionen des R&B

zunutze zu machen, selbst wenn er sie manipulierte und erweiterte, um so zu schwarzem und weißem Massenpublikum gleichermaßen Zugang zu bekommen. Im Lauf der Zeit wurde Hendrix immer empfindlicher in bezug auf seine scheinbare Unfähigkeit, sich dem schwarzen Publikum verständlich zu machen, besonders nach seiner Rückkehr 1968 in die Vereinigten Staaten und der Auflösung der originalen Experience 1969. Seine Manager und seine Plattenfirma waren sich jedoch der entscheidenden Bedeutung bewußt, die Hendrix als »Weißer ehrenhalber« bei seinen Fans hatte. »Die weißen Typen und die Manager sagten immer: ›Spiel doch nicht immer mit diesen Niggern, Mann; die Vierzehnjährigen können mit all dem karierten Zeug nichts anfangen. Hol dir die duften englischen Typen wieder‹«, erinnert sich Jonny Winter, der texanische Albino und Bluesgitarrist, der einer der regulären Partner von Hendrix beim Jammen war, »und die Schwarzen sagten immer, er habe sich an die Weißen verkauft. Jimi war ein ziemlich sensibler Typ, außerdem hatte er auch gewöhnlich noch ziemlich schwer geladen, und nun wußte er nicht mehr, was er machen sollte.«

»Jimi war der schwärzeste Gitarrist, den ich je gehört habe. Seine Musik hatte ihre Wurzeln in den ältesten Musikformen, noch vor dem Blues, in Field Hollers und Gospelmelodien. Was ich so mitgekriegt habe, gab es da keine Form schwarzer Musik, die er sich nicht angehört und die er nicht studiert hätte, aber geliebt hat er die richtig alten schwarzen Musikformen, und das kam in seinem Spiel auch raus... Jimis Texte und seine Kleidung waren blütenweiß, aber er war so schwarz, wie man nur will.«

Michael Bloomfield im Magazin *Guitar Player* (1975)

»Für mich war Jimi kein Schwarzer – er war ein Weißer. Er dachte nicht wie ein Farbiger, und bei einem farbigen Publikum kam er nun schon überhaupt nicht an. Er spielte keine schwarze Musik.«

Gerry Stickells, Hendrix' Roadmanager, in
Hendrix: A Biography von Chris Welch (1972)

Lassen wir mal Gerry Stickells' Verallgemeinerungen beiseite, wie »Farbige« (oder auch Weiße) denken, hier stehen wir wieder vor der Frage, was das genau ist, schwarze Musik. Wenn das nur einfach heißt, Musik von Schwarzen gespielt, dann wird also Haydns Trompetenkonzert zur »schwarzen Musik«, wenn es von Wynton Marsalis gespielt wird, ebenso »Yesterday« und »Eleanor Rigby« von den Beatles, wenn Ray Charles oder Aretha Franklin es einspielen, oder Bob Dylans »Blowin' In the Wind« unter den Händen von Stevie Wonder, Bruce Springsteens »Pink Cadillac« à la Natalie Cole, selbst der Doris Day-Standard »Que Sera Sera«, vorgetragen von Sly & The Family Stone. Was ist denn mit den unzähligen Soul-Versionen von Country-Hits und den Ummodelungen im Jazz von Broadwayschlagern und Shownummern? Werden die Songs von Rogers und Hart zu »schwarzer Musik«, sobald sich Charlie Parker, Miles Davis oder John Coltrane ihrer angenommen haben?

Vielleicht reden wir ja darüber, ob schwarze Hörer und Plattenkäufer die Musik konsumieren und genießen, aber da stehen wir immer noch im Wald. In den Fünfzigern waren »Rock Around the Clock« von Bill Haley & the Comets und Elvis Presleys »Hound Dog« beide an der Spitze der R&B Chart der *Billboard*, und in jüngerer Zeit sehen wir uns auf The (Young) Rascals, Kraftwerk, der Average White Band, Elton John, Hall & Oates, George Michael und Madonna festhängen, die alle beim schwarzen Publikum ein oder das andere Mal ganz groß ankamen.

Versuchen wir es mal auf andere Weise: vielleicht liegt der Maßstab für das »Wahre Schwarzsein« in den Kompositionen und Songs, die von Schwarzen geschaffen werden. Aber gerade diese Theorie führt uns in noch tiefere und trügerischere Gewässer: Pat Boones allseits bekannte, verwässerte Kopien von Songs wie Fats Dominos »Ain't That A Shame« oder Little Richards »Tutti Frutti« und »Long Tall Sally«, alle aus den Fünfzigern, sind jetzt zu »schwarzer Musik« geworden, zusammen mit der ganzen Bewegung des »weißen Blues« und des »weißen Soul« in den Sechzigern und all den Claptons und Joplins und Bloomfields und Winters. Wenn wir *das* noch ein bißchen weiter ausführen und Originalmusik mit einschließen, die von Weißen praktisch in schwarzen Formen, Idiomen, Stilarten und Genres geschaffen worden ist, dann sind die weißen »Funker« aus den Siebzigern, wie Kokomo, Wild Cherry und die Average White Band auf magische Weise »über einen Nebenanschluß« zu Schwarzen geworden, wie überhaupt jeder, von David Bowie und George Michael bis Stevie Ray Vaughan, Cold Cut und den Beasty Boys. Dieses letzte Argument dient nicht nur dazu, derjenigen schwarzen Musik ihre Legitimität abzusprechen, die in die eigenmächtige Definition nach dem Konsens der späten Siebziger nicht hineinpaßt – wie z.B. die direkten Ableitungen aus Blues und Gospel – sondern es entledigt sich auch auf ebenso magische Weise des Steines, an dem die Weißen in der schwarzen Musik den größten Anstoß nahmen: der Schwarzen.

In Alice Walkers Shortstory *1955* erklärt Traynor (ein weißer »King of Rock«) Gracie McStill, einem älteren Bluesshouter, deren Hitsongs er wieder aufgenommen und mit denen er ein Vermögen gemacht hat, sein zentrales Problem. »Sie wollen das, was du hast, aber dich wollen sie nicht,« sagt er ihr. »Sie wollen, was ich habe, nur ist das nicht mein. Darum hungern sie ja so nach mir, wenn ich singe. Sie bekommen das Aroma einer Sache, aber sie bekommen nicht die Sache selbst. Sie sind wie eine Meute Jagdhunde, die versuchen, eine Spur aufzunehmen...«

Walkers »Traynor« und »Gracie Mae« sind fiktive Gestalten, die Elvis Presley und der Sängerin des originalen »Hound Dog«, Willie Mae »Big Mama« Thornton entsprechen, die sich im Leben nie gesehen noch miteinander geredet haben – wenigstens nicht, soviel man weiß. Traynors Bekennermonolog beleuchtet jedoch den zentralen Kampf der amerikanischen

Popmusik des zwanzigsten Jahrhunderts, das Bemühen, die schwarze Musik (die die weißen Amerikaner im großen und ganzen lieben) von den Schwarzen zu trennen (die sie im großen und ganzen nicht lieben). So wurde in den Dreißigern Paul Whiteman zum »King of Jazz«, in den Vierzigern Benny Goodman zum »King of Swing«, in den Fünfzigern war Elvis Presley der »King of Rock«, in den Sechzigern Eric Clapton »the World's Greatest Blues Guitarist« – der größte Bluesgitarrist der Welt – in den Siebzigern wurden die Bee Gees – und natürlich der unvergeßliche John Travolta – die führenden internationalen Symbole für Tanzmusik, und das am meisten verkaufte Rap-Album der Achtziger kam von drei jüdischen Ex-Punks der Mittelklasse, die sich als Beasty Boys neu erfanden. Nicht umsonst erzählte Sam Phillips, Boss von Sun Records im Memphis, jedem der es hören wollte: »Wenn ich nur einen weißen Typen mit schwarzem Sound finden könnte, könnte ich eine Million Dollar machen.« Seit er sein erstes Studio eröffnet hatte, hatte Phillips einige der besten Bluesleute Amerikas aufgenommen und die Plattenfirmen in Los Angeles und Chicago mit Seiten von Howlin' Wolf, B.B. King, Junior Parker und vielen anderen versorgt, Platten, die Zukunft hatten. Er hatte zum Beispiel auch Chicagos Chess Label die zu Millionen verkaufte »Rocket 88« von Jackie Brenston and his Delta Cats (eigentlich Ike Turners Kings of Rhythm mit dem Saxophonisten Brenston vorne vor) gegeben, eine Jumpnummer, auf Tempo gebracht und heute als die erste wirkliche Rock and Roll-Nummer angesehen, die je gemacht worden ist. Aber Sam Philips wurde erst reich, als er sich seinen oft geäußerten (und noch öfter zitierten) Wunsch erfüllte und Elvis Presley entdeckte.

Es war Tradition in der Unterhaltungsindustrie, sich auf weiße Künstler zu stützen, wenn es darum ging, schwarze Stilarten in den Mainstream einzuführen, sie für ein weißes Publikum akzeptabel zu machen und sie letzten Endes zu entschärfen. Beim weißen Publikum, das sowohl zahlenmäßig

Hendrix (ganz links) und Billy Cox (zweiter von links) 1962, vor einem Auftritt mit den Casuals in einem Nachtclub in Nashville.

James Brown in einem interessanten neuen Ensemble aus psychedelisch bedrucktem Material, 1970. (Rex)

Der Vorsitzende des Rates der Bluessänger: ein schlanker, stilvoller B.B. King bringt wieder einen dieser berühmten Töne, 1968.

(Pictorial)

Die Jimi Hendrix Experience:
Jimi Hendrix, Noel Redding,
Mitch Mitchell

Das Debut der Jimi Hendrix Experience als Begleitgruppe für Johnny Hallyday im Pariser Olympia 1966. (Jean-Pierre Leloir)

Was das gut angezogene nachtaktive Säugetier heutzutage trägt: London 1966. (Gerard Mankowitz)

als auch ökonomisch überlegen ist, kann man am reichsten absahnen. Ein Hit in den R&B-Charts der USA (zusammengestellt aus den schwarzen Läden und den schwarzen Rundfunkstationen) ist ja schön, aber ein Pop-Hit, da wird es *ernst*. »R&B«, bestätigt Bo Diddley in *Hail! Hail! Rock and Roll!* – Taylor Hackfoods biographischem Dokumentarfilm über Chuck Berry – »heißt nichts anderes als Abkoche und Beschiß.« Was er und Berry gespielt haben, fährt er fort, wurde Rock'n'Roll genannt, bis die Weißen anfingen, es zu spielen, und plötzlich »waren *sie* Rock and Roll und wir waren ›R&B‹« Und R&B bedeutete Ghetto (außer man war bei der Atlantic): es hieß Billiglabel, Plattenfirmen, die meist, wenn nicht gar alle, in weißer Hand waren, die miserabel bezahlten, und schon gar keine Tantiemen; das hieß auch endlose Tourneen durch die heruntergekommenen Theater und Bars des »Chitlin Circuit«, wo man sein Geld oft nur bekam, wenn man die Kanone schneller zog als der Promoter. Es ist wohl wahr, man konnte mit dem R&B Geld machen, aber verglichen mit dem, was die Popstars verdienten, war es ein Trinkgeld. »Pop hieß, an Weiße zu verkaufen«, faßt Marvin Gaye zusammen, »und R&B oder Soul hieß, an die Brüder und Schwestern in der Nachbarschaft zu verkaufen. Jeder wollte an Weiße verkaufen, denn die Weißen hatten mehr Geld. Unsere Einstellung war – gib uns was davon. So einfach war das.« So einfach war es natürlich nicht.

Die Demütigungen, denen die reisenden schwarzen Künstler ausgesetzt waren, berühmt oder nicht, waren geradezu erschreckend. Der Süden war zweifellos die Route mit den ärgsten Hindernissen, aber die großen Städte, des Nordens konnten genauso schlimm sein. Auf ihrer Tournee mit der Count Basie Band in den dreißiger Jahren wurde die ziemlich helle Billie Holiday von dem Manager des Fox Theater in Detroit darüber informiert, daß sie »zu gelbhäutig war, um mit all den Schwarzen in [Basies] Band zu singen. Es könnte mich einer für weiß halten, wenn die Beleuchtung nicht genau stimmte.« Trotz Holidays wütenden Widerstand wurde jemand nach einem Topf Schminke losgeschickt. »Also mußte ich mich dunkler machen, damit die Show weitergehen konnte bei diesen Superärschen in Detroit«, schrieb sie in ihrer Autobiographie »*Lady Sings the Blues*.« »Es ist genau, wie sie sagen, ›There's no damned business like showbusiness‹. Man kann nur lachen, wenn man nicht kotzen will.« Die Dinge wurden nicht besser, als Billie Holiday ein paar Jahre später mit einer weißen Band wieder auf Tournee ging, der Band von Artie Shaw.

»Es dauerte nicht lange, da kamen mir die härtesten Tage bei der Basie Band wie ein lindes Lüftchen vor. Es kam so weit, daß ich kaum noch aß, schlief oder aufs Klo ging, ohne daß das beinahe zu einer Angelegenheit der NAACP [National Association for the Advancement for Coloured People] wurde... an manchen Orten ließen sie mich noch nicht einmal in der Küche essen... manchmal hatte man nur die Wahl, entweder zu essen oder die ganze Band mithungern zu lassen. Ich war es allmählich leid, daß aus jedem Frühstück, Lunch oder Dinner eine Staatsaktion wurde.«

In *Hear Me Talkin' to Ya*, der erzählten Geschichte des Jazz von Nat Hentoff und Nat Shapiro, beschreibt der große Trompeter Roy »Little Jazz« Eldridge, wie er bei *seinem* Engagement in der Artie Shaw Band Schwierigkeiten hatte, zu seinem eigenen Auftritt überhaupt hereingelassen zu werden:

»Wir sollten zum Tanz spielen, und die ließen mich noch nicht mal rein in den Saal. ›Hier ist Tanz für die Weißen‹, sagten sie, und gleich da draußen stand mein Name, und ich sagte ihnen, wer ich bin... [Artie Shaw] war großartig: der Mann, der mich nicht reinlassen wollte, mußte sich entschuldigen und er [Artie] ließ ihn rauswerfen. Mann, wenn man auf der Bühne steht, ist man der Größte, aber sobald man da runter kommt, ist man ein Nichts.«

Ray Charles bezeugt in *seiner* Autobiographie, *Brother Ray*, daß sich in den frühen Fünfzigern noch wenig geändert hatte:

»Wir konnten stundenlang fahren und nicht eine Tankstelle finden, bei der wir aufs Klo gehen konnten. Wenn wir am Straßenrand hielten, bestand die Gefahr, daß man uns festnahm, also machten wir beide Wagentüren auf und pißten dazwischen. Wir konnten hungrig wie die Wölfe sein und einen halben Tag herumfahren, ehe wir ein Lokal fanden, wo wir bedient wurden. Die Rassengeschichte traf uns da, wo's am meisten weh tat: im Magen und an den Eiern.«

Chuck Berry, der mit »Maybelline« seinen großen Durchbruch gehabt hatte und daraufhin nun auf Tournee ging, stellte fest, daß sein Country-artiger Beat, seine klare Aussprache und die diskret überbelichteten Publicity-Photos ihm Buchungen bei Promotern einbrachte, die keine Ahnung hatten, daß er Schwarzer war. Bei einer dieser Gelegenheiten wurde er eilig und verlegen ausgezahlt und als er sich anschickte zu gehen, hörte er noch, wie die weiße Band, die als Begleitband für ihn engagiert war, seinen Hit spielte.

Die schwarzen Künstler entwickelten neue Strategien, um mit dieser rassistischen Bigotterie fertigzuwerden. »Wir durchbrachen die Rassenschranken. Die weißen Jugendlichen mußten unsere Platten verstecken, weil sie nicht wagten, ihre Eltern wissen zu lassen, daß sie sie im Hause hatten«, erinnert sich Little Richard, bei weitem der einflußreichste unter Hendrix' frühen Arbeitgebern. »Wir beschlossen, mein Image sollte so verrückt und abenteuerlich sein, daß die Erwachsenen dachten, ich sei harmlos. Bei einer Show erschien ich dann als Königin von England und in der nächsten als Papst.« Mit anderen Worten, Richard wurde zum Clown, ein Ausweg, den schon viele seiner Vorgänger benutzt hatten. Jahrzehnte davor hatte schon Louis Armstrong – der größte Jazzsolist und einer der bedeutendsten und einflußreichsten Künstler, die Amerika je hervorgebracht hat – sein überragendes improvisatorisches Talent praktisch dem Wunsch untergeordnet, bei den Weißen beliebt zu sein. Der Konflikt zwischen der Forderung, den Jazz zur legitimen Kunstform mit Armstrong selbst als ihrem führenden Genius zu machen, und dem dringenden Wunsch, ein erfolgreicher und beliebter populärer Entertainer zu sein, kam gar nicht erst auf und es wäre – wenn man Armstrongs Hintergrund und die ethischen Vorstellungen seiner Zeit bedenkt – ein Wunder gewesen, wenn das Ergebnis anders ausgesehen hätte. Fast bis zum Ende seines Lebens sah sich Armstrong als Vaudeville-Künstler, der, als Teil seines Aktes, auch ein bißchen Trompete spielt.

Der polare Gegensatz zu Armstrong war natürlich Miles Davis, der von der Bühne ging, wenn sein Sideman ein Solo machte, dem Publikum immer wieder den Rücken zudrehte, nie die Titel oder die Musiker ansagte und – obwohl er viele dauerhafte und herzliche Freundschaften mit einzelnen Weißen unterhielt, auch regelmäßig weiße Musiker beschäftigte (Lee Konitz, Bill Evans, John McLaughlin, Joe Zawinul, Mike Stern, John Scofield u.a.) – die Weißen insgesamt abkanzelte, wo immer er konnte. Anders als Armstrong, war Davis – im Gegensatz zu seinem beharrlich gepflegten Auftreten als Fiesling – der Sprößling einer wohlhabenden und erfolgreichen Familie. Sein Vater war ein sehr gefragter Zahnarzt, wohnte in einem weißen Viertel, besaß ein bemerkenswert großes Stück Land und war, Eric Nisenson in *Round About Midnight* zufolge, »so bürgerlich, wie es eine schwarze Familie in den frühen Dreißigern nur sein konnte.«

Duke Ellington kam aus ähnlichen Verhältnissen, und es bedurfte schon eines gebildeten, visionären Großstädters wie Ellington, um vorauszusehen, daß »die Musik meiner Rasse von der Nachwelt in einem höheren Sinn geehrt werden wird, nicht nur als Tanzmusik«, aber noch in den Dreißigern provozierte die Raffinesse von Ellingtons harmonischen und strukturellen Innovationen den Vorwurf (von James Agee und anderen – weißen – Kritikern), seine Musik sei »steril«, verglichen mit der »echten« schwarzen Musik. Die Schlußfolgerung ist kaum von der Hand zu weisen, daß die Besessenheit der Experten von »ursprünglich«, »funky« und »authentisch« – und in den späten Sechzigern noch von der bis zum äußersten separatistischen Politik der Schwarzen – dazu dienen sollte, die Schwarzen (und ihre Kunst) an den Rand der weißen Gesellschaft (und ihrer Kunst) zu drängen. Jeder Versuch, die Mauern des Ghettos zu durchbrechen, wird vehement als Ausverkauf denunziert von Weißen, deren eigener Zugang zu den Privilegien der Bürgerlichkeit nie bedroht gewesen ist, ob sie nun zu irgend einem beliebigen Zeitpunkt dem Wunsch nachgeben, sich dieses Zugangs zu entschlagen oder nicht. Schwarze, so scheint es, hatten die unbedingte Pflicht, sich im Stande der Armut und der Primitivität zu halten, um ja nicht ihren Status als Kunstobjekte aufs Spiel zu setzen, die Pflicht, arm zu bleiben, unterdrückt zu bleiben, ängstlich und geduckt zu bleiben, unwissend zu bleiben, die Leidenden in Permanenz zu bleiben. Man sagte den Schwarzen, sie sollten sich des Blues nicht schämen, sie sollten sich lieber der Supremes schämen.

Ralph Gleason und seine Jünger sind so zu einer kritischen Position gelangt, die es ihnen möglich macht, darauf hinzuweisen, daß alle schwarzen Musiker (mit Ausnahme einiger weniger alt gewordener Bluesmusiker und militanter Avantgarde-Jazzer), in ihrer kleinbürgerlichen Sehnsucht nach Reichtum und sozialem Ansehen, einer Gehirnwäsche unterliegen, so daß ihre Musik praktisch wertlos ist. Besonders im Vergleich mit den Greatful Dead oder Jefferson Airplane oder den heiligen Beatles, die – wie die meisten weißen Superstars – regelmäßig wegen ihrer komplexen Formensprache, literarischen Bedeutung, politischen Wachheit und dem »künstlerischen Wert« ihrer Musik im allgemeinen gelobt und gepriesen wurden. (Wenn man bedenkt, für wie fortschrittlich, wach, unvoreingenommen und ganz allgemein wundervoll das Rockpublikum und sein kritischer Flügel sich immer gehalten haben, dann ist es doch das »Pop«-Publikum – das sich einen Dreck um die Kunst geschert hat und das immer nur was schön Lautes zum Tanzen und ein paar kleine Spritzer sentimentaler Sauce haben wollte, zum Händchenhalten und Schmusen – das den schwarzen Pop höchst enthusiastisch in ihren Herzen, ihrem Zuhause und in ihren Clubs willkommen geheißen hat. Sie mögen vergleichsweise wenig bereit gewesen sein, diesen Willkomm der Schwarzen auf ihre Viertel und ihre Arbeitsplätze auszudehnen, aber das ist ein anderer und weit länger währender Kampf). Es ist einer der großen liberalen Mythen, daß die Menschen in Harmonie miteinander leben könnten, sobald sie gelernt hätten, einer des anderen Speise zu essen und einer nach des anderen Musik zu tanzen. (Jeder britische Skinhead am Ende der Sechziger, Anfang der Siebziger, mit einer Schwäche für Reggaemusik und indische Gerichte, hätte euch das sagen können).

»Ich habe herausgefunden, die unschlagbarste Kombination ist es, wenn schwarze Musiker Musik von Weißen spielen, aber in schwarzer Manier. Wes [Montgomery] und die Fifth Dimension sind ein treffendes Beispiel dafür. Ein Schwarzer, der schwarze Musik spielt, verkauft sich nicht so gut.«

George Benson zitiert in *Guitar Player* (1974)

Der große Buhmann für die Masse der Anhänger des »Rock als Kunstform« war Motown, die – wie Dave Marsh es in *Trapped: Michael Jackson & the Crossover Dream* ausgedrückt hat – »Live-Auftritte und Tischmanieren, Garderobe und richtige Grammatik genauso ernst nahmen wie den Gehalt ihrer Hits, die die Kinder aus einem Zuhause, in dem es nicht einmal genug Messer und Gabeln für alle gab, lehrten, welchen Löffel man auf einem weißen Damasttischtuch zuerst nimmt und ihr Bestes tat, die rauhen Kanten des Ghetto-Vokabulars abzuschleifen und dem ›Southern Drawl‹ – der langsam-lässigen Sprechweise des Südens – etwas mehr Tempo zu geben.« Motown veröffentlichte Alben wie *The Supremes Sing Rogers and Hart* und machten sich Sorgen, ob es die Firmenpolitik wohl erlaubte, Stevie Wonder einen so *kontroversen* Song wie Bob Dylans »Blowin' In the Wind« singen zu lassen. Die Gesellschaft war entschieden übervorsichtig: 1967 standen Detroits Ghettos in Flammen. Motown mag »Die Stimme des jungen Amerika« gewesen, sein, aber sie wußte buchstäblich nichts von dem, was vor ihrer eigenen Haustür geschah.

Die Ironie des Ganzen ist natürlich, daß Motown gegründet, betrieben und Eigentum von Berry Gordy jr., einem Schwarzen, war und daß alle seine Produzenten, Musiker und Songschreiber ebenfalls schwarz waren. Atlantic Records, die das Memphis-Label Stax, ekstatisch »funky« und makellos in seiner Verbundenheit mit dem schwarzen Süden, vertrieb, – das Stammlabel von Otis Redding, Sam & Dave und Booker T. & the MGs – war für die Hipster das Label mit der echten schwarzen Musik, aber Atlantics schwarze Sänger – von Joe Turner und den Coasters bis zu Aretha Franklin und darüber hinaus – waren das Aushängeschild für weiße Produzenten, Songschreiber und Musiker. Was Stax angeht, war es die klassische interrassische Zusammenstellung: die Bosse des Labels und viele ihrer Mitarbeiter waren weiß – das herausragende Beispiel war der Gitarrist/Komponist/Produzent Steve Cropper, der zweifellos mehr zur Soulmusik beigetragen hat als irgend ein anderer Weißer – und alle ihre Sänger waren schwarz. In Begriffen der Musik ausgedrückt, mit ihren Wurzeln im Blues-getönten Funk und dem Gesangsstil der Nachgospelzeit, war Stax »kulturell schwärzer« als Motown, daher entsprach sie auch mehr dem Geschmackstrend der Hippies, die nicht bereit waren, auf *alle* schwarze Musik zu verzichten im Austausch für die kulturellen Schätze, die aus San Francisco zu fließen begannen.

Stax war es übrigens auch, die Janis Joplin unbeabsichtigt ihre größte Demütigung bescherte. Nach dem Zusammenbruch ihrer chaotischen Band Big Brother and the Holding Company formierte sie eine neue, mit Bläsern besetzte, schwer vom Soul beeinflußte Begleitband und entschied sich in ihrer Einfalt dafür, sie auf der Weihnachtsparty von Stax/Volt in Memphis zum ersten Mal auftreten zu lassen. Ganz oben auf dem Programm, nach den Staple Singers, Eddie Floyd, Albert King, Rufus und Carla Thomas, Isaac Hayes, Johnny Taylor, den Bar-Kays und, als speziellem Gast, Mr. Jaaaaaaames Brown – die alle, außer dem Bluesveteran King, Soul-Showbusiness nach allen Regeln der Kunst boten – schlenderte Joplin langsam auf die Bühne, wobei sie weiter an ihrer Flasche Southern Comfort sog, nachdem ihre Band fünfzehn Minuten gebraucht hatte, um die Instrumente aufzubauen und miteinander zu quatschen. Das war so die Art von Benehmen, die man in San Francisco für köstliche Natürlichkeit und Ehrlichkeit ansah, aber bei schwarzem Publikum – dem nichts über Professionalität geht – grenzte es an Beleidigung. Nach drei Nummern war der größte Teil des Publikums gegangen und Joplin stürzte höchst aufgebracht von der Bühne. Die Joplin konnte nicht begreifen, daß man sie nicht mit offenen Armen aufgenommen hatte, und das Publikum konnte nicht begreifen, was zum Teufel ihr einfiel und was sie da überhaupt zu suchen hatte. Offensichtlich funktionierte Richard Goldsteins »Idee des Schwarzen in uns« in der Theorie besser als in der Praxis.

»[Jimi Hendrix] versuchte, sich auf seiner Seite der Stadt einzufügen, aber es war eben nicht seine Seite. Er mußte woanders hin... Mann, als der nach Europa kam, da kam er zu Leuten, die waren wie er, sie waren seine Familie. Ich war froh, daß er einen Platz gefunden hatte. Und dann kamen viele Schwarze an und sagten, wie schlimm das doch ist, daß er zu den Weißen übergegangen ist, um nach oben zu kommen, weil wir ihn so schlecht behandelt haben. Alle rannten sie rum und sagten ›Shit! Der war in meiner Band.‹ Da krochen die ganzen Leute aus ihren Löchern hervor und sagten: ›Der hat für mich gearbeitet und ich hab ihn rausgeschmissen...‹«

Bobby Womack in einem Interview mit dem Autor (1988)

»Er war im schwarzen Milieu mal als Sideman bei diesem, mal bei jenem Musiker gewesen, und hier hatte er nun die Chance, nicht nur sich aus dem Sumpf der Mittelmäßigkeit herauszuziehen, sondern auch noch etwas für das Anliegen der Schwarzen zu tun... dafür bewies er ein enormes Gespür dadurch, daß er in die weiße Arena ging und spielte und da auch ankam und dann sagte: ›Das habt ihr euch also genommen, Eric Clapton und Mr. Townshend, und nun glaubt ihr, ihr wäret Showmen. Hier, so machen *wir* das. So können wir das, wenn wir uns zurückholen, was ihr von uns geborgt, wenn nicht gar gestohlen habt. Ich hab es wieder zusammengesetzt und *so* muß das sein, und ohne das seid ihr nicht lebensfähig, nicht wahr?‹ Und es ist die schreckliche Wahrheit, daß wir tatsächlich nicht ohne das leben konnten. Es lag wirklich etwas wie Vergeltung darin, daß wir ohne das einfach nicht lebensfähig waren. Es war wirklich Vergeltung...«

Pete Townshend in einem Interview
mit dem Autor (1986)

Am Tag nach Hendrix' Triumph in Monterey wollte Pete Townshend die Meinungsverschiedenheit wieder ausbügeln, die sie hinter der Bühne gehabt hatten darüber, wer zuerst auftreten sollte. Er ging zu Hendrix hin und sagte: »Hör mal, laß uns das nicht nachtragen. Ich würde gerne etwas von der Gitarre haben, die du kaputtgeschlagen hast.« Hendrix durchbohrte den schlaksigen Townshend mit einem eisigen Blick und fauchte: »Ach ja? Ich schreib dir ein Autogramm drauf, *Honkie*« (Spitzname der Schwarzen für die Weißen). Townshend war am Boden zerstört. »Ich *kroch* geradezu davon«, erinnert er sich wehmütig. Solche Ausbrüche offener Rassenfeindschaft waren bei Hendrix außerordentlich selten, selbst bei schärfster Provokation, aber da war wohl etwas an Townshend, daß Hendrix gewaltig gestunken haben muß. Townshend war rasend eifersüchtig auf Eric Claptons Freundschaft

mit Hendrix, er sehnte sich verzweifelt nach Hendrix' Anerkennung und Zuneigung. Aber die hat er nie bekommen.

»Ich dachte, warum bekommt Eric alle herzlichen Umarmun-
gen und ich nicht? Und ich glaube, der Unterschied ist, daß
Eric sich in seiner Adaption der Bluesmusik vollkommen zu
Hause fühlt. Er spürt sie bis ins Innerste, ich nicht. Ich fühl
mich nicht einmal wohl mit schwarzen Musikern. Das war
schon immer mein Problem, und Hendrix war in seinem
Schwarzsein so überaus empfindlich, daß er das sofort gemerkt hat. [Nach Monterey] war viel Haß, Rachsucht und
Frustration in mir. Ich hatte, wahrscheinlich wegen meiner
Empfindlichkeit, meiner Befangenheit bei Schwarzen, das Ge-
fühl, irgendwie habe ich das verdient.«

Die Unterschiede in der britischen und der amerikanischen
Rassenpolitik waren Mitte der Sechziger außerordentlich groß.
Es gibt wohl keinen lebenden Amerikaner, der eine Zeit ge-
kannt hätte, in der es keine Schwarzen in den USA gab, aber
die Immigration Schwarzer in solchem Ausmaß nach Großbritannien, das war erst ein Phänomen der fünfziger Jahre, und
die große Mehrzahl der weißen Briten – für die die Schwarzen
immer noch »Ausländer« waren – waren noch weniger mit
ihnen vertraut als ihre amerikanischen Gegenspieler. Sting,
noch ein Halbwüchsiger, als er Hendrix in einem Club in
Newcastle Ende 66 zum ersten Mal sah, hatte tatsächlich noch
nie in seinem Leben einen richtigen Schwarzen in natura gesehen. Das ließ natürlich Raum für viele beiderseitige Mißver-
ständnisse: Hendrix verweigerte einmal Caroline Coon, der
Gründerin des Drogenberatungszentrums, ein Interview, weil
er, als man ihm ihren Namen nannte, glaubte, es handle sich
um einen geschmacklosen rassistischen Scherz. (»Coon« war
schon seit Sklavenzeiten eine herabsetzende Bezeichnung für
den Schwarzen. D. Übers.). Seinen ersten Roadie, den inzwischen verstorbenen Howard »H« Parker, warf er eines Mor-

gens in Schweden raus, als dieser dem verkaterten Hendrix sagte, er sähe aus wie ein »Gorilla, der gerade seine Bananen verloren habe.« Hendrix hatte zu wenig Selbstsicherheit, um nicht zu glauben, H habe ihn beleidigen wollen; H war so wenig feinfühlig, daß er annehmen konnte, Hendrix habe seine »Frozzelei« vielleicht noch ganz anders verstanden.

Ähnlich in ›Scuse Me While I Kiss the Sky – trotz ihrer Unzulänglichkeiten bis heute immer noch die beste Hendrix-Biographie – in der David Henderson die rassischen Spannungen innerhalb der Experience hochspielt und Mitch Mitchells »merkwürdige Verachtung« für Hendrix zitiert, ebenso wie die Verwendung von Ausdrücken wie »Nigger« und »Coon« von seiten Mitchells und Reddings als Bestandteil ihrer täglichen Anpflaumereien. Beide fühlten sich von Hendersons Andeutungen verletzt, und viele, die die Band kannten, bestätigten, daß sich keiner etwas Böses dabei dachte. »Noel kam aus Folkestone, wo es überhaupt keine Schwarzen gab«, sagt Robert Wyatt. »An ihm ist kein bösartiges Haar, also wäre es höchstens unbeabsichtigt gewesen.« Schlicht gesagt, weder Noel noch Mitch hatten auch nur die geringste Ahnung, was schwarze Amerikaner beleidigend finden und was nicht, wußten auch nicht, wie tief solche Worte einschneiden konnten. Hätten sie das gewußt, dann hätten sie diese Ausdrücke bestimmt nicht so sorglos verwendet. Ob er sie daraufhin angesprochen hat oder nicht, jedenfalls hätte Hendrix solche Äußerungen niemals vergessen und es hätte unweigerlich zur Entfremdung beigetragen.

Drüben in den Staaten gab es in diesen Dingen keine Doppeldeutigkeit. Damals war Robert Wyatt Drummer/Vokalist bei Soft Machine, ebenfalls gemanagt von Chas Chandler und Mike Jeffery, und verbrachte den größten Teil des Jahres auf einer Tournee als Vorgruppe für Hendrix. Im Süden, so erinnert er sich,

»... wurde es dann wirklich schwierig. Wir spielten im Süden für einen Promoter namens Bob Cope. Er war wirklich ein netter Südstaaten-Gentleman, großer Empfang und Festmahl für die Künstler und all das, und plötzlich kam eine Serviererin herein und machte irgendwas falsch, stellte etwas an die falsche Stelle, und er schnauzte sie an. Ich weiß nicht mehr, ob er sie direkt ›Nigger‹ genannt hat, aber der ganze texanische Süden brach auf einmal über diese Kellnerin herein. Cope sah sich um und erinnerte sich, daß Hendrix da war, und ich glaube, da ist ihm zum ersten Mal aufgegangen, daß Hendrix schwarz war... Hendrix war äußerst aufgebracht deswegen, und er war sich völlig klar darüber, was für einen Sprengstoff die sehr skandinavisch aussehenden Groupies bildeten, die immer aus den großen Städten des Südens herüberkamen und bei der Band blieben. Man sah förmlich die lokalen Würdenträger der Rundfunkstationen – oder sogar die Bürgermeister – die die Band willkommen hießen, wie sie feuerrot im Gesicht wurden vor lauter Verlegenheit, weil sie ja höflich zu ihm als Entertainer sein mußten, aber nicht klarkamen mit dem, was in den Garderoben vor sich ging. Da braucht man gar keine großen politischen Aussagen draufzusetzen. Er *lebte* ein politisches Leben, eines von großer Bedeutung.«

Trotzdem, je länger Hendrix in den Staaten blieb, um so mehr Druck wurde auf ihn ausgeübt, sich eindeutig zu den offenen Rassenkonflikten zu äußern, besonders nach dem Wendepunkt: der Ermordung Martin Luther Kings jr. 1968. Schließlich war Hendrix der einzige Rockstar mit einem riesigen weißen Publikum, und die Black-Panther-Partei und andere nahmen zu Recht an, er habe einen sehr großen Einfluß auf die jungen Weißen, die ihm anhingen. So wurde er von den Panthers umworben – Noel Redding war einmal höchst verstimmt, als ihm die Garderobe der Experience verschlossen blieb, weil Hendrix ein Treffen mit einer Delegation der Panther hatte – aber sie hatten wenig von ihm zu erhoffen. Seine Sympathien lagen mehr bei Martin Luther King als bei Black-Panther-Aktivisten wie Huey P. Newton; er mißtraute allen Analysen, die die Rassenfrage als das Zentrum des amerikanischen Wirbelsturms ansahen, und noch mißtrauischer war er gegen schwarze Organisationen, die ihn in ihre Reihen holen wollten.

Oh baby, why do you burn your brother's house down?
(O Baby, warum brennst du das Haus deines Bruder ab?)
Jimi Hendrix, »House Burning Down« (1968)

»Die schwarzen Kids glauben, die Musik sei jetzt weiß, aber das ist sie nicht... die Frage ist nicht, ob schwarz oder weiß; das ist nur ein neues Spiel des Establishments, um uns gegeneinander aufzubringen... und das Dufte daran ist, es ist nicht wie in alten Zeiten, als man sich damit abfinden mußte. Das kann man am leichtesten, wenn man sagt ›schwarz und weiß‹ Das ist das einfachste. Einen Schwarzen kann man sehen. Aber jetzt, wenn man auf den Kernpunkt kommt, dann geht es um alt und jung – nicht um das Alter, sondern die Art zu denken. Also eigentlich alt und neu. Nicht alt und jung... die meisten [Leute] sind Schafe. Gar kein schlechter Einfall. Ist doch wahr, oder nicht? Darum haben wir ja solche Formen wie die Black Panther, und einige Schafe sind eben beim Ku Klux Klan. Alles Schafe...«

Jimi Hendrix, zitiert in David Hendersons
›Scuse Me While I Kiss the Sky‹ (1981)

Die Black Panther, die ihre Parteizeitung auf der Straße vor dem Electric-Lady-Studio verkauften, wußten, daß »Brother Jimi« ganz allgemein verkaufsfördernd war, aber die öffentliche Unterstützung, die die Panther bei ihm suchten, enthielt er ihnen vor. Trotzdem war er sich bewußt, daß sie zu seinen Shows kamen. »Sie kommen in die Konzerte, und ich hab so ein bestimmtes Gefühl, daß sie da sind – es ist nichts Körperliches, mehr so eine geistige Strahlung. Es hat etwas Spirituelles.« Man hat oft vermutet, Hendrix' Entscheidung, das Album, mit dem Ed Chalpin abgefunden werden sollte, mit der Band of Gypsys – Buddy Miles und Billy Cox, beide schwarz – sei ein bewußter Versuch gewesen, die Kritik der Schwarzen an ihm zu zerstreuen, aber es war wohl eher der schlichte Wunsch, seine Batterien wieder aufzuladen, indem er mit seinem ältesten und vertrautesten Freund und seinem unterhaltsamsten neuen Kumpel spielte. Immerhin nahm er mehr und mehr Anteil an »der Gemeinde« und war wütend, als Mike Jeffery ihn an demselben Abend für eine Talkshow gebucht hatte, an dem er ein Benefizkonzert für The Young Lords, eine puertorikanische Aktivistengruppe, geben wollte. Und als er bei einer Straßenfete in Harlem mit der Sängerin Big Maybelle auftrat, so schrieb David Henderson, »kam ein Typ von den schwarzen Nationalisten zu ihm und sagte: ›Hey, Brother, komm mal lieber wieder nach Hause.‹ Jimi antwortete ohne Zögern: ›Du tust, was du tun mußt und ich, was ich *jetzt* tun muß.‹«

»Wir waren in Amerika. Wir waren in Amerika. Es war alles vorbei, und es fing alles wieder von vorne an... und es wird Zeit für eine neue Nationalhymne, und da schreibe ich jetzt dran.«

Jimi Hendrix (1969)

Hendrix ist nicht mehr dazu gekommen, seine Hymne zu schreiben, obwohl dieser Autor hier wenigstens behaupten möchte, einen großen Teil dessen, was gesagt werden muß, habe er (Hendrix) bereits durch die Umformung der alten gesagt. Er hat auch nicht lange genug gelebt, um zu begreifen, wie unerreichbar utopisch seine Vision letzten Endes war. Amerika war in der Tat in die Begriffe alt und neu gespalten, aber die alten Formen enthielten viel Rassistisches, und das Alte gewann. Ein paar Konzessionen waren nötig, und sie wurden gemacht – wenn auch mit Widerstreben – und Amerika bewegte sich – mißvergnügt und mit vielen Bedenken – in die Siebziger. Eine bedeutende Anzahl Schwarzer hatte sich in den Turbulenzen der Sechziger einen Weg in diverse Berufe gebahnt; sie waren besser als jemals zuvor in der örtlichen Verwaltung und der Polizei repräsentiert, sie wurden im Fernsehen und in Filmen weniger herablassend übersehen und stereotyp dargestellt. Trotzdem wurde dieser »Fortschritt« von sehr vielen Weißen, Liberalen sowohl wie Radikalen, mit Mißfallen betrachtet. Die Einrichtung von »positiven Aktionen« (oder auch »positiver Diskriminierung«) wurde als diskriminierend gegen die Weißen interpretiert – als ob »positive Aktionen« zugunsten der Weißen in Amerika nicht schon im Gange gewesen wären, seit der erste entführte Afrikaner seinen Fuß auf amerikanischen Boden gesetzt hatte. Die Art von Annäherung, die James Browns »Say It Loud, I'm Black and I'm Proud« in die Top Five des Pop gebracht hatte, war längst tot und begraben.

Das Musikgeschäft war da gewiß keine Ausnahme. Plattenfirmen wie die Atlantic waren verstärktem Druck von seiten der neuerdings auftrumpfenden schwarzen Künstler und Produzenten ausgesetzt, die ihr eigenes Schicksal bestimmen und den Profit aus ihrer eigenen Musik selber ernten wollen, und Weiße – welche Befähigung sie auch immer vorweisen konnten – waren in zunehmendem Maße unwillkommen. Atlantic reagierte darauf mit der Jagd auf den Rockmarkt und suchte ihren Rückhalt mehr und mehr bei Led Zeppelin, Yes, Crosby, Stills, Nash & Young und dem Vertrieb von Capricorn Records, einem Label, das von Otis Reddings früherem Manager Phil Waldon gegründet worden war als Forum für die Allman Brothers Band und einer ganzen Meute von minderen Rockleuchten aus den Südstaaten. Der Dialog zwischen Rock und Soul verebbte allmählich, und jede Gemeinde trug ihre eigenen Belange auf ihre eigene Weise vor. James Browns Kette von Pop-Hits in den Top Ten riß ganz plötzlich ab.

Don't call me nigger, whitey.
Don't call me whitey, nigger.
(Nenn mich nicht Nigger, Weißer, nenn mich nicht Whitey, Nigger)

Sly & the Family Stone, »Don't Call Me Nigger, Whitey«, *Stand* (1969)

Run Charlie run, the niggers is comin'
the NIGGERS is comin'!
(Renn, Charlie, renn, die Nigger kommen)

Norman Whitfield für die Temptations, »Run Charlie Run«, *All Directions (1972)*

Im Rückblick ist man nicht überrascht, daß es in den Texten des schwarzen Pop aus jener Zeit so viel offene Rassenfeindschaft gab. Es ist eher überraschend, daß es so wenig war. Sly legte zwar in seinem »Don't Call Me Nigger, Whitey« den Finger drauf, etwa so, wie man jemanden auf dem Spielplatz auslacht, aber wenn es einmal so weit gekommen ist, daß eine durchaus respektable schwarze Mainstream-Vokalgruppe wie die Temptations den »Honkie« – den Weißen – so offen verhöhnt und reizt (hätten sie das 1965 oder 1985 gewagt?), dann braucht es nicht viel Phantasie, sich vorzustellen, was da unter der glatten Oberfläche der Siebziger brodelte. Während der ganzen Disco-Ära fuhr der schwarze Pop fort, an die Weißen zu verkaufen, aber das Tanzpublikum – das spontan und ohne jegliche Befangenheit nach der Theorie des »Tod dem Individuum« handelte – kaufte einfach die Platten, die ihm gefielen, gleich, von wem sie waren, ohne speziellen Künstlern nachzulaufen und sie zu fördern. Daher wurden erfolgreiche Discomusiker vom Rockpublikum, das hoffnungslos im Personenkult feststak, als »gesichtslos« angesehen. Das Rockpublikum akzeptierte jedoch den Personenkult um Stevie Wonder und Bob Marley, die beide völlig den rigorosen Kriterien entsprachen, auf die sich die Rocker der Nach-Hippiezeit geeinigt hatten.

Zu einer Zeit, als die Dominanz einer Soulmusik von Textern in irgendwelchen Hinterzimmern, von Sessionmusikern und Plattenbossen dem Rockfan höchst verdächtig war – der, ganz allgemein gesagt, sich noch an das Konzept einer individualistischen Autonomie nach Dylan und den Beatles klammerte – hatte sich Stevie Wonder aufs beste qualifiziert. Er führte einen breit publizierten Unabhängigkeitskrieg mit Berry Gordys Motown-Plantage; er war ein Komponist von reichen Gaben und unerschöpflichen Quellen und spielte, komponierte und produzierte auch – dank seiner meisterlichen Beherrschung der Synthesizertechnik – alles selber, und zwar verdammt gut. Er schuf die exquisitesten Liebeslieder (»You are the Sunshine of My Life«) und den härtesten Funk seiner Generation, und er war niemandem verpflichtet. Stevie war cool, das stand fest. Er war lange genug auf der Szene, um als Veteran zu gelten, und er war immer noch jung genug, den Einfluß von Sly Stone, Bob Dylan und den Beatles in sich aufzunehmen. Er hatte 1967 mit Hendrix in London gejammt und vieles an Material für die ersten Alben, die er als Erwachsener gemacht hat, in Hendrix' Electric-Lady-Studio aufgenommen. Kein Künstler der Siebziger erfreute sich eines so großen Erfolges bei weißen und schwarzen Hörern gleichermaßen.

Bob Marley, das war eine andere Geschichte. Er war in Hörweite des Sechzigerkonsortiums – Beatles, Dylan, Sly Motown, Hendrix – aufgewachsen, aber in der völlig anderen Atmosphäre von Jamaika. Geboren 1945 als Kind eines jamaikanischen Mädchens vom Lande und eines gestrandeten Captain der englischen Armee, entwickelte sich Marley zu der wahrscheinlich ungewöhnlichsten Figur in der Geschichte der Popkultur des Westens: er war nicht nur der anerkannte Führer seines erwählten musikalischen Idioms, sondern auch der prominente Sprecher einer Religion, die bei fast allen, außer ihren Anhängern, unbekannt war, und schließlich der politisch einflußreichste Plattenstar des zwanzigsten Jahrhunderts.

Er war der führende Künstler im Export von Reggae, Jamaikas heimischem Pop – sein Funk, Blues und Gospel, alles in einer Musikform – das lebendige Symbol des Ras Tafari (allgemeiner bekannt als »Rastafarianismus«) und der Prophet des Panafrikanismus, dessen Songs zu Hymnen der triumphierenden (ob erfolgreichen, steht auf einem anderen Blatt) Revolution in Zimbabwe wurden. Als er und seine Band, die Wailer, eingeladen wurden, bei der Unabhängigkeitsfeier in Zimbabwe 1980 aufzutreten, da erschienen einem alle voraufgegangenen Ansprüche auf »Bedeutung«, »Einfluß« oder »Relevanz« der populären Musik als mehr oder weniger heiße Luft.

Sein Durchbruch bei den Massen kam über Island Records – gegründet von dem anglo-jamaikanischen Unternehmer Chris Blackwell – eine Firma mit beachtlicher Erfahrung im Promotion und Verkauf von »progressivem« Rock sowohl wie von jamaikanischer Musik. Die originalen Wailers (ein Vokaltrio mit Marley, Peter Tosh und Neville »Bunny Wailer« Livingstone) versetzten die Firma in die Lage, beide Gebiete ihres Fachwissens zu kombinieren, besonders, als Blackwell sie überzeugen konnte, den Rockgitarristen Wayne Perkins in einige Titel hineinzuspielen. Das war keine so große Zumutung, wie es die bloße Wiedergabe erscheinen läßt; Peter Tosh spielte schon eine sagenhafte, langgezogene Wah-Wah-Gitarre und als er und Bunny Wailer aus Protest gegen die ständige Betonung Marleys ausstiegen, da wurde für die Neufassung von Bob Marley & the Wailers eine Reihe von amerikanischen Gitarristen, meist aus der Schule des R&B nach Hendrix, engagiert, darunter Junior Murvin (nicht zu verwechseln mit dem Reggaesänger Junior Marvin), Al Anderson und Donald Kinsey (der letztere ein früherer Sideman von Albert King, der augenblicklich ein sehr munteres Chicagoer Bluesquartett mit Namen Kinsey Report leitet). Der Höhepunkt von Marleys Verliebtheit in die Rockgitarre kam auf der 1979er Welttournee, die schließlich zur Entstehung des live aufgenommenen Doppelalbums *Babylon By Bus* führte; in Konzession an die falsch verstandene Empfänglichkeit für den Rock und an seine eigene Hendrix-Nostalgie erlaubte er Murvin und Anderson, sich bis zum Geht-nicht-mehr auf der Gitarre auszutoben und brachte so seine Musik radikal aus der Balance.

Das britische Rockpublikum stieg mit Begeisterung auf Marley ein; karibische Musik war nicht ganz unbekannt in England, Marley war so charismatisch wie nur irgend eine Figur des Rock, die sie kannten, und er hatte offensichtlich mehr über das Handwerk des Songschreibens von den Beatles und Smokey Robinson gelernt als jeder andere seiner Landsleute. Und natürlich war er unter den karibischen Auswanderern schon seit Jahren der Favorit. In den USA war die Situation ganz anders. Nur ein verschwindend geringer Prozentsatz der schwarzen Amerikaner hatte karibische Wurzeln und da Marley, als überzeugter und militanter Rastaman, die Göttlichkeit Haile Selassis proklamierte, Wahnsinnsmengen von Ganja (Marihuana) rauchte, erklärte alle Menschen afrikanischer Abkunft seien Äthiopier und offenbar seit 1971 sein Haar weder geschnitten noch gekämmt hatte, war seine schwarzamerikanische Gefolgschaft nicht sehr groß. Weiße Amerikaner liebten ihn dafür umso mehr und Reggae – wie der Blues, wie Ornette Coleman, wie Hendrix – wurde zu etwas, von dem die weiße Hipoisie behauptete, die Massen der Schwarzamerikaner seien eben zu spießbürgerlich, um ihn gebührend zu würdigen. Bunny Wailer war auch keine große Hilfe mit einem Soloalbum, auf dem er die »schwarzen Yankees« beschwor, doch nicht »der Mode nachlaufende Affen« zu sein (das muß in Detroit einen Sturm entfacht haben). Tosh seinerseits war so offen feindselig gegen weiße Journalisten, wie es kein Künstler mehr sein sollte, bis Public Enemy die alte Masche der Black Muslim wieder hervorkramte, die Weißen »blauäugige Teufel« zu nennen, aber – um auch das festzuhalten – er war noch feindseliger gegen schwarze Journalisten, deren rassische Integrität er für unzureichend hielt. Sein Maßstab war oft die Frisur. Weit davon entfernt, ganz selbstverständlich zu Rastafrisuren und afrikanischem Stil zu führen, hatte der Afrolook, der die späten sechziger und frühen siebziger Jahre beherrscht hatte, der »Process«-Frisur Platz gemacht, einer Frisur, bei der Haare wie angefeuchtet am Kopf lagen. Für jeden ideologisch orientierten Rasta war das die Inkarnation von Babylons Triumph.

Es war nicht so sehr der Inhalt, den der Reggae dem Pop im Lauf der Zeit vermachte, sondern seine technische Kreativität. Geschlossene, unabhängige Bands nach westlichem Muster waren, vor dem Auftreten der Wailer, in Jamaika unbekannt. Die Bands arbeiteten in den Studios und die Diskjockeys regierten bei den großen Tanzveranstaltungen, wo sie mit den Platten »jammten«, indem sie mit Echo und Aussteuerung die Musik umformten, während die Platte lief. Sie »toasteten« auch – eine rhythmische Sprache über die Musik, ein Vorläufer des Rap – gegen ein instrumentales Remix der laufenden Hits, die von den Produzenten auf Bestellung bereitgestellt wurden. Der »Sound-System-Stil« verbreitete sich von der jamaikanischen Gemeinde in Brooklyn aus, der Disco-Mix auf einer 12inch-Single (komplett mit einer Seite zum Überspielen) wurde allgemein üblich, erst im Disco, dann im Rock, und die Kombination von Rap und Importen mit Synthesizer-Eurobeat verwandelte sich in Hip-Hop.

> It's like a jungle
> Sometimes it makes me wonder
> How I keep from going under...
> Don't touch me
> 'Cause I'm
> Close to the... EDGE

(Es ist wie ein Dschungel. Manchmal frage ich mich, wieso ich nicht untergehe. Rühr mich nicht an, denn ich steh ganz dicht am Rande).

> Duke Bootee für Grandmaster Flash & the Furious Five,
> »The Message« (1982)

We slay all suckers who perpetrate,
And lay down the law from state to state
    (Wir erschlagen alle Idioten, die was anstellen und erlassen
die Gesetze von Staat zu Staat).

RUN-DMC, »My Adidas« (1986)

Radio stations, I question their blackness
The call themselves black but we'll see if they play this
Turn it up! Bring the noise!
    (Ich bezweifle die Schwärze der Rundfunkstationen, sie
nennen sich schwarz, aber wartet mal ab, ob sie das hier
spielen, los, dreh auf! Laß den Lärm mal kommen!)

Public Enemy, »Bring the Noise« (1988)

Hip-Hop brachte alles, aber auch alles durcheinander. Zunächst einmal war es wie der Punk, gezielt »unmusikalisch«, man brauchte – in seiner reinsten Form – nur eine Schlagzeugmaschine und eine Stimme; auf der Bühne wurden die Rapper von den Diskjockeys begleitet, die »schnitten« und beliebig viele Ausschnitte von anderen Platten reinmischten – eine spontane Kollage, die weder Grenzen des Stils noch der Periode gelten ließ. Mehr noch, es war gezielt antisozial. In seiner leichtesten und poppigsten Form machte er die schönsten Tanzschlager kaputt und Hunderte von Rapplatten waren auch sehr moralisch, was Drogen, Waffen und Straßenkriminalität anging. Andere trieben die offen demonstrierte Frauenfeindschaft bis in ungeahnte Höhen, wie es höchstens die miesesten Heavy Metal Bands getan hatten und waren angefüllt mit Bildern von Gangsterkriegen mit der Polizei, von Drogentreffs und allgemeinem städtischem Kollaps. Es war genau das, was der weiße Punkrock behauptet hatte, zu sein; es war der Soundtrack zu allem, was die Bewohner von Manhattan in die Vorstädte ziehen ließ. Was den »Schick« des Gesetzlosen anging, schlug er alles, seit Jimmy Cliff als Ivan the Gunman in dem jamaikanischen Gangsterfilm *The Harder*

They Come, um Meilen. Radikale, Opfer dieses Stils, konservative Politiker, Sensationsjournalisten und die engagierte Öffentlichkeit nahmen sogleich ihre traditionellen Posen ein. *Sind die Graffitti in der U-Bahn Kunst oder Vandalismus? Diskutieren wir. Sollten Hip-Hop-Konzerte verboten werden oder nicht? Kürzlich bei einem RUN-MDC-Konzert ereignete sich ein Zwischenfall, bei dem...*

Mit der möglichen Ausnahme der ultra-nihilistischen Schoolly D (»I put my pistol up his head/ I said ›You suck-ass nigger, I'm gon' shoot you dead‹« – ich hielt ihm die Pistole an den Kopf und sagte: ›Du dämlicher Nigger, ich knall dich ab‹) hat bis dato noch keine Rapgruppe einen solch gewagten Seiltanz vollführt wie Public Enemy. Ihre ersten beiden Alben, *Yo! Bum Rush the Show* und *It Takes A Nation of Millions to Hold Us Back*, waren so kompromißlos und zündend wie eine Popproduktion nur sein kann, die dazugehörige Rhetorik aber ging noch um einige Stufen weiter. Die vier Hauptmitglieder der Publik Enemy – die Rapper Chuck D und Flavor Flav, Diskjokkey Terminator X und der »Informationsminister« Professor Griff, traten, sowohl auf der Bühne wie privat, mit ihren Leibwächtern auf, der »Security of the First World«, die manchmal auch Plastikattrappen von Polizeipistolen mit sich herumtrugen. Die »Security« besteht aus Anhängern von Louis Farrakhan, Amerikas prominentestem Black-Muslim-Führer, und als solche verkünden sie die althergebrachte theologische Bibelauslegung der Black Muslims, wie sie von W.D. Fard an Elijah Muhammad überliefert wurde, die aber von Malcolm X, kurz vor seiner Ermordung durch einen oder mehrere Unbekannte, streng verworfen worden ist. Weiße sind »Teufel« – keine richtigen Menschen – durch genetische Manipulationen eines bösen Wissenschaftlers mit Namen Yakoub erschaffen; die »Caucasians« – die Weißen – stammen von Höhlenbewohnern ab, die mit Hunden gevögelt haben. (Dieses Zeug ist natürlich für Interviews ein gefundenes Fressen; weiße Zeitungsreporter können oft nur noch beteuern, sie vögelten keine Hunde und sie seien keine Teufel, was wohl der Public Enemy hier und da ein schallendes Gelächter entlocken dürfte). Farrakhan selbst liebt es, Adolf Hitler als »großen Mann« zu preisen und das Judentum als »falsche Religion« zu verunglimpfen. (Persönlich meine ich, wer imstande ist, Bezeichnungen wie »richtig« oder »falsch« auf Religion und Glauben anzuwenden, ist möglicherweise gefährlich). Public Enemy ist momentan bei Def Jam Records unter Vertrag (mit dem jüdischen Teufel Rick Rubin als Mitinhaber), Vertrieb durch CBS (in Händen von allen möglichen weißen Teufeln), und der Co-Manager ist – ausgerechnet – dieser große Philanthrop, dieser selbstlose Sponsor und Mentor junger schwarzer Talente, Ed Chalpin. Man kann nur hoffen, daß ihm seine Investition in Public Enemy genau so spektakuläre Dividende einbringen wird wie die Eins-zu-eine-Million an Verdienst, die er aus dem einen Dollar Vorschuß an Jimi Hendrix herausgeschlagen hat.

Chuck D hat allerdings ein handfestes Anliegen; was die Weißen von Public Enemy halten, ist ihm weniger wichtig als das Bewußtsein, daß der ungeschminkte Haß, den sie zum Ausdruck bringen, eine »Therapie für die Schwarzen« ist. In scharfem Gegensatz zu den späten Sechzigern und frühen Siebzigern gibt es in der schwarzen Musik der Achtziger wenig Hinweise darauf, daß die Lage der Dinge vielen Schwarzen gestunken hätte. Public Enemy gibt diese Hinweise und mehr als das, sie nutzen ihre Vorteile dazu, einen nützlichen Index der Grenzen des weißen Liberalismus aufzuzeigen. Vor zwei Tagen sah ich eine blonde Fünfjährige die Straße hinunterzockeln in einer Miniaturwindjacke mit einem riesengroßen Logo der Public Enemy auf dem Rücken. (Kleiner Teufel...)

Als der Hip-Hop mit seinem Spiegelbild, dem Heavy Metal, zusammenstieß, flogen die Fetzen. Abgesehen davon, daß die schwarzen Jungs aus der Nachbarschaft und die weißen Vorstadt-Pudelköpfe sich von Herzen haßten, waren ihrer Musik mehr Dinge gemeinsam, als alle zusammen mit irgend etwas anderem gemein hatten: beide waren von ohrenzerreißender Lautstärke, gnadenlos »macho« und verstärkten die Machtphantasien eines Heranwachsenden so schön, wie es keinem Werbefachmann besser hätte gelingen können. Die Bastler hatten schon lange besonders gerne Schlagzeug – und Gitarrenlärm von Led Zeppelin- oder AC/DC-Platten »geborgt«, zusammen mit den obligatorischen James Brown-Schnipseln, und dieser Prozeß wurde von den RUN-DMC kodifiziert, die erst einmal den Studiogitarristen Eddie Martinez engagierten, der ein paar Krümel zu Platten wie »Rock Box« und »King of Rock« beisteuern mußte, dann taten sie sich zusammen mit dem Abklatsch der Stones in den Siebzigern, Aerosmith, für eine Rapversion ihres Oldies »Walk this Way«, vervollständigt durch ein smartes, schlitzohriges Video, das erst ausdrücklich die Spannungen ausspielte, die die Platte angeblich abbauen sollte und das sich dann darüber lustig machte. Beide profitierten davon: RUN-DMC schlängelte sich ins Rockradio und in den MTV-Kanal, und Aerosmith konnte verkünden, daß sie, entgegen aller vernünftigen Erwartungen, immer noch am Leben waren.

Der Erfolg von »Walk This Way« stellte sich nach einem wichtigen Kampf ein, der vorher um den Zugang zu MTV, dem TV-Kabelkanal, der 24 Stunden Rock brachte, ausgefochten worden war. Getreu der Tradition, die einst Vernon Reid und Greg Tate, die Begründer der Black Rock Coalition (bzw. der Gitarrist und Leiter von Living Colour und der Kolumnist der *Village Voice*) dazu veranlaßt hatte, AOR als »Apartheid Oriented Rock« zu definieren, hatte sich MTV geweigert, das »Billie Jean«-Video aus Michael Jacksons *Thriller*, das den Durchbruch bedeutet hätte, auszustrahlen mit der Begründung, es sei für ihr Publikum nicht geeignet. Da Jackson einer der populärsten Entertainer der Welt war, war das offensichtlicher Unsinn. Man muß der CBS Records zugute halten, daß sie damit drohten, die Videos all ihrer Gruppen zurückzuziehen, wenn Jackson nicht ausgestrahlt würde. Der Himmel stürzte nicht ein, und es wurden auch vor dem Sitz von MTV keine Kreuze (vom Ku Klux Klan) verbrannt. Aber der Beweis war erbracht: der »Rock«-Rundfunk war weniger integriert als sein schwarzes Äquivalent, das seine Sendezeit ganz demokratisch solchen Leuten wie George Michael zur Verfügung gestellt hatte, der dadurch an die Spitze der R&B-Charts kam und 1989 den R&B-Grammy erhielt.

Phil Collins beschwerte sich einmal, ziemlich dumm, er sei Opfer eines »umgekehrten Rassismus«, weil einige schwarze Stationen seine Platten nicht spielen wollten. Vermutlich hat er nie darüber nachgedacht, daß jedes bißchen schwarze Sendezeit für ihn einem schwarzen Künstler diese Zeit wegnahm, der womöglich nicht die gleiche Chance von seiten einer weißen Station bekäme. Noch unbarmherziger feierte Sammy Hagar, Leadsänger von Van Halen, ihr Album *5150* (Van Halens atemberaubender Gitarrenbreak auf Michael Jackson »Beat It« führte dazu, daß sie gleich danach ihre Single »Jump« als R&B verkaufen konnten), indem er Whitney Houston von der Nummer Eins vertrieb, weil er sich beschwerte: »Sieh mal, wir verkaufen nicht an Schwarze, aber sie verkauft auch an die Weißen. Sie und Prince und Michael Jackson haben uns was voraus. Ich muß wohl noch anfangen, zu tanzen.« Hagar hat eigentlich gar keinen Grund zur Klage. Nach Bobby Womack »spielen weiße Stationen Prince, Michael Jackson und Whitney Houston und meinen dann, das reicht für uns alle.«

Womack übertreibt zwar, aber nicht sehr. Da ist immer noch Lionel Richie, so richtig der nette Junge von nebenan, der Sonntag nachmittags seinen Wagen wäscht, fast so akzeptabel wie Phil Collins, nur sieht er erheblich besser aus. Kein romantisches Zwischenspiel ist komplett ohne einen Soundtrack von Anita Baker. George Benson – der in einer anderen Inkarnation der bei weitem eindrucksvollste der Jazzstilisten nach Wes Montgomery ist – verkauft Wagenladungen voll von Popplatten, bei denen man geneigt ist, den Ausdruck »anspruchsvoll« wie eine Beleidigung zu benutzen. Robert Crays bemerkenswerte und immer noch zunehmende Popularität stützt sich mehr auf den Pop- als auf den R&B-Markt. Da bleiben aber immer noch Bobby Womacks »Big Three« übrig.

Whitney Houston ist, wie von Gottes Gnaden, die Nachfolgerin auf dem von Bob Mackie mit Gold überschütteten Thron der Diana Ross, anmutig, elegant und nichtssagend genug, um sie zur Schutzheiligen sämtlicher Luftfahrtstewardessen zu machen. Michael Jacksons vielbesprochene Exzentrizitäten – ganz zu schweigen von seinem dick aufgetragenen Make-up und seiner absurden kleinen Designer-Nase – haben ihn fast so sehr un-schwarz gemacht, wie er nicht-weiß ist und ihn so dem Zorn des Farrakhan ausgesetzt. Dessen Ansichten über den armen Jacko unterscheiden sich wenig von denen des iranischen Ayatollah Abbas Va'ez-Tabassi, der erklärt hat: »Satan erscheint in allen Formen und unter allen Verkleidungen. Eine seiner neuesten Manifestationen ist die des sodomitischen schwarzen Knaben aus Amerika, für dessen sinnloses Gejaule [in unserem Land] kein Platz sein darf.« Man schaudert bei dem Gedanken, was Farrakhan – oder einer der Ayatollahs – aus Prince Rogers Nelson machen würde.

»Das Bild und der Titel [von Purple Rain] sind nur der neueste Beweis dafür, wie lange Prince schon von Jimi Hendrix besessen ist... Seine Priapus-Pose, sein Schnurrbart, seine Kleidung mit den Zigeunerrüschen und die blumige Verpackung seines *Purple Rain*-Soundtracks haben ihre direkten Vorläufer bei Jimi Hendrix... Prince hätte sich kein besseres Vorbild aussuchen können als diesen Musiker, diesen Künstler, um die Rassenfrage überflüssig zu machen... Hendrix bedeutete Rebellion, Prince Versöhnung – zwischen männlich und weiblich, Rock und Funk, schwarz und weiß... Hendrix schlug das Publikum auch mit seinem schrillen Sex vor den Kopf, aber auch hier unterscheiden sie sich in der Art des Auftretens. In den Tagen vor »Womens' Lib« verließ sich Hendrix auf Macho-Angeberei. Der Sex Appeal [von Prince] ist sanfter und lockender, nicht so aufdringlich. Hendrix spielte seinen Ruf hoch, einen riesengroßen Phallus zu haben; Prince wäre lieber für seinen wohlgeformten Hintern bekannt...

Scott Isler, Musician Magazine (1984)

Hmmmmm. Ja also, Hendrix ist – soviel ich weiß – nie in Unterwäsche aufgetreten, hat keine Vorrichtung angebracht, mit der er aus dem Kopf seiner Gitarre eine milchige Flüssigkeit in die ersten Zuschauerreihen spritzen konnte als »Höhepunkt« eines Solos, hat auch kein Bett auf die Bühne gestellt, um sich darauf auszutoben oder ein Go-Go-Girl engagiert, dem er die Kleider herunterriß – nun ja, über Geschmack läßt sich nicht streiten. Immerhin sind die Parallelen so außerordentlich wie die Unterschiede. Beide sagen eine Menge aus über den Wandel, der sich in ihren jeweiligen Zeitaltern vollzogen hat.

Erst einmal die Ähnlichkeiten. Die Heimatstädte (Hendrix' Seattle, Prince' Minneapolis) waren »weiße« Gemeinden mit nur einer kleinen, isolierten schwarzen Bevölkerung, weit ab von den Hauptzentren des Musikgeschäftes. Beide waren introvertierte Außenseiter, deren einzige bekannte Interessen Musik und Mädchen waren, beide kamen aus »zerrütteten« Familien (Hendrix wuchs ohne Mutter auf, Prince ohne Vater), beide entschlossen sich als Teenager, mit ihrer Musik Karriere zu machen, beide waren schwarze Jugendliche, die sich weigerten, die Grenzen anzuerkennen, was schwarze Jugendliche tun oder sein »durften« und was nicht, beide waren besessen von grandiosen, ehrgeizigen, »orchestralen« Visionen, die gigantische, grobe Bänder durch die willkürlich aufgestellten Arten des Genres zogen.

Aber Hendrix war 1942 geboren – ein Zeitgenosse der Beatles – und Kindheit und Jugend umspannten, wie bei ihnen auch, die ersten Generationen von städtischem Blues, Bebop, R&B, Rock and Roll und Soulmusik. Die Möglichkeiten des Pop – als manipulierbarer symbolischer Sprache, als kulturellem Guerillakrieg, als dauernd und in großem Stil melkbarem Goldesel, verdammt noch mal, als *fester Beschäftigung* – waren kaum erkannt, weil weniger erforscht und noch viel weniger in Begriffen festgelegt und mechanisiert worden. Die einzigen, die eine Ahnung davon hatten, wie die speziellen Aspekte des Musikgeschäftes funktionierten – von der Aufnahmetechnik angefangen bis zur Technik einer Medienkampagne – waren die Professionals selber, und *sie* improvisierten meist auch erst mal drauf los. Nichts war schon so lange vorhanden, daß irgend jemand sich *ausgekannt* hätte. Hendrix kannte seine Musik und sein Instrument, weiter ging es nicht. Zu sagen, er sei ein blutiger Anfänger gewesen, ist eine Untertreibung. Er hatte keine Ahnung, wohin es mit ihm ging, er wußte nur, daß er spielen wollte.

Prince andererseits war 1960 geboren. Für ihn war der Pop eine feste Größe. Es war etwas, was immer schon da war, ein voll entwickelter Teil der Unterhaltungsindustrie, eine massive Schatztruhe stilistischer Mittel und potenter Sinnbilder, zugleich professionalisiert und entmystifiziert. Beides, Musik machen und ihr Vermarkten war rationalisiert worden: Stevie Wonder hatte bewiesen, daß ein Musiker, der sich im Studio auskennt, seine Platten praktisch ohne Hilfe machen kann, David Bowie und die Sex Pistols, daß die gründliche Kenntnis der unterlegten Texte und der Mittel im Rock von denen, die die Medien beherrschen, zu Reichtum, Ruhm und Kontroversen ausgenutzt werden können, Hendrix, Sly und die Beatles, daß es keine musikalischen und sozialen Barrieren gibt, die man nicht kaputtschlagen kann. Hendrix entwickelte seine Stimme und seine Vision in der Konzentration auf ein einziges Instrument; Prince bekam Zugang zu einem Multitrack-Studio und wurde nicht nur zu einer Ein-Mann-Band, sondern auch zu einem meisterhaften Arrangeur und Produzenten.

Die Einzigartigkeit von Prince liegt in der umfassenden Vielfalt der Prozesse und technischen Fertigkeiten. Er spielt Baß, Schlagzeug, Keyboard und Gitarre, alle mehr als kompetent, aber keines davon besonders ausgeprägt. Prince' Musik klingt immer wie Prince, ob er nun alle Instrumente spielt – wie er es im Studio oft tut – oder keines. Wenn er den Wunsch hat, eine ganze Show zu machen, ohne die Gitarre oder das Keyboard anzurühren, dann ist immer ein ganzes Team von Musikern da, seinen Sound zu produzieren. Seine Musik und seine Bühnenshow strotzen von Anspielungen: auf Hendrix, James Brown, die Beatles, Little Richard, David Bowie, die Rolling Stones, Elton John, Curtis Mayfield, Joni Mitchell, Chuck Berry, Elvis Costello, Carlos Santana, Charlie Parker, Sly Stone... die Moody Blues! Er kennt alle Tricks, die im Buche stehen – von den umwerfenden Tanzfiguren James Browns bis zum koketten, glupschäugigen Little Richard mit seinen Kleinmädchenposen und seinen leeren, bravourösen Gitarrenschnörkeln – und er übt sehr fleißig. Er hat David Bowie von seiner vormals privilegierten Position einer brillianten Quasselstrippe auf der äußersten Grenze zur Pophexerei und als den gerissensten Sammler und willkürlichsten Manipulator von Popeinfällen vertrieben. Prince ist sowohl launenhaft unberechenbar wie auch – da haben wir das Wort wieder – von durchtriebener *Schläue*. Er versteht die Regeln und Prozesse der Selbstmythologisierung so, wie es in Hendrix' Ära *niemand* tat. Sein Zugang ist analytisch, systematisch; es sind seine Ideen, die frisch und unorthodox sind, nicht seine Methoden.

»Bin ich schwarz oder weiß? Bin ich normal oder schwul?« fragte er einmal in einem Text. Als hellhäutiger Schwarzer, der eine Musik spielte, die mit Absicht die Grenzen eines Genres überschritt, trübte er die Wasser seiner persönlichen Geschichte auf eine Weise, wie es Hendrix nicht im Traum eingefallen wäre. In seinem pseudo-autobiographischen Film *Purple Rain* stellte Prince den Jungen (sein Leinwand-Selbst) dar, als habe er einen schwarzen Vater (düster, gewalttätig, selbstzerstörerisch) und eine weiße Mutter (nobel, loyal, zum Opfer geworden). Damit wird angedeutet, daß der Junge, solange er ein ganz beschissener Typ ist (die meiste Zeit jedenfalls, bis kurz vor seiner unvermeidlichen Erleuchtung gegen Ende des Films), seines Vaters Sohn ist und wenn er sich dann zum Guten wandelt, der seiner Mutter. Natürlich ist er am charismatischsten, wenn er böse ist. Soll uns das was lehren?

Hendrix hat sich als Soul-Sideman ein Bein ausgerissen und wurde erst von der Masse der Rockfans auf den Schild gehoben; Prince wurde vom ersten Augenblick an auf beiden Märkten zugleich verkauft und arbeitete gleichzeitig in Rockclubs der »New Wave« und als Wegbereiter für Heavy Funk-Gruppen wie Cameo. Auf diesem Weg erfand er dabei irgendwann ein Konzept neu, das praktisch verschwunden war, den schwarzen Rocker.

Who says a jazz band can't play dance musik?
Who says a rock band can't play funky?
Who says a funk band can't play rock?
Oh yeah!
(Wer sagt, eine Jazzband könne keine Tanzmusik spielen?
Wer sagt, eine Rockband könne nicht funky spielen? Wer sagt,
eine Funkband könne keinen Rock spielen?)
George Clinton, W. »Junie« Morrison und Mike Hampton
von Funkadelic, »Who Says A Funk Band Can't Play Rock?
(1978)

At fifteen I was raised as a funker
At seventeen I was made to discover
That funk or rock and roll alone
Isn't enough
(Mit fünfzehn war ich ein Funker, mit siebzehn entdeckte
ich dann, daß Funk und Rock and Roll alleine nicht ausreichen)
Robert Reed, Tony Fisher, James Avery und Harold Morton
jr. von Trouble Funk, »Funk N Roll« (1983)

In vieler Hinsicht ist die rassische Segregation des Pop der Siebziger Vergangenheit. Mehr und mehr wird der Mainstream-Pop von der Tanzmusik beeinflußt – was unweigerlich heißt, daß einmal die Musik »schwärzer« im Ton und im Feeling wird und daß zum anderen mehr schwarze Künstler ein anständiges Stück vom Kuchen mitbekommen. Es ist gang und gäbe, schwarze und weiße Musiker zusammen zu sehen hinter einem schwarzen oder auch einem weißen Leader. Stings rein schwarze und Tina Turners rein weiße Band provozieren kaum noch einen Kommentar. Das ist außerordentlich gesund und schon längst fällig – besonders im Zeitalter der intellektuellen Radikalen – aber der weiße Soultyp scheint bei dem Deal bei weitem besser weggekommen zu sein als der schwarze Rocker. Ein George Michael oder Mick Hucknall können für ihren exzellenten Geschmack gelobt werden oder für die kühne Spannweite in der Auswahl ihres Materials, aber selbst nach Prince ist der schwarze Rocker immer noch ein Tabu, lächerlich, entwürdigend und – besonders schlimm – unbequem. Der schwarze Rock fällt glatt durch die Ritzen im anglo-amerikanischen Kulturkontinuum. Der Hardrock ist in das stilistische Spektrum, aus dem der schwarze Pop-Mainstream besteht, nicht eingeschlossen; das alles zusammen macht es dem schwarzen Rocker schwer, einen Vertrag bei einer größeren Plattenfirma oder ein größeres Maß an Sendezeit im Rundfunk zu bekommen.

Living Colour, vom Gitarristen Vernon Reid geleitet, war in der Tat lange Zeit zwar die heißeste Band in New York, aber ohne Plattenvertrag. Wie Reid ausführt, behauptet die »weiße Seite der Industrie, daß sie keine schwarze Band auf das Plattencover setzen und das dann in den Flanierstraßen der Vororte verkaufen könne. Die schwarze Seite der Industrie behauptet, das schwarze Publikum wolle keinen Rock and Roll hören.« Reid ist sich der messerscharfen Ironie sehr deutlich bewußt, auf der seine Band reitet – eine 1988er Show in London begann damit, daß der Sänger Corey Glover von der verdunkelten Bühne herunter sagte: »Hi ihr da – hier ist euer neuer Nachbar« – aber Rock ist, bildlich gesprochen, eine Rennbahn, die geradezu danach schreit, deseg.egiert zu werden. Oder, um genauer zu sein, »entkolonialisiert.« Rock kommt direkt von der schwarzen Musik und von der Musik derjenigen Weißen, die in erster Linie von schwarzer Musik beeinflußt wurden. Wenn diese Musik jetzt den schwarzen Musikern den Rücken kehrt, dann ist das weniger bösartig als erbärmlich.

Als kleinen Hinweis darauf, *wie* erbärmlich die Dinge werden können, hier eine von Reids Lieblingsanekdoten:

»Ich ging zu [einer Verkaufsausstellung von Musikinstrumenten] und erfahre: meine Gitarrenfirma ESP hat mich in einem Hotel untergebracht, wo jeweils zwei Musiker in einem Doppelzimmer wohnen. Ich wurde auf mein Zimmer befördert, und da war ein Typ von einer Heavy-Metal-Band. Als ich reinkomme, kommt er gerade aus der Dusche, ja, und sagt: ›Es ist noch zu früh zum Saubermachen.‹ Deutlicher, als wenn mich eine Plattenfirma abgewiesen hätte oder mir gesagt hätte, meine Musik verkaufe sich nicht oder sonst irgend etwas anderes, hat mir dieser Vorfall gezeigt, was sich in puncto Rasse abspielt. Dem Jungen war das *schrecklich* peinlich, und ich konnte ihm nicht einmal böse sein, es war so albern. Er konnte nichts dazu, er war eben so erzogen worden.

Also, um auf Hendrix zurückzukommen, das war keiner von den Unsichtbaren... er war ein Mensch, der gegen die Ansicht anging, Schwarze seien ein Nichts. Er sagte einfach, ›Ich bin jemand‹, und er hatte Talent genug, es zu beweisen.«

> No I'm not gonna rob you
> No I'm not gonna beat you
> No I'm not gonna rape you
> So why you wanna give me that
> Funny Vibe?

(Nein, ich raube dich nicht aus, nein, ich schlage dich nicht, nein ich vergewaltige dich nicht, warum kommst du mir mit so gemischten Gefühlen entgegen?)

Vernon Reid von Living Colour, »Funny Vibe« (1988)

Es ist traurig, aber das schwarze Amerika bekommt immer noch dieses »Funny Vibe« zu spüren. Die Massenpopularität der schwarzen Entertainer und Sportler hat die materielle Lage der schwarzen Unterklassen nicht entsprechend verbessert; manche sind sogar schlechter gestellt als in der Zeit vor der Bürgerrechtsbewegung. Der Fall des Bernhard Goetz – der 1984 vier schwarze Teenager in der New Yorker U-Bahn erschoß, weil einer von ihnen eine Bemerkung gemacht hatte, die er für eine Drohung hielt – hat eine erschreckende Unterströmung dessen bloßgelegt, was man so verharmlosend als »Beziehung zwischen den Rassen« bezeichnet. Goetz bekam bemerkenswert viel Unterstützung von der Öffentlichkeit; dahinter verbarg sich wohl, daß viele weiße New Yorker die schwarzen männlichen Teenager als Teil eines Ganzen ansahen – eines Organismus so etwa wie eine Insektenwabe. Da nun in der Tat ein großer Teil der Straßenkriminalität auf das Konto der jungen Schwarzen geht, kann also jeder von ihnen – gewissermaßen per Alchimie – für die Verbrechen jedes anderen verantwortlich gemacht werden. Daß Goetz vier Kids erschossen hatte, die er gar nicht kannte und die ihm nie etwas getan hatten, hielten manche für eine legitime und akzeptable Antwort auf die Welle von Verbrechen in der Stadt. Goetz wurde später von allen Anklagen freigesprochen, außer von unerlaubtem Waffenbesitz, obwohl zwei seiner Opfer in den Rücken geschossen worden waren und trotz Goetz' Bekenntnis in einer Videoaufzeichnung, daß er gezielt losgegangen war auf der Suche nach einer Konfrontation. Kein weißer Politiker hat auf das Offensichtliche hingewiesen: hätte Goetz vier weiße Teenager erschossen – oder hätte etwa ein Schwarzer, unter vergleichbaren Umständen, das Gleiche getan – wäre er, um Bo Diddleys »Cops and Robbers« zu zitieren, »put so far back in jail they're gonna pump air in to him« – so tief in den Knast gekommen, daß man ihm noch Luft hätte reinpumpen müssen.

In *Quiet Rage*, ihrer 1986er Abrechnung mit der Goetz-Affäre, zieht Lilian B. Rubin einige beunruhigende Schlüsse: daß junge Schwarze, die von den staatlichen Einrichtungen ausgeschlossen sind, sich statt dessen der Straße bemächtigt haben und daß, obwohl die Mehrzahl aller Opfer der Straßenkriminalität selber Schwarze sind, diese dazu benutzt wird, die uralte Paranoia der Weißen den Schwarzen insgesamt gegenüber zu legitimieren. Sie beschreibt ein schwarzes Kongreßmitglied, das in seinem eigenen Wahlkreis eine Eisdiele besucht: »als [der Mann aus dem Kongreß und seine Helfer] zur Tür hereinkamen, beäugte ihn die weiße Kellnerin mißtrauisch und ging zum Schutz hinter die Theke. ›Warum sind Sie hier in Howard Beach?‹ herrschte sie ihn an. ›Das ist Ihr Kongreßabgeordneter,‹ erklärte ihr einer der Helfer. ›Das glaube ich Ihnen nicht,‹ antwortete sie.« Howard Beach war erst kürzlich der Schauplatz eines scheußlichen Vorfalls gewesen, als ein schwarzer Fahrer, der eine Panne mit seinem Wagen hatte, ein Speiselokal am Ort aufsuchte, um nach Hilfe zu telephonieren und am Ende – im Sinne des Wortes – um sein Leben rennen mußte.

Es ist kein Wunder, daß der Ausdruck »schwarz« – in den Sechzigern so stolz betont – nun durch das weniger herausfordernde »afro-amerikanisch« ersetzt worden ist. Der Sinn dahinter ist, daß Afro-Amerikaner nur eine ethnische Gruppe unter vielen sind – Italo-Amerikaner, Irisch-Amerikaner, Griechisch-Amerikaner und so fort – und daß es Zeit wird, einmal Schluß zu machen mit der ausgesprochenen Polarisation von »schwarz« und »weiß«, den klassischen Metaphern für Gegensätze, die sich ausschließen. Mehr als zwei Jahrzehnte nach der Ermordung Martin Luther Kings finden sich auf der Kreuzung immer noch gewaltige Straßensperren.

I turn on the TV, your America's doing well.
I look out the window, my America's catching hell,
I just want to know
Which way do I go
To get to your America

(Ich mach den Fernseher an, und eurem Amerika geht es gut. Ich sehe aus dem Fenster, und mein Amerika kriegt es mal wieder knüppeldick. Ich möchte nur mal wissen, wohin ich mich wenden muß, um in euer Amerika zu kommen.)

Vernon Reid von Living Colour, »Which Way To America?« (1988)

Ich habe Bobby Womack einmal gefragt, was das schwerwiegendste Hindernis sei, dem sich der schwarze Künstler gegenübersieht, der ein weißes Publikum erreichen will. Er sah mich etwas ungläubig an und antwortete: »Schwarz zu sein.«

5

Never To Grow Old...

Robert Johnson, Charlie Christian und das Meteoritensyndrom

Jimi Hendrix hatte mit der Musik seinen Lebensunterhalt bestritten, seit er 1962 invalid aus der Armee entlassen worden war; die Zeit als Bandleader in seiner Reifeperiode währte aber nur ganze vier Jahre: von seiner Ankunft in England am 21. September 1966 bis zu seinem Tode am 18. September 1970. Wie Buddy Holly und Eddie Cochran packte auch er eine erstaunliche Menge kreativer Arbeit in eine vergleichsweise kurze Zeitspanne – wenn auch der Einfluß jener Männer sich nicht auf ein so breites Musikspektrum erstreckte wie der von Hendrix. Es ist allerdings möglich (wenn auch unwahrscheinlich), daß seine Zeit als Erneuerer vorbei war – wie bei Chuck Berry, Elvis Presley und Little Richard – und daß alles, was er für den Rest seines Lebens und seiner Karriere hervorgebracht hätte, wenn er nicht so früh gestorben wäre, nichts als Fußnoten zu einem Lebenswerk gewesen wären, das praktisch bereits ein in sich geschlossenes Ganzes war. Berry, Presley und Richard waren nicht mehr dieselben nach ihrer jeweiligen Erfahrung in der Traufe des Zuchthauses, der Armee und der Kirche.

Hendrix jedoch starb an der Schwelle einer völlig neuen Phase in seiner Laufbahn. Er hatte sich nach langem, typischem Zaudern entschlossen, das fürchterliche Durcheinander in seinen Finanzen und Geschäften in Ordnung zu bringen und bereitete sich darauf vor, mit dem legendären Arrangeur Gil Evans an einem Album und einem Konzert zu arbeiten, das ihm eine neue Laufbahn als Jazzmusiker hätte eröffnen können. Wirkliche Parallelen zu Hendrix' Schicksal – und zu der für immer ungelösten Frage, welche Richtung er schließlich von diesem Kreuzweg aus eingeschlagen hätte – finden sich in Leben, Karriere und Werk zweier Männer, beide verhältnismäßig jung, beide schwarz, deren Leben vorzeitig endete, bevor Hendrix geboren war. Einer war der geistige Vorläufer jedes Gitarristen, der sich je an einen Verstärker angeschlossen hat, der Jazzmann, der die Gitarre wie ein Horn spielte und das Instrument als Solostimme mit Verstärker praktisch neu erfunden hat. Der andere war ein schemenhafter Delta-Bluesman, der, will man Mythos und Legende glauben, seine Seele dem Teufel verschrieben hatte.

In Walter Hills Film *Crossroads* spürt ein eifriger, bluesbegeisterter Teenager, den die Legende um Robert Johnson nicht mehr losläßt, einen fast vergessenen Harmonikaspieler aus dem Mississippi-Delta in einem Altenheim in New York City auf. Er glaubt, der Harmonikaspieler sei der letzte, noch lebende Vertraute von Robert Johnson, der »Poor Willie Brown« aus dem letzten Vers von »Crossroad Blues.« Der Grund, warum unser naiver junger Held so versessen darauf ist, den alten Mann zu finden, liegt in seinem Glauben, über Brown führe die einzige Spur zu einem Johnson-Song, den dieser nie aufgenommen hat, der ihn (den jungen) aber berühmt machen kann. Als er Willie Brown einen Korridor entlang nachjagt, plappert er davon, Johnson habe vor seinem mysteriösen Tod 1937 nur neunundzwanzig Songs aufgenommen, da sei aber noch einer gewesen, den habe er nicht mehr aufnehmen können. Wenn er nun diesen alten Mann dazu überreden kann, ihm den Song beizubringen, nun ja, dann kann er eine Platte machen, die genauso gut wie die berühmten Johnson-Interpretationen von den Rolling Stones, »Love In Vain«, oder »Crossroads« von den Cream wäre, und das würde dann seine Fahrkarte zu legendärem Ruhm werden.

Unser cleverer Protagonist wird von Ralph Macchio gespielt, und *Crossraods* folgt genau dem von *Karate Kid* vorgegebenen

Muster, Macchios früherem Erfolg. Die Weisheit Hollywoods hatte entschieden, das Publikum sähe Macchio lieber in der Rolle des frechen, aber sensiblen Lausejungen, der seinen eigenen inneren Weg findet und zum Manne reift durch die Einführung in eine fremdartige, esoterische Disziplin mit Hilfe eines mürrischen, aber unendlich weisen alten Vogels – und John Landis' Film *Blues Brothers* hatte schon vorher bewiesen, daß weiße R&B-Fans genauso gerne ins Kino gehen wie alle anderen auch. Auf dem Papier muß das wie ein leichtes Spiel ausgesehen haben, aber die Zusammenstellung der verschiedenen Elemente hoben sich anscheinend gegenseitig auf, denn *Crossroads* war überhaupt kein Erfolg. Wie die *Blues Brothers* war es nicht so sehr ein Film über den Blues, es war mehr ein Einblick in das Phantasieleben der weißen Bluesfans, aber der unterschiedliche Erfolg beider Filme bewies, daß die einen, die sich im stillen als draufgängerische Rauhbeine sehen und nun stampfend und schreiend vor einer drauflos hämmernden Bigband stehen, wohl bei weitem in der Überzahl sind gegenüber denen, die einen alten Harmonikaspieler aus dem Delta ausspionieren.

Crossroads ist erheblich sympathischer als die übliche Filmstory vom Knaben, der zum Mann wird – er ist mit Sicherheit *Ferris Bueller's Day Off* vorzuziehen (aber das ist auch der Abend im Waschsalon) – und die bloße Tatsache, daß es diesen Film gibt, ist ein machtvoller Tribut an das immerwährende Mysterium des mystischen, vom Spuk verfolgten Bluesman, dessen Zeitgenossen fest daran glaubten, er habe seine Seele dem Teufel verkauft. Die Eingangsszenen und gelegentlichen Rückblenden, in denen Johnson, in einem unbequemen neuen Anzug, sich seiner übernatürlichen Begegnung in einer flachen, kargen Deltalandschaft stellt, bevor er seine ersten Aufnahmen in einem texanischen Hotelzimmer macht, scheinen aus einem ganz anderen Film zu stammen, aus einem viel besseren. Leider war das nicht der, den Hill machen wollte. *Crossroads* begnügt sich damit, die offensichtlichsten Sensationselemente der Robert-Johnson-Legende auszubeuten – man kann Edmund O'Briens besoffenen Zeitungsredakteur, in John Fords *The Man Who Shot Liberty Valance*, fast hören mit seiner schnodderigen Bemerkung: »Wenn eine Tatsache zur Legende wird, dann drucke die Legende«, – während er mitunter nicht nur den Tatsachen selbst Gewalt antut, sondern auch ihren Nuancen und damit letztlich auch ihrer Bedeutung.

Zunächst einmal hat es die Person Willie Brown wirklich gegeben, nur war er um mindestens ein Dutzend Jahre älter als Johnson. Er war der Schwager von Chester (Howlin' Wolf) Burnett und auch selber ein ausgezeichneter Musiker (mehr auf der Gitarre als auf der Harmonika), der Komponist von mindestens einem eigenen großartigen Song, »Future Blues«. Des weiteren starb er schon 1952, während der Film in den späten Achtzigern spielt. Robert Johnsons engste Freunde waren ohne Zweifel sein Stiefsohn, Robert Junior Lockwood und Johnny Shines, die beide noch am Leben und wohlauf sind und noch Blues spielen, während dieses Buch entsteht. Sollte zu Johnsons Vermächtnis etwas gehören, das im Blues dem Heiligen Gral, der verlorenen Arche des Bundes oder einem Splitter des Wahren Kreuzes gleichkäme, dann sind Shines und Lockwood diejenigen, die es besitzen, und keiner von beiden sitzt im Rollstuhl und wartet auf ein junges weißes Bürschchen, daß es komme und ihnen die Fackel aus den steifen alten Fingern winde. Sie sind beide noch kraftvolle, kreative Männer, und wenn sie auch überaus fähig dazu sind, den Schatten Robert Johnsons zu beschwören, so sind doch beide in ihrer Musik nicht in den Dreißigern stehengeblieben. Darüber hinaus paßt auch keiner von beiden in das stereotype Bild des Delta Bluesman, wie es die Folkloristen so lieben: das des hinfälligen alten Säufers mit schlecht sitzendem Gebiß, ergreifend dankbar dafür, daß man ihn der Vergessenheit entreißt und ein paar Geschichten von Landstreicherei und Baumwollpflücken erzählen läßt, und das vor einem Publikum von mucksmäuschenstillen, respektvollen weißen Collegekids, die alle tief beleidigt wären, wenn man behauptete, es sei auch nur ein Hauch von Überheblichkeit dabei.

Die Johnson-Legende ist gewiß ziemlich verwirrend. Sie verbindet eine Vielzahl von verlockenden Mythen miteinander, jeder ein erprobter und fest geglaubter Favorit: da haben wir den vereinsamten jungen Mann von titanischer Begabung, von einer zermalmend harten Umgebung gezwungen, seine Talente in einen Lebensstil und eine Kunstform einzubringen, die allgemein von Herzen verabscheut werden, dann den tief romantischen Mythos des gequälten Künstlers, der jung stirbt und dem es verwehrt ist – wie van Gogh – die späte Anerkennung seines Genies noch zu erleben, weiterhin das Rätsel um einen Mann, der praktisch nichts hinterlassen hat als seine Aufnahmen. Jahrelang gab es keine authentischen Photos von ihm, nichts als anekdotische Berichte, gelegentlich sehr widersprüchlich, überliefert von Gleichaltrigen und Zeitgenossen. Schließlich war da noch der unwiderstehliche Schauder vor dem Übernatürlichen: der alles durchdringende Ruch des Friedhofs und der Geisterbeschwörung.

Robert Johnson, sagen sie, schloß seinen faustischen Pakt, um den Blues so spielen zu können, wie er es tat, um Erfahrungswelten beschreiben und enthüllen zu können, die dem Sterblichen gnädig verschlossen sind. Seine Songs wohnen in Regionen des existentiellen Schreckens, in denen er Seite an Seite mit dem Teufel schreitet, wo ihm immer und ewig Steine in den Weg gelegt sind, wo ihn einmal die Gier verzehrt und er andrerseits mit Impotenz geschlagen ist, wo der Blues daher kommt wie ein Mann oder niederfällt wie der Hagel und Mutters kleinen Jungen vollkommen aus der Bahn wirft, wo Gott, wenn schon nicht tot, so doch vollkommen gleichgültig ist gegen das Schicksal des armen Bob und wo die Höllenhunde ihm auf ewig auf den Fersen bleiben. Und er zahlte dafür; er zahlte im Leben und im Tode. Seine Stimme klingt, als klammerten sich kahle Bäume ohne Hoffnung an einen grauen

Himmel: Robert Johnson saß das Leben in der Todeszelle ohne Bewährung ab, lange bevor Bob Dylan überhaupt geboren war.

Der Blues, den Johnson in den betrüblich wenigen Sessions von 1936 und 1937 aufnahm, hallt wider von den Qualen der Verdammten. Er starb allein in einer fremden Stadt. Manche sagen, er sei von einer eifersüchtigen Frau vergiftet, andere, er sei von einem eifersüchtigen Mann erschossen worden. Und einige deuteten an, er sei an einer Beschwörung gestorben, verflucht und verhext sei er gestorben, auf Händen und Füßen kriechend, bellend wie ein Hund.

Es heißt, keiner habe mit Gewißheit gewußt, wo oder wann er gestorben sei, oder wer Anspruch auf den Leichnam erhob. Schließlich, was bedeutete schon der Tod eines schwarzen Wandermusikers in den Dreißigern im Süden? Robert Johnson – das heißt, der Johnson des Mythos und der Phantasie – wurde in dieses Leben und wieder hinaus getrieben wie ein eisiger Windstoß, der an den Fenstern rüttelte, daß die Vorhänge flatterten, und dann wieder verschwand, und nur jene neunundzwanzig Aufnahmen sind von ihm geblieben, in Wachs gegraben in einem texanischen Hotelzimmer, der einzige Beweis, daß er überhaupt jemals dagewesen war. Und diese neununzwanzig Songs sind die vollste, schönste Blüte des Blues aus dem Mississippi-Delta der Vorkriegszeit, gleichzeitig ein stolzes und glühend die Tradition wahrendes Beispiel für die Kunst des Delta Bluesman, tief verwurzelt in den Themen und Techniken seiner Vorläufer und nach Belieben daraus schöpfend, aber auch das Werk eines einzigartig sensiblen und kreativen, individuellen Künstlers, jedem amerikanischen Künstler des zwanzigsten Jahrhunderts voll und ganz ebenbürtig. Als Mythos, als Legende, als Symbol, als Totem, als Metapher ist diese Version der Geschichte Robert Johnsons nahezu unwiderstehlich.

Natürlich ist es der Schatten dieses Robert Johnson, der über *Crossroads* hängt. Im Film ist das alles, was die Macchio-Figur –

oder das Publikum – über Johnson zu wissen braucht, einfach weil es so besser wirkt. Johnson bleibt eine Silhouette, nur ein bloßer Umriß, in den alles hineinprojiziert werden kann, was sein Hörer sich vorstellen möchte. Wie alle romantischen Klischees, ist es so beständig, weil es viel leichter ist, sich mit einer Legende oder einem Klischee zu befassen als mit einem wirklichen menschlichen Wesen. Sowohl unsere Helden wie unsere Feinde sind einfachere Probleme, wenn sie erst einmal dem Menschlichen entzogen sind. Götter und Teufel sind uns ihrer Natur nach unvorstellbar, und auf diese Weise sind wir jeglicher Verpflichtung enthoben, auch nur den Versuch zu machen, sie zu begreifen.

Selbst zu seinen Lebzeiten ging die Wirkung Johnsons auf sein Publikum über das Irdische hinaus. Er erschreckte einmal den jungen Muddy Waters am hellichten Tag halb zu Tode:

»Er war in einer kleinen Stadt namens Frye's Point, und er spielte da an der Straßenecke. Die Leute drängten sich um ihn, und ich hielt an und sah mal nach. Ich stieg dann wieder in den Wagen und fuhr weg, weil er ein *gefährlicher* Mensch war... und der hat wirklich mit der Gitarre umgehen können, Mann... ich schlich mich weg und haute ab, weil es mich einfach zu Boden drückte...«

Interview mit dem Autor, *New Musical Express* (1977)

Heutzutage wissen wir viel mehr über Robert Johnson als damals, als sein Werk – das veröffentlichte und das unveröffentlichte – endlich auf einem Album zusammengefaßt wurde. Wir wissen, daß er irgendwo im Mississippi-Delta geboren wurde – möglicherweise in Hazelhurst, aber mit Bestimmtheit in der Nähe von Jackson – etwa 1911 oder 1912 (die Angaben variieren). Seine Familie bestand aus Kleinpächtern, und sein Vater, Noah Johnson, verschwand sehr früh aus seinem Leben. Als er sieben war, hatte er schon zwei Stiefväter, aber als Teenager nahm er wieder den Nachnamen seines richtigen

Vaters an. Sobald er konnte, begann er, um die lokalen Kneipen und Tanzschuppen herumzuhängen, sehr zum Ärger seiner Mutter und seines Stiefvaters. Er besaß eine Harmonika und spielte, nach allem, was man so hört, ganz gut, aber die Größen da herum waren die Gitarristen – Männer wie Willie Brown und Son House und der große Charlie Patton. Little Robert, wie ihn die älteren Männer halb spöttisch nannten, griff sich während der Tanzpausen immer ihre Gitarren und probierte eine oder zwei eigene Nummern, aber er machte so einen schrecklichen Krach, daß sich die Gäste über Robert beschwerten und Son oder Charlie oder Willie schnell wieder ihre Gitarren packten. Mit siebzehn machte Robert den ernsthaften Versuch, häuslich zu werden und heiratete die fünfzehnjährige Virginia Travis. Sie starb aber im folgenden Jahr im Kindbett: das Baby überlebte nicht.

Eines Tages dann ging Robert Johnson einfach fort. Wohin er ging und was er machte, weiß niemand, aber ungefähr ein Jahr später tauchte er wieder auf. Son House und Willie Brown spielten zum Tanz in »einem kleinen Ort östlich von Robinsonville, der hieß Banks, Mississippi«. Son House erzählt die Geschichte weiter:

»Wir spielten da gerade am Samstag abend und plötzlich kommt jemand zur Türe rein. Wer war's? Er! Auf seinem Rücken baumelte eine Gitarre. Ich sagte: ›Bill!‹ Er sagte: ›Ja?‹ Ich sagte: ›Guck mal, wer da zur Tür reinkommt.‹ Er sagte: ›Ja, Little Robert.‹ Ich sagte: ›Und er hat eine Gitarre.‹ Und Willie und ich haben noch darüber gelacht. Robert hatte sich endlich durch die Menge durchgewurstelt und war dahin gekommen, wo wir waren. Er sprach uns an, und ich sagte: ›Na, Junge, du hast also immer noch eine Gitarre, ja? Was machst du eigentlich mit dem Ding? Du kannst doch gar nichts damit anfangen.‹ Er sagte: ›Also, ich erzähl dir mal was.‹ Ich sagte: ›Was denn?‹ Er sagte: ›Laß mich mal eine Minute an deinen Platz.‹ Ich sagte also: ›In Ordnung, aber bring bloß was Anständiges auf die Beine damit,‹ und ich zwinkerte Willie zu. So setzte er sich dann hin und legte endlich los. Und mein lieber Mann, war der gut! Als er fertig war, stand uns der Mund offen. Ich sagte: ›Ist das wohl sagenhaft! Der hat uns jetzt überholt...«

Zitiert in *The Bluesman* von Julio Finn (1986)

So wurde Robert Johnson in weniger als einem Jahr von einem Jungen, dessen Gitarrenspiel so armselig war, daß die Leute ihm die Gitarre buchstäblich aus der Hand rissen, damit er nur aufhörte, zum Künstler, der so gut war, daß er Son House, einen der Gründerväter des Delta Blues, zu erschüttern vermochte. Was war geschehen? Wie hat er das geschafft? Was verwandelte diesen grünen Jungen in einen Mann, dessen Musik die Delta-Tradition verfestigte und der sie gleichzeitig auf neue Gebiete ausdehnte, der vollkommenste Künstler in seiner Tradition, ein Bluesman mit der zitternd nervösen Energie eines jungen Mannes und der sandrauhen, erfahrenen Stimme des über seine Jahre Gereiften? Die prosaischste Möglichkeit ist wohl die, daß Little Robert auf seinen Wanderungen irgendwie im Knast gelandet war und die Monate seiner Einkerkerung zu fieberhaftem Songschreiben und Üben auf der Gitarre verwandt hat. Das ist durchaus nicht unwahrscheinlich – schließlich brauchte ein umherziehender junger Schwarzer mit einer Gitarre sich nicht unbedingt größere Straftaten zuschulden kommen lassen, um im Delta der Dreißiger eingelocht zu werden. Selbst der Aufenthalt in der falschen Stadt nach Einbruch der Dunkelheit konnte schon als ausreichendes Vergehen gelten, wie Johnson im *Crossroad Blues* erwähnt: »Sun goin' down, boy, dark gonna catch me here« – Die Sonne geht unter, Junge, mich erwischt hier noch die Dunkelheit.

Aber hier überschneidet sich der Johnson aus Fleisch und Blut mit dem Johnson der Legende, denn während dieser Periode des Untertauchens schloß er gerüchteweise seinen »Pakt mit dem Teufel«. Wir müssen nun das Gebiet der »Tatsachen«

verlassen und in ein metaphysisches eintreten, auf das »Tatsachen« einfach nicht mehr anwendbar sind, weil – wenn man sich auf Son House' Zeugnis verlassen kann (und es gibt keinen Grund, das nicht zu tun) – die Wandlung Johnsons und seiner Musik einfach zu außerordentlich war, als daß man sie nur auf eine Periode des »Wood-shedding«, also des Übens im stillen Kämmerlein, zurückführen könnte. Nach Julio Finn in *The Bluesman*, seiner bahnbrechenden Studie über die Beibehaltung westafrikanischer religiöser Praktiken in Amerika, verbrachte Johnson diese Zeit des Untertauchens mit der Initiation in einem Voodoo-Kult irgendwo unten im Bayou. »Die Tradition, an einem Kreuzweg einen Pakt zu schließen, um übernatürliche Kräfte zu erlangen«, schreibt Finn, »ist weder eine Schöpfung des Afro-Amerikaners, noch eine Erfindung der Bluesüberlieferung, sondern sie hat ihren Ursprung in Afrika und ist ein Ritual des Voodoo-Kultes. Man mag bezweifeln, ob Johnson die Texte seiner Songs hätte schreiben können, ohne in den Kult eingeweiht worden zu sein...« Es überrascht nicht, daß diese Interpretation keine allgemeine Zustimmung unter den weißen Kritikern gefunden hat, von denen die meisten sich eher in historischen oder soziologischen Erklärungen zu Hause fühlen. Ich meinerseits verweigere dazu die Aussage, ich möchte nur sagen, wenn die Behauptungen, die Johnson in einigen seiner Schlüsseltexte aufstellt, nicht nur pure Angabe sind, wenn er also geglaubt hat, dies habe wirklich stattgefunden, dann ist es *tatsächlich* die Wahrheit.

Die genaue Form dieser Transaktion ist von dem Bluesman Tommy Johnson (wohl kein Verwandter von Robert) beschrieben worden, zitiert von seinem Bruder Ledell:

»Wenn du lernen willst, alles zu spielen, was du spielen möchtest und lernen, selber Songs zu schreiben, dann nimm deine Gitarre und gehe da hin, wo eine Straße deinen Weg kreuzt, an einen Kreuzweg. Geh dahin, und sieh zu, daß du da ein bißchen vor 12 Uhr nachts ankommst, so daß du sicher sein kannst, dann auch dazusein. Du nimmst deine Gitarre und spielst ein Stück ganz für dich alleine... ein großer schwarzer Mann wird dann ankommen und deine Gitarre nehmen und sie stimmen. Und dann wird er ein Stück spielen und sie dir zurückgeben. So habe ich gelernt, zu spielen, was immer ich will... «

Zitiert in The Bluesman von Julio Finn (1986)

Der »große schwarze Mann« ist Legba (Ellegua? Elijah?), der, der Unheil bringt, der Trickster und Gott der Kreuzwege. Für die Christen repräsentiert Legba – zusammen mit all den anderen afrikanischen Gottheiten, deren Anbetung die Weißen ihren Sklaven so eisern auszutreiben und durch das Christentum zu ersetzen suchten – den Teufel. Für den Eingeweihten des Voodoo ist er Teil der Macht, die das Universum bewegt, wenn auch nicht unbedingt eine wohlwollende Macht.

Weit entfernt davon, ein »primitiver Aberglaube« zu sein, ist Voodoo ein höchst komplexes und facettenreiches Glaubenssystem. Symbole des Voodoo und Bezüge darauf klingen durch den Country Blues und den urbanisierten elektrischen Country Blues der Chicagoer Schule. Muddy Waters spielte viele dieser Songs, am bekanntesten davon sind Willie Dixons »Hoochie Coochie Man« (»Got a black cat bone/got a mojo too/got a John the Conquer root/gonna mess with you« – Ich habe den Knochen einer schwarzen Katze, einen Mojozauber auch, habe eine Wurzel von John the Conquerer, und nun werde ich mich mit dir befassen) und sein eigener »Got My Mojo Working« (»Goin' down to Louisiana/get me a mojo hand«), ganz zu schweigen von »Rolling Stone« und der ausdrücklichen Erwähnung von heiligen Zaubersteinen, die die Afrikaner auf ihren Sklavenschiffen in einem drastischen Verfahren mit herüber gebracht hatten, indem sie sie einfach runterschluckten (ein Hinweis, der ein interessantes Licht auf eine britische Rockband wird, die sich nach Muddys Song benannt hat). Der

»Mojo« ist ein weiterer Voodoozauber, ein Machtmittel, das zum Manipulieren von Möglichkeiten benutzt wurde und dazu, Menschen und Ereignisse zu kontrollieren.

Es war dieser Glaube und diese Anspielungen, die so sehr dazu beitrugen, daß der Bluesman zum Paria unter anständigen Leuten wurde, die immerhin durch und durch christlich waren (obwohl Finn Kapitel und Verse vorlegt, die das Ausmaß der westafrikanischen Relikte in den schwarzen christlichen Kirchen darlegen). Und indem sie all diesen Südstaaten-Hokuspokus ablehnten, demonstrierten die städtischen Schwarzen ihre urbane Fortschrittlichkeit. Aber dreißig Jahre nach Johnsons Tod beschwor Jimi Hendrix stolz seinen »alten bösen Geist« in der Erklärung »I'm a Voodoo Chile!« – Ich bin ein Kind des Voodoo. Wie der Delta Bluesman, so beansprucht er auch für sich (in den zwei Versionen dieses Songs) beides, die übernatürlichen Kräfte (»I stand up next to a mountain/chop it down with the edge of my hand« – ich stehe neben einem Berg und schlage ihn mit der Handkante ab) und den übernatürlichen Ursprung (»Well, the night I was born/you know the moon turned a fire red« – Also, als ich geboren wurde, wurde der Mond feurig rot).

In Hendrix' Fall ist das eine pure Metapher. Er war gewiß *kein* Eingeweihter des Voodoo in irgend einem formalen Sinn, und die drei Jahrzehnte und hundert Meilen, die ihn von Johnson trennten, stellten ihn in eine sehr andere Welt. Sowohl mit »Voodoo Chile« – und, höchst bezeichnend, mit dem westafrikanischen Beat, noch vor Bo Diddley, den er perkussionsartig aus seiner Gitarre und dem Wah-Wah-Pedal am Anfang von »Voodoo Chile (Sligth Return)« herausholt – bekundet er so deutlich wie möglich, daß er ein Mann des Blues ist, und dazu einer, der dessen tiefste und unergründlichste Tradition ehrt, achtet und versteht.

Als Robert Johnson nach San Antonio zu seinen ersten Plattensitzungen gerufen wurde, war das goldene Zeitalter des vertrauten, heimischen Delta Blues beinahe vorbei. In den städtischen Zentren Amerikas, weit weg vom Süden, herrschte das Zeitalter des Swing, und die Radiojockeys brachten die Musik von Duke Ellington und Count Basie (von den Bands von Benny Goodman, den Dorsey Brothers, Artie Shaw und anderen gar nicht erst zu reden) in die Wohnungen aller, die sich ein Radio leisten konnten. In Chicago fing der althergebrachte Delta Blues bereits an, sich in eine urbane Musik zu verwandeln, denn Emigranten aus dem Delta wie Big Bill Broonzy nahmen bereits mit Jazzmusikern auf. Das elektrifizierte Ensemble, der verstädterte Country Blues, der heute allgemein als »Chicago Blues« bekannt ist – typisiert von Muddy Waters' Band aus den Fünfzigern – kam erst eineinhalb Jahrzehnte später, aber in den südwestlichen Territorien von Texas, Kansas und Oklahoma, ebenso wie an der Westküste, entwickelte sich eine neue Art von Blues, eine, die Bluesshouter mit großen Stimmen den erdigeren Variationen im Swingbandformat beigesellten. Charlie Patton und Blind Lemon Jefferson waren tot. Son House und Skip James hatten sich praktisch ins Privatleben zurückgezogen. Muddy Waters hatte erst ein paar Jahre vorher mit der Gitarre angefangen, B.B. King war gerade elf Jahre alt, und in Los Angeles wurde ein dahin verpflanzter Mann aus Oklahoma namens T-Bone Walker schon als Solist auf der elektrischen Gitarre in der Les Hite Bigband herausgestellt. 1936 grenzte die Vorstellung, einen Sänger und Gitarristen aus den ländlichen Südstaaten ohne auch nur das Rudiment einer Begleitung von Bass und Gitarre aufzunehmen, bereits an einen Anachronismus.

Dennoch entschloß sich ein Talentsucher namens Ernie Oertel, dem jungen Mann eine Chance zu geben und arrangierte eine Plattensitzung mit ihm für Don Law von ARC Records. Im Gegensatz selbst zu den Bluesleuten der nur wenig zurückliegenden Jahre war Johnson durchaus vertraut mit Blues auf Platten. Er war in der Tat einer der ersten Bluesleute, die Bedeutendes von den Aufnahmen anderer gelernt hatten, statt nur einfach die Ideen lokaler Musiker zu bearbeiten und zu erweitern, nach Art des »Folk«, und seine Titel waren direkt für die Plattenaufnahmen eingerichtet: sowohl musikalisch wie textlich fest gefügt, dem üblichen Drei-Minuten-Format der 78er Platten genau angepaßt. Obwohl er so gut wie jeder andere Bluesman in einer Bar oder bei einem Country Dance den Leuten aufspielen konnte – wobei der Song mit improvisierten Versen gestreckt und der Beat so lange durchgehalten wurde, wie die Tänzer sich auf den Beinen halten konnten – sind seine aufgezeichneten Blues in sich vollendet und abgeschlossen. Jeder wird auf seinen Themen aufgebaut – festgezurrt um das Gerüst seiner straffen, kraftvollen Gitarre – erreicht seinen Höhepunkt und ist aus. Es ist, als habe die schiere Existenz der Plattenaufnahme Johnsons Musik geformt, die Idee, daß es die eigentliche Bestimmung eines Songs war, zu einer Single zu werden, statt eines Boogie zum Tanzen, der bis zu einer halben Stunde dauern konnte. Die Plattenaufnahme hat das »Folk«-Schema zerstört und unwiderruflich verändert, und Johnson demonstrierte das in Vollendung, sowohl in der Art, wie er das musikalische Material von Platten für sich umgestaltet, als auch darin, wie er seine eigene Musik ausdrücklich für den Aufnahmevorgang geformt hat. Kurz gesagt, für Johnson war das letzte Stadium in dem ganzen Prozeß nicht der Song, sondern die Platte.

In *Deep Blues* hat Robert Johnson als »den ersten modernen Bluesman des Mississippi-Deltas« beschrieben, und besser kann man ihn nicht beschreiben. Die Musik, die er an seinem ersten Tag vor einem Mikrophon für Law aufgenommen hat – am Montag, dem 23. November 1936 – enthält: »I Believe I'll Dust My Broom« (abgeleitet von einer hingeworfenen Zeile auf einer alten Kokomo-Arnold-Platte und fast immer mit Elmore James verbunden, obwohl die erste elektrische Nachkriegsversion des Songs von Johnsons Stiefsohn Robert Junior Lockwood eingespielt wurde), »Ramblin' On My Mind« (von Eric Clapton ausgeliehen für sein Debüt als Leadvokalist auf John

Mayalls Album *Blues Breakers*), »Come on in My Kitchen« (gespielt von Mick Jagger in Nicholas Roegs *Performance* und Grundlage für Bob Dylans »Pledging My Time«), »Sweet Home Chicago« (eine weitere Ableitung vom Werk Kokomo Arnolds und ein Herzstück der Chicagoer Bluesbands bis hinauf zu den – ahem – Blues Brothers; bei einem schnellen Blick durch meine eigene Sammlung finde ich Versionen von Junior Parker, Magic Sam, Earl Hooker, Freddie King und anderen, weniger illustren), dann noch »Terraplane Blues« (der erfolgreichste Song von allen, die zu seinen Lebzeiten veröffentlicht wurden, derjenige, mit dem er im letzten Jahr seines Umherreisens am bekanntesten geworden war und die Quelle von Johnny Shines »Dynaflow Blues«, der aber auch den weißen Folkfans zu ersten Übungsversuchen im Stil der Slide-Gitarre diente). Zusammen mit dem klagenden »Kind Hearted Woman« (später ein fester Bestandteil im Repertoire des jungen Muddy Waters), der brillant durchgehaltenene Metapher von »Phonograph Blues« und »When You Got A Good Friend«, war dies alles mehr als ausreichend, um Law zu überzeugen, daß er und Oertel die richtige Entscheidung getroffen hatten, obwohl die zweite Session, drei Tage später, nur den von Skip James genommenen »22-20 Blues« hervorgebracht hatte.

Am dritten Aufnahmetag, Freitag, dem 27. November, spielte Johnson »Crossroad Blues« ein – sozusagen seine Hymne, dank der Lesart von Eric Clapton/Cream besser bekannt als »Crossroads« – sowie noch ein halbes Dutzend Songs mehr, angefangen von dem Medicine-Show-»Nonsens« »She's Red Hot« bis zu dem beängstigenden »If I Had Possession over Judgement Day«, eine überaus persönliche Version des Delta-Standards, der mal als »Minglewood Blues«, mal als »Rollin' and Tumblin« bekannt wurde (letzterer weithin berühmt geworden durch die späteren Aufnahmen von Muddy Waters und Cream), getrieben bis zum äußersten, mit einem so gehetzten Beat, daß er sich fast zerreißt und die Stimme vor Angst und Wut versagt. »If I had possession over judgement day« – wenn ich beim Jüngsten Gericht zu bestimmen hätte – singt Johnson wütend, »Lord, then the little woman that I'm lovin' wouldn't have no right to pray« – dann bekäme die kleine Frau, die ich liebe, nicht das Recht, zu beten. Eine Zeile, die den Hörer mit ihrem gnadenlosen, unversöhnlichen Haß geradezu lähmt, sie besteht auf einem Leben ohne Hoffnung, einem Leben, in dem alle denkbare Zuflucht zu einer wohlwollenden höheren Autorität versperrt ist – einem Leben, wie es Johnson selbst geführt hat. Wie er in einem anderen, am selben Tage aufgenommenen Song beteuert, ist der »Last Fair Deal Gone Down« – der letzte faire Handel ist zunichte gemacht. Mit anderen Worten, von nun an sind die Würfel gegen dich gefallen und du stehst auf verlorenem Posten.

An diesem Tag wurde auch noch der von Son House inspirierte »Preachin' Blues« aufgenommen und eine Serie von Johnsons eindeutig klaren Songs über die Impotenz. Weil »Dead Shrimp Blues« anschaulicher ist als »Terraplane Blues« oder »Stones in My Passway«, wird es weniger gefeiert – schließlich kann man es kaum *noch* deutlicher sagen als mit »I got dead shrimps, baby, someone is fishing in my pond/I tried my best bait, baby, and I can't do that no more« – meine Krabben sind tot, Baby, irgend jemand fischt in meinem Teich/ ich hab meine besten Köder genommen, Baby, ich kann das nicht mehr. Man kann sich keinen größeren Kontrast zu der üblichen phallischen Protzerei im Country-Blues vorstellen: hier sind wir weit entfernt von Blind Lemon Jefferson (und John Lee Hooker nach ihm), der sich der »black snake crawlin« – der schwarzen Schlange – die in seinem Raum herumkriecht, rühmt. Auch wenn man dadurch der größte lebende Sänger und Komponist des »Down Home Blues« wird, so hat der Pakt mit dem Teufel anscheinend doch auch seine Nachteile.

Sieben Monate später stand Johnson wieder vor Laws Mikrophon, diesmal in einem unbenutzten Warenhaus in Dallas. Der erste Aufnahmetag erbrachte drei Titel: den fröhlichen, Ragtime-artigen »Four Till Late«, im Carolinastil (von den

Cream für dasselbe Album ausgeborgt, für das sie »Rollin' and tumblin« genommen haben), »Steady Rollin' Man« (ein relativ gelöstes Stück sexueller Aufschneiderei, von Eric Clapton für das erste Album aufgenommen, das er nach seiner Heroinzeit gemacht hat), und eines von Johnsons überragenden Meisterwerken, »Stones in My Passway«. Wieder ist der Sänger in einer Falle gefangen; diesmal heißt es, »I got stones in my passway and my road seems dark as night/I have pains in my heart, they have taken my appetite« – Steine liegen auf meinem Weg und der Weg ist dunkel wie die Nacht/mein Herz tut mir weh und die Schmerzen haben mir den Appetit genommen. Er kann die geliebte Frau nur begehren, wenn sie ihn zurückstößt, seine Potenz verläßt ihn, wenn er bei ihr ist, und er ist von seinen Feinden verraten worden (eine interessante Ausdrucksweise, unser Feind kann uns quälen und frustrieren, aber zum Verrat gehört ein Freund). Die Musik ist so angespannt wie eine zu straff aufgezogene Gitarrensaite, und man erwartet, daß die Saite unter der Anspannung, der er sie aussetzt, zerspringt, genau wie der Sänger selbst, aber in dem Universum, in dem Johnson haust und das er schildert, wird man nicht so leicht erlöst.

Der nächste Tag war Johnsons letzter Aufnahmetag. Das Resultat bestand aus zehn Songs, unter ihnen sein aufs äußerste schmerzliches und hoffnungsloses Liebeslied »Love In Vain« (zweimal von den Rolling Stones aufgenommen, einmal ziemlich steif im Studio, dann später und viel erfolgreicher im Konzert) und seine zwei am deutlichsten vom Spuk besessenen Titel, »Hellhound on My Trail« und »Me and the Devil«. Hier verschwindet alle Doppeldeutigkeit, alle Nebel sind von einem eisigen Windstoß weggeblasen und geben den Blick frei auf Johnsons zutiefst und grausig spezielle Beziehung zu den Mächten, die das Universum regieren. »Hellhound on My Trail« war der erste Titel, den er an jenem Tag eingespielt hat, und der »Bottleneck«, den er am kleinen Finger seiner linken Hand trug, läßt die drei hohen Saiten seiner Gitarre klagen wie der Wind in toten Bäumen; das Mißbehagen wird noch verstärkt durch das Unheimliche der Dissonanz zwischen der Textzeile und der Gitarre. »Got to keep moving, I got to keep moving/ blues falling down like hail/got to keep moving, I got to keep moving, hellhound on my trail« – ich muß weiter, ich muß weiter, der Blues fällt wie Hagel herab, ich muß weiter, ich muß weiter, der Höllenhund ist mir auf den Fersen – singt er. Dann wird die Vision der endlosen Verfolgung durch die unerbittliche Verdammnis unterbrochen von einer herzzerreißenden Vision häuslichen Glücks: Johnson und seine Geliebte am Weihnachtsabend, »just passing the time away« – die sich einfach miteinander die Zeit vertreiben, bevor der Schrecken wieder einsetzt. Diesmal ist die Frau seine Nemesis: sie »sprinkled hot foot powder all around my door« – sie streute »hot foot powder« (Voodoo-Zauber, der den Menschen ruhelos umtreibt) rund um seine Tür, damit er sich nie wieder irgendwo niederlassen kann. Er ist wieder irgendwo unterwegs (»I can hear the wind rising, the leaves are trembling on the trees« – ich kann hören, wie der Wind aufkommt, die Blätter zittern an den Bäumen), der Höllenhund ist immer noch hinter ihm her, und er hofft gegen alle Hoffnung auf die Heimstatt, die ihm auf immer verboten ist.

»Me and the Devil Blues«, weniger als eine Stunde später aufgenommen, bietet auch nicht viel mehr Trost. Diesmal klopft es eines frühen Morgens an Johnsons Tür, und er grüßt seinen Besucher mit der einfachen, beklemmenden Zeile: »Good morning, Satan, I believe it's time to go« – Guten Morgen, Satan, ich glaube, es ist Zeit zu gehen. Der Schrecken ist der Ergebung gewichen, das Entsetzen ist zur Gewohnheit geworden und Johnson und der Teufel gehen nun »walking side by side« – Seite an Seite. In dem früheren »Kind Hearted Woman« dachte er über seine Unfähigkeit nach, sein Leben mit einem anderen Menschen zu teilen (»I mistreated my babe, and I can't see no reason why/every time I think about it I just wring my hands and cry« – ich hab meinen Liebling mißhandelt und weiß nicht, warum, jedes Mal, wenn ich darüber nachdenke, ringe ich die Hände und weine), aber nun ist alles noch härter und ungerechter als vorher: »I got to beat my woman before I can get satisfied« – ich muß meine Frau schlagen, bevor ich befriedigt bin. Weit davon entfernt, den Tod zu fürchten, sehnt er sich nunmehr danach: »Bury my body down by the highway side/ so my old evil spirit can grab a Greyhound bus and ride« – Begrabt meinen Körper am Rande des Highway, dann kann mein böser alter Geist den Greyhoundbus erwischen und mitfahren. Das ist nicht der Song eines Mannes an der äußersten Grenze; es ist das Werk eines Menschen, der längst die Grenze zu den Schatten überschritten hat und eine Nachricht schickt. Selbst in seiner vergleichsweise unbeschwerten Ableitung von einem Lonnie-Johnson-Song, »Malted Milk« (einem der weniger wertvollen Titel in seinem Repertoire), bemerkt er: »My doorknob keeps on turning, must be spooks around my bed/I have a warm old feeling and the hair rising on my head« – Der Türknauf dreht sich unentwegt, es muß um mein Bett herum spuken, mir wird schon wieder ganz heiß und mir stehen die Haare zu Berge. Es ist also kein Wunder, daß der Optimismus in »Honeymoon Blues« nur dünn an der Oberfläche liegt und grundlos ist. In »Love In Vain« trägt er seiner Geliebten den Koffer zum Bahnhof. Sie geht, er bleibt, und all seine Liebe war vergeblich. Wieder ein Abschlag auf den Preis, den er gezahlt hat. »Love In Vain« ist zweifellos Johnsons schönster Song, man spürt darin einen Verlust auf ewig, und das schmerzt.

Diese letzte Session enthielt noch einige andere Songs: »Travelin' Riverside Blues« bedient sich des gleichen »Rollin' and Tumblin'«-Musters wie »If I Had Possession over Judgement Day«, und er erlitt das ungewöhnliche Schicksal einer doppelten Ausschlachtung. Eric Clapton borgte sich einen der Verse und baute ihn nach seinem Gitarrensolo im »Crossroads« der Creams ein, und Led Zeppelin hob sich die Zeile, heute von fragwürdiger Berühmtheit, »You can squeeze my lemon 'til the juice run down my legs« – Du kannst meine Zitrone ausquetschen, bis mir der Saft die Beine runterläuft – für seinen »Lemon Song« heraus. »Stop Breaking Down« tauchte auf dem Album der Rolling Stones, *Exile om Maine Street*, auf; sie genossen ohne Zweifel den Kontrast zwischen der Prahlerei im Chorus (»stuff I got'll bust your brains out, baby, it'll make you lose your mind« – das, was ich hier habe, wird dir das Hirn zerschmettern, Baby, du wirst den Verstand verlieren«) und den Qualen in den Versen. »Drunken Hearted Man« ist eine Warnung vor der Sünde und dem Suff, kombiniert mit einer Klage über die »no good womens« – die schlechten Frauen – und wahrscheinlich, wie »Malted Milk«, aus einer von Lonnie Johnsons Aufnahmen aus den späten Zwanzigern genommen.

Und das war's dann. Neunundzwanzig Titel und *aus*. Sie packten das Mikrophon weg und die Schneidemaschine, und das war das letzte, was die Welt im großen und ganzen von dem schmalen, ruhelos nervösen Zugvogel mit seiner Gitarre hörte. Johnson nahm seine Wanderungen wieder auf, bevor Law weitere Sessions arrangieren konnte. Es kam die Nachricht, daß der Produzent, Unternehmer und Jazzfan John Hammond Johnson in der Carnegie Hall präsentieren wollte. Hammond schreibt in seiner Autobiographie *John Hammond on Record*:

»Mehrere Jahre schon wollte ich ein Konzert in New York machen, in dem zum ersten Mal vor einem musikalisch gebildeten Publikum in New York die Musik der Neger, von ihren ersten Anfängen an bis zum neuesten Jazz, insgesamt vorgestellt werden sollte. Das Konzert, dachte ich mir, sollte beides enthalten, primitive und höchst komplizierte Musik, aber auch diejenige Musik der Schwarzen, in denen der Jazz seine Wurzeln hat. Ich wollte Gospelmusik dazunehmen... ebenso die Country Bluessänger und Shouter und schließlich den Jazz, wie ihn die Basie Band spielte.«

Nach ausführlicher Sponsorensuche (die NAACP hatte Hammond abgewiesen, weil Jazz und Blues nicht die Art von Musik war, mit der sie in Verbindung gebracht werden wollten) bekam er endlich die finanzielle Grundlage, um anfangen zu können und die Carnegie Hall wurde für den 23. Dezember 1938 angemietet. Hammond machte sich sofort daran, seine einzelnen Nummern zu engagieren:

»Vor allem wollte ich Robert Johnson als unseren männlichen Bluessänger. Obwohl er beim großen Publikum praktisch unbekannt war, hielt ich ihn für den besten, den es gab. Wir erfuhren jedoch, daß er im Laufe des Jahres von seiner Freundin getötet worden war. Jahre später, als seine Platten wiederveröffentlicht wurden, hat er so grundlegend verschiedene Künstler wie die Beatles, Bob Dylan und die Rolling Stones beeinflußt. Es ist eine Ironie, daß sein Tod gerade da eintrat, als der Blues, den er sang, bei den Jazzfans populär zu werden anfing. Statt dessen verpflichteten wir Big Bill Broonzy, ein weiterer primitiver Bluessänger, dessen Platten ich liebte.«

Als Don Law von Hammond hörte, sandte er Ernie Oertel aus, Johnson aufzuspüren, aber ihr Wild war anscheinend irgendwo im Delta verschwunden. Nach und nach klaubte sich Oertel stückweise Informationen von anderen fahrenden Musikern zusammen und fand heraus, daß Johnson irgendwo da draußen unter ziemlich mysteriösen Umständen gestorben war. Die anschließenden Nachforschungen haben die Geschehnisse so weit aufgeklärt, daß wir jetzt wissen, daß Robert Johnson am 16. August 1938 in Greenwood, Mississippi, gestorben ist. Er hatte auf einer lokalen Hausparty gespielt, hatte alle Vorsicht außer acht gelassen und mit der Frau des Gastgebers geflirtet. Irgend jemand schob ihm eine Flasche vergifteten Whisky unter, und als er zusammenbrach, schaffte man ihn nach Hause, wo er noch tagelang in Agonie lag, bevor er starb. Er wurde in Mississippi direkt am Highway 7 begraben.

Wie Robert Palmer trocken feststellt, »wäre es von da aus leicht genug gewesen, den Greyhoundbus zu erwischen und mitzufahren.«

Der umgängliche, urbane und höchst anpassungsfähige Big Bill Broonzy spielte in der Carnegie Hall (zusammen mit der Basie Band, Harmonikaspieler Sonny Terry, der Gospelsängerin Sister Rosetta Tharpe und einem Kansas City Boogie Summit mit den Pianisten Albert Ammons, Meade Lux Lewis und Pete Johnson plus dem Vokalisten Big Joe Turner) und erwarb sich einen Ruf, der es ihm gestattete, sich als »Godfather [Pate] of the Chicago Blues« zu etablieren, bis er eines Tages Ende der vierziger Jahre von Muddy Waters entthront wurde, auch konnte er viele Jahre lang die Welt als ungemein beliebter und vielseitiger Entertainer bereisen. Wenn man darüber spekuliert, welche Wirkung Robert Johnson – und dazu noch seine Begleitmusiker – auf ein solches Publikum ausgeübt hätte, wenn er in »From Spirituals to Swing« aufgetreten wäre, wie es Hammond ursprünglich geplant hatte, hieße das, eine völlig andere Geschichte der amerikanischen populären Musik zu schreiben, eine, in der der Blues des Mississippi-Deltas, und besonders Johnsons winterliche Höllenvision, zum Bestandteil der kosmopolitischen Mixtur geworden wäre, die die schwarze New Yorker Musikszene ausmacht. Der Blues ist – bis auf den heutigen Tag – in New York nie von Bedeutung gewesen, und das hätte Robert Johnsons Auftreten auf der Bühne der Carnegie Hall an jenem Tag 1938 wohl geändert haben können. Außerdem wäre der Einfluß beiderseitig gewesen; die musikalische und technologische Fortschrittlichkeit von New York City insgesamt und Harlem im besonderen hätte den scheuen, wilden Wanderer aus dem Delta unbedingt beeindrucken müssen. Wer kann sich vorstellen, welchen Blues Johnson wohl hervorgebracht hätte, wenn Hammonds Protektion ihn im »Big Apple« New York etabliert hätte? Johnson war vor allem um vieles ehrgeiziger als Bill Broonzy, sowohl in bezug auf seine Karriere als auch in Umfang und Bedeutung der Musik, die er so fest entschlossen war, zu schaffen.

Was also unterschied Robert Johnson von anderen Delta-Bluessängern? Warum machten sich Oertel und Law so große Mühe, ihn aufzunehmen, obwohl er einen Stil spielte, der selbst in Teilen des Südens für veraltet galt, zu schweigen von der schwarzen Diaspora im übrigen USA? Nach dieser ersten Session zu urteilen, zeigte seine Arbeit ein Maß an Disziplin, das fast ohne Beispiel war. Wo ein Blind Lemon Jefferson den Takt so weit lockerte, daß er sich buchstäblich auflöste – eine gesungene Zeile wurde dann von einer Gitarrenfigur umspielt und beantwortet, mal dehnte sich der Takt, mal verkürzte er sich, so daß die einzelnen Taktstriche verschwanden – da wurde Johnsons Werk von einem unbeirrbar wuchtigen Beat angetrieben, der, ob nun ausdrücklich von der Stimme oder der Gitarre festgelegt oder nur einfach durch ihre Wechselwirkung angedeutet, dem Bassisten, Schlagzeuger oder zweiten Gitarristen mehr als deutlich sagte, was er zu tun hatte. Seine Gitarre schnitt die Baßlinie ab und beantwortete sie mit einem hohen, einsamen Slide-Einwurf – alles im Rahmen eines harten, tanzbaren Rhythmus. Der Mann klang fast wie eine Band, und es gibt in der Tat anekdotische Hinweise darauf, daß Johnson in Bumslokalen weit unten im ländlichen Süden mit Pianisten und Schlagzeugern gespielt hat, manchmal sogar elektrische Gitarre. (Ein Grund dafür übrigens, daß die elektrische Gitarre im Country Blues erheblich später Fuß fassen konnte als im Jazz und der urbanen Musik im allgemeinen, liegt darin, daß es im Delta vergleichsweise wenige Wohnungen mit Elektrizität gab. Wandernde Bluesleute spielten, wo immer sie konnten – an Straßenecken, in irgend jemandes Schuppen – und selbst wenn ein Mann bereit war, mit Verstärker zu reisen, gab es keine Garantie dafür, daß er außerhalb der größeren Städte auch die Möglichkeit hatte, ihn einzusetzen. Muddy Waters zum Beispiel bekam seine erste elektrische Gitarre erst, als er schon eine Weile in Chicago war und merkte, daß seine alte akustische in den lauten Kneipen einfach nicht durchdrang. Er mochte die elektrische Gitarre auch erst nicht sehr, bis ihm klar wurde, daß der Verstärker die Gitarre nicht nur *lauter* machte, sondern daß sie auch *anders* klang. Danach warf sich Muddy voll und ganz auf die Wunderwelt der Elektrik und hatte in den frühen Fünfzigern die wohl schärfste, lauteste Band in Amerika).

Robert Johnson war wahrscheinlich der erste der Delta Bluesmen, dessen Werk eine deutliche Herausforderung für die folkloristische Theorie darstellt, individuelle Sänger seien einfach nur Vermittler ihrer Tradition, und diese Tradition selbst sei in Wahrheit der Künstler. Gewiß, Johnson lieh sich musikalische Themen und Texte bei Son House, Kokomo Arnold, Lonnie Johnson und anderen – geradeso wie *sie* zweifellos von ihren Vorgängern geborgt haben. Aber je mehr die Platte die rein mündliche Überlieferung zuerst dokumentierte und dann ersetzte, desto schwieriger wurde es, die Theorie vom Sänger als Mittler aufrechtzuerhalten. (Das bedeutet nicht, daß die Leute den Versuch aufgegeben haben, sie zu vertreten: Harry Oster ist so einer, der den verderblichen Einfluß des Radios und der Platten auf die »reine« Volksmusik beklagt, so sehr, daß man sich leicht vorstellen könnte, wie er versucht, eine Gemeinde von Kleinpächtern in Georgia unter Glas zu stellen, so daß sie fortfahren können, zu seinem und einiger seiner Sammlerkollegen Entzücken unbefleckten Country Blues hervorzubringen). Kein Zweifel, Shakespeare und Beethoven arbeiteten auch in Traditionen, die auf ihre Vorgänger zurückgingen, aber mir ist noch nicht zu Ohren gekommen, daß jemand *ihren* persönlichen Beitrag für null und nichtig erklärt und daß die Tradition all ihre Arbeit getan hätte. Wir wissen, was sie geleistet haben, weil ihr Werk – in Form von geschriebenen Texten und geschriebener Musik – überlebt hat, und Johnsons Werk hat auch, dank Don Law und seiner plumpen Wachsplatten, überlebt, und das nicht nur als Echo in den Arbeiten anderer.

Seine Musik geleitet uns in eine unverkennbare und persönliche Welt, sichtlich das Mississippi-Delta, wie es in den Dreißigern war, eine Welt, die auch viele der anderen Bluesmen geschildert haben, aber aus einer Perspektive gesehen, die nur ihm eigen war. Johnsons Welt – oder, um genau zu sein, die innere Welt, die er dem realen, körperlich greifbaren Delta überstülpte, in der er und seine Musik zu Hause waren – war auf einzigartige und persönliche Weise sein eigen. Das ist der Schlüssel zu seiner Größe, und das trifft auf ihn in einer Weise zu, wie es, trotz all ihrer Leistungen auf Son House oder Charlie Patton oder Kokomo Arnold oder Blind Lemon Jefferson nicht zutrifft. Das ist die Eigenschaft, die Law, Oertels und Hammond erkannt hatten.

In der Einleitung zu ihrer Anthologie *The Existential Imagination* definieren Frederick R. Karl und Leo Hamalian den Existentialismus durch

»... seine Betonung der Entfremdung des Menschen von einer absurden Welt und dessen Abwendung von der normalen Gesellschaft, eine Vorstellung von der Welt als bedeutungslos oder negativ, die daraus sich ergebende Bürde der bedrückenden Seelenängste, die es mit sich bringen, daß er zwischen seinem authentischen und seinem nicht authentischen Selbst unterscheiden muß, seine an Besessenheit grenzende Begier, sich einerseits seinem unmittelbar bevorstehenden Tod gegenüberzusehen und andrerseits sein verzehrender Lebenshunger...«

Diese Definition könnte so exzellent als Führer durch die Themen und Besessenheiten in Johnsons Werk dienen, daß man in hohem Maße versucht ist, den Bluesman zu einer Art von Proto-Existentialisten zu erklären. Leider trennen sich die Wege Johnsons und der Existentialisten schon, bevor die Reise noch richtig losgeht – trotz der großen Gemeinsamkeiten. Der Existentialismus geht davon aus, daß Gott tot ist, und wenn Robert Johnson dieser Philosophie hätte huldigen sollen, dann hätte das bedeutet, daß er nicht nur ein, sondern zwei Glaubenssysteme hätte aufgeben müssen. Johnson war gespalten durch zwei sich bekämpfende Bindungen – nicht, nach der vereinfachenden Erklärung, die der ordentlichen christlichen Zweiheit Gottes und des Teufels – sondern des Christentums und der westafrikanischen Überlieferungen, die wir Voodoo nennen. Gleich, wie herzlich sich Johnson gewünscht haben mag, von beiden frei zu sein, er lebte und starb in dem Glauben, daß die Wesen und die Götter der spirituellen Welt ihn in ihrer Gewalt hätten – und keiner von ihnen höre sein Flehen. Poor Bob wurde zu Fall gebracht von den klassischen Rachegöttinnen – der falschen Frau und der falschen Flasche Whisky – aber so groß ist die Macht seiner Musik ein halbes Jahrhundert nach seinem Tode, daß es keiner großen Phantasieleistung bedarf, sich vorzustellen, wie der Kontrakt, den er an diesem geisterhaften Kreuzweg unterzeichnet hat, mit Buchstaben aus Feuer gestempelt wurde: VOLL BEZAHLT.

Eines der zwei einzig noch existierenden Photos von ihm zeigt ihn ordentlich gekleidet, weißes Hemd und schwarze Hosenträger. Eine Zigarette hängt ihm im Mundwinkel. Er umklammert den Griff einer akustischen Gitarre am zweiten Bund, die Finger seiner linken Hand scheinen so lang und spindeldürr wie die von Chuck Berry und Jimi Hendrix. Sein Haar ist ganz kurz geschnitten und tadellos und messerscharf in der Mitte gescheitelt. Sein linkes Auge ist halb verhüllt von einem hängenden Lid, das rechte sieht mit hartem, herausforderndem Blick in die Kamera. Das Gesicht Robert Johnsons ist das Gesicht eines Mannes, der seinen Preis bezahlt hat – und der wußte, daß er sich nicht drücken konnte, ob er wollte oder nicht. The last fair deal gone down.

Als Robert Johnsons Laufbahn sich ihrem Ende zuneigte, fing die von Charlie Christian gerade erst an. Oberflächlich betrachtet hätten die beiden Männer kaum unterschiedlicher sein können. Christian war ein »unmöglicher Hinterwäldler«, ein gut-

herziger Junge vom Lande, der mit Begeisterung Musik machte und Parties feierte, und wenn da irgendwelche Höllenhunde hinter ihm her gewesen sein sollten, dann hat er das wohl
mit sich alleine abgemacht. Als Mitglied des Benny Goodman
Sextetts hörte ihn 1939 die ganze Nation; 1941 mußte er aus
Krankheitsgründen aufhören, und 1942 war er schon tot, erst
zweiundzwanzig Jahre alt.

Dennoch hat er in diesen zwei Jahren zwei Dinge vollbracht:
er hat nicht nur die Gitarre aus der Rhythmusgruppe heraus-
gelöst und als eine überzeugende Solostimme ins Rampenlicht
gebracht, er hat auch – dank seiner »After Hours Jam Sessions«
mit Leuten wie Thelonious Monk, Charlie Parker, Dizzy Gillespie und Kenny Clarke – eine entscheidende Rolle bei der Entstehung des Bebop gespielt und damit die Grundlagen für das
meiste im Nachkriegsjazz geschaffen. Er war ein Freund und
Kollege von T-Bone Walker, dem Pionier unter den elektrischen Bluesgitarristen, dessen Stil die Ausgangsbasis für B.B.
King und unzählige Horden nach ihm war, und der ahnungs-
lose moderne Hörer wird ohne Zweifel verblüfft sein, wenn er
feststellt, daß das, was bei allen Rockgitarristen als »Chuck
Berry licks« bekannt ist, ihnen aus Christians Soli, die er mit
den verschiedenen Goodman Bands aufgenommen hat, entge-
genklingt. Wes Montgomery stand seine ersten Jobs durch,
indem er schlicht und einfach die Charlie-Christian-Soli ab-
spulte, die er auswendig gelernt hatte, und ganz still blieb,
wenn ihm die Harmonien zu gesalzen wurden. Kurz gesagt,
nicht nur jeder einzelne Jazzgitarrist, sondern auch eine ganze
Menge der Rock- und Bluesgitarristen stehen bis zum heutigen
Tage auf Charlie Christians Schultern – und das umfaßt noch
nicht einmal die zahllosen anderen Instrumentalisten, die von
seinem Werk beeinflußt worden sind. Zu allem hin half Christian noch, auf Grund seiner Freundschaft und privaten musikalischen Kontakte mit Noel Boggs – via Boggs' späterer
Zugehörigkeit zur Bob Wills Band – die interessante Country-
Jazz-Fusion zu formen, die man heute Western Swing nennt.

Charlie Christian wurde 1919 in Dallas, Texas, geboren und wuchs in Oklahoma City auf. Er kam aus einer höchst musikalischen Familie; sein Vater war Trompeter, und seine Mutter spielte Klavier, und als Duo begleiteten sie die Stummfilme in den lokalen Kinos. Nach Pete Welding erblindete Christian Sr. kurz nach dem Umzug der Familie nach Oklahoma, »und um die Familie zu ernähren, spielte er Gitarre und sang auf der Straße. Später gesellten sich seine drei Söhne noch seiner Straßenmusik bei, wobei Clarence Geige und Mandoline spielte, Edward akustischen Baß und Charlie Gitarre.« Nach allem, was man hört, war Charlie Christian der geborene Musiker. Er bekam in der Schule formalen Musikunterricht und nahm sich Lester Young zum Vorbild, den großen Tenorsaxophonisten, den Billie Holiday »Prez« getauft hatte in Anerkennung seiner hervorragenden Bedeutung. (Young war ein wesentliches Glied in der Count Basie Band jener Zeit. Wie Basie selber, kam auch er aus der Bennie Moten Band. Später wurde er die schönste Studiobegleitung, die Billie Holiday je gehabt hat und ein entscheidender Einfluß für Charlie Parker und die erste Generation der Bopsaxophonisten).

Christian experimentierte mit den Instrumenten seiner Eltern, Trompete und Klavier, herum, aber für das erstere war seine schwache Lungenkraft nicht geeignet, eine leise Vorwarnung auf die Tuberkulose, die ihn schließlich umbringen sollte. Sein Klavierspiel jedoch war mehr als ausreichend, ihm Arbeit am Ort zu verschaffen, wobei er auch weiter auf der Straße spielte. Als Christian vierzehn war, wechselten er und der dreiundzwanzig Jahre alte Aaron »T-Bone« Walter sich auf Gitarre und Baß ab und, nach Walkers Worten, »tanzten wir, ließen den Hut rumgehen und verdienten Geld. Wir hatten uns einen kleinen Tanz einstudiert, den wir dann vorführten.« Als sei das noch nicht genug gewesen, spielte er auch noch Baß in einer, dem Vernehmen nach, musikalisch geradezu abenteuerlichen Weise, überladen und funky, gewissermaßen ein Vorläufer von Duke Ellingtons jungem Virtuosen Jimmy Blanton (noch ein jugendlicher Wunderknabe, der starb, bevor er auch nur die Oberfläche seines großen Potentials geritzt hatte) und Charles Mingus. Mit fünfzehn spielte er Baß in Alphonso Trents Band – eine typische swingende, stompende Territory Band – und beide spielten und reisten unter mehreren Bandleadern, inklusive seines Bruders Edward. 1937 leitete er seine eigene Band – als Pianist – und dann traf er Eddie Durham, der damals mit der Top Band des Territoriums spielte, der von Count Basie.

Christians Leistung war so groß, daß Kritiker und Historiker oft versuchten, die Lilie noch mit der Behauptung zu vergolden, er sei der erste elektrische Gitarrist gewesen, der je aufgenommen habe. Zweifellos war er der einfalls- und der einflußreichste der frühen elektrischen Gitarristen, aber die Ehre, der erste gewesen zu sein, gebührt Eddie Durham. Ursprünglich Posaunist – er hatte in der Bennie Moten Band, dem Vorläufer von Basies Bigband und noch ganz eindeutig eine Territory Band, und bei Jimmy Lunceford am Posaunenpult gesessen – spielte er Gitarre als Zweitinstrument und wurde schließlich, wie Billy Stryhorn bei Ellington, die rechte Hand von Basie als Co-Arrangeur und Mitkomponist. (Später, Anfang der Vierziger, verließ Durham Basie und übernahm die lukrative Rolle als Arrangeur hinter den Kulissen für Glenn Miller. Weiße Bands, die keine schwarzen Musiker auf dem Bandstand präsentieren wollten, waren sehr erpicht darauf, an schwarze Arrangements zu kommen. Als Fletcher Hendersons bahnbrechende Band aus den Zwanzigern sich auflöste, kaufte Benny Goodman das »Bandbuch«: Hendersons Arrangements).

Die Begegnung mit Durham und die zwanglosen Instruktionen, die dieser ihm gab, veranlaßten Christian, seine anderen Instrumente beiseite zu legen und als Gitarrist wiederzuerstehen. Er grub die Gitarren aus Zigarrenkästen wieder aus, die er und sein Bruder sich als Kinder selbst zusammengebastelt hatten und seine, wie Durham sagt, »alte, vergammelte akustische 5 $-Gitarre«. Er kaufte sich eine Gibson ES-150 und einen Verstärker und fing an zu arbeiten.

Nicht ganz ein Jahr später war er wieder auf dem Bandstand. Er ging wieder zu Alphonso Trent, diesmal als Gitarrist, und ließ sich mit einem festen Engagement in The Dome, einem kleinen Club in Bismarck, North Dakota, nieder. Er wurde ganz schnell zur großen Sensation, so daß ein örtliches Musikgeschäft seine Auswahl an elektrischen Gibson-Gitarren mit der stolzen Reklame anpries, »wie sie Charlie Christian spielt!« Eine Siebzehnjährige namens Mary Osborne – selbst auch keine schlechte Jazzgitarristin, wie sich erweisen sollte – kam am Club vorbei und hörte da etwas, das wie ein Altsaxophon klang, von einem PA-System verzerrt. Drinnen entdeckte sie, daß es Charlie Christian war. Zurück in Oklahoma City, ging Christian mit einer eigenen Band in einen Club, der sich – ziemlich optimistisch – Ritz Café nannte. Er spielte da drei Abende in der Woche für die fürstliche Summe von 2,50 $ pro Mann und Abend, und da hörte ihn Mary Lou Williams. Das endete damit, daß sie ihrem Freund John Hammond Lobesarien über ihn sang.

Hammond mag ja zu spät gekommen sein, um das Ende der Laufbahn von Robert Johnson noch mitzukriegen, aber beim Start von Charlie Christian war er da. Kein Freund der elektrischen Gitarre, hatte Mary Lou Williams' Enthusiasmus sein Interesse doch so weit geweckt, daß er in Oklahoma City Halt machte – was zu der Zeit hieß, in Chicago und noch an einigen anderen, kleineren Orten das Flugzeug zu wechseln – auf dem vorgeschriebenen Weg nach Los Angeles, wo er ein paar Plattensitzungen seines Schwagers Benny Goodman leiten sollte. Er wurde abgeholt von »einem dieser schwangeren alten Buicks mit sechs Negern drin«. Sie brachten ihn in ein Hotel, in dem Charlies Mutter Zimmermädchen war, und dann von da zum Club, wo Hammond und Christian miteinander bekanntgemacht wurden. Der Gitarrist trug ein purpurnes Hemd und sehr enge, spitze gelbe Schuhe, aber sobald er die Gitarre angeschlossen hatte und loslegte, wußte Hammond, er war etwas – *jemand* – Außerordentlichem begegnet. Er rief Goodman umgehend an und überredete ihn, Christian nach Kalifornien einfliegen zu lassen – was gar nicht so einfach war – aber als Goodman einmal sicher war, daß die Sponsoren seiner Radiosendung schließlich die Kosten tragen würden, sagte er leicht widerstrebend zu.

Die erste Begegnung zwischen dem Klarinettisten und seinem zukünftigen Star war alles andere als vielversprechend. Mitten in einer hektischen Plattensession, die noch vor dem abendlichen Auftritt fertig werden sollte, stand Goodman plötzlich einer schmächtigen Erscheinung gegenüber mit einem Hut, einen sogenannten Fischteich, von ungeheurem Umfang und dem erwähnten purpurnen Hemd und spitzen gelben Schuhen – ganz zu schweigen von leuchtend grünem Anzug und dünner Krawattenkordel – im Gepäck einen Gitarrenkasten und einen Verstärker. Es wurde weniger ein Probespiel als ein Abservieren: Goodman forderte Christian auf, die Akkorde von »Tea For Two« zu spielen, ohne ihm zu erlauben, sich an den Verstärker anzuschließen. Aber so leicht gab Hammond nicht auf. Nach dem ersten Set im Abendprogramm hievten er und Artie Bernstein, der Bassist, Christians Verstärker auf den Bandstand und schlossen ihn an. Als Goodman auf die Bühne kam, fand er den Gitarristen vor, der auf ihn wartete. Er war absolut *nicht entzückt*. Dem Vernehmen nach war Goodman ganz schön einschüchternd, wenn er »Nicht Entzückt« war: er hatte dann ein bebrilltes Starren an sich, das erst nach der Erfindung des Laserstrahls seine Wirkung verlor. Indem er den Bandstand mit besagtem Blick überflog, rief er den Titel »Rose Room« auf, dem – da er nicht auf Bluesharmonien basierte – der »unmögliche Hinterwäldler« nicht gewachsen sein würde, wie Goodman glaubte. Ein paar Chorusse lang saß Christian da und hörte den Harmonien zu, die vorübersausten, dann drehte er das Volumen auf und legte los. Goodman fiel buchstäblich die Klarinette aus der Hand, als er einen atemberaubenden Chorus nach dem anderen von Christian schlucken mußte, der dann mit der unverkennbaren Überleitung zu Goodmans Wiedereinstieg aufhörte. Goodman und Christian wechselten sich dann fast eine Dreiviertelstunde lang ab mit Soli in der Art des »Kommste da noch mit?« – so will es jedenfalls die Legende – und danach war aus dem Benny Goodman Quintett ein Benny Goodman Sextett geworden.

»Er war nicht gerade die eindrucksvollste Erscheinung der Welt«, erinnert sich Goodman in einem Interview vierzig Jahre später, »er war zurückhaltend und reserviert, dünn, ziemlich scheu. Er lachte sehr gern. Aber, lieber Himmel, wenn der sich an die Gitarre setzte, ja dann war er plötzlich wer.« Mit anderen Worten, er benahm sich nicht anders als alle vernünftigen jungen Schwarzen aus den »Territories« zu der Zeit, wenn sie viel mit Weißen zusammen sein mußten. Er war weder aufmüpfig noch servil – weder ein übler Scheißtyp noch ein Onkel Tom – und er behielt seine Gedanken ganz entschieden für sich, aber er war ganz bestimmt nicht mehr zurückhaltend und reserviert, wenn er die Gitarre in Händen hatte. Barney Kessel – einer der herausragenden Jazzgitarristen der Generation nach Christian – erinnert sich an sein Erstaunen über das schiere Volumen und die Aggressivität von Christians Spiel, als die beiden zusammen jammten, damals, als Kessel erst sechzehn und in Ehrfurcht erstarrt war. »Ich hör mich eben gerne selber«, war Christians launige Erklärung.

Wenige Tage nach dieser ersten Begegnung spielte Christian mit Goodman im Radio landesweit. Mittlerweile zahlte ihm Goodman 150 $ die Woche, obwohl er nur selten mit der Goodman Bigband spielte. Der Klarinettist war bahnbrechend darin gewesen, schwarze Musiker in kleinen Gruppen wie seinem Quartett, Quintett und Sextett herauszustellen – Pianisten wie Count Basie und Fletcher Henderson und der große Vibraphonist Lionel Hampton waren alle einmal Gaststars und Solisten in seinen kleinen Gruppen gewesen, genau wie Duke Ellingtons Startrompeter Cootie Williams, der Meister des

Wah-Wah-Dämpfers – aber die Bigband, das war etwas anderes. Das hinderte jedoch nicht, daß Christian in seiner Zeit der einflußreichste Gitarrist Amerikas wurde.

Es ist schwierig, Christians Werk als voll ausgeformte, persönliche Vision aus den Platten herauszuhören, einfach weil er die meisten seiner Platten in diesen entscheidenden zwei Jahren als Sideman gemacht hat. Trotz der Tatsache, daß – wie Mary Osborne bezeugt – viele der Schlüsselphrasen und Melodien in Goodmans Titeln wie »Gone With What Wind« (Goodman und Lionel Hampton zugeschrieben) einfach nur Phrasen waren, die Christian mit den verschiedenen Bands in Oklahoma City und Bismarck gespielt hatte, war alles, was er oder ein anderer bei Benny Goodman spielte, im wesentlichen Benny Goodmans Musik. Goodman war einer der Titanen im Zeitalter des Swing, aber seine Inspiration kam im Kern aus New Orleans, von Sidney Bechet und anderen Alten Meistern der »Lakritzstange«; die Klarinette selbst war ein Instrument im Niedergang, das bald vom Sopransaxophon überschattet werden sollte. Goodman war ein hervorragender Musiker und ein höchst begabter Improvisator, aber es ist nun einmal nicht zu leugnen, daß er auf den Aufnahmen mit seinen eigenen kleinen Gruppen unweigerlich der ist, der am antiquiertesten klingt – und Christian am »modernsten«.

Wie die meisten Gitarristen jener Zeit, die ihre ersten Erfahrungen auf der akustischen Gitarre gemacht hatten (oder, Gott behüte uns, dem Banjo), hatte auch Christian das schnelle Spiel gepflegt. Das war nötig, weil die Töne auf der unverstärkten Gitarre nicht anhielten und schnell verklangen, und es gehörte zu den unverzichtbaren Grundlagen, daß man leicht und flüssig in Sechzehntelnoten spielen können mußte (d.h. vier Noten auf jeden Taktschlag, sechzehn Noten in einem ganzen Takt). Christians elektrische Gitarre machte es ihm möglich, eine Note viel länger auszuhalten als auf der akustischen (obwohl es ihm noch unerreichbar war, die Note so extrem in die Länge zu ziehen, wie es bei den Blues- und Rockgitarristen später geradezu zum Fetisch wurde), und es gab ihm einen beispiellosen Grad an Auswahl und Flexibilität in seiner Phrasierung. Sein Ton war voll und warm, aber nicht so ohne jeden Biß, wie der verschwommene Sound, den viele Jazzgitarristen nach ihm hervorbrachten (wahrscheinlich in Nachahmung von Saxophonisten wie Ben Webster).

Kritiker sind sich nicht einig über seine rhythmische Flexibilität – James Lincoln Collier wirft ihm in *The Making of Jazz* Steifheit vor, während Pete Welding und andere seine Fähigkeit bewundern, um den Beat herumzuphrasieren – aber alles in allem wirkte sein Spiel weich fließend, aber dennoch munter, witzig und urban, harmonisch seiner Zeit weiter voraus als die meisten seiner Kollegen, aber dennoch tief im Blues verwurzelt. Neunzehnhundertneununddreißig war das Jahr des Durchbruchs für die elektrische Gitarre; Les Paul, schon aus dem Rundfunk bekannt, nahm gerade mit elektrischer Gitarre auf, T-Bone Walker, Christians alter Mitstreiter aus Oklahoma City, hatte gerade mit Les Hite in Los Angeles »T-Bone Blues« aufgenommen, Eddie Durham spielte bahnbrechende Soli mit der Kansas City Five und Six ein und Charlie Christian war der anerkannte Champion.

Aber seine Ambitionen, sowohl künstlerisch wie persönlich, gingen weit über die Rolle hinaus, die er in den kleinen Goodman-Gruppen spielte. Amateuraufnahmen, die er in Minneapolis mit einer anonymen Band in einem Nachtclub gemacht hat, zeigen einen Christian, der sehr verschieden von dem ist, den man von den Goodman-Aufnahmen kennt. Er spielt frei und ungehemmt über den Harmonien der populären Standards, die die Musiker damals gewöhnlich als Vehikel für ihre Improvisationen nahmen – »Stardust«, »I Got Rhythm«, »Tea For Two« und so weiter – Christian spielt ausgedehnte Soli, die sich in harmonische Gefilde ergießen, die die Goodman Bands überhaupt nicht zur Kenntnis nahmen. Die »Stimme« seiner

Gitarre und seines Verstärkers ist dicker und rauher, so verzerrt und so scharfkantig wie die T-Bone Walkers oder der Gitarristen aus den Fünfzigern, wie B.B. King oder Chuck Berry. Der Unterschied zwischen diesen Aufnahmen und den Goodmanseiten ist der gleiche wie der zwischen einem Mann in seinem besten Anzug und mit seinem besten Benehmen auf einer Party, bei der er sich der Beziehung zu seinem Gastgeber nicht ganz sicher ist, und demselben Mann nur ein paar Stunden später in einer Bar in seiner eigenen Nachbarschaft, ein paar Drinks intus, Jackett aufgeknöpft, Krawatte gelockert, frei mit seinen Freunden redend. Es ist eine Schande, daß so viele seiner Nachfolger und Imitatoren ihren Sound nach dem geformt haben, den Christian im Studio produziert hat (wo sein Verstärker nicht einmal richtig aufgedreht war) und bei dem er schließlich mit Tönen einer geradezu schmerzhaften Sanftheit endet – statt des rauhen, vitalen, äußerst beredten Sounds, den er hervorbrachte, wenn er für sich selbst spielte.

Dennoch, trotz allen Erfolges und allen Einflusses als Mitglied der Goodman Band waren es seine außerplanmäßigen Aktivitäten, die am Ende die weitestreichenden musikalischen Konsequenzen hatten. Wann immer er in New York war, war sein zweites Zuhause der Bandstand in Minton's, einem Nachtclub in Harlem auf der 118. Straße. Geleitet von dem ehemaligen Bandleader und Saxophonisten Teddy Hill, der Trompeter wie Roy Eldridge und Dizzy Gillespie beschäftigt hatte, mit seiner Band durch Europa gereist, aber auch schon in den Zwanzigern mit Bessie Smith auf Tournee gewesen war, wurde Minton's im Handumdrehen bekannt als der Ort, wo Musiker »after hours«, nach dem Dienst also, zusammenkommen und spielen konnten. Da es nur sieben Block vom legendären Apollo Theater entfernt war, zog Minton's die Musiker der Spitzenklasse an, und es dauerte nicht lange, da war Christian einer der Stammgäste der Jams spät in der Nacht. Er kam gewöhnlich nach dem Goodman-Shows, noch schweißgebadet, zog Gitarre und Verstärker aus dem Taxi und begab sich auf den Bandstand. Mit der Zeit bekam er einen zweiten Verstärker, der fest auf der Bühne installiert wurde; ob nun Teddy Hill ihn in einer Geste der Freundschaft und Anerkennung gekauft hat, oder ob er ihn selbst erworben hat, darüber streitet man noch heute, aber eines wird allgemein anerkannt, nämlich, daß Minton's die Wiege dessen war, was später als »Bebop« bekannt wurde, und daß Charlie Christian im Minton's der King war.

Die Rhythm Section des Hauses bestand aus dem Drummer Kenny »Klooks« Clarke und dem zwanzig Jahre alten Pianisten Thelonious Monk. Seit 1937 hatte Clarke schon mit einer radikal neuen Behandlung des Schlagzeugs herumexperimentiert, bei dem die Funktion des Takthaltens von Bass- und Snare Drum auf die Becken überging und der Rest des Schlagzeugs dazu benutzt wurde, »Bomben fallen zu lassen« und andere Taktschläge mit den klappernden »Rim Shots« zu betonen, die ihm seinen Spitznamen gegeben haben. In der Tat gab Clarkes Drumstil dem Bebop möglicherweise seinen Namen: er schlug einen durchdringenden, metallischen »Rim Shot« - *klook!* - und dann folgte ein hallendes *mop*! auf der Bass- oder der Snare Drum. Von *klook-mop* zu *be-bop* war linguistisch nur ein kleiner Schritt. Monk war zur gleichen Zeit ein talentierter junger Stridepianist in der Kansas-City-Tradition von Basie und der Schule des Pete-Johnson-Boogie, aber sein knospender Radikalismus entzündete sich an den progressiven Akkorden und Harmonien, die Christian auf dem Blues und den abgeleierten Harmonien der Popstandards aufbaute. B.B. King z.B. schreibt Christian das Verdienst zu, den verminderten Akkord in den Blues eingeführt zu haben). Kombiniert mit den abenteuerlichen Rhythmen von Kenny Clarke ergab das eine intensiv herausfordernde Musik, die den unbedarften und einfallslosen Musiker direkt vom Bandstand runterfegen konnte. Clarke, Christian und Monk konnten den hämmernden, starren 4/4-Takt und die vier Akkorde von »I Got Rhythm« in etwas verwandeln, das zugleich abschreckend und erheiternd war.

Der Haustrompeter war Joe Guy, ein netter Kerl, dessen Position in der Jazzgeschichte mehr auf seiner späteren musikalischen und ehelichen Beziehung zu Billie Holiday beruht als auf seinen instrumentalen Talenten. Seine Soli dienten hauptsächlich dazu, Christian Zeit zu geben, seine Batterien wieder aufzuladen, bevor er *seine* nächsten ausgedehnten Improvisationen entfesselte.

Ehrgeizige junge Musiker wie Dizzy Gillespie und Charlie Parker standen Schlange, um zu jammen und spielten dadurch eine entscheidende Rolle in der Schaffung eines neuen Jazz, der sich mit den ökonomischen Trends verband und die Bigbands der dreißiger Jahre aus dem Verkehr zog, so daß nur die größten der Swingbands den Geschichtsbüchern einverleibt wurden. Die wenigen erhaltenen Aufnahmen erlauben uns einen kostbaren Blick ins Fenster dieser epochemachenden Sessions. Sie wurden von einem enthusiastischen jungen Amateur namens Jerry Newman mitgeschnitten, der einen Kabelrecorder nach Harlem schleppte, um Christian in Aktion einzufangen. Bedauerlicherweise bewunderte Newman zwar Christian und Dizzy Gillespie mit feuriger Intensität, aber sein Eifer erstreckte sich nicht auf Charlie »Yardbird« Parker, den unorthodoxen jungen Altsaxophonisten, der Gillespies Busenfreund war. Wenn »Bird« nach vorne ging, schaltete Newman den Apparat ab. Immerhin ist es Newman zu danken, daß wir überhaupt einen Eindruck davon bekommen, wie Christian klang, wenn er für sich selbst und seinesgleichen spielte und nicht für Goodman und dessen Publikum: er verband harmonische Kühnheit und Einfallsreichtum, die Markenzeichen des Bop, mit dem ausgeprägten Funk des Oklahoma Bluesman.

Die Bedeutung des Bop für die Entwicklung des Jazz ist kaum zu überschätzen: da genau begann alles, was man so locker als »Modern Jazz« bezeichnet. Die musikalische Revolution, die im Minton's auf den Weg gebracht wurde, mag als Forschungs- und Versuchslaboratorium begonnen haben oder als ein Mittel zur Auslese, wer spielen konnte und wer nicht, aber es endete als ein neues musikalisches Mittel der Verständigung: eine »Musik über Musik«. Sie nahm das Grundmaterial des Swing und des Blues und zerlegte es, und genau wie Kenny Clarke den 4/4-Takt auseinandernahm und neu zusammensetzte, so ordneten Christian, Monk, Parker und andere die Harmonien neu. Parkers berühmte Beschreibung, die er Nat Hentoff gegeben hat, wie ihn der kreative Prozeß zu etwas geführt hatte, was Cab Calloway und die alte Garde verächtlich als »Chinese Music« bezeichneten, kann so gut wie irgend etwas anderes die Radikalität des Bop schildern:

»Ich jammte gerade in einem Chililaden auf der 7th Avenue zwischen der 139. und der 140. Das war Dezember 1939. Also war ich all die stereotypen Harmonien, die damals immer gespielt wurden, einfach leid, und ich dachte immer, da muß es doch noch was anderes geben. Manchmal konnte ich es hören, aber spielen konnte ich es nicht. Nun, an dem Abend war ich gerade bei »Cherokee« (einer der Standardtitel der Ära) und wie ich so spielte, da fand ich, daß ich, wenn ich die höher liegenden Intervalle eines Akkordes als Melodieführung nehme und sie mit den dazu gehörigen passenden Übergängen unterlege, das spielen könnte, was ich im Ohr hatte. Da lebte ich auf... «

Wie so viele andere junge Musiker. Um die Art von musikalischen Zaubereien fertigzubringen, von denen Bird sprach, braucht es mehr als nur ein gutes Ohr, schnelle Finger und wenigstens ansatzweise die Fähigkeit, Noten zu lesen; alles das war den Musikern in den Swingbands geläufig. Bop erhöhte den Einsatz: ein Musiker benötigte nun einen geradezu beängstigenden Grad an Kenntnissen und theoretischem Wissen, wenn er auch nur verstehen wollte, was da auf dem Bandstand bei Minton's vor sich ging, ganz zu schweigen vom Mitmachen. Die Anforderungen dieser neuen Musik schufen eine neue Elite, die die nächsten fünfzehn Jahre den Jazz beherrschen sollte. Charlie Christian war der gegebene Mann, in vorderster Front dieser Elite zu stehen: er war sehr jung und entwickelte fast täglich seine Fertigkeiten weiter, er war durch und durch vertraut mit dem weiten Gebiet der Musiktheorie, die der Bop von seinen Ausführenden verlangte, und zu seiner großen Popularität bei Goodmans Popanhängern kam noch sein landesweiter Ruf als Amerikas erster Gitarrist. Es gab keinen Grund, warum - so wie sich der Einfluß des Bop ausbreitete - er nicht der Boss hätte bleiben sollen, wie er es war, wann immer er »Teddy's Hill« - die Bühne im Minton's - erstieg. Sein einziges Problem war seine Gesundheit. Gegen ärztlichen Rat erfüllte er nicht nur alle Verpflichtungen bei Goodman, sondern fuhr auch fort, »uptown« - in Harlem - aufzukreuzen und zu jammen. Das mußte schiefgehen.

Schon im Sommer 1940 - noch kein Jahr, nachdem er bei Goodman eingestiegen war - war er während eines Auftritts in Chicago hustend zusammengebrochen. Die Röntgenuntersuchung ergab einen Schatten auf einem Lungenflügel. Er hatte weder Goodman noch Hammond je etwas von seiner Tuberkuloseanfälligkeit gesagt, aber das ständige Unterwegssein machte sich bemerkbar, und seine Weigerung, es langsamer anzugehen, hatte die Dinge erheblich verschlimmert. Im Frühjahr 1941 war Christian ernstlich krank und wurde Patient in einem Sanatorium auf Staten Island. Loyale Freunde wie John Hammond, Teddy Hill und der Harlemer Arzt und Jazzfan Dr. Sam McKinney besuchten ihn regelmäßig, brachten ihm Hähnchen und Schokoladenkuchen und neue Platten, aber - sehr zu Charlies Kummer - von Benny Goodman hörte er nie. Leider hatten einige seiner *anderen* Freunde etwas abweichende Vorstellungen, was sein Wohlergehen betraf. Sie brachten ihm Marihuana und Alkohol mit und halfen ihm, zu Jams und Parties zu entwischen, so daß er weiter high werden und ein bißchen Sex mitkriegen konnte. In diesem Winter wurde aus der TB eine Lungenentzündung, und im Februar 1942 starb Charlie Christian. Er war zweiundzwanzig Jahre alt, war sieben Jahre Berufsmusiker gewesen, und nur ganze zwanzig Monate »auf der Szene«.

Begabte Menschen, die früh sterben, werden unweigerlich zum Brennpunkt romantischer Nekrophilie. Sie werden als Christus-Ersatz genommen, sterben für »unsere« kollektiven Sünden, und man stellt sie als zu schön und zu sensibel für dieses Leben hin. Ins Reale gewendet, sie sind entweder zu dumm oder sie haben Pech. Robert Johnson mag gestorben sein, weil er versuchte, den Teufel bei einem Handel übers Ohr zu hauen, oder - prosaischer - weil er zu verwegen und zu selbstsicher war, um sich darum zu kümmern, mit welcher Frau er sich einließ oder aus wessen Flasche er trank. Charlie Christian starb, weil das Leben eines Jazzmusikers in den späten Dreißigern einfach zu große Anforderungen an einen Jugendlichen mit der Neigung zu Tuberkulose stellte. Selbst dann hätte er überleben können, wenn er sich weniger angetrieben hätte, sich nach der Show warm eingewickelt hätte und ins Bett gegangen wäre, statt in seinen schweißnassen Kleidern nach Harlem zu rasen, um da in einem verräucherten Club auf den Bandstand zu klettern und noch ein paar Stunden länger zu spielen, wenn er früher ärztlichen Rat eingeholt hätte und das Risiko eingegangen wäre, seinen Job bei Goodman wegen einer Behandlung zu verlieren, die ihn für Jahre vom Reisen hätte abhalten können, oder wenn er die Regeln des Sanatoriums, in das er endlich ging, eingehalten und geduldig seine Gesundung abgewartet hätte. Aber er war jung und begierig und begabt mit erstaunlichen musikalischen Kräften: er war sowohl fest eingebunden in einer der führenden Bands der alten Garde als auch bei den heißen Jungtürken, von denen die nächste große Jazzwelle ausging. Er hätte vernünftig sein können, seine Energien konservieren, seine Gesundheit hüten und lange genug unter uns weilen können, um ein »Elder Statesman«, eine alte erfahrene Respektsperson, zu werden.

Am Ende bleiben uns nur Erinnerungen und »Was wäre gewesen, wenn« und ein paar Platten und Gerüchte: Legenden und Lügen. Alle diese jungen Sternschnuppen und Kometen endeten damit, daß sie sich und uns zerrissen: James Dean war ein verzogener Bengel und ein miserabler Autofahrer, Jimi, Brian Jones und Janis Joplin haben nur zuviel von den verdammten Drogen genommen (oder in Chuck Berrys Worten, »were proven wrong in taking too strong and rolling to long« - es zeigte sich, daß sie nicht recht daran taten, zu starkes Zeug zu nehmen und zuviel zu bumsen), Buddy Holly, Eddie Cochran, Richie Valens und Otis Redding hatten, schlicht und einfach, Pech. Aber eines haben sie alle gemeinsam, nämlich daß wir sie alle als jung in Erinnerung haben, in ihrer Jugend eingefroren, mitten in ihren furiosen Aktivitäten abrupt von allem abgeschnitten, liegengelassen in einem Berg unerledigter Dinge, künstlerisch wie persönlich, unvollständige Menschen, willkürlich im Verlauf eines unvollständigen Lebens angehalten.

Robert Johnson spielte den beredtesten und beschwörendsten Blues seiner oder irgend einer anderen Zeit. Charlie Christian schuf eine neue und expressive Stimme für ein Instrument in den Kinderschuhen, die elektrische Gitarre. Jimi Hendrix verkörperte und erweiterte die Errungenschaften beider... in nur wenigen kurzen Jahren.

»Misty blue and lilac too, never to grow old...«
    (Verhangenes Blau und auch der Flieder, sie werden nicht alt...)

                        Jimi Hendrix, »One Rainy Wish« (1967)

6

Blue Are The Life-giving Waters
Taken For Granted

Jimi Hendrix, der Bluesman

»Blues is easy to play, but hard to feel«
  (Blues ist leicht zu spielen, aber es ist schwer, ihn zu fühlen)
                                                    Jimi Hendrix

»The blues is real, it's not perverted or thought about, it's not a
concept. It's a chair, not a design for a chair, or a better chair,
or a bigger chair or a chair with lether on... it is the first chair.
It is chair for sitting on, not for looking at or being appreciated.
You *sit* on that music.«

  (Der Blues ist wirklich, er ist nicht gefälscht, nicht ausge-
dacht, kein Konzept. Er ist ein Stuhl, nicht der Entwurf für
einen Stuhl oder ein besserer Stuhl oder ein größerer Stuhl
oder ein Stuhl mit Leder... er ist der erste Stuhl. Er ist ein
Stuhl, um darauf zu sitzen, nicht zum Ansehen oder zum
Bewundern. Auf dieser Musik sitzt man).

        John Lennon in einem Interview mit *Rolling Stone* (1970)

»The blues are not wrote, the blues are lived.«
  (Den Blues schreibt man nicht, den lebt man).
  Johnny Shines in *Blues* von Robert Neff & Anthony Connor
                                                          (1975)

Was könnte, dem Anschein nach, leichter sein als der Blues?
Zwölf Takte, in drei Zeilen zu je vier Takten aufgeteilt, von
denen die zweite gewöhnlich die Wiederholung der ersten ist.
Drei Akkorde: der erste (auf der Tonika), der vierte (auf der

Subdominante) und der fünfte (auf der Dominante) der Tonleiter. Das heißt, wenn man in der Tonart E spielt, spielt man den Blues auf E, A, und H, oder in der Tonart C auf C, F und G. Einige pentatonische Tonleitern, eine in Dur und eine in Moll: jede umfaßt fünf Noten aus den üblichen acht der Oktave, von denen eine zwischen übermäßiger und erniedrigter dritter Stufe verwischt wird und eine zwischen übermäßiger und erniedrigter siebenter und auf diese Weise zu »Blue Notes« verzogen wird. Jeder, der ein Musikinstrument beherrscht (Gitarre, Klavier, Harmonika, Saxophon oder was auch immer), kann in verhältnismäßig kurzer Zeit lernen, etwas zu spielen, das wie Blues klingt.

Es wird etwas sein, das allerdings nur so *klingt* wie der Blues. Etwas zu spielen oder zu singen, das man als Blues *empfindet*, kann ein ganzes Leben dauern.

In Begriffen des Pop ausgedrückt, den Blues hat es schon immer gegeben, aber in den meisten veröffentlichten Abhandlungen wird sein Auftreten in erkennbarer Form irgendwo um die Jahrhundertwende herum angesetzt, zehn oder fünfzehn Jahre nach dem Aufkommen der Gitarre in Amerika und fünfzehn oder zwanzig Jahre vor dem Entstehen der Aufnahmetechnik. Grob gesagt, unterteilte er sich fast sofort in zwei Richtungen: eine urbane, überwiegend von Sängerinnen dargebotene, die hauptsächlich von Klavier und obligatorischen Blech- und Holzbläsern begleitet wurden, die andere ländlich, von Sängern entweder solo oder im Duo vorgetragen; sie begleiteten sich dabei gewöhnlich selbst auf der Gitarre oder der Harmonika, die allmählich die Geige ersetzte. Die Männer waren meist Wandermusiker, die deshalb als weniger »respektabel« und »gebildet« angesehen wurden als die Frauen, und der Country Blues war es auch, der sich in die rockende elektrische Combomusik der Nachkriegsjahre verwandelte.

Die Musik der Frauen zeigte bald eine größere Affinität zur Jazzwelt (eine Frau mit einer guten Stimme konnte von Jazz oder Pop bei weitem besser leben). Erst in den späten Dreißigern – im Schlepptau des großen T-Bone Walker – vereinigten die »progressiveren« unter den Sängern ihre Kräfte mit den Swingbands und taten sich sowohl als Instrumentalsolisten (am Klavier oder der elektrischen Gitarre) als auch als Bestandteil großer Bläsergruppen hervor. Von T-Bone Walker kamen B.B. King, Lowell Fulson, Clarence »Gatemouth« Brown und andere führende Gitarristen des Blues her, und in den Fünfzigern hatten Leute wie Otis Rush und Buddy Guy den Gitarrenstil nach King und nach Walker (die sich stark an den fortschrittlicheren Harmonievarianten der traditionellen Strukturen orientierten), in ein von Muddy Waters hergeleitetes Chicago-Idiom verschmolzen.

So wie Gospel (oder »Spirituals«, wie sie ursprünglich genannt wurden) die religiöse Musik des schwarzen Amerika im zwanzigsten Jahrhundert ist, Jazz seine klassische Musik und Soul und R&B seine Popmusik, so ist Blues seine Volksmusik. Natürlich ist das eine zu große Vereinfachung: der Versuch, lebendige Musik in ordentliche, wasserfeste Abteilungen zu verfrachten, ist ein Unding (höchstens als Wegweiser für Leute geeignet, die die Plattenläden duchforsten). Keine dieser Klassifizierungen – »Gospel«, »Jazz«, »Soul« und »Blues« – stellen eine homogene Musikform dar, und alle reden ständig miteinander, während der Rock an der Tür lauscht.

So gut, wie es in den ausgedehnten Gebieten des Blues mannigfaltige Strände gibt, gibt es auch unzählige Definitionen des Blues und noch mehr Aphorismen, die erklären, der Blues sei *dies* oder er sei nichts als *das*. Einige Definitionen sind musikalischer Natur und beschreiben die Form in Begriffen ihrer Rhythmen, Tonarten und Harmonien. Andere sind ethnisch-musikalischer oder historischer Art und folgen der Spur ihrer Elemente bis zu den verschiedenen Wurzeln in Afrika oder Europa. Einige sind ihrem Wesen nach politisch und sehen im Blues das kollektive Tagebuch der schwarzen Unterklassen in ihrem Kampf ums Überleben in einem rassistischen, kapitalistischen »Babylon«. Wieder andere sind erst einmal

emotional und halten am Konzept des Blues als einem See-
lenzustand fest: »If it ain't a sad song, it ain't the blues« –
wenn es nicht traurig ist, ist es kein Blues – darauf besteht
Robert Cray trotzig, der Doyen der jungen, zeitgenössischen
Bluesleute. Dann gibt es noch die psychologische Interpretation, die die reinigende, expressive Funktion der Musik in
den Mittelpunkt stellt. Die Soziologen rollen ihre Tische aus
und fahren über ihre Landkarten, um den Verlauf der Wanderungen vom ländlichen Süden in die großen Städte nach-
zuziehen. Und die Abteilung der Linguisten, um nicht zu-
rückzustehen, produziert ihre eigenen gequälten Textanaly-
sen der Country Blues-Dichtung. Das reicht, damit man sich
nach einem Haufen Little Walter-Alben und einer Flasche
Jack Daniels sehnt.

»Ich trenne eigentlich nicht [Eric] Dolphy von Sly [Stone] und
von [Thelonious] Monk und von [John] Coltrane, weil sie etwas gemeinsam haben, das sie alle aneinanderkettet, und das
ist der Blues. Der Blues ist es, der [Ornette] Coleman mit den
Temptations verbindet oder Hendrix mit Trane.«
    Vernon Reid von Living Colour in einem Interview mit der
Village Voice (1986)

Als Ergänzung zu diesen Bemerkungen fügte Reid 1988 Joe
Gore vom *Guitar Player* gegenüber noch hinzu: »Der Blues ist
wirklich mehr als nur eine Struktur, er ist ein echtes Gefühl.«
Natürlich hat er recht – genau wie die Befürworter all der
vorher zitierten Theorien in den Begriffen des von ihnen gewählten Gebietes recht haben – nur ist der Blues sogar noch
mehr als nur einfach »ein Gefühl«. Die emotionale Spannweite
des Blues ist so breit und so reichhaltig wie die jeglicher Kunst
oder Literatur, so weit ich sie kenne, und seine Qualität des
Ausdrucks ist größer als die der meisten. Wenn der Blues mehr
ist als nur ein soziologisches Phänomen oder ein Haufen Akkorde, Läufe und Tonarten oder eine Gruppentherapiesitzung

mit Gitarre und Alkohol, dann ist er ein Hinweis auf die Ausdrucks*qualität*, die im Instrument oder der Stimme zum Tragen kommen kann. Man sagt, kein Jazzmusiker, ganz gleich, wie groß sein musikalisches Wissen und Können auch ist, könne wirklich groß genannt werden, wenn er keinen Blues spielen kann, und während viele Bluesmusiker wirklich fabelhafte Techniker sind, so ist es doch nicht die Qualität der Ausführung, die den Meister vom bloßen Handwerker unterscheidet, sondern die Qualität des Ausdrucks.

Mit anderen Worten, beim Blues geht es mindestens so sehr um das *Wie* wie um das *Was*. Das »Wie« ist der bestimmende Faktor, der den echten, tiefen Soul vom geraden schwarzen Pop (mag er noch so »groovy« – so expressiv sein) und ernstzunehmenden Jazz sowohl vom Bargeklimper wie von den »Wer spielt wen an die Wand?«-Spielereien der Musiker trennt. Das »Was« ist vom Rock der Sechziger fast im Ganzen geschluckt worden, obwohl keiner der schwarzen Bluesmen (sogar bis zu B.B. King und Robert Cray einschließlich) von den immer wiederkehrenden Wellen der Popularität in irgend einer Weise finanziell etwas gehabt hätte, im Gegensatz zu den Weißen, die sie populär gemacht haben (bis zu Eric Clapton und ZZ Top einschließlich).

»Wenn ein junger B.B. King mit umwerfendem Talent heute hier zur Türe rein käme, müßte ich ihn wegschicken, denn das hat alles keine Zukunft.«

Calvin Carter, A&R-Mann (Artists and Repertory) für das Chicagoer Blueslabel Vee Jay in *Urban Blues* von Charles Keil
(1966)

»Die Art von Blues, die ich spiele. . . die bringt kein Geld. Man hat ein anständiges Auskommen, wenn man sich durchgesetzt hat wie ich, aber diese Geschichte mit einer Million Dollar über Nacht, Man. . . nichts da. Wenn man nur Blues spielt, dann ist es schwer, damit das große Geld zu machen. Es braucht Jahre und

Jahre, und dann kommen die Blagen immer noch an und fragen »Wer ist denn das?«
Muddy Waters in einem Interview mit dem Autor, *New Musical Express* (1977)

Was Howlin' Wolf einmal von Presley gesagt hat, das gilt auch für Jimi Hendrix, er »started off the blues. He made his pull from the blues« – er fing mit dem Blues an. Der Blues gab ihm den Anschub. Seine fundamentalen musikalischen Instinkte waren die eines Bluesman und wäre er auch nur fünf oder zehn Jahre eher geboren worden, wäre er höchstwahrscheinlich einer der »jüngeren Bluesleute« geworden. Das war, bis zum Auftreten von Robert Cray, die Bezeichnung, die die Kritiker gewöhnlich auf Leute wie Buddy Guy und Junior Wells anwandten. Sie wurden 1936 bzw. 1934 geboren, Glieder in der letzten Generation junger schwarzer Musiker, für die der Blues eine lebensfähige Möglichkeit für ihre Talente und ihren Ehrgeiz war. Woraus wir entnehmen können, wann genau der Blues aufhörte, der Ausdruck für das zu sein, was das schwarze Amerika als Ausdruck seiner selbst hören wollte.

Guy und Wells waren Südstaatler von Geburt und emigrierten in den Fünfzigern nach Chicago, in den Fußstapfen von Tausenden von Schwarzen, die Mississippi, Alabama, Louisiana oder Georgia verlassen hatten, um in eine der großen Städte zu gehen, die alle blühende und sichtbare musikalische Zentren waren. Chicago, St. Louis, Detroit, Los Angeles und Houston waren zu der Zeit die Bastionen des Blues außerhalb der Südstaaten, und in den Kneipen und Theatern im Ghetto gastierten die großen reisenden Bluesrevuen, vom eigenwilligen Blues des Mississippi-Deltas eines Muddy Waters oder Howlin' Wolf bis zum Jump und Swing der Blechbläserbands des geschliffeneren B.B. Kind oder Bobby »Blue« Bland. Der Blues lag der ersten Generation der Südstaaten-Emigranten noch sehr am Herzen, die die »Arbeiterklasse« in den schwarzen Gemeinden der Großstädte bildeten, aber Ende der Fünfziger betrachtete die große Mehrheit der jungen, in der Großstadt aufgewachsenen Schwarzen diese Musik als einen Anachronismus. Muddy Waters beschreibt, wie es den älteren Bluesleuten, deren Wurzeln noch im ländlichen Bereich lagen, erging: »Ich bin aus dem tiefsten Mississippi, vom Lande«, erzählte er mir 1977. »Ich spiele Musik vom Baumwollfeld, vom Maisfeld, aus der Fischbraterei. B.B. und Albert [King] sind ein anderer Stil, sie bewegen sich in einer höheren Klasse von Leuten, mehr Mittelstand – damals wenigstens. Jetzt spricht man die Schwarzen direkt an, denn den Weißen ist das völlig egal, sofern sie einen mögen. Das ist sehr höflich ausgedrückt. Weiße haben traditionell wenig Augen oder Gespür für kulturelle oder Klassenunterschiede innerhalb der schwarzen Gemeinden. »Bei mir kommen [weiße] Ärzte und alle sowas vorbei«, fährt er fort. »Ärzte, Rechtsanwälte, vielleicht sogar ein Richter lassen sich da manchmal blicken.

Aber damals nahmen die Clubs lieber B.B. als mich, denn dann kamen mehr Leute mit Schlips und Kragen, um ihn zu sehen. Sie wollten alle *gebildet* sein, sie sagten immer, sie gäben nichts um den »Deep Blues«, wie Wolfe und ich ihn spielten, John Lee Hooker oder vielleicht auch Ligthnin' Hopkins. Was soll's, man kann es nicht jedem recht machen... Was macht mir das schon? Als ich damals nur für Schwarze gespielt habe, da hatte ich das Haus immer voll. Man konnte nicht einmal mehr *rein*kommen. Ich brauchte keine Leute mit Schlips und Kragen, wenn Sie wissen, was ich meine.

»I hate down-home – it's so embarrassing.«
(Ich hasse den ländlichen Süden – er ist so peinlich.)
Ein ungenanntes Mitglied der Four Tops, zitiert von
Jonathan Green in *The Book of Rock Quotes*

Für Hendrix war das keineswegs so. Wie sein Erbe Prince, der im weißen Minneapolis groß wurde, kam er aus einer Umgebung ohne sichtbare schwarze Bevölkerung; wie schon vorher festgestellt, fehlte in Seattle eine einheimische schwarze Musikszene, und so kamen Hendrix' erste musikalische Einflüsse aus der Plattensammlung seines Vaters und aus dem Radio. Trotzdem hatte der Blues, selbst mitten in der Melange von Musikarten, die über die Ätherwellen zu hören war, eine unmittelbare Wirkung auf ihn, wie er der *Rolling Stone* erzählte:

»Wenn ich oben war, wenn die Erwachsenen ihre Parties feierten, und Muddy Waters, Elmore James, Howlin' Wolf und Ray Charles hörten, dann schlich ich mich nachher runter und aß Potato Chips und rauchte Kippen. Dieser Sound, der war wirklich – nun, nicht schlimm – nur so wuchtig. Der erste Gitarrist, der mir auffiel, war Muddy Waters. Ich hörte eine von seinen alten Aufnahmen, als ich noch ein kleiner Junge war, und sie erschreckte mich zu Tode, weil ich da alle diese Klänge drin hörte. Wow, was war das eigentlich? Es war großartig.«

Muddy Waters, der Pate des Chicago Blues, emigrierte 1943 aus Mississippi nach Chicago. Er bekam einen Job in einer Papierfabrik, verdiente aber bald mehr Geld mit seiner Gitarre, als er für die heimwehkranken, verpflanzten Südstaatler den »Downhome Delta Blues« in den lärmenden, vollen Kneipen der Chicago Southside aus sich herausschrie. Der Schritt hin zum Verstärker war nur klein, aber notwendig, und im Anschluß an seine erste Hitplatte – »I Can't Be Satisfied«, aufgenommen 1948 für das Label Aristocrat, das dann bald zu Chess wurde – formierte er die Band, die aller Wahrscheinlichkeit nach die erste voll elektrische Bluescombo war. Zu einer Zeit, als die »Elektrizität« der Rockabilly-Seiten, die Sam Phillips gerade in Memphis aufnahm, sich auf die elektrische Leadgitarre und ein unregelmäßig eingeworfenes Echo beschränkte, leitete Muddy Waters die erste echte Rock and Roll Band der Welt. Sein reicher, volltönender Bariton und seine durchdringende, schneidende Slidegitarre traten mit fester Körperlichkeit und greifbarem Gemeinschaftsgefühl an die Stelle der dämonischen, geisterhaften Einsamkeit des Country Blues; traditionell eine Musik der Einzelgänger und Rastlosen, wurde der Delta Blues von Waters in eine kollektive, bodenständige Erfahrung verwandelt.

Er wurde als McKinley Morganfield am 4. April 1915 in Rolling Fork, Mississippi, geboren; sein Lehrer war Son House, seine Inspiration Johnson. Er seinerseits wurde wieder zum Lehrer und zur Inspiration. Seine Band brachte eine zweite Welle von Chicagoer Bluesstars auf den Weg, einschließlich des Gitarristen Jimmy Rogers, der Harmonikaspieler James Cotton, Junior Wells, Walter Horton und – des größten von allen – des Virtuosen und Innovators »Little Walter« Jacobs. Little Walter, der 1967 in einer Schlägerei auf der Straße starb, gab der Harmonika den tonalen und harmonischen Reichtum des Tenorsaxophons und dazu noch eine ebenso visionäre Vorstellung von den Möglichkeiten eines Verstärkers wie Hendrix selber. Seine Stärken waren seine hochfliegende Phantasie und sein überempfindliches Ohr; seine Schwächen waren der Alkohol und die Anforderungen eines stark entwickelten Egos. Selbst ein Jahrzehnt nach Little Walters Tod sprach Waters noch mit einer Intensität von ihm, als hätte er ihn gerade erst verloren und verglich ihn mit Charlie Parker, John Coltrane, Billie Holiday... und Jimi Hendrix. »Oooooooo Mann, er war ein zweiter Robert Johnson. Solche Leute findet man nur sehr selten. Ja, Mensch, solche Leute... denen begegnet man nicht allzu oft. Die sind damit *geboren*.«

Waters verhalf Chuck Berry zu seinem ersten Plattenvertrag, er erlaubte auch bei seinen Plattensitzungen und in seiner Aufnahmezeit Roger und Little Walter, ihre eigenen Plattenseiten zu machen. Wie Miles Davis, lehrte auch er die anderen, zu führen. »Ich hatte viele Leute in meiner Band. Deswegen glaube ich auch, daß ich viel mehr für die Bluesleute getan habe als je einer vor mir. Ich habe sie in meine Band genommen und aus ihnen gute Bluesstars gemacht.« Und als die jungen Weißen dann ankamen, adoptierte er die auch. Paul Butterfield, Nick Gravenites, Jonny Winter in Texas, Eric Clapton in London: sie alle wurden seine »Söhne«.

Jimi Hendrix machte ebenfalls eine Wallfahrt, um zu Muddys Füßen zu sitzen; damals, als er noch ein Wandermusiker war, maschierte er ins Chess Studio in Chicago und fand den großen Mann bei einer Session mit seiner Band. Hendrix führte etwas von seiner neuzeitlichen Gitarrentechnik vor und bekam für seine Mühen eine wohlwollende, verblümte Lektion über die Fallstricke, in denen sich der verfängt, der sich zu weit von der Tradition entfernt. Jahre später, als regierender Superstar, stieg er mal bei Muddys Beinahe-Zeitgenossen und ewigem Rivalen, Howlin' Wolf, ein und bekam in aller Öffentlichkeit einen wilden Anpfiff von dem alten Mann, der das Wah-Wah-Pedal mit ungefähr der gleichen Wärme und Zuneigung betrachtete, wie sie Yitzhak Shamir für Yassir Arafat empfindet. Exzentrisches, das Waters oder Wolf bei Bloomfield oder Clapton toleriert hätten, nahmen sie von Hendrix nicht hin. Die waren schließlich Weiße und konnten es nicht besser wissen. Hendrix war ein Mitbruder, und von ihm konnte man erwarten, daß er die Regeln kannte.

Wolfs Abscheu vor dem neuen psychedelischen Blues war jedoch verständlich. 1968 hatten Chessmitarbeiter, die ihre »Downhome«-Bluesleute nacheinander als Rock and Rolles und Folksinger vermarktet hatten (je nachdem, welcher Poptrend in dem gegebenen Moment gerade dominierte), Wolf und Waters zu Aufnahmen in die Studios geschickt, die sie gerne für »psychedelische« Versionen ihrer größten Hits halten wollten. Waters *Electric Mud* erwies sich als eine Scheußlichkeit, und *Howlins' Wolf's New Album* war noch schlimmer. Das Cover behauptet in großen roten Buchstaben: »Dies ist Howlin' Wolfs neues Album. Er mag es nicht. Er mochte auch erst seine elektrische Gitarre nicht.« Wolf – als Chester Burnett 1910 in West Point, Mississippi, geboren, – war ein querköpfiger alter Mann, er erhob wütende Einwände sowohl gegen den Plattentext wie gegen die Musik; er hatte sich den elektrischen Instrumenten mit großem Enthusiasmus zugewandt und hatte in den frühen Fünfzigern in der Tat die erste voll elektrische Bluescombo in West Memphis geleitet. Das Album präsentierte Wolf und eine Gruppe von Sessionmusikern aus Chicago, dabei auch Wolfs eigener Leadgitarrist Hubert Sumlin, die nun die sonderbare Aufgabe hatten, junge Musiker zu imitieren, die angefangen hatten, indem sie *sie* imitierten – und machten das sehr kümmerlich. Die alten Verzerrer, von Sumlin und den anderen (unter ihnen Pete Cosey, der später, auf Miles Davis' 1975er Album *Agharta*, einige erstaunliche Gitarrengeräusche aufnahm) immer wieder benutzt, um die übersteuerten Gitarrenklänge, die Clapton, Hendrix und ihre Nachahmer hervorbrachten als Antwort auf Freddie Kind, Sumlin und *deren* Zeitgenossen, klangen am Ende wie eine Mücke in der Streichholzschachtel. Mit einem Sinn für Publicity, der Presseagenten dazu bringen kann, sich die Pulsadern aufzuschneiden, erzählte Wolf jedem, der es hören wollte, daß das Album »der letzte Scheißdreck« sei. Wahrscheinlich legte er die ganze widerwärtige Geschichte Hendrix zur Last.

Als der Markt bei den Schwarzen für den »Downhome Blues« schwächer wurde und die alten Meister Unterstützung bei dem sich neu entwickelnden weißen Publikum suchten, verzweifelten sie, und das nicht nur gelegentlich, an den sich widersprechenden Anforderungen, die ihr neues Publikum an sie stellte. Als der Blues im Gefolge des Folkbooms in die Campusclubs und Konzerthallen einzog, erwartete man von versierten, intelligenten Entertainern wie Big Bill Broonzy, die schon seit Jahren elektrische Instrumente gespielt und gute Anzüge getragen hatten, daß sie in den Overalls der Landarbeiter aufkreuzten und alte akustische Gitarren spielten. John Lee Hooker, ein Auswanderer aus dem Delta, der sich in Detroit niedergelassen und eine Serie von schwer mit Hall beladenen Blues-Hits eingespielt hatte, die vor Elektrizität knisterten, löste das Problem, indem er verschiedene Auftrittsarten für verschiedene Umgebungen entwickelte. Für einen schwarzen Club zog er einen Anzug an, kam mit einer Band, die zur Eröffnung ein Medley der gängigen Soul-Hits spielte und spielte seine elektrische Gitarre; für die weißen »Folkies« zog er sich schlechter an, brachte eine akustische Gitarre und spielte solo. So veröffentlichte er nebeneinander schwungvolle, rockige Singles mit City-Blues für die Firma Vee Jay in Chicago und akustische »Folk Blues«-Alben für das Jazzlabel Riverside in New York.

1958 bekam Muddy selbst auf seiner ersten britischen Tour einen bitterbösen Empfang, als seine wilde elektrische Gitarre und Otis Spanns verstärktes Klavier die elektrikfeindlichen Jazzkritiker aus dem Konzertsaal trieb. Na, hören Sie, beklagten sie sich, das ist doch keinen Deut besser als dieses miese Rock and Roll-Zeug. Sechs Jahre später kam er zurück – in der Hand die akustische Gitarre – mit einem speziell einstudierten Repertoire von Delta-Titeln aus der alten Zeit, nur um zu sehen, daß das ganze Land von Gruppen wimmelte, die nach seinen Titeln benannt waren (The Rolling Stones, David Bowies Manish Boys, The Mojos) und das Publikum voll von Halbwüchsigen und Kunststudenten, die nach den Songs schrieen, die sie zuerst bei den Auftritten der Yardbirds, Manfred Mann oder der geheiligten Stones gehört hatten. Immerhin befähigte Muddy Waters' gebieterische Erscheinung und streng blickende Autorität ihn, mit müheloser Nichtachtung über jede Vorstellung der kleinen weißen Dummköpfe davon, wie seine Musik klingen müßte, oder – was das betrifft – von der Breite seiner Rockaufschläge, hinwegzugehen. Andere R&B-Veteranen waren nicht so glücklich. »Es lag eine Ironie darin«, sagte Pete Townshend, »daß sie alle so bemitleidenswert aussahen, John Lee Hooker in seinem karierten Jackett mit seiner Kabarettnummer, die er immer noch macht. Irgendwie waren sie nicht fähig, den Quantensprung, den wir gemacht hatten, nachzuvollziehen. Hendrix konnte es... und er ging uns weit voraus.«

Hooker, Waters, Jimmy Reed, Sonny Boy Williamson ritten auf der Welle, die als »Rhythm and Blues« bezeichnet wurde, aber der Begriff »Rhythm and Blues« erfuhr in England und den USA völlig verschiedene Definitionen. Ursprünglich von dem Produzenten und Mitarbeiter bei Atlantic Records, Jerry Wexler, aufgebracht, bedeutete er einfach schwarze Popmusik: jegliche Musik, die in erster Linie für die und von den schwarzen Gemeinden produziert wurde. Die englische Definition meinte hingegen alles, was von den Rolling Stones und den Bands, die in ihrer Nachfolge zu mehr oder weniger großem Ansehen gekommen waren, dargeboten wurde. Britische R&B war eine lose Mixtur von Chicago Blues, dem Rockabilly der Fünfziger und dem Soul der frühen Sechziger. Das frühe Repertoire der Stones borgte von der ersten Generation der elektrischen Country Bluesmen wie Muddy Waters (»I Just Wanna Make Love to You«, »I Wanna be Loved«, »I Can't be Satisfied«), Jimmy Reed (»Honest I Do«) und Slim Harpo (»I'm a King Bee«), dem Rock and Roll des Pioniers Chuck Berry (»Come On«, »Bye Bye Jonny«, »Carol«, »Down the Road Apiece«, »Around and Around«, »Confessin' the Blues«, »You Can't Catch Me«), Buddy Holly (»Not Fade Away«), The Coasters (»Poison Ivy«) und Bo Diddley (»Mona«), frühen Motown (»Money«, »Can I Get a Witness«, »Hitch Hike«) und den üppigen Bekundungen der Nach-Gospelzeit von Wilson Pickett (»If You Need Me«), Otis Redding (»That's How Strong My Love Is«), Irma Thomas (»Pain In My Heart«) und Solomon Burke (»Everybody Needs Somebody to Love«).

Was all diesen Quellen gemeinsam war, war die Betonung auf dem Ensemblespiel; die Stones zeigten wenig Interesse an der Bluesrichtung, die von T-Bone Walker herkam und vertreten wurde durch einsam strahlende Solisten wie B.B. King, Albert King und Freddie King oder die Schule der Chicagoer »West Side« von Buddy Guy, Otis Rush oder Magic Sam. Der einzige englische Gitarrist, der sich diese Einflüsse kreativ zunutze machen (oder sie sogar mit Erfolg nachahmen) konnte, war Eric Clapton, der aus den Yardbirds, die nur ein Rolling Stones-Ersatz nach Art der Pretty Things waren (die ihrerseits wiederum wie *Spitting Image*-Puppen der frühen Rolling Stones erschienen), auf die Schnelle eine Plattform für seine verblüffend flüssige und aggressive Solistik machte. Das Ergebnis war zwiefältig: einmal wurde das Leadgitarrenspiel als sportliches Ereignis zum Fetisch erhoben (wer war schneller, lauter und waghalsiger?), zum anderen trat schnell ein Riß auf zwischen den Progressiven (die R&B zur Grundlage für immer vielschichtigeren und exzentrischeren Pop machten) und den Puristen (die um jeden Preis Authentizität anstrebten und jede Entfernung vom Evangelium nach ihren jeweils favorisierten Bluesmen als Blasphemie betrachteten). Eine Demonstration für die wechselnden Zugehörigkeiten, wie man sie sich besser nicht wünschen kann, war es, daß Clapton zunächst die immer »progressiver« werdenden Yardbirds verließ (er wurde durch den blendend spektakulären und verblüffend vielseitigen Jeff Beck ersetzt), um sich 1965 den ernsthaft »puristischen« Bluesbreakers von John Mayall anzuschließen, die er im folgenden Jahr wieder verließ, um die »progressiven« Cream zu gründen.

Milde ausgedrückt, hatten die Puristen einige bemerkenswert enge und dogmatische Vorstellung davon, was die wahre »Authentizität« ausmachte; verglichen damit war die Albanische Kommunistische Partei eine offene, liberale Organisation. Zu den Dingen, die ihnen mißfielen, gehörten: jegliche Konzessionen an »Unterhaltung« oder die »Bühnenshow«, an solche »kommerziellen« Beigaben wie Bläsergruppen. »Kommerziell« war im Lexikon des Puristen die tödlichste Beleidigung, obwohl die Chicagoer Bluesplatten der Firmen Chess und Vee Jay so kommerziell waren, wie Künstler und Produzenten sie nur machen konnten. Die britischen Bluespuristen meinten es verzweifelt ernst, »Fun« war konterrevolutionär. Ihre Musik war ausschließlich durch Platten entstanden und durch Begegnungen mit reisenden amerikanischen Bluesleuten, die in den meisten Fällen ältere Musiker waren, wie Muddy Waters, Sonny Boy Williamson und Jimmy Reed. Man mag kaum daran denken, was sie zu T-Bone Walkers Repertoire von Schaueffekten (in den Spagat gehen und die Gitarre hinter dem Kopf spielen) gesagt hätten, B.B. Kings ausgedehnten, pastoralen Monologen über häusliche Beziehungen, Buddy Guys Begeisterung dafür, die Gitarre mit einem Taschentuch, einem Mikrophonständer, oder was immer gerade zur Hand war, zu spielen, oder zu der altvertrauten Routine, ins Publikum zu springen und am Ende eines Dreißigmeterkabels furiose Soloeinlagen hinzulegen (ein beliebter Trick von Buddy Guy und Guitar Slim). Wenn wir schon einmal dabei sind, sie hätten wahrscheinlich einen kollektiven Herzanfall gekriegt, wären sie mit den Darbietungen des legendären Charlie Patton, Howlin' Wolfs ursprünglichem Vorbild, aus den zwanziger Jahren konfrontiert worden, eines Gitarristen, der seine akustische Gitarre gewöhnlich in einer Weise herumwirbelte, die stark an Guitar Slim, Johnny Guitar Watson und Hendrix selber erinnerte. Patton war bekannt dafür, daß er seine Gitarre hinter dem Kopf oder dem Rücken spielte, sie in die Luft warf und wieder auffing oder so tat, als ritte er sie wie einen Maulesel, alles Tricks, die sein Publikum begeisterten. Er hatte Glück, daß er nicht lange genug lebte, um solche Dinge beim Newport Folk Festival zu veranstalten.

B.B. King seinerseits arbeitete unfehlbar immer mit einer Bläsergruppe: selbst in seinen magersten Jahren, als er sich auf eine Fünf-Mann-Begleitung beschränken mußte, waren zwei davon Bläser – aber noch 1966 konstatierte der unnachgiebige Mayall in dem Plattentext für *A Hard Road*, »Ich finde, [Bläser] sind bei manchen Nummern von Vorteil, aber ich möchte allen meinen Anhängern versichern, daß ich nicht die Absicht habe, die Bluesbreakers in Zukunft zu erweitern, außer für Plattenaufnahmen.« (Schon 1967 engagierte er eine Gruppe von drei Blechbläsern, aber das Leben ist ja voll von kleinen Treulosigkeiten). Unnötig zu erwähnen, daß die Bluespuristen Motown als eine Musik für beschwipste Mädchen ansahen und den schmetternden Funk von Stax und Atlantic für unerträglich vulgär, was ein Witz ist, wenn man bedenkt, daß der »echte Soul« gegenwärtig gerade von einigen der Leute zum Fetisch gemacht wird, die ihn damals für »kommerziell« und revisionistisch gehalten haben; »Authentizität« klammerte sich mehr an den Buchstaben des Blues als an seinen Geist, und noch dazu an eine sehr verzerrte Ansicht über besagten »Buchstaben«.

»Können Sie sich einen von Briten komponierten R&B-Titel vorstellen? Der käme gar nicht erst hoch.«
Mick Jagger (1963, kurz bevor den Rolling Stones klar wurde, wieviel Geld die Beatles verdienten und sie dann anfingen, ihr eigenes Material zu schreiben).

»Wir waren Bluespuristen, denen die kommerziellen Sachen immer sehr gefielen, aber wir haben sie nie auf die Bühne gebracht, eben weil wir so fürchterliche Bluespuristen waren und uns dessen auch durchaus bewußt, wenn Sie wissen, was ich meine.«
Mick Jagger in einem Interview mit der *Rolling Stone* (1968)

»Authentizität« hieß also eher eifrige Imitation der vokalen und instrumentalen Manierismen als die emotionale Authentizität, ohne die der Blues nur eine befremdliche Variante des gewöhnlichen Rock ist. Aus irgendwelchen unerfindlichen Gründen, die möglicherweise mit regionalen Unterschieden in der Aussprache der Vokale zusammenhängen, kamen die »authentischsten« unter den britischen Imitatoren schwarzer amerikanischer Sänger aus dem Norden und aus Mittelengland (Eric Burdon von den Animals kam aus Newcastle, Stev(i)e Winwood von der Spencer Davis Group aus Birmingham und – ein bißchen später – Joe Cocker aus Sheffield), während die Brutstätte der britischen Neo-Bluesgitarre London und die umliegenden Grafschaften war (Eric Clapton, Jeff Beck und Jimmy Page kamen alle aus Surrey, wahrscheinlich der Grafschaft mit dem solidesten Großbürgertum der gesamten Nation).

Clapton war neben allem anderen die Figur, die die beiden getrennten Wellen des R&B in Großbritannien miteinander verband. Als Gitarrist bei den Yardbirds war er ein Teil des »R&B-Booms« nach den Stones, der sich in erster Linie auf Chuck Berry, Bo Diddley, Muddy Waters, John Lee Hooker, Howlin' Wolf und Jimmy Reed konzentrierte, aber in seiner darauf folgenden Periode bei John Mayall wurde er zur Speerspitze des »Blues-Boom« von 1967 und danach, der sich viel intensiver auf das Gitarrensolo stützte und sich daher mehr an die drei Kings anlehnte (B.B., Freddie, Albert), an Otis Rush und Buddy Guy. Als Zentralfigur und Zugnummer von Cream genoß er fünf oder sechs Monate lang den Status als unumstrittener König des psychedelischen Neo-Blues, der ihm blieb, bis Jimi Hendrix in die Stadt kam.

»Sicherlich spielte Hendrix Delta Blues – nur mag dieses Delta auf dem Mars gelegen haben.«

Tony Glover in Rolling Stone (1971)

Es gibt eine Menge Gründe dafür, warum sich die meisten Leute die Platten, die Jimi Hendrix gemacht hat, bevor er nach London kam, gar nicht erst anhören. Der erste und überzeugendste ist der, daß die meisten furchtbar klingen; die Aufnahmequalität ist bestenfalls mäßig, im schlimmsten Falle eine Schande, und es grenzte an Schmeichelei, wollte man sagen, die große Mehrheit der Musiker, mit denen Hendrix da auftritt, seien mehr als Mittelmaß gewesen. Der zweite ist der, daß die Verpackung des Gros dieser prähistorischen Seiten ungeahnte Höhen an Unaufrichtigkeit und Täuschung erreicht: ein Set von New Yorker Demosessions kommt in einer Schmuckbox von vier Platten daher mit dem Titel *The Genius of Jimi Hendrix*, während der Plattentext von *Guitar Giants Volume I* (ein willkürlicher Zugriff auf die Titel von 1965/1967 von Ed Chalpin/PPX, die in Deutschland bei einer Firma unter dem passenden Namen Babylon Records herausgekommen sind) die Behauptung aufstellt – mit wahrhaft atemberaubender Chuzpe – daß »der Jimi Hendrix Sound ursprünglich von Ed Chalpin kreiert worden sei... man habe gehört, Jimi sei bei den Aufnahmen sehr unglücklich darüber gewesen, wie die Dinge nach der Session weitergegangen seien und... dieses Album war und ist das letzte mit den Aufnahmen von Jimi, die so produziert worden sind, wie er es wollte.« Es ist kein Wunder, daß jemand, der eines dieser Alben spontan kauft, bestimmt nicht wiederkommt, um noch mehr davon zu holen, besonders wenn ihm Hendrix' Ruf vertrauter ist als sein Werk.

Immerhin kann es ein äußerst instruktives Unterfangen sein, durch den Morast von Hendrix' New Yorker Veröffentlichungen zu waten, wenn auch nur hier und da erfreulich, einfach weil es uns einen ziemlich verläßlichen Hinweis darauf gibt, was für ein Musiker er war, bevor ihn Linda Keith und Chas Chandler entdeckten. Unter anderem demonstriert es ziemlich unwiderleglich, daß Jimi Hendrix alles, was er über das Vokabular der modernen Bluesgitarre wissen mußte, bereits gelernt hatte, als er dreiundzwanzig war. Verstreut unter dem ganzen Brei sind eine Handvoll Darbietungen, die eine voll entwickelte und individuelle »Stimme« zeigen, tief in die reichsten Säfte der Nach-T-Bone-Tradition getaucht und ruhelos bemüht, dann schöpferisch zu werden. Von B.B. King hatte Hendrix gelernt, lange, weiche, elegant fließende Linien zu bilden, von Buddy Guy übernahm er scharfzackige, zornige, aufspritzende Klumpen von Noten, von Albert Collins und Albert King erbte er eine wütende, zuschnappende Attacke auf den bestimmenden Anschnitt einer Note und von Bo Diddley den Eifer, beides einzubeziehen, die elektronischen Effekte und die »häßlichen« Geräusche, die die meisten Gitarristen sich so sehr auszumerzen bemühen, wie etwa das Kratzen und Schaben des Plektrums, das über die Drahtwindung der tieferen Saiten scheuert. Weiter war er durchaus fähig, zurückzugehen zu den frühesten Elektrifizierungen im ominösen Gebrumme und Gepoltere des Mississippi Delta Blues und die rollenden Riffs der Baßsaite bei Waters und John Lee Hooker in die modernen Stilformen hineinzunehmen.

Am wichtigsten aber war es, daß er einen persönlichen Ton und einen Klang entwickelt hatte, der nur ihm eigen war, einer, der nicht von irgendwelchen Zubehörteilen abhing, die er in späteren Jahren so erfindungsreich anzuwenden wußte. Keine »Fuzz Box« (Verzerrer), kein Wah-Wah-Pedal, keine Türme von riesigen Marshallverstärkern mit hoher Leistung, nicht einmal den Tremoloarm der Fender Stratocaster, mit dem er die schwingenden, schleifenden Effekte der großen Bottleneck-Gitarristen wie Muddy Waters oder Elmore James verdoppelte. Mit einem alten Fender-Verstärker und einer Fender-Duo-Sonic-Gitarre (einem billigen Schülermodell mit kurzem Griffbrett, ohne Tremolo und zwei einfachen Pick-ups) bewies er die Gültigkeit des alten Gitarristensprichwortes, daß letzten Endes der Sound des Musikers aus seinen Fingern kommt, ganz gleich, welche Instrumente, Verstärker oder sonstiges Zubehör er benutzt. Als Bluessänger glich er seinen Mangel an stimmlicher Kraft durch eine leicht und einschmeichelnd schleppende Stimme aus, die ebenso scheu und bescheiden klang, wie seine Gitarre zuversichtlich und selbstsicher. Dazu kam natürlich, daß Hendrix keine Probleme damit hatte, genau wie ein Schwarzer zu klingen, er hatte es nicht nötig, zu Mick Jaggers aufpolierten alten Al Jolson-Tricks zu greifen.

Mit Curtis Knight & the Squires kann man ihn hören, wie der B.B. Kings Markenzeichen, die Kontrapunkte und Obligati in »Sweet Little Angel«, hinter Knights Vocals neu schafft und erweitert und wie er Elemente all seiner Heroen in seiner eigenen, sehr persönlichen Stimme miteinander verbindet in verschiedenen Varianten seines eigenen langsamen Blues, »California Night«, den Doppelgänger, in Struktur und Stimmung, seines 1967er Dauerbrenners »Red House«. Seine Persönlichkeit als Bluesman war bereits klar festgelegt: seine Stimme drückte eine achselzuckende, gespielte Gleichgültigkeit gegenüber der Enttäuschung aus, während seine Gitarre kaum den Kummer und den Zorn hinter der herausfordernden, anmaßenden Leichtfertigkeit verbarg, mit der er seine Phrasen und Läufe in die Gegend warf. Im Vergleich damit waren Eric Clapton und Michael Bloomfield begabte, frühreife Knaben; Hendrix war bereits ein Mann.

»Hendrix hat die schwarze Kultur auf die Landkarte gesetzt... aber es war ein beinahe archaischer Stil, in dem er arbeitete... es war ganz ungewöhnlich, daß er immer die primitivste Art von elektrischem Rock als Basis für seine Sachen benutzte. Abend für Abend hat er allen alles an den Kopf geworfen. Der Höhepunkt des Abends war immer, wenn alle den Atem anhielten, und dann kam »Red House«. Alles wurde ganz still, er wurde ganz still, er spielte dann und sang, und er brauchte noch nicht einmal ein Band. Das Herzstück des Ganzen waren John Lee Hooker und solche Sachen, am Ende... einfach nur Country Blues, wo die Leute ganz leise Stimmen hatten, fast flüsternd, wie Jimmy Reed. In den frühen Tagen des Blues gab es eine ganze Reihe *intimer* Sänger. Es war nicht alles Little Richard und Otis Redding und große Bekenntnisse, bei denen man sich auf ein Knie niederließ, es gab noch eine ganz andere Seite, und über die verfügte er, wie Robert Johnson. Mitten in diesem ganzen Strudel war er so intim wie ein Country Bluessänger.«

Robert Wyatt in einem Interview mit dem Autor (1987)

In späteren Jahren bekannte Hendrix manchmal, daß ihn der Blues langweile. Bestimmt fühlte er sich eingeschränkt durch seine zutage liegenden Themen (»Der Inhalt des alten Blues ist immer das Lied vom Sex – Probleme mit ihrer Alten und Suff. Heute sagen die Leute mit ihrer Musik so viel mehr aus«), aber er konnte sich so wenig vom Blues trennen wie von seiner rechten Hand. Er war sich sehr deutlich bewußt, daß der Blues aufgehört hatte, zu wachsen, als schwarze Musiker und Hörer ihr Interesse auf andere Dinge verlagerten und daß – trotz ihrer unzweifelhaften Begabung – die jungen weißen Blues-Rocker nur zwei Möglichkeiten hatten. Die eine war die, daß sie das Mobiliar des Blues in ihre Rock and Roll-Bleiben brachten, die andere war die, daß sie fein detaillierte, aber letztlich sterile Reproduktionen der epochalen Auftritte der Großen boten. Andrerseits waren die ehrwürdigen Titanen, uns selbst ihre jüngeren Nachfolger, nicht bereit oder nicht fähig, ihre Musik dem veränderten Geschmack der Sechziger anzupassen, und so waren sie dazu verurteilt, Oldienummern zu werden, die ihre Klassiker vor einem Publikum spielten, das das neuzeitliche Äquivalent der Folkiemassen war, die die Country Bluesmen der Vorkriegszeit aus ihrem Landarbeiterdunkel herausgeholt hatten.

Die beiden Großen hatten das Instrument (Gitarre), den Nachnamen (King) und den Geburtsort (Indianola, Mississippi) gemeinsam. Albert King (geboren 1923 als Albert Nelson King) und Riley »B.B.« King (geboren 1925) waren nicht verwandt – obwohl der Name von B.B.s Vater Albert war und Albert Kings Publicityleute eine Zeitlang behaupteten, die beiden Männer seien Halbbrüder – aber beide Männer waren, jeder auf seine Weise, imstande, neue musikalische Richtungen einzuschlagen, ohne ihr Idiom zu verraten.

B.B. war ein erfahrener, vielseitiger Musiker, ein meisterhafter Showman und eine warmherzige, gewinnende Persönlichkeit. Er hatte eifrig die Lektionen von Django Reinhardt und Charlie Christian in sich aufgenommen und verschönerte die Bluestonarten mit neunten, elften und dreizehnten Tonschritten, um die sich die meisten der früheren Bluesmen nie gekümmert hatten. In seiner Band waren erstklassige Bläser, die seiner Musik das Aroma des Jump von Louis Jordan und des Swing von Count Basie gaben, und er selbst war ein gewandter Sänger mit einer volltönenden Stimme, im Gospel geschult. Das wichtigste aber war, daß die Leute ihn mochten. Wie bei Otis Redding wurden auch seine Talente ergänzt durch die schiere menschliche Wärme, die er ausstrahlte; selbst wenn er empörend männlich-chauvinistische Texte sang wie »Don't Answer the Door«, »Paying the Cost to Be the Boss« oder »I Don't Want You Cutting off Your Hair« kam seine unverkennbare Nettigkeit über bei den Frauen, die in Scharen in seine Konzerte kamen. B.B. bluffte schließlich nur; wenn er *ihr* Mann wäre, dann würden sie bald all diesen Unfug aus ihm herausgeschmust haben, und er würde merken, daß er keine großen Sprüche machen mußte, um sich Respekt zu verschaffen. Er war ein großer, gefühlvoller Mann, ein Teddybär mit einer Gitarre. Wenn er davon sang, daß die Liebe ihm wehgetan habe, tat er jedem leid und wenn er wieder glücklich war, waren alle mit ihm glücklich. Meiner Meinung nach ist das nicht einfach eine Bühnenpose. B.B. King ist nun schon vierzig Jahre im Showbusiness und niemand hat je etwas Abfälliges über ihn gesagt.

In seinem entscheidenden Werk, *Urban Blues*, konnte Charles Keil sagen:

»B.B. King war nie in Europa, hat nie ein Collegekonzert gegeben oder in einem Folkclub gespielt; er war nie auf der Bühne eines Jazzfestivals oder... hat seine Anstrengungen auf den Teenagermarkt gerichtet. Mit anderen Worten, er singt immer noch für dasselbe Publikum, das er immer hatte... B.B. King ist der einzige ausgesprochene Bluessänger in Amerika mit einem großen, landesweiten und fast ausschließlich schwarzen Publikum... obwohl er diese Möglichkeit ausschließt, wird [er] finden, daß sein Bluesstil ihm im Lauf der Zeit eine ebenso zahlreiche weiße wie schwarze Hörerschaft bringen wird.«

Keil hatte durchaus recht: 1968 spielte B.B. King in Bill Grahams Fillmore West in San Francisco. Er wurde vorgestellt von Michael Bloomfield, und das Publikum bereitete ihm eine Standing Ovation von zwei Minuten, bevor er überhaupt seinen ersten Ton gespielt hatte. Zwei Jahre später wurde »The Thrill is Gone« ein massiver Hit beim Pop- und Soulpublikum. Seitdem hat er all die Dinge getan, die Keil oben aufzählt (außer in Folkclubs im Overall und mit akustischer Gitarre aufzutreten) und – obwohl Robert Cray ihn da noch übertreffen mag – ist im Moment der meistgereiste, bekannteste und beliebteste lebende Bluesman.

B.B. und Hendrix trafen sich zum ersten Mal in den frühen Sechzigern, als Little Richard und B.B. bei einer Kette von Engagements quer durch den Süden im gleichen Programm gebucht waren. An einem Abend in Kentucky setzten sich alle Gitarristen, die im Programm waren, nach der Show zusammen, um zu reden. Hendrix war ernst und voll Respekt und fragte den Älteren nach Bluesüberlieferungen und Gitarrentips aus, und B.B. freute sich darauf, den jungen Gitarristen wiederzusehen, wenn er das nächste Mal Little Richard über den Weg lief. Aber als die beiden dann endlich wieder im gleichen Programm waren, war Hendrix nicht mehr in Little Richards Band. Die Bekanntschaft wurde erst nach fünf Jahren erneuert, zu einer Zeit, als Hendrix bereits ein großer Star war. B.B. eröffnete die Show von Janis Joplins Big Brother and the Holding Company in New York und Hendrix, der selber ein Konzert gegeben hatte, kam vorbei, um Hello zu sagen.

»Ich glaube, er sah in mir so etwas wie eine Vaterfigur«, erinnert sich B.B. in einem Fernsehinterview 1989. »Es gab keine Rivalität, denn er war Jimi Hendrix, und niemand konnte sein wie er, aber er respektierte mich, wie man einen Vater respektiert oder jemand, der schon sehr lange da war. Auf diese Art sah er zu mir auf... er setzte sich dann immer hin und spielte mir kleine Sachen vor und fragte: ›Was hältst du denn *hiervon*?‹ Er war mir gegenüber immer noch schüchtern, aber ich spürte die Herzlichkeit, so eine Art von freundschaftlichem Einverständnis. Und ich denke an ihn immer ein bißchen wie an einen Sohn.« B.B. hatte nie Zweifel an Hendrix' Meisterschaft im Blues. »Jimi spielte Blues, und er spielte ihn gut. Er spielte schönen Blues; er spielte ihn eben im Stil Jimi Hendrix.«

Dem Teddybär B.B. gegenüber war Albert King der Grizzly.

Er ging einen anderen Weg bis zu seinem Durchbruch. 1965 unterschrieb er bei Stax Records in Memphis, und mit dem Drummer von Booker T. & the MGs, Al Jackson jr., und dem restlichen Stax-Team, das seine Songs schrieb und ihn begleitete, fügte er seine große, fette, einschmeichelnde »Crooner«-stimme und seine dünne, bissige, schneidende Gitarre mühelos in den gleichen wuchtigen Country-Funk-Hintergrund ein, der sich bei Soulstars wie Otis Redding, Wilson Pickett und Sam & Dave schon so sehr bewährt hatte. Er hatte auch Hits – »sein Einfluß war unter den Bluesmusikern so unüberhörbar wie der von [John] Coltrane im Jazz«, schrieb Robert Palmer – und Titel wie »Crosscut Saw«, »Oh Pretty Woman« und vor allem »Born Under a Bad Sign« wurden sehr schnell zu Bluesstandards. Sein Gitarrenstil war vollkommen unorthodox: als Linkshänder stimmte er seine Gitarre in einem offenen Akkord, (statt der konventionellen spanischen Stimmweise E, A, D, G, H und E, von den tiefen zu den hohen Saiten), wie es viele Country Bluesleute machten, aber statt seine Gitarre anders aufzuziehen, wie Hendrix, Paul McCartney und die meisten anderen Linkshänder, drehte er das Instrument einfach rum, damit die hohen Saiten oben und die tiefen unten waren. King und Hendrix hatten sich in den frühen Sechzigern mal kurz in Nashville getroffen, und King hatte dem jüngeren Mann ein paar Gitarrentricks gezeigt: Hendrix kannte Kings Soli so gut, daß er und Buddy Miles sie gemeinsam unisono singen konnten, ob mit oder ohne Platten. »Ich mag Albert King sehr«, sagte er 1968 enthusiastisch zur *Rolling Stone*, »er spielt ganz und gar und ganz streng in einer Art einfachem, geradem Funk Blues. Eine neue Art von Bluesgitarre, ein sehr junger ›Funky Sound‹, der großartig ist. So funky, wie ich es selten gehört habe. Er spielt genau diese Art, und das ist eben seine Szene...«

Das Paradoxe in Albert Kings Spiel ist die messerscharfe Spannung, die er zwischen Aggression und Gelassenheit schafft. Er konzentriert sich ganz und gar auf seinen Sound

und sein Timing, so langsam, so methodisch und so unwiderstehlich wie der Bulldozer, mit dem er gearbeitet hat, bevor er voll in die Musik einstieg. Er mag den ganzen Abend dieselbe Handvoll Läufe mit zwei und drei Noten loslassen, aber sie hauen einen jedesmal um wie mit einem Sandsack. Trotz der rhythmischen Flexibilität, die ihn befähigte, so erfolgreich mit den Tanzrhythmen des Soul und des Funk zu arbeiten, ist Alberts wortkarges, bedrohliches Understatement durch und durch Country: seine Zurückhaltung ist in sich selbst beredt genug.

Sein Gegenstück ist der frenetische, überhektische Buddy Guy, dessen manische, jagende Notenbündel Hendrix so begeisterten, daß er Guy in New York von Club zu Club folgte mit einem tragbaren Taperecorder, um jede Vorstellung zum Eigenstudium zu Hause einzufangen. Als er 1967 auf dem Ann Arbour Blues & Jazz Festival spielte, erinnert sich Guy in Robert Neff und Anthony Connors *Blues*:

»...nachdem ich so etwa 45 Minuten gespielt hatte, fing ich an, ein paar Tricks auf der Gitarre zu machen, sie mit Trommelstöcken zu spielen und solches Zeug. Da rief jemand aus dem Publikum: ›Du hast dir wohl Jimi Hendrix angesehen!‹ Damals, 1967, wußte ich noch nicht einmal, wer das war, und so rief ich zurück: ›Wer ist das denn?‹ Und sie hielten das für einen guten Witz... Ich ging nach Kanada, und die Leute sagten: ›Wow! Du kopierst ja Jimi Hendrix!‹ Nun, ich habe dann weiter versucht, etwas über Hendrix herauszufinden, bis ich schließlich nach New York zurückging.

In New York kommt Hendrix rein mit einem Taperecorder. Er sagt: ›Ich bin dir schon jahrelang nachgelaufen. Ich möchte gerne aufnehmen, was du machst.‹ Ich sage: ›Nach dem, was ich so gehört habe, kopiere ich *dich*.‹ Er sagt: ›Also, du und ich, wir wissen das doch besser. Hör nicht auf diese Leute‹... Als ich noch überwiegend für schwarzes Publikum in Texas und Tennessee spielte, haben die immer [auf die Theatereffekte] gewartet. Aber wenn ich morgen rausgehe und auf der Bühne den Clown mache, dann ruft bestimmt jemand: ›Du kopierst Hendrix!‹«

Ironischerweise lebt Guy jetzt im Schatten seines berühmten Schülers und seine Versuche, die Hinweise, die Hendrix ihm über seinen eigenen Stil gegeben hat, zu verdauen, waren nicht durchaus erfolgreich. Es ist ihm bis dato noch nicht gelungen, ein Rockpublikum mit seiner Pyrotechnik gefangenzunehmen, während er sich viele Schichten der Blueswelt entfremdet hat. Um die Beleidigung der Verletzung noch hinzuzufügen, war er kürzlich noch Gegenstand einer vernichtenden Herabsetzung von seiten Albert Collins', eines Texas Bluesman und Beinahe-Zeitgenossen, dessen wilde, mit Klauen und Zähnen ausgeführte Attacken irgendwo zwischen Albert King und Guy selbst angesiedelt ist und der nicht nur Hendrix mit seinen instrumentalen Hits aus den späten Fünfzigern beeinflußt hat, sondern der auch zeitweise Hendrix' Nachfolger in Little Richards Band war. »Also sehen Sie, Buddy ist mit Hendrix bekanntgemacht worden«, erzählte er 1988 Dan Forte vom *Guitar Player*. »Buddy spielt nicht mehr wirklich den Blues. Er ist jetzt auf der Jimi Hendrix-Masche. Ich weiß ja nicht, aber ich hoffe, er weiß, was er tut, denn wenn ich wie Jimi Hendrix spielen wollte – ich bin ja als Bluesmusiker bekannt – würden die Leute sagen: ›Mensch, was machst du da?‹ *Es gibt* keinen Jimi Hendrix mehr.«

»Um von den modernen jungen Bluesmusikern zu sprechen, die ich ›live‹ gehört habe, würde ich mit Sicherheit Jimi Hendrix, Buddy Guy, Otis Rush, Eric Clapton und Peter Green auf dasselbe Piedestal stellen. Meiner Meinung nach klingen sie alle ganz individuell, haben aber alle die gleiche emotionale Größe.«

John Mayall, Plattentext zu A Hard Road (1967)

Ich habe vorher schon im Scherz angemerkt, ein Problem, das Hendrix nicht mit Jagger und Eric Clapton gemein habe, sei die Frage, wie man es anstellt, wie ein schwarzer Amerikaner zu klingen. Der Grund liegt nicht so sehr darin, daß er ein schwarzer Amerikaner *war* (schließlich sind nur wenige schwarze Amerikaner Bluessänger), sondern darin, daß er die Kultur spezifischer Schichten des schwarzamerikanischen Lebens absorbiert hatte, in denen der Blues seinen stärksten Rückhalt hat. Er hatte als Wandermusiker mit Gitarre gelebt, als Country Bluesman aus den Dreißigern und auch, wie sie, jede Art von Musik gespielt, die man hören und bezahlen wollte. Seine Vorläufer hatten Hillbillymusik, Vaudevillesongs und Popballaden gespielt, aber ebenso auch den Blues, jede Musik, die sie aus dem Radio oder auf irgend jemandes Victrola-Grammophon hören konnten. Aber obwohl Hendrix für seinen Lebensunterhalt im allgemeinen die R&B-Top 40 spielte und was immer seine Brötchengeber sonst noch haben wollten, hatte er den Blues in einer Weise gelebt, wie es keiner seiner weißen Zeitgenossen je getan hatte, wie groß auch immer ihre Talente und ihre Empfänglichkeit sein mochten und trotz allen fleißigen Studierens.

Amerikas einstiger König des weißen Blues, der verstorbene Michael Bloomfield, spielt buchstäblich Dutzende von langsamen Blues-Chorussen in »Albert's Shuffle« und »Really« aus der 1968er *Super Session*: Sie sind verblüffend flüssig, meisterhaft in der Phrasierung und, was das Idiom betrifft, überaus treu den Gesetzen, die von B.B. King, Albert King und T-Bone Walker festgelegt worden sind. Leider sind sie emotionell so platt wie ein Haufen Pfannkuchen. Hendrix war nicht nur deswegen »authentisch«, weil er ein schwarzer Amerikaner war, sondern weil er als solcher gelebt und nicht nur davon phantasiert hatte, wie es die Engländer taten. »Ich versuche mir vorzustellen wie [der ideale Bluesman] wohl lebt«, erklärte Eric Clapton einmal. »Ich versuche mir vorzustellen, welchen Wagen er fuhr, wie es darin wohl roch. Ich und Jeff [Beck], wir hatten die Wunschvorstellung, eines Tages einen schwarzen Cadillac oder Stingray zu besitzen, der innen nach Sex roch und getönte Fenster hatte und eine fabelhafte Lautsprecheranlage... wenn ich mich in jemanden versetzen will, dann versuche ich, mir vorzustellen, wie er lebt und auch so zu leben.« Hendrix hatte keine Alternative, er mußte »so leben«. Blues war seine Muttersprache.

Erich Clapton andrerseits spielte den Blues so, wie Vladimir Nabokov Englisch schrieb: mit der formalen Meisterschaft dessen, der die von ihm gewählte Sprache oder Disziplin so intensiv studiert hat, daß er ihre Regeln weitaus gründlicher beherrscht als die, die sie einfach angenommen und instinktiv damit hantiert haben. Wie Nabokov – und übrigens auch Joseph Conrad und Jack Kerouac, die beide vom Polnischen bzw. Französischen zum Englischen kamen – war auch das, was Clapton in seinem erworbenen Medium zu schaffen und auszudrücken gelang, zugleich eine Offenbarung und ein Einfluß für viele heimische »Redner«. Dennoch, der kulturelle Abstand, der für die Perspektive sorgte, bedingte auch die Absonderung, und in einer Kunstform, in der die Nuance alles ist, ist das unvermeidliche Ergebnis die Sterilität. Das erinnert an den jüdischen Witz von der Mutter, die ihren Wunderknaben von Sohn in einer Yacht sieht, stolz mit einer Kapitänsmütze herumparadierend. »Für dich bist du ein Kapitän«, bemerkt sie skeptisch, »für mich bist du ein Kapitän. Aber bist du auch für den Kapitän in Kapitän?« Traurig, es sagen zu müssen, aber man kann nur von wenigen weißen Bluesleuten sagen, sie seien auch für den Kapitän ein Kapitän gewesen.

Statt dessen gab es die Rock and Roll-Bands. Im Unterschied zu der üblichen Sorte von Rock- und Popgruppen waren sie »R&B« – oder »Blues«bands, und sie hatten völlig recht, sich als solche von jenen abzuheben, aber verglichen selbst mit den Ausübenden, die sie als Popmusiker abtaten (wie James Brown oder Ray Charles nach dem Crossover), waren sie noch Rockmusiker, und die klügeren unter ihnen – inklusive Clapton,

Jeff Beck, der Who und der Rolling Stones – merkten das ziemlich schnell. Für die Kapitäne waren sie Matrosen, nur daß sie erheblich besser bezahlt wurden. Britische Bluesbands gingen die ganze Skala der Gefühle durch, von A (ich tu mir so leid) über B (ich bin ganz schön hart) nach C (ich bin eigentlich nicht so hart, aber ich tu so als ob) und nach D (mir stinkt echt alles), was ziemlich genau den nach-pupertären Typen entsprach, aus denen diese Bands bestanden und die Robert Wyatt als eine Art »gefühlsduseliger Aristokratie« beschreibt, »bei der aus jedem sowas wie ein kleiner Eton-Boy auf einem Acid Trip wird«. Im Gegensatz dazu erschien Jimi Hendrix völlig anders. »Er war ›experienced‹ – erfahren – um sein eigenes Stichwort zu benutzen. Er war erwachsen.«

Die Jimi Hendrix Experience war nie eine ausgesprochene Bluesband; abgesehen von allem anderen waren weder Noel Redding noch Mitch Mitchell Bluesmusiker. Der erste war ein Rockgitarrist, dessen Ehrgeiz es war, nach Robert Wyatt, in einer Band wie den Move oder den Small Faces zu spielen und der vor seinem Job bei Hendrix nie Baß gespielt hatte; der letztere war ein Wunderkind gewesen, dessen vorausgegangene Erfahrung sich hauptsächlich auf den Jazz konzentrierten und der einen Stil in die Band einbrachte, der irgendwo in der Mitte zwischen John Coltranes Meisterdrummer Elvin Jones (der Mitchells Idol war) und Keith Moon von den Who lag. (Man kann in der Tat nur eines zugunsten der Musiker sagen, mit denen Hendrix in Curtis Knights Band gespielt hatte, nämlich daß sie weit mehr als die Experience im Blues zu Hause waren, wie die ansonsten äußerst mangelhaften frühen Einspielungen von Songs wie »Sweet Little Angel« und die verschiedenen Versionen von »California Night« überzeugend demonstrieren). Das Spiel hieß indessen »progressiver Blues«, und der Gebrauch, den Hendrix vom Blues machte, war eine ständige Quelle der Inspiration für seine eigenen Erkundungen des gemeinschaftlichen Bodens zwischen den bis dato als unterschiedlich und getrennt angesehenen Musikformen.

Eine Methode, die er immer wieder anwandte, war die, einen Bluesstandard zu nehmen, ihn neu zu arrangieren und dann die ursprüngliche Melodie samt Text durch eigene Kompositionen zu ersetzen. Zum Beispiel enthielt sein Auftritt auf dem Monterey Pop Festival eine drastische Überarbeitung von B.B. Kings »Rock Me Baby«, das er aus einem leichten, schwingenden Medium Shuffle in eine wilde, stompende schnelle Tanznummer verwandelte, die an die große Zeit des Stax-Volt Sound aus den Mittsechzigern erinnert hätte, wenn die Gitarre nicht den *ganzen* Bandpart gespielt hätte und Mitchell »auf der Eins« geblieben wäre, statt um den Beat herumzukreisen mit seinen Jones/Moon-Schnörkeln, die sein Markenzeichen waren. Später schrieb Hendrix einen neuen Text, der Text von »Rock Me Baby« verschwand und – hey presto! – gab es einen neuen Song mit dem Titel »Lover Man«. Das war erheblich kreativer und auch ehrlicher, als das, was die Jeff Beck-Gruppe (damals mit Rod Stewart als Leadvokalisten und Ron Wood am Baß) mit derselben B.B. King-Nummer auf ihrem 1968er Album *Truth* machten, nämlich den Song fast genau so zu spielen wie B.B., aber ihren eigenen Titel darüber zu setzen (»Rock My Plimsoul«) und sich Komponisten zu nennen. Auf demselben Album bemächtigten sie sich noch B.B.s »Gambler's Blues« (neu betitelt »Blues De Luxe«) und Budd Guys »Let Me Love You Baby« (neuer Titel »Let Me Love You«). Das war unter den Blues Rockern, die nicht so viele Skrupel hatten, die gängige Praxis. Led Zeppelin war dafür am meisten berüchtigt – *Led Zeppelin II* klaute zwei Willie Dixon-Songs, einen sogar ohne überhaupt erst den Titel zu ändern – hauptsächlich weil ihre Verkaufszahlen so viel höher lagen als einmal die ihrer direkten Rivalen, zum anderen, was das betrifft, auch die der originalen Künstler. Zeppelin war außerdem noch der hinterhältigste, indem er behauptete, daß ihre Diebstähle eben ein Teil des gleichen Prozesses in der Volksmusik seien, bei dem die Delta Bluesmen untereinander ihre jeweiligen Variationen des überlieferten Materials überarbeitet und weiter übernommen hatten. Eric Clapton und die Rolling Stones waren bemerkenswerte Ausnahmen, da sie höchst gewissenhaft und, lobenswert demjenigen die Anerkennung (und die Tantiemen) zukommen ließen, dem sie gebührten.

Das bemerkenswerteste Beispiel für den alchimistischen Prozeß, durch den Hendrix die Kraft und das Geheimnis des Country Blues in seine höchste persönliche Traumvision verwandelte, ist »Voodoo Chile«, in dem er eine durchgehende Linie von den geisterhaften, entrückten Deltaklagen der Zwanziger und Dreißiger zum wahnsinnigsten polyrhythmischen Street-Funk der Siebziger zieht. Es beginnt im Oktober 1967 mit einer Session für die *Top Gear*-Show im BBC Radio One, wo die Experience den »Catfish Blues« aufnahm, eine von Muddy Waters' Standardnummern, auch unter »Two Trains Running« bekannt. Unter »Still A Fool«, wie Muddy es ursprünglich genannt hatte, war die Version 1951 eingespielt worden, wenn es auch vom »Deep Blue Sea Blues« hergeleitet ist, der noch mindestens zehn Jahre früher von dem Mississippi Bluesman Tommy McClennan aufgenommen worden war, sowie unter »Catfish Blues« von McClennans engem Freund Robert Petway. Übrigens war dieser Titel eine der Hauptquellen für Muddys eigene Hymne »Rollin' Stone«. Wie Hendrix' Lieblingsnummer aus den Curtis Knight/John Hammond jr.-Tagen, »I'm A Man/Manish Boy«, ist auch »Catfish Blues« fest verankert in der Tonalität von E, ohne Modulationen, aber seine Verse sind von festgesetzter Länge und ihre Struktur ist entsprechend fest gefügt. Sie ist aber immer noch locker genug, um Hendrix zu gestatten, spezifische Anspielungen auf Bo Diddleys »Oh Yeah« und Muddy Waters' »Rollin' and Tumblin'« einzuwerfen, einem weiteren Delta-Standard, der Text und Gitarrenmotive mit Muddys »Louisiana Blues« und Robert Johnsons »If I Had Possession over Judgement Day« gemeinsam hat.

In Hendrix »Catfish Blues« improvisiert er innerhalb der Tradition (mehr noch als über sie) und demonstriert seine unerreichte Fähigkeit, Stimme und Gitarre unisono zu bringen.* Hier vollzieht Hendrix die altehrwürdigen Delta-Rituale mit einer Kombination aus Leidenschaftlichkeit und formaler Beherrschung, die die Grenzen zwischen emotionaler und struktureller Authentizität aufhebt. John Hammond jr. hat behauptet, Hendrix habe wenig oder gar nichts über den Blues gewußt, bevor er wieder in die USA zurückgekehrt sei: allein schon dieser Auftritt (selbst ohne den Beweis von Curtis Knights Bändern) widerlegt das. Trotz Mitchells eingefügten Mini-Drumsoli, von Elvin Johns hergeleitet, und einiger nach allen Regeln der Kunst verzerrter Effekte ist dies eine Bluesnummer – in jedem Sinne – von Anfang bis Ende.

Das ist natürlich noch nicht das Ende der Geschichte. Im folgenden Jahr spielte Hendrix »Voodoo Chile« ein, eine weitschweifige Fünfzehn-Minuten-Jamsession, die fast die ganze erste Seite von »Electric Ladyland« einnimmt, als Gastsolisten Stevie Winwood an der Hammondorgel Jack Casady von Jefferson Airplane statt Noel Redding am Baß. Die eingeleiteten Vocal- und Gitarrenphrasen, aus dem Rhythmus heraus gespielt, bevor die Band einsetzt, beziehen sich ausdrücklich auf die frühere Version und erstrecken sich weit in den ganzen Reichtum der Delta-Blues-Überlieferung, wie sie in die großen Städte gekommen ist, aus der wiederum sein »Catfisch« hergeleitet ist. Die Beziehungen zwischen dem Blues und dem Voodoo als Überbleibsel aus der westafrikanischen religiösen und mystischen Praxis und Philosophie ist das Thema mindestens einer erstklassigen Studie von Buchlänge (Julio Finns *The Bluesman*, dem wissendurstigen Leser hiermit empfohlen) gewor-

---

* Es ist kein Zufall, daß praktisch alle hervorragenden Bluesleute in sich die Funktion des Sängers, des Komponisten und des Instrumentalisten vereinen (zu den wenigen Ausnahmen gehören Boddy Bland, der weder spielt noch komponiert, und Howlin' Wolfs bemerkenswerter und höchst einflußreicher Gitarrist Hubert Sumlin, der nur selten singt), während ihre prominentesten britischen Gegenspieler sich entweder auf Vocals spezialisieren (Jagger, Burdon) oder auf die Gitarre (Beck, Page, Erich Clapton, vor Derek & the Dominos).

den, aber im Kontext von Leben und Werk von Jimi Hendrix ist es wichtig, zu wiederholen, daß seine Selbstdarstellung als »Voodoo Chile« die Funktion hat, seine Identität als Schwarzer festzustellen: ein Abstecken des Claims in einem Gebiet, in dem kein Weißer je hoffen dürfte, zu schürfen, von Annektieren ganz zu schweigen (mit Ausnahme der großen Pianisten/ Vokalisten aus den Südstaaten, Mose Allison und Mack »Dr. John« Rebennack mit seinen spitzzüngigen Doppeldeutigkeiten). Ob Hendrix »Voodoo Chile« als ausdrückliche Herausforderung an die Hegemonie des westlichen Rationalismus und die christliche Kultur des schwarzen Amerika gemeint hat, ist letztlich unwesentlich. Wichtig ist, das Hendrix ausdrücklich und unzweideutig verkündete, für wen er sich hielt.

Somebody done hoodoo'ed the hoodoo man
(Jemand hat den Voodoozauber verhext)
Junior Wells, »Hoodoo Man Blues« (1966) nach Lee
(Sonny Boy I) Williamson

»I'm a voodoo chile... Lord knows I'm a voodoo chile...«
(Ich bin ein Kind des Voodoo... Gott weiß, ich bin ein Kind des Voodoo)
Jimi Hendrix, »Voodoo Chile« (1968)

»Voodoo Chile« ist im Grunde eine chronologische Führung durch die Stilarten des Blues, angefangen von den frühesten Aufnahmen des Delta Blues, weiter durch die elektrischen Experimente von Muddy Waters in Chicago und John Lee Hooker in Detroit bis zum anspruchsvollen Swing von B.B. King und den kosmischen Ausbrüchen von John Coltrane, um dann schließlich bei dem gloriosen Lärm der freien Form zu landen, der lautmalerisch das Verwischen und den Kollaps von Geschichte und Kategorien beschwört. Seine Texte, die man zu der Zeit für *höchst* psychedelisch hielt, drücken Entfremdung und ein unentrinnbares Gefühl des *Andersseins* durch Metaphern aus, die Hendrix absorbiert hatte, als er Chas Chandlers Sammlung von Science Fiction Paperbacks durchstöberte; zu seinen Lieblingen gehörten Ray Bradbury, Arthur C. Clarke, Fred Hoyle und Isaac Asimov.

Der Text beginnt mit der Behauptung einer übernatürlichen Herkunft, episch im Ausmaß, in dem ein Mythos geschaffen wird, um seinem Sinn für den Blues als Sage:

> Well, the night I was born
> Lord I swear the moon turned a fire red...
> Well, my poor mother cried out ›Lord, the gypsy
> was right!‹
> And I see her fall right down dead. Have mercy!
> Well, mountain lions found me here
> And set me on an eagle's wing
> He took me past the outposts of infinity
> And when he brought me back he gave me Venus
> witch's ring...

(In der Nacht, als ich geboren wurde, ich schwöre, der Mond wurde feuerrot... Meine arme Mutter rief 'O Gott, die Zigeunerin hatte recht! Und dann sah ich sie tot hinfallen. Oh Gott! Die Berglöwen fanden mich hier und setzten mich auf die Schwingen eines Adlers. Er nahm mich mit bis hinter die Grenzen der Unendlichkeit und als er mich zurückbrachte, gab er mir den Zauberring der Venus...)

»The gypsy's right« bezieht sich wieder auf Willie Dixons 1954er Komposition »Hoochie Coochie Man*«, wie sie definitiv von Muddy Waters interpretiert worden war. »Hoochie

---

* Hendrix nahm »Hoochie Coochie Man« zweimal auf, aber keine der beiden Versionen war für die Öffentlichkeit bestimmt. Im Oktober 1967 spielte er den Titel für *Alexis Korner's Rhythm & Blues Show* in Radio BBC mit seinem Gastgeber an der Slidegitarre; Hendrix brachte die Worte des letzten Verses durcheinander, aber er wurde trotzdem festgehalten und gesendet. Zwei Jahre später spielten er und Buddy Miles damit in einer New Yorker Studio-Jamsession

Coochie Man« hat eine der berühmtesten Anfangszeilen im Blues der Nachkriegszeit:

> Gypsy women told my mother
> While 'fore I was born
> Said ›you got a boychild comin‹
> Gon' be a son of a gun...

(Die Zigeunerin sagte meiner Mutter, bevor ich geboren wurde, 'Du bekommst einen Sohn, das wird ein Teufelskerl...)

Schließlich paraphrasiert er noch William Blake, als er den Blues in den Weltraum schickt (»Well, my arrows are made of desire/from far away as Jupiter's silver mines« – meine Pfeile sind aus dem Begehren gemacht, von so weit her wie Jupiters Silberminen), bevor er mit einem Nach-mir-die-Sintflut-Achselzucken angesichts der Apokalypse endet, so machtvoll wie das in »If 6 was 9« (»Fall, mountains – just don't fall on me« – fällt, Berge – nur nicht gerade auf mich):

> Well, I float in liquid gardens and Arizona's new red
> sands
> I taste the honey from a flower named blue down in
> California...
> And New York drowns as we hold hands. Yeah!

(Ich treibe in flüssigen Gärten und Arizonas neuem roten Sand, ich schmecke den Honig einer Blume mit Namen Blue unten in Kalifornien, und New York geht unter, während wir uns an den Händen halten).

---

herum, wo er es fertigbrachte, sowohl Muddy Waters als auch die Harlemer Transvestiten, an die er sich von seinem ersten Aufenthalt im »Big Apple« noch erinnerte, da hinzuschicken.

»Voodoo Chile« ist Teil einer langen, langen Reihe von Songs mit Prahlereien – in denen der Sänger magische und mystische, aber auch zeitliche und weltliche Kräfte zu haben behauptet – die sich von den früheren Songs der »devil music« – Teufelsmusik – über den Hoodoo-Hokuspokus von Muddys Titeln, die auf Mojo Hands, John the Conqueror-Wurzeln usw. herumreiten, bis zu dem psychedelischen Meisterwerk von 1969 »I Can't Get Next to You« erstrecken, von Norman Whitefield und Barrett Strong für die Temptations geschrieben:

I can turn back the hands of time, you best believe I can,
I can make the seasons change just by waving my hand,
I can turn a river into a raging fire,
I can live for ever if I so desire...

(Ich kann die Zeit zurückdrehen, glaube nur, ich kann das, ich kann mit einer Handbewegung die Jahreszeiten ändern, ich kann einen Fluß in ein wütendes Feuer verwandeln, ich kann, wenn ich es will, ewig leben...

Es war letztlich nur poetische Gerechtigkeit, daß Al Green den Titel für sein erstes Album übernahm und ihn »zurück« verwandelte in den Blues, der er eigentlich war. »Voodoo Chile« war noch eine weitere Metamorphose vorbehalten: eine spontane Jamsession mit Mitchell und Redding auf Geheiß eines Filmteams, das einige Filmmeter der Gruppe bei einer Plattenaufnahme haben wollte. Hendrix kombinierte einen hymnenartigen Gitarrenriff, an dem er gearbeitet hatte, mit einem perkussionsartigen, gedämpften Hämmern, auf dem Wah-Wah-Pedal betont, und extemporierte noch einen neuen Text. Der düstere, ratternde Wah-Wah-Sound, den er kreierte für das, was dann später in *Electric Ladyland* unter dem Titel »Voodoo Chile (Slight Return)« enthalten war, wurde eines der dominierenden Motive im Soul und Funk der siebziger Jahre. Es wurde schleunigst von den Gitarristen Melvin »Wah Wah

Die Jimi Hendrix Experience: Mitch Mitchell (Drums), Noel
Redding (Bass) und noch so ein Typ mit Hut. London 1967.
(Dezo Hoffman)

»Rollin' and Tumblin'« im Pariser Olympia, 1967.
(Jean-Pierre Leloir)

Jimi Hendrix, Deutschlandtournee, Januar 1969

Watson« Regin und Dennis Coffey übernommen für einen ganzen Berg von bahnbrechenden Temptation-Hits, geschrieben und produziert von Norman Whitfield für Motown und zu ihrem Höhepunkt geführt in der Titelmusik von Isaac Hayes für *Shaft* und der Filmmusik für Actionfilme, die sich an Schwarzen orientierten, wie Curtis Mayfields *Superfly* und Bobby Womacks *Across 100th Street*. Der Text jedoch erhob Hendrix' Fusion seiner persönlichen Mythologie und der Bluesüberlieferung zu ihren höchsten Höhen:

Well, I stand up next to a mountain
Chop it down with the edge of my hand...
I pick up all the pieces, make an island
Might ever raise a little sand.
I didn't mean to take up all your sweet time,
I'll give it right back one of these days...
If I don't meet you no more in this world,
I'll meet you in the next one, and don't be
late...

(Ich stehe neben einem Berg und schlage ihn mit der Handkante ab... ich hebe alle Stücke auf und mache eine Insel, vielleicht wirbele ich auch ein bißchen Sand auf. Ich wollte nicht all deine schöne Zeit in Anspruch nehmen, ich gebe sie dir bestimmt bald zurück... wenn ich dich in dieser Welt nicht mehr wiedersehe, dann treffe ich dich in der nächsten, und komm nicht zu spät...)

Die Beschäftigung mit dem Tod ist bei Bluesleuten nicht allgemein verbreitet: in *Blues and the Poetic Spirit* analysiert Paul Garon eine Anzahl Bluestexte nach verschiedenen Themengruppen, darunter Eros, Aggression, Humor, Reisen, Alkohol und Drogen, männliche Überlegenheit, Frauenbefreiung, Nacht, Tiere, Arbeit, Polizei und Kirche, Verbrechen und Magie, aber überraschenderweise hielt er es nicht für nötig, nach dem Ausdruck ihrer Haltung zum Tod zu forschen. Nun müssen wir zunächst einmal Garon höflicherweise zugestehen, daß es sich hier nicht um Nachlässigkeit des Wissenschaftlers handeln kann, dann müssen wir die Songs ausscheiden, die sich mit gewaltsamem Tod befassen, so bleibt uns dann nur der Schluß, daß Hendrix' intensives Gefühl der Wurzellosigkeit und die immer wiederkehrenden Hinweise in seinen Songs, daß der Tod für ihn der einzige Ausweg sei aus dem, was er für eine unerträgliche Existenz ansah, daß das alles der Ausdruck einer existenzbedrohenden Lebensangst ist, die nur einen echten Vorläufer hat.

Und das bringt uns unausweichlich wieder zu Robert Johnson zurück. Der alte böse Geist des Mannes mit dem Höllenhund auf den Fersen wird fast schon mechanisch hervorgeholt in der Biographien der Blues-Rocker aus den Sechzigern – Ray Colemans *Survivor* (über Eric Clapton), Stephen Davis' *Hammer of The Gods* (Led Zeppelin) und Ed Wards *Michael Bloomfield: The Rise and Fall of An American Guitar Hero* sind drei Beispiele, die einem sofort einfallen – und wenn der Held des Buches auch noch jung gestorben sein sollte, um so besser. Aber der Höllenhund hat viele Formen. Wenn Hendrix auch nie Seite an Seite mit dem Teufel geschritten ist – gewöhnlich überließ er den billigen Diabolismus den Stones, Led Zeppelin und Cartoonhändlern der Nach-Black-Sabbath-Zeit, die in ihrem Schlepptau aufkamen – so sind seine Songs dennoch bedrängt von der ausgesprochen beklemmenden Gegenwart der tödlichsten Inkarnation der Bestie: Mutlosigkeit.

»The deadliest traps are the ones we set for ourselves.«
(Die tödlichsten Fallen sind die, die wir uns selber stellen).
Raymond Chandler, *The Long Goodbye*

There must be some kind of way out of here...
(Es muß doch einen Weg hier raus geben)
Bob Dylan, »All Along the Watchtower« (1968)

Ganze Songs von Hendrix scheinen von dieser einen Zeile Bob Dylans abgesponnen zu sein; es ist die großartigste unter allen Zeilen, die Hendrix je gesungen, aber nicht selbst geschrieben hat, und als Dylan 1974 wieder zu einem Live-Auftritt mit The Band zurückkehrte, war ihre Fassung dieses Titels eine ausdrückliche Huldigung an Hendrix. (Es war, als hätte Hendrix »All Along the Watchtower« so vollkommen in Besitz genommen, daß Dylan ihn nur auf diese Weise wieder für sich reklamieren konnte). Sicher, nicht alle von Hendrix' Songs sind verzweifelt und in vielen derjenigen, die es sind, hat er immer noch ein bißchen Hoffnung, daß sein Engel herabsteigt und ihn rettet. Aber die Verbindung von Hendrix und Johnson ist in den Momenten am vollkommensten, in denen sie beide akzeptiert zu haben scheinen, daß es *keinen* Ausweg, welcher Art auch immer, gibt, nein, nicht diesseits des Grabes. Und vielleicht nicht einmal jenseits.

In »Manic Depression«, dem aufwühlenden 9/8 Blues aus *Are You Experienced*, ist etwas erschreckend Selbstverständliches um Hendrix' Lebensmüdigkeit. Es ist nicht einmal melodramatisch, er klingt ganz einfach angeekelt (im Sinne eines Bluesman, wie wenn Albert Collins erklärt, warum er einige Jahre lang keine Musik mehr gemacht hat und sagt »I got disgusted with it« – sie widerte mich an). »I think I'll go turn myself off and go on down« – ich glaube, ich mach mich aus und geh ab – singt er, »really ain't no use for me hangin' around« – es hat wirklich keinen Sinn, daß ich noch hier rumhänge. »I Don't Live Today« auf demselben Album – im Konzert wiederholt den amerikanischen Indianern gewidmet – stellt die Frage, »Will I live tomorrow? Well, I just can't say/ well, I know for sure I don't live today« – Werde ich morgen leben? ich kann es nicht sagen/ich weiß nur ganz sicher, heute lebe ich nicht. Es ist mit einem traditionellen Drumbeat der Cherokee unterlegt, den Hendrix in seiner Kindheit gelernt hatte und geht weiter: »No sun coming through my windows, feel like I'm living at the bottom of a grave/Won't you come on and rescue me, so I can be on my miserable way...« in meine Fenster scheint keine Sonne, ich hab das Gefühl, ich lebe am Grunde eines Grabes/Willst du nicht kommen und mich retten, daß ich wieder meinen elenden Weg gehen kann... Der durchgehende Beat hat sich inzwischen aufgelöst, als Hendrix sarkastisch fragt: »Ain't it a shame to waste your life away like this?« – ist es nicht eine Schande, wie man sein Leben vergeudet? – und die Gitarre schreit wie ein verwundetes Pony, bevor Hendrix' Stimme, in einem Schwenk über die Stereoleinwand, ausruft: »Awwwwww... there ain't no life *no where!* – es gibt kein Leben, nirgendwo! Im Konzert spielte er Teile gerade dieses Parts ohne Begleitung, wie 1969 in der Diego-Version, aufgenommen in *The Jimi Hendrix Concert*. »Existing! Nothing but existing!« fluchte er... und entrang seiner Gitarre den Sound eines brennendes Dorfes, in bitterer Ironie darin eingestreut Schnipsel aus dem »Star Spangled Banner«. Es ist Chaos und Gemetzel, eine deutliche Verbindung zwischen dem Leichenhaus Vietnam, den Krawallen zu Hause und seiner eigenen tiefsten Verzweiflung.

The Cry of Love, das erste Album, das nach Hendrix' Tod herauskam, endete – bitter genug – mit »Belly Button Window«, einem einfachen Blues, den er sozusagen solo spielte: nur Hendrix spielend und singend, einzig mit Wah-Wah-Gitarre unterlegt, die eigentlich Harmonikaparts spielt. Ob dieser Titel eine größere Bedeutung bekommen hätte, wenn Hendrix nicht gestorben wäre – oder ob er tatsächlich veröffentlicht worden wäre, wenn Hendrix noch dagewesen wäre, um die letzten Anordnungen für das Doppelalbum zu geben, das als *First Ray of a New Rising Sun* erscheinen sollte – ist eine Streitfrage, aber sein zentrales Konzept ist so komplex wie seine Struktur elementar. In »Belly Button Window« versetzt sich Hendrix in die Lage eines Babys, das darauf wartet, geboren zu werden. Er fragt sich, ob seine Eltern es sich wirklich gewünscht haben oder, was das betrifft, ob er selber bereit für die Aufregungen und Leiden eines neuen Lebens ist. »Wenn ihr mich nicht wollt, dann entscheidet euch«, singt er, »denn ich laufe euch nicht so sehr oft mehr über den Weg.«

Schließlich entscheidet sich Baby Jimi für das Leben, wenn auch mit einigem Zittern:

> I'm coming down into this world, daddy,
> Regardless of love or hate,
> I'm gonna sit up in your bed, mama,
> And just a-grin right in your face,
> And then I'm gonna eat up all your chocolates,
> And say I hope I'm not too late...
> I'm here in this womb,
> Looking all around,
> And I'm looking out my belly button window,
> And I swear I see nothing but a lot of frowns,
> And I wonder if they want me around...«

(Ich komme in diese Welt, Daddy, ohne an Liebe oder Haß zu denken, ich werde in deinem Bett sitzen, Mama, und dir direkt ins Gesicht grinsen, und dann eß ich alle eure Schokolade auf und sage, ich hoffe, ich komme nicht zu spät... Hier bin ich nun in diesem Mutterleib und seh mich um, und ich sehe aus meinem Nabelfenster, und ich schwöre, ich sehe nichts als eine Menge Stirnrunzeln, und nun frage ich mich, wollen die mich überhaupt...)

Leider kommt er nicht noch einmal hierher.

»Blues today is mostly white people«
(Den Blues, den machen heute meist die Weißen)
Otis Rush, Guitar Player (1987)

Woke up this morning, both my cars were gone,
I felt so suicidal, I threw my drink across the lawn

(Als ich heute morgen wach wurde, waren meine beiden Autos weg, mir war so nach Selbstmord zumute, ich schmiß meinen Drink quer über den Rasen).

Martin Mull, »Ukulele Blues« (1973)

Can blue men sing the whites,
Or are they hypocrites,
To sing the blues?

(Können »Blue« den Weißen singen oder sind sie alle Heuchler, daß sie den Blues singen?)
The Bonzo Dog Band, »Can Blue Men Sing the Whites?« (1968)

Im großen und ganzen hat das Bluesfeld die Herausforderung nicht angenommen, die Hendrix aufgestellt hatte. Er war der erste und der letzte der Bluesmen des Weltraumzeitalters, der einzige, der für die Zukunft des Eckpfeilers der Popmusik im zwanzigsten Jahrhundert ganz neue Möglichkeiten geschaffen hatte, der einzige, der neue Wege der Kreativität *innerhalb* des Bluesfeldes eröffnet hatte, statt dessen Schätze zu stehlen und woanders zu verstecken. Wo seine Vorläufer ihre Instrumente dazu benutzten, die ländlichen Laute von Eisenbahnen und Vieh zu imitieren, oder die großstädtischen Laute von Polizeisirenen und Verkehrschaos, da ließ Hendrix Bomben und Krawalle, Luftangriffe und Hubschrauber, die Sprengung von Gebäuden und das Quietschen von Rädern erstehen. Es war, im wahrsten Sinne des Wortes, *moderner* Blues, und der Fehdehandschuh liegt noch da, wo er ihn hingeworfen hat.

Der Blues ist momentan gesünder, als er es eine sehr lange Zeit gewesen ist. Paul Oliver behauptet, im Klappentext zu *The Story of the Blues, Vol. II*, es sei die Ankunft von Otis Rush in den späten Fünfzigern gewesen, die »die letzte Blüte des Blues als einer essentiellen Musik der Neger angekündigt habe, bevor er zur populären Musik der ganzen Welt geworden sei«, ich möchte es aber in Frage stellen, ob der Blues nicht doch bis weitaus später schwarz geblieben ist, vielleicht bis zum Ende der Siebziger. Etwas anderes zu behaupten, schreibt den weißen Bluesleuten ein Verdienst zu, das sie sich damals noch nicht erworben hatten. Die neuen Generation von Bluesmen – die im Grunde nur aus Robert Cray und seinen Zeitgenossen besteht – ist die erste, in der schwarze und weiße Musiker mehr oder weniger auf gleicher Ebene anfangen, einfach weil das Bluesleben – wie es so lange gelebt worden ist – in seiner traditionellen Form nicht mehr existiert. Jeder lernt jetzt von Platten und aus den Erinnerungen und Lehren derjenigen Bluesmen, die sich noch erinnern können, wie es war. (Diejenigen, die den Ghettoschauder dadurch erfahren wollen, daß sie die Stimme der schwarzen Unterklasse belauschen, täten besser daran, sich eine Handvoll Rapplatten zu schnappen: wenn es eine neue Musik gibt, die diesen Aspekt der Funktion des Blues erfüllt, dann wird sie von LL Cool J, Eric B & Rakim und RUN DMC gemacht. Man sei aber gewarnt – in *dieser* Musik ist nichts von Jammer, Wehklagen oder Schicksalsergebenheit).

Wir haben heute eine Menge feiner junger Bluesmusiker, schwarz und weiß. Robert Crays Synthese von O.V. Wrights Südstaatensoul und Buddy Guys West Side Blues ist ein wesentlich stärkeres Gebräu, als seine trügerische Weichheit vermuten läßt. Die Fabulous Thunderbirds haben das Potential der Partymusik mit größerer Leidenschaft und Unverfälschtheit aufgegriffen, als man für möglich gehalten hätte, und sie haben damit das Paradoxon eines vom Leiden befreiten Blues geschaffen, eine endlose Samstagnacht ohne Kater. (Ihr Gitarrist, Jimmie Vaughan, ist der ältere Bruder von Stevie Ray Vaughan, einem feinen Gitarristen und meisterhaften Showman, der die lebensechteste Hendrix-Imitation unter allen hinlegt, die ich je gehört habe. Er »macht« auch Albert Collins und alle drei Kings perfekt, aber solange er seinen Hang zur Kopie nicht überwindet, ist es schwer zu sagen, ob er ein Bluesman ist oder nicht. Die allererste Qualifikation im Blues ist die

Fähigkeit, seine *eigene* Geschichte zu erzählen, statt nur Einzelheiten und Stückchen eines Anderen wiederzugeben, wenn auch mit noch so viel Gespür und Feuer). Die schöne Anthologie von Alligator Records, *The New Bluebloods* (1987), stellt eine ganze Gruppe ausgezeichneter junger Bands aus Chicago vor, die von dem rüden Oldtime-Slide von Lil' Ed & the Blues Imperials bis zum erdigen, sarkastischen Kinsey Report und den eifrigen, geläufigen Gitarren von Maurice John Vaughan (nicht verwandt mit irgend einem anderen Vaughan) und Melvin Taylor reicht.

Und, am sonderbarsten, ZZ Top hat die tiefe, wissenschaftliche Liebe zu dieser Musik und der dazugehörigen Überlieferung und Kultur mit einem Zug zu absurdem Humor, der sich über sich selbst lustig macht, und einer eifrigen technologischen Neugier verbunden, die nicht nur die traditionellen und die zeitgenössischen Ansprüche gleichermaßen befriedigt, sondern auch die ehrlichste und kreativste Antwort bereithält auf die ausufernden Spötteleien über die Rolle der weißen Bluesleute in den achtziger und neunziger Jahren.

Trotzdem, man kommt nicht daran vorbei: *es gibt keinen Jimi Hendrix mehr*.

With The Power Of Soul... Anything Is Possible

Jimi Hendrix und Soul Music

Can you feel the spirit?... In the dark
  (Spürst du den Geist?... Im Dunkeln)
            Aretha Franklin, »Spirit in the Dark« (1970)

Hallelujah I Love her so!
            Ray Charles, »Hallelujah I Love Her So!« (1955)

Als Ray Charles das Spiritual »My Jesus Is All the World to Me«
zu seinem 1954er R&B-Hit »I Got a Woman« umschrieb, war
der Bluesveteran Big Bill Broonzy schockiert. »Er hat den
Blues, aber worin er ihn herausweint, das ist das Heilige«,
beklagte sich Broonzy. »Er mischt den Blues mit den Spirituals.
Ich weiß, daß das falsch ist... er hat eine gute Stimme, aber es
ist eine Stimme für die Kirche. Er sollte in der Kirche singen.«
Brother Ray hatte es da in der Tat mit einer brisanten Mischung
zu tun: dem Sound des Gospel und den Themen des Blues,
dem Göttlichen und dem Profanen, der Musik des Herrn und
der des Teufels. Indem er die Kirche und die Kneipe zusam-
menbrachte, erfand er die Soulmusik, und danach war nichts
mehr so wie vorher.

Neunzehnhundertvierundfünfzig war für viele Dinge das
Jahr Null: es war das Jahr, in dem der Oberste Gerichtshof, der
Supreme Court, der USA erklärte – nach der »Brown Deci-
sion«, durchaus passend nach einem Mann aus Kansas namens Oliver Brown benannt, der das Topeka Board of Educa-
tion vor Gericht gebracht hatte, weil es seiner Tochter Linda
den Zugang zu einer örtlichen Schule verwehrt hatte – daß

segregierter Unterricht ungesetzlich sei. Es war auch das Jahr, in dem ein langhaariger, introvertiert-exhibitionistischer Aussteiger aus einer High School in Memphis namens Elvis Presley Artur Crudups Blues »That's All Right Mama« und Bill Monroes Hillbilly-Standard »Blue Moon of Kentucky« auf seiner ersten Single kombinierte, die auf einem lokalen Label herauskam, das bis dato nur für seine R&B-Produkte bekannt war. Und es war das Jahr, in dem die Popularität der Bluesplatten beim schwarzen Publikum unerbittlich zu schwinden begann. In Seattle feierte Jimi Hendrix seinen zwölften Geburtstag, in London der Autor seinen dritten.

Zu sagen, Ray Charles' Schritt sei nicht kalkuliert gewesen – so wenig wie der von Presley – ist gewiß nicht der Versuch, alle die alten Rassistenargumente über »Primitivität« wieder hervorzuholen: Ray Charles hatte – und hat – einen durchdringenden musikalischen Verstand, und wenn Frank Sinatra (ausgerechnet) ihn als »das einzige wirkliche Genie, das wir haben« bezeichnet, dann gibt er ihm nur, was ihm gebührt. Musikalisch wußte er genau, was er machte, wie die begeisterte Aufnahme, die »I Got A Woman« und seine zahlreichen Nachfolger fanden, so beredt demonstriert, und er war sich auch völlig des Aufsehens bewußt, das er damit erregen würde, daß er den tiefsten kulturellen Abgrund überbrückte, den es innerhalb der schwarzamerikanischen Gemeinde jener Zeit gab. Ray Charles war ein intensiv und ruhelos kreativer Vierundzwanzigjähriger, der wußte, welcher Klang ihm wohlgefiel, und wenn er sich nicht bewußt war, daß das, was er da kreierte, ein völlig neues Genre war, das sich im Laufe der Zeit fast die ganze schwarze Musik (und einen guten Teil der weißen) einverleiben würde, dann muß man fairerweise sagen, daß das auch niemand anders wußte.

Die tiefe Kluft zwischen kirchlicher und weltlicher Musik war nicht einfach eine Sache des Stils (8- und 16-taktiges Schema statt der traditionellen 12 Takte des Blues, das Nebeneinander von Dur- und Moll-Akkorden im gleichen Titel, die Betonung wiederholten Call-and-Response-Austausches, um die emotionale Temperatur anzuheben etc.), sondern eine Angelegenheit der Weltanschauung. Es war gewiß nicht selten, daß Leute am Samstag abend in die Bars gingen und am Sonntag morgen in die Kirche. T-Bone Walkers »Stormy Monday«, ein Blues, den praktisch jeder Bluessänger irgendwann einmal gesungen hat, faßt das Ganze in folgenden Zeilen zusammen: »The eagle flies on Fryday, on Saturday I go out to play/ Sunday I go to church, I kneel down and I pray« – am Freitag gibt's Geld, am Samstag geh ich aus und spiele/am Sonntag geh ich in die Kirche, kniee nieder und bete. Blues singen und das Evangelium predigen hielt man jedoch für zwei Tätigkeiten, die sich gegenseitig ausschließen, wie man an Hand der Karrieren vieler Künstler sehen kann. Der Bluessänger Georgia Tom, verantwortlich für einige der obszönsten Blues der zwanziger Jahre, wandte sich später der Religion zu und wandelte sich zu Rev. Thomas A. Dorsey, Autor von »Peace in the Valley« und »Take My Hand, Precious Lord« und wurde auch der Verleger religiöser Songs. (Übrigens, Rev. Dorsey verdiente mit diesen frommen Aktivitäten weit mehr Geld, als er je als Bluessänger bekommen hatte. B.B. King machte die umgekehrte Erfahrung: als Straßensänger bemerkte der Teenager, daß die, die seine Gospelsongs mochten, ihm nie Trinkgelder gaben, die Bluesliebhaber hingegen immer. Darum beschloß B.B., Bluessänger zu werden). Little Richard, der Jimi Hendrix in den frühen Sechzigern immer wieder beschäftigte, ist fast während seiner ganzen Karriere zwischen Bühne und Kanzel hin- und hergesprungen, Solomon Burke ist ein richtiger Bishop, und Big Bill Broonzy selbst war auch zeitweise Prediger. Sie waren sich alle darüber einig, daß man nicht zwei Herren dienen kann und daß weltliche und geistliche Musik streng getrennt bleiben müssen.

Ray Charles wurde von den wenigen, die ihn damals kannten, in erster Linie für einen Bluessänger angesehen, und da wurde es nicht für halb so schlimm gehalten – wenn seine

Übernahme von Gospelattributen auch schockierend genug war – als wenn er als Gospelsänger den umgekehrten Weg gegangen wäre. Drei Jahre später mußte Sam Cook – Leadsänger der Soul Stirrers, einem führenden Gospelquintett – seine erste weltliche Platte unter dem Pseudonym Dale Cook machen (das »e« wurde später angehängt). Aber selbst da war sein vokaler Stil von den echten Gospelfans noch so leicht zu identifizieren, daß er vom gottesfürchtigen Kirchenvolk, das die Musik, die es buchstäblich für die »des Teufels« ansah, nicht im Hause haben wollte, schleunigst in Acht und Bann getan wurde, und als er auf der Höhe seines Ruhmes als Gast in einem Soul-Stirrers-Konzert erschien, buhten ihn die Frommen von der Bühne.

Die gleichen Glaubensvorstellungen wirkten sich später noch bei Sängern wie Bobby Womack und Terence Trent D'Arby aus, obwohl sie fast zwanzig Jahre auseinander lagen: als Womack eine Gruppe zusammenstellen wollte, willigte sein Vater nur unter der Bedingung ein, daß er sich strikt an die Gospelmusik hielt, und D'Arbys Vater, der Prediger war, übte ein so strenges Regiment aus, daß der junge Terence seine geliebten Jackson 5-Platten nur bei Freunden mit weniger strengen Eltern hören konnte. Viele Jahre später, als er auf Hendrix' Pfaden in Europa zum Star geworden war, besuchte D'Arby die Kirche, in der Al Green, einer der einflußreichsten Soulstars der Siebziger, predigte. Green, der erfahren hatte, daß die junge Sensation des Tages im Hause war, rief D'Arby zum Singen auf die Kanzel. Aschgrau im Gesicht und stumm blieb Trent D'Arby auf seinem Platz und ging kurz danach fort, sichtlich aus der Fassung. Selbst Tina Turner, die eine Karriere, und nicht nur eine, darauf aufgebaut hat, die Wilde zu spielen, hat gegen so etwas immer noch milde Einwände. »Wenn ich einen gutaussehenden Typ sehe«, schnob sie verächtlich, »dann will ich ihm kein Kirchenlied singen. Dann will ich lieber ein Wolfsgeheul loslassen!« Was sie betrifft, war das, was Brother Ray mit der Gospelmusik gemacht hat, *ungezogen*, sogar ein bißchen *unanständig*. Naserümpfend sagt sie, es sei so, als habe Ray »ein bißchen was Fieses unter dem Tisch hinterlassen«. Und Tina ist nicht einmal mehr Baptistin, sie ist die letzten zehn Jahre schon Buddhistin. Das soll einer begreifen.

Some people say a preacher won't steal,
I found two in my cornfield

(Einige sagen ein Priester stiehlt nicht, ich habe zwei in meinem Maisfeld gefunden).
> Traditionelles Country-Blues-Couplet, zuletzt in Muddy Waters' »Can't Get No Grindin'« (1973)

Es waren auch nicht nur die schwarzen Gemeinden, die darüber so entschiedene Ansichten hatten. Zur selben Zeit, als Ray Charles in der Fusion von Gospel und Blues das musikalische Äquivalent zur Atomspaltung vollzog, überschritten ein paar verrückte Weiße in Memphis eine andere Grenze, indem sie in Sam Philips' Sun Studio Hillbillymusik und Rhythm and Blues in einen elektrischen Mixer schoben. Der Klavierquäler Jerry Lee Lewis, der wildeste und verrückteste unter denen, die das weiße Rockzeug produzierten, geriet in Agonien von religiösen Zweifeln, als er »Great Balls of Fire« vorgelegt bekam, einen Titel, der apokalyptisch Pfingstsymbole in einen Bericht darüber verflocht, wie heiß und unruhig ihm wegen seines Mädchens zumute war. Er war überzeugt davon, wenn er diesen Song sänge, gereiche ihm das zur ewigen Verdammnis, aber nach einigem Druck von Sam Phillips ging er hin und sang den Titel doch.*
Oberflächliche Skizzen über das Entstehen von Rock und Soul – die dominierenden Genres der Nachkriegs-Popmusik –

---

* Greil Marcus erwähnt den Streit zwischen Lewis und Phillips im Anhang zu seinem *Mystery Train*.

stellen im allgemeinen fest, der erstere sei die Fusion von Blues und Countrymusik und der letztere die von Blues und Gospel. In Wirklichkeit sind beide Musikformen viel komplexer und erfordern Erklärungen von entsprechender Komplexität. Sun Rockabilly, wie er von Presley, Lewis, Carl Perkins und einigen anderen verbreitet wurde, war im wesentlichen das, was entstand, wenn übereifrige junge Südstaatenfanatiker sich ein Bündel Bluesnummern an Land zogen und sie auf ein Tempo hochschraubten, das an das der alten Countrytänze herankam. Mit den gleichen Merkmalen erwies sich die Soulmusik von Ray Charles und James Brown, dessen erste Platte »Please Please Please« zwei Jahre später herauskam, als die Anwendung dieser elektrisierenden Techniken und der Prinzipien der baptistischen Kirchenmusik auf die Alltagsthemen des Blues. Keine dieser beiden Eckpfeiler der konventionellen Pop-Überlieferung ziehen das ganze Ausmaß in Betracht, das die Bedeutung des Gospel als wesentliches Element in der Musikmixtur erreicht, die man im allgemeinen »Country and Western« nennt – oder noch entscheidender – die lebenswichtige Rolle, die die Kirche in der Saga vom schwarzen Amerika oder das schwarzamerikanische Showbusiness zu verstehen, ohne die Rolle der Kirche einzubeziehen. Effektiv jeder Soulstar, aber auch nicht wenige Bluesleute, lernten das Singen in der Kirche – Marvin Gaye, Otis Redding und Aretha Franklin, um nur drei Beispiele zu nennen, die einem so schnell einfallen, waren Kinder von Predigern – und gewöhnlich erwähnen sie Gott dankbar in ihren Plattentexten (sei es auch nur zwischen dem Frisör und dem technischen Assistenten). Die Kirche sorgte einerseits für die Organisation und die Führung, die für jede Art von sozialer Stabilität in den tief in Kämpfe verstrickten Gemeinden nötig war, andrerseits für Läuterung, Erlösung und den Willen durchzuhalten.

Ihre politische Rolle bestand darin, daß sie die tragende Metapher lieferte für das Überleben, den Fortschritt und die letzte Befreiung: die Erzählung von der Gefangenschaft Israels in Ägypten. Die Worte der großen Spirituals und Gospelsongs sprechen von dem einen, die empfangene Botschaft aber sagt etwas ganz anderes. Das dauerhafteste Legat, das die Gospels der schwarzen Musik eingebracht haben, ist die Fähigkeit, unendliche Schichten von Bedeutungen durch Nuancen zwischen den Zeilen und zwischen den Noten zu übermitteln, durch die Betonung, die Aussprache und die vokale (oder instrumentale) Struktur. Selbst der banalste Popsong kann durch einen Soulsänger lebendig gemacht werden, der etwas Dringendes mitzuteilen hat: man vergleiche nur einmal Engelbert Humperdincks »Release Me« (die bestgehaßte und zutiefst verabscheute britische Nr. 1-Single von 1967, was für alle, die ich kenne, gilt) mit Esther Phillips Version der gleichen Nummer mit praktisch dem gleichen Arrangement.

Um das extremste und unfairste Beispiel, das mir einfällt, anzuführen, vergleichen wir doch einmal Paul McCartneys Beatles-Klassiker »Yesterday« und »Eleanor Rigby« mit Ray Charles' Interpretation der gleichen Nummern. McCartney singt wie ein junger Mann, der sogar noch jünger klingt; sein knabenhafter Tenor klingt wie von jeglicher Erfahrung unbeleckt. Brother Ray hingegen ist ungefähr ein Dutzend Jahre älter, und seine harsche, rauhe Stimme trägt hörbar die Narben eines ganzen Lebens voller Freuden und Leiden. Wenn McCartney singt, »Suddenly/I'm not half the man I used to be« – plötzlich bin ich nicht mehr der Mann, der ich einmal war – dann ist die Zeile fast zu groß für ihn: was war er den für ein Mann? Charles' Verständnis derselben Zeile enthält ein Gefühl des Verlustes, das in seiner Unmittelbarkeit geradezu schmerzhaft ist; ein ganzes Leben wird hier aufgerufen, die ganze tragische Geschichte der Schwarzen in Amerika fügt noch ihre Schattierung und ihr Gewicht hinzu. Auf ähnliche Weise überträgt Charles »Eleanor Rigby« von einer dumpfigen irisch-katholischen Kirche in Liverpool, die McCartney heraufbeschwört, in eine Baptistenkirche im Ladenlokal eines Großstadtghettos oder einer kleinen Stadt irgendwo in den Südstaaten. Während McCartney wie ein mitfühlender Engel singt, der von oben auf Father McKenzie und die arme Eleanor herabsieht, ist Brother Ray mittendrin in der Kongregation.

Es ist nicht nur einfach so, daß Ray Charles ein »besserer« Sänger ist als Paul McCartney, oder sonst in irgend etwas »besser«; beide Männer haben das Seil ihrer Brillanz über den Abgrund ihrer Fähigkeit zur Banalität gespannt und haben sowohl Triumphe wie Reinfälle zuhauf in ihren Dossiers. Es ist nicht einmal so, daß Ray Seele hat und Macca nicht. Es ist einfach so, daß manche Menschen ihre Seele mehr an die Oberfläche lassen als andere. (Selbst diese geniale Interpretation kann indessen zu weit gehen: in den späten Siebzigern schien es so, als habe man Aretha Franklin so oft gesagt, sie könne das Telephonbuch singen und es in etwas Transzendentales verwandeln, daß sie sich das ernstlich zum Ziel setzte. Im Lauf der Zeit ließen ihre Verkaufszahlen so sehr nach, daß sie aufhören mußte, das verdammte Telephonbuch zu singen und sich wieder richtigen Songs zuwandte).

Die Gospelbotschaft der Hoffnung übertrug sich nahtlos auf den politischen Kampf der Schwarzen. Ein ehrgeiziger Politiker muß nicht unbedingt ein Prediger sein (trotz Rev. Jesse Jackson), aber er muß eine Versammlung wie ein solcher bewegen können. Ebenso, um in Begriffen des Showbusiness zu reden, bildet der Prediger das wesentlichste Vorbild des Soulsängers. Die Aufnahmen von Curtis Mayfield in den Sechzigern mit den Impressions (»We're a Winner«, »Keep on Pushing« und, am deutlichsten von allen, »People Get Ready«) sind nur die offensichtlichsten Beispiele für die enge Bindung zwischen den Ideen der göttlichen und der zeitlichen Erlösung, und das Oeuvre von Aretha Franklin (der Tochter von Rev. C.L. Franklin, dem populärsten und meistbewunderten Prediger nächst Martin Luther King selbst) und das von Al Green (dessen geistliche Tätigkeit nach einer Begegnung, etwa wie weiland der von St. Paulus in Damaskus, mit einer wütenden Frau und einem Kessel heißer Grütze begann) zeigen mühelos die überzeugende Gleichstellung religiöser und sexueller Leidenschaften.

Good God Almighty, the man sho' makes me feel... so... Goo-ooo-ooo-ooodd!
(Herr du allmächtiger Gott, bei dem Mann fühl ich mich... so... wohl!)

Aretha Franklin, »Dr. Feelgood« (1967)

Die schwarze Kirche ist eine *Show,* und die weiße Kirche ist – außer im Süden – *langweilig.* Das schwarze Christentum lehnt sich immer noch sehr an die Vorstellungen von der Beziehung zwischen den physischen und den spirituellen Gebieten an. Während die Weißen passiv in die Kirche gehen, um Instruktionen von Gott zu bekommen, handelt es sich in der schwarzen Kirche um aktive Teilnahme und die transzendentale Erfahrung der Besessenheit von Gott. (Can you *feel* it? – Fühlst du es? – Can I get a witness? – Kann ich Zeugnis ablegen?). Schließlich handelt es sich darum – für einige blendende, verzückte Momente – Gott zu *sein.* Wie ein Zelebrant es neulich in einem Film über die brasilianischen Variationen der westafrikanischen ekstatischen Religion sagte: »Wir gaben den Göttern eine Party – und die Götter kamen«.

Der verstorbene James Baldwin, der selber Priester und Sohn eines Priesters war, schrieb in *The Fire Next Time* (1966): »Es gibt keine Musik wie diese Musik, kein Drama wie das Drama von den jubilierenden Heiligen, den klagenden Sündern, den rasenden Tamburins und all den Stimmen, die sich vereinen und dem Herrn seine Heiligkeit zurufen... Ich habe nie etwas gesehen, das dem Feuer und der Erregung gleichkäme, die manchmal, ohne Vorwarnung, eine Kirche erfüllen und sie, wie Leadbelly und viele andere bezeugt haben, dazu bringen kann, zu ›rocken‹.«

Das ist die zentrale Erfahrung in der Soulmusik, hier ist sie eingefangen. Für Gläubige und Nichtgläubige gleichermaßen ist der Soulsänger der Katalysator für das Erlebnis, das das Publikum mit dem göttlichen Paradoxon hat: gleichzeitig außer sich zu geraten und in sich zu gehen, die Transzendenz dazu zu benutzen, fortzufliegen und den Moment, in dem man sich befindet, intensiver zu erleben als je zuvor. Was auch immer die technischen Definitionen der Soulmusik in bezug auf Struktur und Instrumentation sein mögen, eine Darbietung, die man mit »soulful« bezeichnet, ist eine, die diese theoretisch widersprüchlichen Bedingungen erfüllt und die größten Soulsänger sind nicht notwendigerweise die, die die größte vokale Trickkiste haben (sonst wäre Whitney Houston die größte lebende Soulsängerin), sondern die, die uns am besten das Gefühl der Intensität geben.

Wenn man daran glaubt, ist es Soulmusik. Wenn man nicht daran glaubt, ist es nur eine Zurschaustellung leere Virtuosität, die man am besten den Heavy-Metal-Gitarristen überläßt.

Ain't no heaven... ain't no burnin' hell
   (Es gibt keinen Himmel... es gibt kein Höllenfeuer)
         John Lee Hooker, »Ain't No Burnin' Hell« (1949)

I been down so long that down don't bother me
   (Ich war schon so lange unten, daß das Unten mir nichts mehr ausmacht)
         Albert King, »Down Don't Bother Me« (1966)

In dem uralten Zwiespalt zwischen Gospel und Blues gibt es viele Dimensionen. Ein gemeinsamer Aspekt von Kirchen und Kneipen ist der, daß sie beide lange Zeit sozusagen die einzigen autonomen Institutionen waren, die die schwarzen Amerikaner hatten und daß sie – wie zu erwarten war – nicht nur sehr unterschiedliche Aktivitäten beherbergten, sondern auch ebenso deutlich unterschiedene Philosophien. Die Bluesleute lebten in einer immerwährenden Gegenwart, in der jeder Tag ein Kampf war, Vergnügen nur flüchtig und die einzig mögliche

Reaktion auf das alles die Klage über widrige Umstände oder das Zurschaustellen einer kessen Haltung oder »stoischen Ironie« (wieder Baldwin) war, wodurch sie es fertigbrachten, zu überleben. Das Kirchenvolk lebte rechtschaffen, pries den Herrn und hoffte auf bessere Tage. In vieler Hinsicht war der wesentlichste Unterschied der, daß die Kirchenleute sich als eine Gemeinde sahen, wogegen der Bluesman ein Außenseiter war, im tiefsten Sinne einsam. Natürlich war das ein Teil des romantischen Reizes, den der Blues auf empfängliche und unangepaßte Weiße ausübte. Wie Eric Clapton 1987 Melvyn Bragg im britischen TV-Kulturprogramm *The South Bank Show* erläuterte:

»Ich hatte fast meine ganze Jugend hindurch das Gefühl, als stünde ich mit dem Rücken zur Wand und könne nur mit Würde und Stolz und Mut überleben. Ich hörte das aus bestimmten Musikformen heraus, und ich hörte das am meisten im Blues, denn da gab es immer nur den Einzelnen. *Da waren nur ein Mann und seine Gitarre gegen die ganze Welt.* Es war keine Gesellschaft oder Band oder Gruppe; wenn es darauf ankam, war es nur ein Mann ganz allein, der keine Wahl, keine Alternative hatte, der nur singen und spielen konnte, um seine Pein zu lindern.

Clapton ist ein sensibler und scharfsichtiger Mensch – wenigstens dann, wenn er nicht über Einwanderung und Rassenbeziehungen in England spricht – und hier legt er den Finger nicht nur auf das Geheimnis, das der Blues für ihn hatte (und, was das angeht, auch für Jimi Hendrix), sondern auch auf den Grund, warum er aufgehört hat, für die schwarzen Amerikaner ein angemessenes Ventil zu sein. Die Schwarzen hatten übergenug davon, sich »zutiefst einsam« zu fühlen und ohne Wahl und Alternative zu sein, übergenug von der Vorstellung eines einzelnen Mannes oder einer Frau (mit oder ohne Gitarre) gegen die ganze Welt. Dadurch, daß er das Gospel verweltlicht und dadurch das Konzept der jenseitigen Erlösung in die reale Welt übertragen hatte, sprach Ray Charles eine potente politische Metapher aus: die des erreichbaren Himmels auf Erden. Und indem er den romantischen Individualismus des Blues durch den Gemeinschaftsgeist des Gospel ersetzte, sprach seine Musik Bände über die Hebelwirkung, die durch gemeinsame Aktionen des schwarzen Amerika entstehen konnte. Soulmusik war so etwas wie das Ende des »Teile und Herrsche«, sie bedeutete – und bedeutet – den Zusammenschluß des schwarzen Amerika.

Trotz der Anwesenheit solch ausgezeichneter Kreatoren wie Ray Charles und James Brown – und Aretha Franklin und Otis Redding und Stevie Wonder und Marvin Gaye und Sly Stone und George Clinton und Al Green und vieler anderer – ist Soul die Musik eines Teams, und die Qualitäten, von denen sie abhängt und die sie absolut respektiert, sind Disziplin und Eignung. Die Vorstellung von Gemeinschaft und gemeinsamer Anstrengung ist nicht einfach eine Abstraktion, sondern eine Realität, die die Ästhetik des Soul bis in seine innersten Zellen und Fibern durchdringt. Eine traditionelle Soulrevue ist so ungefähr das disziplinierteste Schauspiel, das man in der populären Musik sehen kann, und seine größten Triumphe feiert es, wenn das, was sie hundertmal geprobt und tausendmal aufgeführt haben, so aussieht und klingt, als wäre es eine spontane Improvisation oder auch umgekehrt. Junge weiße Abtrünnige aus der Bourgeoisie, die einer Kultur zu entkommen suchen, für die Spontaneität so etwas wie die Schwarze Pest ist (der *offensichtliche* Doppelsinn ist reiner Zufall), betrachten diesen Aspekt der Soulmusik mit leichtem Mißtrauen und fühlen sich deshalb mehr zu Blues, Folk oder Free Jazz hingezogen; die Weißen aus der Arbeiterklasse verstehen im allgemeinen *ganz genau*, was darin enthalten ist, und darum waren sie auch diejenigen – in England wenigstens – die am enthusiastischsten auf den Soul reagierten, während ihre Gegenspieler aus der Mittelklasse es vorzogen, weiter vom Mangel an vorgeblicher Authentizität zu flöten.

Die großen Soulbands sind es, die am selbstlosesten arbeiten, die ihre Kräfte am uneingeschränktesten den Bedürfnissen des Sängers und des Titels zur Verfügung stellen, wie die großen Ensembles von James Brown oder die Studiogruppen von Stax und Motown. Es gibt natürlich einige große Lead-Instrumentalisten – hauptsächlich Saxophonisten wie King Curtis, Junior Walker und Maceo Parker – aber auch sie stehen nur da und warten, bis sie dran sind, und dann spielen sie. Maceo Parker spielt, wenn James Brown – oh Verzeihung, *Jaaaaaaaaames Braaaaooown* – grunzt »Maceo!«, aber er ist sofort wieder still, wenn James sich anschickt, die Bridge zu übernehmen. Soul ist keine Solistenmusik, um es sanft auszudrücken.

> Baby Child as man
> as a living grain of sand
> Sitting on the ever changing shore
> Greeting the sunrise...
> Picked up upon the Gypsy Woman
> Hair flaming night as ravens even sleep... rainbow cloth
> Tambourine complementing her chant and choice of graces
> And Love Her God...
>
> I actually looked upon her on my right... coming forth
> And Baby Child then secondly looked her left to eye
> and 11 or 12 women, men and little ones approached;
> They clad in their master's wish
> White robes swaying to be baptised
> These two worlds crossed each other in front of me, when
> Afterwards, Baby Child sipped a heartful of ocean...
> Spat out the waste and walked upon the New Day.

(Baby Child, der Mann, das lebende Sandkorn, sitzt am immer wechselnden Ufer und grüßt den Sonnenaufgang... Traf die Gypsy Woman, Haar flammend wie die Nacht, in der selbst die Raben schlafen... Gewand aus Regenbogen, das Tamburin begleitet ihren Sang und ihre Auswahl an Gebeten, und die

Liebe ihr Gott... Ich sah sie eigentlich von rechts... kommen und Baby Child sah sie ein zweites Mal an, sah dann nach links, und 11 oder 12 Frauen, Männer und Kleine kamen näher; sie waren gekleidet im Wunsch ihres Meisters, weiße Gewänder wehten zur Taufe, diese beiden Welten kreuzten sich vor mir, als Baby Child nachher ein Herz voll Ozean trank... den Rest ausspuckte und in den Neuen Tag hineinging).

Jimi Hendrix, Plattentext zu Band of Gypsys (1970)

»Sie nahmen den Schnellzug direkt zur Electric Church. Viele Male ist uns diese Szene begegnet: ein Bruder und ein Vetter leeren ihre Lasten ein bißchen weiter unten an den Gleisen; der Bruder... tritt gegen eine Blechdose... versucht, seinen Blues rauszutreten und seinen Eifersuchtsblues, und in seiner hinteren Tasche trägt er einen Stiefel voll roher, wilder Seide, aber manchmal strömt Frustration aus dem Hause seines Leidens und nährt das Unkraut um seinen Hof... fett bis auf die Knochen werden sie, als sie versuchen, zu all dem Seinen zu kriechen... Er aber muß nicht einmal weinen... denn seine irdische Seele wird bald gewaschen sein... und er weiß... und tippt seinem Vetter auf die Schulter, der das Rumpeln der Gleise bemerkte... schüttelte den Kopf, das Herz und die Füße... und Bruder und Vetter sagen, ohne ein Wort zu sagen... ›Ich kann wirklich sehen, wie die Gleise schwanken‹ DER EXPRESS ist um die Kurve gekommen, ER kommt die Gleise entlang. Schüttelt unentwegt, schüttelt Funk... schüttelt FEELING – schüttelt LEBEN – ›Buddy Miles' EXPRESS ist hier‹ rufen sie beide... die Vettern sagen... ›Yes Brother... wir kommen mit dir... aber wo gehen wir hin?‹ Der Schaffner sagt, als sie einsteigen: ›Wir kleinen Leute gehen in die Electric Church...‹ der Buddy Miles EXPRESS nahm sie mit sich fort... und wenn sie nicht gestorben sind, dann leben sie und hören sie glücklich und funky noch heute. Und, ach ja... Verzeihung... aber ich meine, ich höre meinen Zug kommen.«

Jimi Hendrix, Plattentext zu *Expressway to Your Skull*
von Buddy Miles Express (1968)

»Kennen Sie ›Hendrix' Face‹?* Dann kennen Sie auch Roger
Mayer's Classic Fuzz, genau die gleiche Verzerrerschaltung,
die Roger Mayer während seiner Zeit als Tontechniker seines
Meisters für Jimi Hendrix entworfen hat... die Kombination
von einfallsreichem Schaltentwurf und angeborenem Wissen
von der Tonverstärkung – der vielgesuchte ›menschliche
Klang‹, der Hendrix' Sound so unheimlich, so ›religiös‹ machte
– das sind die Zutaten, die Roger ›Mr Wah-Wah‹ Mayer zusam-
mengepackt hat...«
Reklamezettel für Roger Mayers Effektpedale, in *Guitar World*
(1987)

Sie warfen Jimi Hendrix aus der Kirche, als er acht Jahre alt
war, weil er immer so komisch angezogen war. Das brach ihm
das Herz, weil Jimi, das Kind, die Musik und die Erregung der
Kirche so sehr liebte, daß der Sonntagmorgen effektiv der
Höhepunkt der Woche für ihn war. Später erwog er, seine
eigene Kirche zu gründen; in Interviews, in denen er sich mehr
als gewöhnlich wohlfühlte – oder wenn er mehr als gewöhnlich angetörnt war – sprach er immer von etwas, das er die
Electric Church nannte, oder Sky Church oder Electric Sky
Church oder eine Kombination in dieser Art. Mit allem Respekt für die Wirksamkeit von Roger Mayers Apparaten, wenn
es eine »unheimliche« und »religiöse« Qualität in Hendrix'
Sound gab, dann hing das wohl von anderen Dingen ab, als
nur von seiner Auswahl an »Stomp Boxes«.

Um es milde auszudrücken, die Electric Church war ein
etwas (verzeihen sie den Ausdruck) verblasenes Konzept.
Hendrix bezeichnete die Gruppe, mit der er in Woodstock

---

* Ein Effektpedal, das wie ein Gesicht aussah, eine Spezialität von Hendrix.
(Anm. d. Übers.)

auftrat (Mitchell am Schlagzeug, ein zu Tode geängstigter Billy Cox in seinem Debüt am Baß, Rhythmusgitarrist Larry Lee – der die Leadvocals in einer ganz bestimmt improvisierten Version des Liedchens »Gypsy Woman« von Curtis Mayfield's Impressions sang – und den Perkussionisten Jerry Velez und Juma Sutan) als Sky Church, und die losen Jamgruppierungen, die er gegen Ende 1969 oben im Staat New York zusammenstellte, waren ebenfalls entweder Electric oder Sky Church. So wie Hendrix die Bezeichnung anwandte, wenn sie nicht als Bandname gebraucht wurde, war Electric Church das Umfeld für gemeinschaftliche Anbetung, für gemeinsames Lernen und für Kommunikation ohne Ansehen der Konfession oder des Verhaltens. Es war der Ort, von dem er niemals ausgestoßen worden wäre, als er noch ein Kind war. »Der Hintergrund unserer Musik«, sagte er 1968,

»ist eine Art Spiritual-Blues... Wir machen aus unserer Musik eine Electric-Church-Musik – eine neue Art Bibel, die man im Herzen trägt, eine die euch auch ein körperliches Feeling gibt. Wir versuchen, unsere Musik so locker und hart zuschlagend zu machen, daß sie eure Seelen hart genug trifft, um sie zu öffnen. [Rock] ist mehr als Musik, er ist wie die Kirche, wie eine Grundlage für das Verlorene oder das, was verlorengehen kann... wir versuchen, die Kids zu retten, einen Puffer zu bilden zwischen den Alten und den Jungen. Unsere Musik ist eine Schocktherapie, die ihnen helfen soll, sich ein bißchen besser über ihre Ziele klarzuwerden. Sie sollen merken, daß unsere Musik genauso geistlich ist, wie wenn sie in die Kirche gingen. Die Seele muß herrschen, nicht das Geld oder die Drogen. Man sollte sich selbst beherrschen und Gott eine Chance geben...«

Man kann den Jungen aus der Kirche werfen, aber man kann die Kirche nicht aus dem Jungen werfen. In gleicher Weise kann man den Jungen aus der Soulmusik raushungern – was man ihm etwa ein Dutzend Jahre später antat – aber man kann nicht die Seele aus dem Jungen raushungern. Die fünf Jahre, die Hendrix auf dem »Chitlin Circuit« verbrachte, waren das tiefste Elend für ihn. Gleichzeitig gab ihm diese Periode die musikalische Erziehung, die man mit *nichts* auf der Welt hätte kaufen können: die unmittelbare Begegnung mit den Legenden des R&B und des Soul. 1962, als er in einer Truppe arbeitete, die er später als »die Hitparadentruppe der Top 40 Soul R&B, kombiniert mit Wildlederschuhen und Frisur« bezeichnete, kam er mit dem jungen Bobby Womack in Kontakt. Zu der Zeit spielte Womack Gitarre und sang neben seinem Bruder bei den Valentinos, den Schützlingen von Sam Cooke, der mit Jackie Wilson die Zugnummer der Tour bildete. Man muß noch einmal wiederholen, was auch immer Hendrix später behauptet haben mag, um seine Glaubwürdigkeit in England zu erhöhen, er hat nicht eigentlich Cooke oder Wilson begleitet, sondern er begleitete »Gorgeous« George Odell, der die Show mit ein paar Songs eröffnete und dann, als Ansager, die berühmteren Gruppen vorstellte. (Da wir gerade dabei sind: Hendrix' Behauptung, Ike & Tina Turner begleitet zu haben, wird von keiner geringeren Autorität als Tina Turner selber zurückgewiesen, was mir genügt. »Wenn Jimi je auf unserer Bühne gestanden hätte, glauben Sie mir, da würde ich mich dran erinnern«, versicherte mit »La Turner« 1988. »Ich hätte ihm einen *sehr* herzhaften Kuß gegeben!« Allerdings hat Hendrix in der Tat an einem Nachmittag in St. Louis ein Probespiel bei Ike absolviert, bekam aber den Job nicht, wahrscheinlich weil Ike jemanden wie Hendrix nicht in der Nähe seines Publikums, seiner Ikettes und seiner Tina haben wollte).

Womack (der vor ein paar Jahren Hendrix' alte Gitarre von Gorgeous George Odells Großmutter gekauft hat) erinnert sich so an Hendrix:

»Jimi Hendrix war wie ein Ausgestoßener. Er war so sonderbar, wissen Sie, er zog sich auch so sonderbar an. Die Leute sagten immer: ›Guck dir diesen Arsch mal an, der kriegt keine Arbeit, der tut *gar* nichts.‹ Weil sie eben nicht *begriffen*. Sie sagten immer: ›Was ist denn mit dem los, der hat ja 'nen Ohrring im Ohr...‹ George ging dann auf die Bühne, riß sich das Hemd vom Leibe, machte allerhand Mätzchen und merkte überhaupt nicht, daß die Mädchen alle nach Jimi schrien. Jimi stahl ihm jedes Mal die Schau, aber er tat das nicht absichtlich, er sagte bloß: ›Ich versuche nur, deine Show besser zu machen‹ Jimi nahm dann die Gitarre und spielte sie mit den Zähnen, [während] George eine Ballade sang. Dann drehte George sich um und sagte: ›Ich sag dir das noch einmal, Jimi, nächstes Mal, wenn ich sehe, daß du die Gitarre im Mund hast, dann sorge ich dafür, daß du sie frißt; das ist meine Show, und es ist mir peinlich, wenn ich mich rumdrehe und sehe diesen Scheißkerl da seine Gitarre fressen.‹ Jimi sagt: ›Ich versuch doch nur, dir zu helfen‹. George sagt: ›Hilf du mir bloß mit *gar nichts*‹...«

Mit Variationen wiederholte sich dieser Vorfall während Jimis Zeit auf dem Soul Circuit unentwegt. »Er hätte nie mit Sam oder Jackie spielen können,« sagt Womack,

«... weil er so lange, schreiend durchdringende Phrasen spielte... damals war man nicht in, wenn man nicht eine ›Process‹-Frisur, kurzgeschnittenes Haar, Anzug und Krawatte trug. Er zog sich so vergammelt an, seine Klamotten sahen alle aus wie vom Flohmarkt. Er trug immer so merkwürdigen Schmuck, er hatte auch richtig langes Haar, das ihm so vom Kopf abstand. Wenn ich heute Typen sehe, die so aussehen, dann sage ich mir, kein Wunder, daß die Leute Jimi nicht mochten! Das war vor siebenundzwanzig Jahren! Später rannten sie natürlich alle rum und sagten: ›Shit, der war in meiner Band!‹ King Curtis sagt: ›Ich schmiß ihn immer raus, weil ich ihn dazu bringen wollte, daß er eine Krawatte trug, er wollte aber keine Krawatte tragen. Er ließ immer seine Hemdsärmel lose hängen. Ich sagte dann: ›Mensch, tu doch Manschettenknöpfe rein und trage sie anständig.‹ Er sagte immer: ›Ich mag das so.‹ Curtis sagte immer: ›Spielen kann er, aber er hat nicht zu den anderen gepaßt, keiner wollte ihn dabei haben.‹ Diese Leute kamen nun alle aus dem Busch: ›Der hat für mich gearbeitet, und ich hab ihn rausgeschmissen. Da kam ein Typ an, der sah aus, als hätte er zwanzig Jahre auf der Straße geschlafen.‹ Er machte seine Gitarre leiser, aber er überschattete jemand wie King Curtis immer noch. Das war so bei allen, mit denen er spielte, die Leute achteten nicht auf den Solisten, sie sagten nur immer: ›He, guck dir *den* mal an‹ Wenn er mit den Zähnen spielte, dann bereiteten sie ihm Ovationen, weil sie fanden, er wäre irre, aber der Künstler vorne vor, der glaubte natürlich, er wolle ihm die Show stehlen.«

Es war Tradition, daß die weiten Kritiker Hendrix' Plackerei in seiner Rolle als Sideman als Beispiel dafür nahmen, daß alle diese dummen, engstirnigen Schwarzen einfach nicht imstande waren, seine Brillanz zu begreifen. Weder er noch sie (die Kritiker) gestanden diesen Sängern und Musikern zu, daß für sie die eiserne Disziplin ihrer Bühnenshows und die üppigen Kostüme aus Haifischhaut und Mohair ein Beweis dafür waren, wie weit sie es seit ihren Anfängen gebracht hatten. Die meisten von ihnen kamen ursprünglich aus dem ländlichen Süden; selbst der funkelndste, ungebärdigste von ihnen, der schlimme Wilson Pickett – »Wicked Wilson Pickett« – wuchs in einer Kate auf, die meilenweit von der nächsten Stadt entfernt war, und das war die von Menschen wimmelnde Metropole Prattville, Alabama. Diese Männer hatten ihren Stolz, und sie hatten nicht jeden Zentimeter ihres Weges aus den finstersten Winkeln in Mississippi gegen alle Hindernisse, die das Land der Freiheit ihnen in den Weg legen konnte, gemacht, damit nun so eine Elendsfigur von Doper aus Seattle wie ein Landstreicher zum Auftritt kommen und dann seine eigene Show auf die Bühne stellen konnte, während sie ihre Arbeit tun wollten. Das war nicht nur eine Irritation, das war eine *Beleidigung*. Wenn Hendrix bei jedem einzelnen Job rausflog, den er in jenen Jahren hatte, dann ist das wirklich kein Wunder.

Immerhin lernte er sein Handwerk, und in der ersten Hälfte der Sechziger gab es eine ganze Menge zu lernen. Drei große Soul-Empires beherrschten die Ära – Atlantic, Motown und das Ein-Mann-Empire James Brown – und jedes von ihnen fügte dem Puzzle ein lebenswichtiges Stück hinzu. Atlantic Records, 1947 von Ahmet und Nesuhi Ertegun in New York gegründet, hatte die Plattform geboten für Ray Charles' bahnbrechendes »I Got a Woman« und die Vielfalt der darauf folgenden Hits, und selbst als Brother Ray sich im Verlauf der Sechziger von ihnen getrennt hatte, um seine Country-Alben für das ABC-Konglomerat zu machen, war Atlantic immer noch im Geschäft mit ihrem einzigartigen Nebeneinander von New Yorker Ideenreichtum und dem Gemischtwarenladen des Südstaatensoul. Ben E. King, der eine eindrucksvolle Galerie von Hits, sowohl als einer der vielen Leadsänger der Drifters wie als Solist, vorweisen konnte, charakterisierte seinen unverwüstlich dauerhaften Hit »Stand By Me« (in den Achtzigern auferstanden als Thema für Levis Werbung wie auch für die Verfilmung von Stephen Kings Erzählung) als »etwas, das direkt aus der Kirche kam, mit ein paar Teilen Harlem drin und gesüßt mit ein paar samtigen Broadwaystreichern«, aber diese Beschreibung paßt auf jegliche New Yorker Produktionen der Atlantic. Ihre einfallsreiche Mixtur von Fortschrittlichkeit und Ursprünglichkeit erlaubte ihnen, einen unerschütterlichen Prediger wie Solomon Burke zu nehmen und ihn zusammenzutun mit ihrem erstklassigen New Yorker Sessionteam, geführt von dem Saxophonisten »King Curtis« Ousley und, zu verschiedenen Zeiten, mit den Gitarristen Cornell Dupree, Drummer Bernhard »Pretty« Purdy und den Bassisten Chuck Rainey und Jerry Jermott. Hendrix spielte kurze Zeit bei Curtis – die Diskographen streiten noch, ob er auf Curtis' »Soul Serenade« gespielt hat oder nicht – und wenn er sich ordentlich verhalten

hätte, hätte er gut und gerne als führender New Yorker Studiomusiker enden und anständig leben können, nur hätte er sich
dann darauf beschränken müssen, nur das zu liefern, was
Curtis oder der Produzent haben wollte. Cornell Dupree erzählte der *Guitar World*, Curtis habe Hendrix von den Ilsey
Brothers wegengagiert, weil er seinen Bandsound ein bißchen
modernisieren wollte, und zu der Zeit hätte »Jimi nicht solche
Acid-Musik gemacht... es war mehr so etwas wie R&B. Ich
meine, wie besoffen. Ich meine funky. Ich will damit sagen, er
konnte etwas von Albert King spielen, aber ganz anders aufge-
faßt.« Chuck Rainey erinnert sich, daß er immer wieder zu
seinem Baß ging und versuchte, die Phrasen nachzuspielen,
wie Hendrix sie gespielt hatte.«

Die Ertegun-Brüder und ihr Boss Jerry Wexler hatten einen
heißen Draht von ihrem Büro in die Staaten. Sie vertrieben
nicht nur die Matritzen, die sie von dem Indielabel Stax Records in Memphis bekamen, sie verpflichteten auch Leute, die
in der Zentrale unter Vertrag standen, wie Wilson Pickett und
Sam & Dave (die beide Hendrix für ihre Tourneebands engagiert hatten, aber nicht für lange) für Plattenaufnahmen in
einem umgebauten Kino auf der McLemore Avenue mit Booker T. & the MGs, Isaac Hayes, den Memphis Horns und den
übrigen Mitarbeitern im Hause der Stax. Das Juwel in Atlantics
Krone von Memphis war ein gutmütiger, untersetzter Bauernjunge aus Macon, Georgia, namens Otis Redding.

»This is the love crowd, right? We all love each other, don't
we? Am I right? Let me hear you say YEAH!«
      Otis Redding im Monterey Pop Festival (17. Juni 1967)

Seit kurzem ist es Mode geworden, zu behaupten, Otis Red-
ding sei überschätzt, daß in Wirklichkeit Soloman Burke oder
James Carr die größten unter den Soulmen des Südens in den
Sechzigern gewesen seien. Es stimmt schon, daß er sich gele-

gentlich dessen schuldig machte, was Jerry Wexler »oversouling« nennt (rufen und schreien und »y'all« eher als Ersatz für Ausdruck, nicht als Mittel dazu), daß er sich gelegentlich in seinen Lieblingsklischees verfing (bei seinem Auftritt auf dem Monterey Festival hängt er in »Try a Little Tenderness« praktisch an jede Zeile entweder »Oh yeh yeh« oder »Oh no no« an, wo immer es sich machen läßt) und daß sein Stimmumfang eher minimal war; aber wenn Big O. in Fahrt kam, dann war das irgendwie ganz egal. Otis hatte die seltene Gabe, sein Publikum einzufangen – in diesem besonderen Aspekt kam ihm nur B.B. King gleich – so daß es bereitwillig seine Freuden und Kümmernisse mit ihm teilte. Von den vier Künstlern, die auf dem Monterey Pop Festival 1967 bei Publikum und Presse als die großen Maestros triumphierten – Hendrix, The Who, Janis Joplin (mit Big Brother & the Holding Company) waren die anderen – hatte Otis Redding am wenigsten Gelegenheit, aus diesem Durchbruch Kapital zu schlagen. Das Monterey Festival krönte ihn zum Soulfavoriten der »Love Crowd«, aber kurz vor Weihnachten 1967, drei Tage nach der Aufnahme von »Dock of the Bay« und genau drei Jahre nach dem Mord an Sam Cooke, starben Otis und die meisten Mitglieder seiner Tourneeband, der Bar-Keys, bei einem Flugzeugunglück.

Steve Cropper, ein knochiger Bauernjunge aus dem Ozarks, spielte Gitarre praktisch auf jeder Platte, die bei Stax zwischen 1962 und 1968 herauskam (inklusive der Albert King-Aufnahmen, produziert von dem Schlagzeuger Al Jackson jr., den Hendrix so sehr mochte), er arbeitete aber auch an so denkwürdigen Titeln mit wie »Knock on Wood« (geschrieben zusammen mit Eddie Floyd, der ihn auch sang), »634-5789« (mit Floyd geschrieben und gesungen von Wilson Pickett) und Picketts größtem Hit, »In the Midnight Hour«. Croppers Stil, zugleich funky, unterkühlt und eindringlich, machte ihn zu einem der meistkopierten Gitarristen im R&B, sobald »Green Onions« von Booker T & the MGs 1962 herauskam. Hendrix war begreiflicherweise begeistert, als er Cropper im gleichen Jahr in einem Soul Food Restaurant in Nashville über den Weg lief, und die beiden organisierten sich gleich ein nahegelegenes Studio für eine kurze Jamsession. Ein Azetatschnitt wurde gemacht (der lange schon das Zeitliche gesegnet hat), aber sonst erbrachte die Begegnung nichts, außer daß man Hendrix in notengetreuem Cropperstil bei der Einleitung zu Little Richards epischer Soulballade »I Don't Know What You've Got (But It's Got Me)« von 1965 hören kann.

Stax und Atlantic waren beide in weißem Besitz, die Belegschaft bestand aus Weißen und Schwarzen, und ihr Programm war es, Platten an erwachsene schwarze Hörer zu verkaufen. Das Gegenteil davon war das Tamla-Motown-Kombinat von Berry Gordy jr. in Detroit; Besitzer und Belegschaft schwarz, konzentrierten sie sich aber auf den Verkauf an Teenager aller Rassen. Sie bauten schleunigst einen Bestand an Superstars auf – die Supremes waren davon weit und breit die erfolgreichsten und scheffelten mehr Pop-Hits als irgend ein anderer Star der Sechziger, außer den Beatles – und ihr Triumph hatte seine Wurzeln in den Leistungen der Hausband, deren berühmteste Mitglieder der Bassist James Jamerson und der Drummer Benny »Pops« Benjamin waren, aber auch in einer Galerie von Schreibern und Produzenten, die Gold wert waren, darunter das Team von Eddie und Brian Holland und Lamont Dozier sowie der allgegenwärtige Smokey Robinson. Der reine Klang von Robinsons Falsett stand nur dem des Sängers-Komponisten-Gitarristen der Impressions, Curtis Mayfield, nach, und seine Texte waren kunstvoll genug, daß Bob Dylan ihn zu »Amerikas größtem lebenden Poeten« erklären konnte, und die beschlagensten Musikkritiker Englands ernannten die Beatles zu Genies, als sie sich ein paar von Smokeys patentierten Akkorddurchgängen für einige Titel auf ihrem zweiten Album ausliehen. Der Produktionsstil der Motown basierte auf einem weniger synkopierten Beat, als ihn die meisten ihrer unabhängigen Konkurrenten pflegten, er basierte weiter auf geglätteten Pop-Gospel-Vocals und einem vielschichtigen Sound, dessen Orchestrierungen fast so sorgfältig ausgearbeitet waren wie die von Atlantics New Yorker Produktionen. Sie nahmen gewöhnlich mindestens drei Gitarristen (Joe Messina, Robert White und Eddie Willis), die allesamt ineinander verwobene, sich ergänzende Partien spielten. (Dieser spezielle Motown-Kunstgriff machte den Gitarristen der Tourneebands bei ihren Auftritten das Leben zur Hölle, ganz zu schweigen von den Rockgruppen, die ein vollständiges Motown-Arrangement zu kopieren versuchten und nur eine oder zwei Gitarren, anstatt eines ganzen Bataillons von Bläsern, Streichern und Keyboards, hatten. Daß er sich einige Jahre lang mit so komplexen Studioarrangements wie denen der Motown befaßt hatte, trug wohl viel zu der Entwicklung von Hendrix' außerordentlicher Behandlung der Gitarre als Ein-Mann-Band bei).

Der Motown-Sound wirkte so sanft betörend und völlig unwiderstehlich auf die Tänzer, Popfans und jungen Verliebten, wie er den schwarzen Musikpuristen und am Blues orientierten Folkies geziert unecht und vage blasphemisch vorkam, aber die Platten dieser Plattenfirma waren ja nicht für die Puristen und Folkies gemacht. Mit Motowns einzigartigem Glitzerstaub übersät, wurde Detroit zum akustischen Hollywood, ein Index der Sehnsüchte des städtischen schwarzen Proletariats. Wenn auch noch mit den Wurzeln in der Kirchenmusik und dem Blues, war Motowns Musik doch bis ins letzte städtisch, aller aufsässigen Südstaaten-Intonation der Stax entblößt und aller Bezüge auf die schlimme alte Zeit los und ledig. Dennoch, obwohl die Firma vor allem zurückschreckte, was nach politischer Radikalität oder militanter Konfrontation roch, fingen sie doch den Zeitgeist der Bürgerrechtsbewegung ein mit der festlichen Dringlichkeit von Martha & the Vandellas »Dancing in the Street«, eine betont direkte Jukebox-Hymne, die es fertigbrachte, wie eine Siegesparade am Morgen nach der Revolution, aber funky im Sound, zu klingen. Einige Kommentatoren, darunter Peter Guralnick in *Sweet Soul Musik*, definieren den Soul rein in Begriffen der Musik der Südstaaten und verbannen Motown wirkungsvoll in das Popregal, aber wenigstens der britischen Jugend war Motown bestimmt »soulful« genug. Schließlich, was gab es denn in Großbritannien an Vergleichbarem? Freddie and the Dreamers?

»If you got funk, you got style«
(Wenn man Funk hat, hat man auch Stil)
      George Clinton (Funkadelic) in *Hard Core Jollies* (1976)

Die dritte Säule des schwarzen Pop der Sechziger in Amerika entspricht Eric Claptons Formulierung: »Ein Mann gegen die Welt... [nicht] eine Gesellschaft, eine Band oder eine Gruppe.« James Brown war keine Gesellschaft (obwohl er am Ende mehrere betrieb), noch war er eine Band; statt dessen war er ein Ein-Mann-Genre. Anders als die konventionellen Künstler, die ihre Show den Erfordernissen ihrer Musik entsprechend gestalteten, baute Brown seine Musik nach den Anforderungen seiner Show auf. Einerseits bedeutete das außerordentliche Bühneneffekte, wie man sie in der Nach-Gospelzeit liebte, in denen Brown Mini-Melodramen von Verlust und Erlösung inszenierte, während er »Please Please Please«, »Try Me« oder »Prisoner of Love« vortrug, andrerseits resultierte es in orgiastischen Extravaganzen polyrhythmischer Virtuosität, die es Brown erlaubten, ein Vokabular gymnastischer Tanzfiguren zu entwickeln, zu verfeinern und zur Schau zu stellen, die von den zeitgenössischen Tänzern wie Prince, Michael Jackson und Terence Trend D'Arby heute noch angewandt werden. Von seinem triumphalen »Papa's Got a Brand New Bag« 1965 an warf Browns Musik immer mehr von den konventionelleren Formeln der Western-Song-Strukturen ab und konzentrierte sich immer stärker auf die heilige Wissenschaft von THE FUNK und THE GROOVE: der Triebkraft, geschaffen durch das

Durcheinandermischen von scheinbar unabhängigen instrumentalen Schnipseln, die nebeneinandergestellt wurden, um in der Wechselwirkung ein geschmeidiges Pulsieren zu erzeugen, über das Brown dann sein zum Markenzeichen gewordenes Grunzen, die Schreie und aufmunternden Rap-Vorläufer loslassen konnte. Das Ergebnis hallte wider von Zwischentexten und war bei weitem beredter und bedeutungsvoller als die voll entwickelten »Dichtungen« der meisten anderen, aber der Erfolg dieser Shows und dieser Platten war nur möglich durch *Jaaaaaaaaames'* unstreitiges zentrales Attribut: sein Können als Bandleader.

James Brown ist natürlich der einflußreichste Tänzer, der zwischen Fred Astaire und Michael Jackson aufgetreten ist, er ist auch ein großartiger »Post-Gospel-Soul-Screamer«, ein kompetenter (wenn auch wenig bemerkenswerter) Pianist und Schlagzeuger, als politischer Philosoph zweifelhaft und als Geschäftsmann eine wandelnde Katastrophe. Aber als Bandleader ist er einer der Auserwählten; die einzigen, die ihm ebenbürtig sind, sind Duke Ellington, Count Basie, Miles Davis, Muddy Waters, Sun Ra, Art Blakey, Gil Evans, Fela Kuti, Sly Stone, George Clinton, John Mayall, Frank Zappa und Prince. Die Kunst des Bandleaders ist etwas ganz Spezielles: viele begabte Sänger, Instrumentalisten, Komponisten, Arrangeure und Bühnenkünstler haben sie nie gemeistert. Es ist die Fähigkeit, Musiker zusammenzuschweißen, damit sie die Vision ihres Leaders lebendig machen können, dabei aber gleichzeitig diese Vision durch das zu bereichern und zu beflügeln, was der individuelle Musiker persönlich in die Party einbringen kann, in einer wirklichen Symbiose zu leben, aber nie aufzuhören, über alles die Kontrolle zu behalten, wie ein Zen-Meister Ebbe und Flut der menschlichen Beziehungen in der Hand zu behalten; ein zu lockerer Griff führt zu Formlosigkeit und ein zu fester zu Sterilität und Frustration. Die Platten, die Brown mit seinen größten Bands gemacht hat, beweisen dieses Können: nachdem die Mitglieder seiner großen Band aus den Mittsechzigern aus Protest gegen seine strenge Zucht, seine Knauserigkeit und seine Weigerung, sie im Plattentext anzuerkennen, von ihm weggegangen waren, formierten sie ihre eigene Gruppe und schufen unter dem Namen Maceo & the Macks eine Serie von umwerfend langweiligen Platten, die nur als ausdrückliches, negatives Beispiel dafür dienen können, was genau J.B. auf den Platten machte, die so schienen, als brächte er nur sein HEH! und YAAAOOOOWWW!, während die Band ihre eigenen lieblichen Wege ging.

Brown ersetzte Maceo und die anderen mit dem Gegackere einiger Teenager aus Cincinnati, darunter die Brüder Phelps (auch bekannt unter »Catfish«) und William (»Bootsie«) Collins an der Gitarre bzw. dem Baß. Sie gingen ihrerseits auch wieder weg zu George Clinton mit seinem Parliament/Funkadelic, an der Seite von Maceo Parker und der Bläsergruppe. Die originale Band kam nach und nach wieder angelatscht. Bei ihnen war der Gitarrist Jimmy Nolen, dessen Fähigkeit, den 4/4-Takt jedes Mal in anderer Form zu zerschneiden und zusammenzuwürfeln, ihn zu einem der meistkopierten Gitarristen der Sechziger machte. Leider wissen nur die Kenner und die Musikerkollegen des inzwischen verstorbenen Nolen, wer er war, deshalb sprechen die Leute, wenn sie von seiner ausgeprägten rhythmischen Könnerschaft sprechen, von dem »James-Brown-Stil«, als sei James Brown der Gitarrist. Mit James Brown zu spielen, war eine hervorragende Art, das Geschäft zu lernen und teilzuhaben an der bedeutendsten Rhythmusmaschine der Sechziger. Als Weg zu Reichtum, Ruhm, zum Ausprobieren eigener Ideen war sie nur sehr wenig geeignet. Brown brummte seinen Musikern Strafgelder auf, wenn sie eine Note nicht richtig gespielt oder einen Tanzschritt falsch gemacht hatten, fürs Zuspätkommen, für Widerworte und dafür, daß sie die strenge Kleiderordnung verletzten. In James Browns Band hätte sich Hendrix vielleicht fünf Minuten halten können. *Höchstens*.

»Hendrix war bei weitem der größte Experte, den ich je Rhythm & Blues habe spielen hören, eine Art, R&B zu spielen, die Bobby Womack, Curtis Mayfield, Eric Gale und andere entwickelt hatten.«

(Michael Bloomfield in einem Interview mit Guitar Player (1975)

Als dieser Stil bei anderer Gelegenheit wieder einmal diskutiert wurde (wobei er dem Autor Ed Ward von seinen vergeblichen Bemühungen erzählte, zu begreifen, was der New Yorker Studiogitarrist Gale eigentlich machte), zitierte Bloomfield lieber Steve Cropper als Bobby Womack, aber im Prinzip bleibt es dasselbe. »Alles, was ich an schwarzer Gitarre kannte, war die Bluesgitarre«, erzählte Bloomfield Ward, »und ich wußte nichts von der enorm großen schwarzen Gitarrenschule, die die Jungs aus der Gospelgitarre entwickelt hatten.« Wenn Bloomfield das schon nicht wußte, dann wußten Clapton und Beck und all die anderen Londoner Typen das erst recht nicht. Es ist ein Stil, der auf die Gesangsbegleitung zugeschnitten ist, und er kommt direkt aus dem gemeinsamen Spielfeld zwischen Gospel und Country Music. Seine Basis hat er in der ganz intimen Kenntnis der Tonarten und Arpeggien, auf denen die Harmonien und Melodieführungen basieren, und er lehnt sich an das Obligato auf zwei Saiten und die gebrochenen Akkorde auf drei Saiten an, mit Anspielungen auf die Baßlinie: von allem etwas also. Nur selten wird man darin etwas von den leicht herabgesetzten, angehaltenen, bläserähnlichen Noten finden, auf denen die vom Blues kommende Rockgitarre sich aufbaut; sie zieht dagegen Triller und Draufloshämmern vor und ist zugleich delikat und zupackend. Franke Marino, der frühere Wunderknabe aus Kanada, der die Mahogany Rush formierte, nachdem er angeblich nach einem Acidtrip im Hospital gewesen war und entdeckt hatte, daß er die Reinkarnation von Jimi Hendrix war (das tippe ich, ohne eine Miene zu verziehen und hoffe, daß es auch so gelesen

wird), erzählte der *Guitar World* 1985: »Die Musik, die er spielte, glich sehr der vieler anderer schwarzer Musiker, die keine
›Heavy Music‹ spielen... wenn ich denen die Verstärker aufdrehen würde und sie ein bißchen verzerrte, wären sie Hendrix weit ähnlicher als ich.«

Man braucht kein besonders scharfes Ohr, um die Wahrheit
von Marinos oder Bloomfields Ansicht zu erkennen. Curtis
Mayfields Einleitung und Break, der die Mitte in »People Get
Ready« von den Impressions markiert, oder Bobby Womacks
rhapsodische Einwürfe in Wilson Picketts »I'm In Love« (oder
auch irgend eine Seite der Atlantic mit Aretha Franklin oder
Pickett Mitte der Sechziger) haben eine deutlich erkennbare
Familienähnlichkeit mit Hendrix' Spiel in »Wait Until Tomorrow«, »Castles Made of Sand«, »The Wind Cries Mary« oder
sonst irgend einem unter den gefälligeren und besinnlicheren
Titeln. Die kurze, unbegleitete Instrumentalversion von »Electric Ladyland«, am Ende des nachgelassenen Albums *Loose
Ends*, ist wahrscheinlich das beredteste Zeugnis für seine Meisterschaft in diesem exquisitesten, subtilsten und geschmeidig-
sten Gitarrenstil des Rhythm & Blues, in dem sich Mayfields
gedankenverlorene Triller mit Wes Montgomerys gleitenden
Oktaven verbinden, als sei es nur einem bizarren Zufall zu
verdanken, daß sie überhaupt je getrennt waren.

Noch existierende Live-Aufnahmen von Hendrix aus verschiedenen obskuren Kneipen mit Curtis Knight & the Squires
geben uns ein ziemlich klares Bild sowohl vom damaligen
Repertoire der Gruppe wie auch von Hendrix' Auffassung der
R&B-Hits jener Periode. Die Zusammenstellung auf *In The
Beginning*... enthält einige Joe-Tex-Titel (»You Got What It Takes« und »Hold on to What You Got«), ein paar Klassiker aus
der britischen Invasion, die via Otis Redding herübergekom-
men sein müssen (»Day Tripper« von den Beatles und »Satisfaction« von den Stones) und Otis' eigenem »Mr Pitiful«, neben »Walkin' the Dog« (nach der Version der Rolling Stones)
vom berühmten Stax-Kollegen Rufus Thomas. Es gibt einen

Tribut an Ray Charles (»What'd Say«) und Motown (»I Can't Help Myself« von den Four Tops), aber auch an Hendrix' frühere Arbeitgeber, die Isley Brothers (»Twist and Shout«, in der Beatles-Version) und Wilson Pickett (»Land of 1.000 Dances«), der Set ist mit Bluestiteln gewürzt (Hendrix' Dauerbrenner »I'm a Man« plus Jimmy Reeds »Bright Lights, Big City«) und enthält auch Tagesschlager wie »Woolly Bully« und »Hang On Sloopy«. Durch alles hindurch rollt Hendrix ingrimmig alle ineinander verschränkten Gitarrenpartien (und, zum Ausgleich, auch die Bläser- und Keyboardpartien) zu einem einzigen aufpeitschenden Ball von antreibendem Rhythmus, wobei er gelegentlich in Soli ausbricht, die so vollgepackt mit Ideen sind, daß sie ständig aus den Nähten zu platzen drohen. Offensichtlich kennt er alle Regeln der R&B- und der Soulgitarre und kann es sichtlich nicht abwarten, sie zu durchbrechen.

Wie weit er sich später auch immer von den Beschränkungen des kommerziellen Soul entfernt oder wie abfällig er sich auch über die »Pinguinkostüme« und »Flash Gordon Shows« geäußert haben mag, die rigorosen Lektionen der Soulrevuen blieben an ihm haften. Noel Redding erinnert sich, daß sie bei seinem Probespiel für die Jimi Hendrix Experience gerade über so ehrwürdige R&B-Standards wie Don Coveys »Have Mercy Baby«, Booker T & the MGs' »Green Onions« und Solomon Burkes »Everybody Needs Somebody to Love« jammten, bevor Hendrix versuchte, ihm »Hey Joe« beizubringen, das er für die erste Single der neuen Band vorgesehen hatte. Der erste öffentliche Auftritt der Band im Pariser Olympia enthielt Otis Reddings »Respect« und Wilson Picketts »Land of 1.000 Dances« ebenso wie »Everybody Needs Somebody to Love« und »Have Mercy Baby«; das letztere war immer noch auf der Liste für die Sets in den frühen Londoner Clubshows der Experience, wie es auf einem noch vorhandenen Bootleg-Band des nicht mehr existierenden Flamingo-Clubs dokumentiert ist. Mit den Soulnummern machten sie ihre ersten gemeinsamen Gehversuche; das paßte zweifellos gut, denn Redding und Mitchell waren mit diesen Titeln durch ihre eigene gründliche Beschäftigung mit dem zeitgenössischen R&B vertraut, aber dazu kam noch die Disziplin, die nötig war, als Hendrix sich entschloß, drei ganz unterschiedliche Musiker (einen Jazzdrummer, einen Rockgitarristen, der Bassist geworden war, und einen Hendrix) zu einer einzigen geschlossenen Einheit zu verschmelzen.

Hendrix erzählte Michael Bloomfield einmal, er hätte »Clapton umbringen können, weil er keine Rhythmusgitarre spielen konnte«; so groß war der Blues-Snobismus und die Fetischisierung der Leadgitarre auf der britischen Rockszene, daß das nur sehr wenige der Stargitarristen konnten (rühmliche Ausnahmen John Lennon, Keith Richards und Pete Townshend). Hendrix' Fähigkeit, wie die ganze James Brown Band auf einmal zu klingen, war ein wesentlicher Teil dessen, was ihn von seinesgleichen unterschied: Clapton spielte durchaus Rhythmusgitarre, aber seine Auffassung basierte fest auf der beherrschenden Stellung der Akkorde in der Volksmusik, und die Vorstellung der meisten anderen Gitarristen vom Rhythmus basierte auf der Manier von Chuck Berry oder Jimmy Reed, zwischen einem geraden Dur-Akkord und seiner sechsten oder siebten Stufe hin und her zu springen. Hendrix Solokonzept war in der Tat abgeleitet vom Blues, aber seine Rhythmen kamen vom Soul.

Den Fingerabdruck des Chitlin Circuit findet man auf vielen seiner frühen Songs, aber das wurde wirkungsvoll verhüllt, einmal dadurch, daß die Gitarre den größten Teil dessen übernahm, was sonst die gesamte Band zu tun hatte und dadurch, daß Redding und Mitchell einem Baß-und-Schlagzeug-Team, wie im Soul üblich, so unähnlich wie möglich waren. »Foxy Lady«, mit leicht angezogenem Tempo und ohne die Gitarrengeräusche, die wie das Ende der Welt klingen, hätte ohne weiteres in die Wilson-Pickett-Kiste gepaßt, mit Angeberei und allem, zusammen mit »Fire«, von »Land of 1.000 Dances«

abgekupfert. »Remember« mit seinen vergeblichen Selbstvor-
würfen hätte sehr gut als B-Seite für Otis Redding dienen
können, von dessen »Mr Pitiful« es eindeutig herkam. Selbst
»Purple Haze«, in der Studioversion ein surrealer Stomp, vollkommen high, wurde bei Auftritten immer wieder auf das
Tempo eines James-Brown-Tanzes hochgedreht.

Die Verkaufszahlen der ersten Single der Jimi Hendrix Experience, »Hey Joe«/»Stone Free«, wurden sogar in die Tabellen
sowohl der speziellen Soulcharts wie die bei der regulären
Poplisten aufgenommen, einfach auf Grund der Annahme,
daß Hendrix als schwarzer Amerikaner unter vierzig eher Soul
spielte als etwas Neues, in dem Soul nur eines der Ingredien-
tien war. Beide Seiten wurden auch in eine Polydor-Kollektion
mit dem Titel *Soul Explosion* aufgenommen (auf der Hülle, wie
so oft bei Soul-Anthologien der damaligen Zeit, das Coverphoto eines schwarzen Modells, das sich, nur wenig bekleidet, auf
dem Boden räkelt), zusammen mit Titeln von James Brown,
Edwin Starr und anderen. Das fanden sowohl die Soulfans wie
die Rockfans äußerst unangebracht, aber es sollte nicht lange
dauern, bis Hendrix' Innovationen in den Hauptstrom des
amerikanischen Pop zurückfluteten. Abgesehen von allem anderen erregten seine Platten bald die Aufmerksamkeit eines
wachsamen, ehrgeizigen Diskjockeys und Bandleaders in San
Francisco namens Sylvester Stewart. Stewart war besser bekannt unter seinem Künstlernamen: Sly Stone.

TIME!
Has come today...
   (Die Zeit ist gekommen)
       Joe & Willie Chambers von den Chambers Brothers.
             »Time Has Come Today« (1967)

R-E-S-P-E-C-T,
Find out what it means to me...

(Respekt, finde mal heraus, was mir das bedeutet)
Aretha Franklin nach Otis Redding, »Respect« (1967)

YEAH! Giddon UP! And DANCE to the MUSIC!
(Steht auf und tanzt nach der Musik)
Sly & the Family Stone, »Dance to the Musik« (1968)

Say it loud, I'm black and I'm proud!
(Sag es laut, ich bin schwarz und ich bin stolz!)
James Brown, »I'm Black and I'm Proud« (1968)

1967 war die Soulmusik weder statisch noch passiv. Während die weißen Aussteiger von London und San Francisco den »Summer of Love« genossen, hatte das schwarze Amerika seine eigene Sonnenwende: das, was man damals als den »Summer of Rap« (Black-Power-Aktivist Rap Brown), »Retha and Revolt« bezeichnete. Otis Redding war auf der Höhe seiner Popularität, James Brown sprengte die R&B-Charts mit militanten Tanzhits, die, progressiv, wie sie waren, immer weniger auf die traditionellen Popwerte achteten und im Verlauf dieses Prozesses eine ganz neue Ästhetik des Funk schmiedeten.

Die wahrscheinlich wichtigste Erscheinung der ganzen Zeit war jedoch die frühere Teenager-Gospelqueen Aretha Franklin, die fünf Jahre lang bei CBS Records geradezu beschämend falsch eingesetzt worden war und nun bei Atlantic unterschrieb, wo Jerry Wexler und die Erteguns sie (bildlich gesprochen) zur Kirche schickten und sie von der Leine ließen, damit sie Otis Reddings »Respect« in eine kontrollierte Explosion triumphierender Autonomie verwandeln konnte. Von Frauen an die Männer gerichtet und von Schwarzen an die Weißen, zeigte »Respect« an, daß sich die Regeln geändert hatten. Drüben in Detroit hatte Berry Gordy immer noch Anfälle von Furcht vor den möglichen Konsequenzen, die sich daraus ergaben, daß der junge Stevie Wonder darauf bestand,

Bob Dylans »Blowin' In The Wind« aufzunehmen. Im folgenden Jahr hatte sich auch Motown der Revolution angeschlossen.

Eine apokalyptische Mammutscheibe der neuen schwarzen Musik kam von den Chambers Brothers, einem früheren Gospel-Familienquartett, das von Mississippi nach Los Angeles gezogen war und nun auf dem »Folk«sektor angefangen hatte. Wie so viele ihrer weißen Gegenspieler, hatten auch sie sich einen Haufen Fender Equipment gekauft, einen Drummer engagiert und waren zur Rockband geworden. Die Chambers Brothers entwickelten einen Akt, der ihre eigenen Kompositionen mit nachgespielten Versionen von Otis Redding und Wilson Pickett zusammenführten, aber sie traten mit Gitarre und Harmonika in der Front-Line auf, was sie näher an die Rolling Stones als an eine Mainstream Soul Revue heranbrachte. Sie nahmen »Uptown« auf (geschrieben von Betty Mabry, die später Miles Davis heiratete und ihn unter Bedingungen mit Jimi Hendrix bekanntmachte, die wesentlich zum Zusammenbruch der Ehe beitrugen), aber ihre größte Leistung war »Time has Come Today«, ein orchestriertes Inferno von verzerrten Gitarren, Hall, Schreien, Gelächter und dem Tick-Tock von Brian Keenans Kuhglocken und Rim-Shots. Die Chambers Brothers waren in allem eine Rockband, außer in ihrer Harmonisierung, die unverkennbar »Post-Gospel« war, aber »Time has Come Today«, so archaisch und rauh es auch war, war im wesentlichen der erste Ausbruch von psychedelischem Soul, aber gewiß nicht der letzte.

I Wanna take you HIGH-YAH!
   Sly & the Family Stone, »I Wanna Take You Higher!« (1969)

Mommy, what's a Funkadelic?
        George Clinton über Funkadelic, »Mommy, What's A
                        Funkadelic?« (1970)

»In ihrer Drogenbesessenheit haben die Rocksänger den Sound der Soulmusik mit psychedelischen Effekten verzerrt. Leider fallen auch einige schwarze Künstler unter diese Rubrik, denn die Temptations haben ihre Seelen auf ›Wolke neun‹ [Realitätsflucht durch Drogen] verloren und sind wieder auf der Erde gelandet, um sich ›weissagen zu lassen‹ [have their fortune told], haben die Bedeutung von Soul in irgend einem ›psychedelischen Schuppen‹ erfahren, mit dem die schwarze Allgemeinheit *nichts am Hut hat.* Dann gibt's da noch Sly & The Family Stone, die so drogengetränkte Texte singen wie ›Stand/Don't you know that you are free/well, at least in your mind of you wont to be‹ – Bleib stehen, weißt du nicht, daß du frei bist, wenigstens in deinem Geist, wenn du willst. Diese Titel sind ›konterrevolutionär‹ und sollten von der schwarzen Gemeinde boykottiert werden.«

A.X. Nicholas in der Einleitung zu seiner Anthologie
»The Poetry of Soul« (1971)

Wenn Nicholas in seiner verbalen Attacke auf die schwarzen Musiker, die er verdächtigt, die Drogen zu glorifizieren, Hendrix nicht ausdrücklich beim Namen nennt, kann das nur bedeuten, daß nach seiner Auffassung vom Geschmack des schwarzen Publikums Hendrix da gar nicht in Erscheinung trat. Trotz der Überfülle an Konspirationstheorien, die besagen, daß Chas Chandler, Mike Jeffery und Reprise Records ein Pulk von macchiavellistischen Rassisten seien, die planten, Hendrix von seinen eigenen Leuten zu isolieren, oder daß Hendrix selbst ein Onkel Tom sei, der gerne weiß sein wolle, waren die einleuchtenderen Gründe hinter diesen zweifelhaften Vorstellungen ziemlich prosaisch. Im Sommer 1967, als Warner/Respite die USA-Rechte an den Experience-Platten kaufte, war sie in erster Linie immer noch eine unabhängige, neutrale Firma ohne hervorstechende Präsenz auf der zeitgenössischen Musikszene. Noch weniger trat sie in der schwarzen Musikwelt in Erscheinung, wenn wir nicht Sammy Davis

Jr., Count Basie und die südafrikanischen Emigranten Hugh Masekela und Miriam Makeba dazurechnen – und dann zur Vervollständigung noch den Comedien Bill Cosby (Cosby übernahm »Purple Haze« für eine angeblich witzig psychedelische Soulsingle mit dem Titel »Hooray for the Salvation Army Band«, die mit Recht heute total vergessen ist). Das ist zweifellos der Grund, warum Seven Arts, die kürzlich Warner/Respite gekauft hatten, sich entschlossen, die Firma mit Atlantic zu verschmelzen. Selbst wenn Reprise verzweifelt versucht hätte, Hendrix an das schwarze Publikum zu verkaufen, ist es fraglich, ob sie überhaupt gewußt hätten, wie sie das anstellen sollten. Chas Chandler wäre dabei keine große Hilfe gewesen, denn seine Kontakte und Kenntnisse lagen woanders. Außerdem wäre es Hendrix selbst zu diesem Zeitpunkt höchst egal gewesen: er spielte für ein größeres und aufnahmebereiteres Publikum, als er je vorher gehabt hatte (ungeachtet des Debakels der Monkee-Tournee), er hegte auch kaum warmherzige Gefühle dem Soul-Establishment gegenüber, das ihn so lange gebeutelt und verachtet hatte.

Und selbst wenn Hendrix' Platten an die schwarzen Rundfunkstationen geschickt worden wären und diese Stationen sie gespielt hätten, hätte seine Musik da genau so bizarr und fehl am Platz geklungen wie auf den weißen Top 40-Stationen. »Man kann sich eine Hendrix-Platte mit ihrem platschenden Drumsound und einem Bass, der so gar nicht funky ist, und all ihrer Lockerheit nicht gut ordentlich in die Rillen einer Motown-Platte eingebettet vorstellen«, wie Robert Wyatt es ausdrückt. Die R&B-Fans des Mainstream mögen wohl anfangs ablehnend auf Hendrix reagiert haben – sie werden zweifellos Robert Christgaus ursprüngliche Ansicht von Hendrix als einem »psychedelischen Onkel Tom« geteilt haben – aber für schwarze Musiker sah die Sache ganz anders aus. Sly Stone war bei weitem der einflußreichste von ihnen.

Jeder, der die Geschichte der Diskjockeys schreiben will, aus denen Künstler geworden sind, kann nicht umhin, festzustellen, daß das ganze Phänomen nicht erst mit den heißen Klängen aus Jamaica und dem Hip-Hop angefangen hat. In den späten Vierzigern war B.B. King Diskjockey in Memphis, und die Begegnung mit einer so großen Vielfalt von Platten trug wesentlich zu der Breite und Vielgestaltigkeit seiner Musik bei. Rufus Thomas, der die erste Stax-Platte aufnahm, hatte viele Jahre seine eigene Radioshow, und Sly Stone selber war eine Macht im Bay Aerea Radio. Sein Programm brachte Bob Dylan und die Beatles zusammen mit den R&B-Hits, er schrieb und produzierte Platten (unter ihnen das billige Tanzepos »C'mon and Swim« von Bobby Freeman und von der Great Society »Somebody to Love«, das erst viel bekannter wurde, als die Leadsängerin der Band, Grace Slick, zu Jefferson Airplane ging und den Song mitnahm), und er hatte nebenher noch seine eigene Band. Sly & The Family Stone wurden von Epic Records unter Vertrag genommen, und ihr erstes Album mit dem bescheidenen Titel *A Whole New Thing* entsprach dem üblichen R&B-Standard, aufgemotzt mit ein paar psychedelischen Garnituren wie verzerrter Gitarre und Trickecho. Als verpflanzter Texaner mit einem eindrucksvollen Stammbaum als musikalisches Wunderkind und reformiertes Bandenmitglied, hatte Sly so seine eigene Trickkiste, und 1968 ließ er diese Tricks mit aller Macht los. »Dance to the Music«, die Titelnummer auf einem ansonsten unbedeutenden Album, veränderte den Lauf der Popmusik. Es folgte eine Reihe von Pop-Soul-Crossover-Hits, die es irgendwie fertigbrachten, James Browns Funk mit dem melodienseligen Optimismus der Beatles zu verschmelzen, Platten, die so universal eingängig waren wie nur irgend etwas seit den frühen Motown. Schon die Titel dieser Nummern – »Everybody Is a Star«, »Stand!«, »Everyday People«, »You Can Make It If You Try«, »Fun«, »I Wanna Take You Higher«, »Hot Fun in the Summertime«, »Thank You Faletin Me Be Mice Elf Agin« – bilden eine Litanei, die den euphorischen Optimismus der kurzen Liaison zwischen schwarzer und weißer Jugend noch einmal zurückholt, für den Sly, mehr noch als Hendrix, stand. Es ist nur folgerichtig, daß er Hendrix gegen Ende des Woodstock-Films vorausgeht: noch vor Hendrix' triumphaler Zerstörung des »Amerikanischen Traums« (Mks I & II) durch das »Star Spangled Banner« ist da Slys glückliche Familie in ihren schlechtesten Klamotten mit all dem Boogaloo aus der guten alten Zeit, während ihr Boß Generationen von Rassenterror verhöhnt und austreibt und seine große grinsende schwarze Klappe dem jungen Amerika direkt ins Gesicht stößt mit »BOOM-lakka-lakka-lakka. BOOM-lakka-lakka-lakka...«

Sly und Hendrix hätten als Persönlichkeiten nicht unterschiedlicher sein können. »Jimi kam in einen Raum«, erinnert sich Boby Womack, »und, so groß er auch war, er *schlich* sich richtig in eine Ecke und sagte nur: ›Hey, Man, flüster, flüster‹, als ob er Angst gehabt hätte, zu reden. Sly *dröhnte* nur so rein; sie kannten sich, aber da war keine menschliche Nähe. Sly war zu sehr Macho; er dachte, das sei *Arroganz,* blödes Benehmen, aber Jimi war eben anders. Ich sagte immer: ›Hey Man, wie geht's?‹ und er sagte dann nichts und lächelte nur.« Trotzdem begriff Hendrix ganz genau, was Sly im Sinn hatte. Nach Robert Wyatt hörte Hendrix am liebsten Slys Musik – und die von James Brown – wenn er unterwegs in seinem Hotelzimmer eingeschlossen saß, und bei einer Gelegenheit im Studio, als Hendrix sich anbot, eine Baßpassage auf einer von Wyatts Kompositionen zu überspielen, ähnelte das Ergebnis verblüffend Larry Grahams Spiel bei Sly. (Dieses Band ist längst in der Versenkung verschwunden, und nicht einmal Wyatt selber besitzt noch eine Kopie). In der Konzertversion der Band of Gypsys von Buddy Miles' »We Got to Live Together« macht Hendrix sogar eine scherzhafte Anspielung auf den Haupttriff in Slys gerade aktuellem 1969er Hit, »Sing a Simple Song«.

Sly und Hendrix waren von ähnlichen Grundlagen ausgegangen. Sly war ein intelligentes Bürschchen, der den orthodoxen R&B von der Pike auf gelernt hatte und ihn unerträglich einengend fand. Er bewunderte die melodische Erfindungsgabe der Beatles und ihre, der Science Fiction entnommenen Produktionstechniken. Er war gefesselt von Bob Dylans sprachlichem Einfallsreichtum, und er fühlte sich unter Weißen durchaus wohl. Es gab jedoch ebenso wesentliche Unterschiede. Sly hatte nur sehr wenig Interesse am Blues oder an ausgedehnten Soli und obwohl er ein begabter Multi-Instrumentalist war, der mit der gleichen Leichtigkeit Gitarre, Drums, Keybords, Bass und Harmonika handhabe, waren seine obersten Funktionen die des Komponisten, Produzenten und Arrangeurs, dessen Hauptinstrument – wie bei Duke Ellington – seine Band ist.

Obwohl eigenständige Bands, die ihre eigene Musik komponierten, spielten und sangen (oder das wenigstens behaupteten) in der Nachfolge der Beatles und der Beach Boys in der Rockmusik zur Norm geworden waren, hatten sie in der Welt des Soul praktisch keine Vorläufer. Die großen Bands funktionierten entweder als reguläre Sidemen für Autoren-Stars wie James Brown und Ray Charles, oder sie begleiteten Gaststars als Hausband von Firmen wie Stax und Motown. Die »Gruppen« waren im allgemeinen Vokalgruppen, die eine unabhängige instrumentale Begleitung forderten und auf die Fähigkeit der A&R-Firmenteams angewiesen waren, Songs für sie aufzutreiben – es sei denn, unter ihnen wäre ein bedeutender Komponist, wie Smokey Robinson von den Miracles, Curtis Mayfield von den Impressions, Loman Pauling von den »5« Royales gewesen, oder sie hätten noch eine andere reguläre Quelle für Material mit Qualität gehabt. Sly hatte nicht nur eine Band, die eine »Gruppe« war in dem Sinne, wie die Rockfans diese Bezeichnung gebrauchen, sondern auch eine, die wie das tatsächlich funktionierende Modell einer neuen Gesellschaft erschien – lebensfroh, vielschichtig und ihrem Wesen nach antihierarchisch.

Sly & The Family Stone war eine Sieben-Mann-Band, in der schwarze und weiße, männliche und weibliche Musiker dauernd die Rollen tauschten. Sly war dem Namen nach der Lead-sänger, aber der Gitarrist, sein Bruder Freddie, seine Keyboard spielende Schwester Rose, die Trompeter Cynthia Robinson und Larry Graham stimmten alle mit ein, Graham mit einer erstaunlichen, öligen Baßstimme, in der das Vokalensemble sich so fest und phantasievoll verankern konnte wie die Rhyth-musgruppe in seinem Baß. Graham erwies sich als der einfluß-reichste Baßgitarrist der siebziger Jahre: seine Technik, die tiefen Saiten mit dem Daumen anzureißen und die hohen Saiten zu zupfen, um einen scharfen, perkussiven Schlag her-vorzubringen (entwickelt, als er noch Duos mit seiner Mutter, einer Organistin, spielte und versuchte, das Fehlen eines Drummers durch dieses »Slapping and Popping« auszuglei-chen, um Baß und Snaredrum zu imitieren), war in den frühen Achtzigern schließlich zur Standardpraxis geworden. In vielen seiner Baßpassagen setzte er ausführlich den Verzerrer ein (wie in »Dance to the Musik«) und nahm damit vieles von den Baß-Effekten des Synthesizers in der postelektrischen Tanzmusik vorweg. Er startete auch eine lukrative Karriere als Vokalist: sein sattes, dumpfes »Crooning« tat ihm gute Dienste als Lea-der seiner Band Graham Central Station, die sich abgetrennt hatte (hier setzte er als Pionier schon Schlagzeugmaschinen ein zu einer Zeit, als sie allgemein noch als bloße Spielerei abge-lehnt wurden) und als Soloschnulzensänger mit einer Kette von scheußlichen Aufnahmen in der Art von Isaac Hayes/Barry White/Teddy Pendergrass.

»Dance to the Music«, das Reihum-Weitergeben der Lead-stimmen, die Ausbrüche von Bom-Bom-Bom-Scatvocals, die Party-Atmosphäre und der jubilierende, explosive Beat haben die Soulmusik bis ins letzte verändert. Um es noch spannender zu machen, zog Motown den Schreiber und Produzenten Nor-man (»I Heard It through the Grapevine« – ich hab es läuten hören) Whitfield zu, um ihre damalige männliche Top-Vokal-gruppe, die Temptations, aufzupolieren in dem Bestreben, sie auf eine Linie mit dem Neuesten zu bringen. Whitfield nahm das Standardschema von Leadvokalist plus Harmonien und »Oowahs«, wie sie bei Sly üblich waren, weg und führte so den Abgang des Leadsängers David Ruffin herbei, der schleunigst durch den anpassungsfähigeren Dennis Edwards ersetzt wurde. Larry Grahams hohe Stimmführung brachte den Baßveteranen Melvin Franklin mehr in den Vordergrund, und Whitfield verstärkte die Hausband durch die Gitarristen Dennis Coffey und Melvin »Wah Wah Watson« Regin (letzterer, wie Jimi Hendrix und die Jackson 5, ein früherer Schützling von Bobby Tayler), die beide Experten in der Anwendung von Geräten zur Erzeugung fremdartiger Soundstrukturen waren. Das am häufigsten angewandte Gitarrenspielzeug war das Wah-Wah-Pedal, das – trotz denkwürdiger und einfallsreicher Auftritte von Frank Zappa und Eric Clapton, um nur zwei zu nennen – schnell als Jimi Hendrix' akustisches Markenzeichen angesehen wurde.

Die Klagerufe, wütenden Wortkaskaden und das drängende, perkussive Gerede, das Hendrix aus etwas herauszauberte, das schließlich nichts weiter war als ein, mit dem Fuß bedienter Tonerzeuger, wurde zum unerläßlichen Bestandteil im Vokabular einer neuen Art von Soulmusik: einer, die alle unterschwelligen Bedeutungen an die Oberfläche brachte, Unklarheiten nur zuließ, wenn sie sie bis aufs Blut ausgeforscht hatte und die öffentliches und inneres Leben der Schwarzamerikaner deutlicher diskutierte als je zuvor. Die Rhythmen von James Brown, die üppigen Orchestrierungen der Motown und die Seiten der Drifters aus den Fünfzigern, der schäumende Kessel von Slys Vokalarrangements und Spezialeffekten des Acid-Rock, die stechenden und schmetternden Töne der Bläser aus Memphis und Hendrix' gequälte, zynische Gitarre: alles das sagte, jedes auf seine Weise, »I'm black and I'm proud« – ich bin schwarz und stolz, und alles landete schließlich in Whitfields Soul-Eintopf.

Whitfield wandte seine hohe Dramatik und Motowns traditionellen Hochglanz auf eine Kette von epischen Singles mit der Realistik des Ghettos an, beginnend mit »Cloud Nine« und, als Höhepunkt, dem epochalen »Papa Was a Rolling Stone« von 1972, bevor er zur knieschlotternden Parodie seiner selbst herabsank. »Die Temptations«, sagt Bobby Womack, »kamen mit so einem geschliffenen Akt an, sie waren alle gleich angezogen und bewegten sich im gleichen Takt. Yeah, in ihrer *Musik* waren sie psychedelisch, aber im *Leben* nicht. Das war nur Teil ihrer Bühnenschau.« Später übernahm Motown Slys Sound noch vollständiger, als sie eine junge Familien-Vokalgruppe namens Jackson 5 engagierte, mit einem koboldhaften, neun Jahre alten Wunderkind vorne vor, das singen konnte wie ein unartiger kleiner Engel und sämtliche Tanzschritte von James Brown bis auf die letzte wirbelnde Drehung und das letzte Gleiten beherrschte. Die Tatsache, daß sie noch so außerordentlich jung waren, bedeutete, ihre Platten konnten legitim von den Anliegen der Erwachsenen, mit denen die Temptation-Platten von Whitfield beladen waren, freigehalten werden, und so explodierten »I Want You Back« und alle nachfolgenden Titel so sorglos überschäumend wie eine Büchse eiskaltes Pepsi. Und um ihre Frische und Neuheit noch zu betonen, den »New Age«-Unterschied zur älteren Generation der Soulstars, staffierten Motowns legendäre Ausstatter sie wie fünf Miniaturausgaben von Jimi Hendrix aus: weit schwingende Hosen, lose, leuchtend bunte Hemden... und riesengroße, ballonartige Afrofrisuren.

»Buddy [Miles] ist Superspade – der Überschwarze. Wenn man James Brown und Arthur Conley und Otis Redding in einen enormen Schwarzen verschmelzen würde, dann hätte man Buddy... er ist die Quintessenz von allem, was R&B heißt, in einem übertalentierten menschlichen Wesen zusammengedrängt. Er singt einfach hinreißend, er spielt das beste Schlagzeug. Er ist der Supermann.«
Michael Bloomfield (möglicherweise unter Drogen zu der Zeit), interviewed in Rolling Stone (1967)

Als Bloomfield 1966 von der Paul Butterfield Band wegging, nahm Butterfield die Gelegenheit wahr, den Bandsound gründlich zu modernisieren und engagierte eine Bläsergruppe (darunter den zukünftigen überragenden Star der Fusionlangeweile, David Sanborn) und fügte seinem Repertoire an Chicago Blues noch Arrangements von Motown- und Staxtiteln hinzu. Bloomfield seinerseits war versessen darauf, eine dicke, fette, große Soulband zu formieren als Showcase für einen dicken, fetten Wunderdrummer, den er praktisch aus Wilson Picketts Tourneeband gekidnappt hatte. Buddy Miles muß offensichtlich was Großes gewesen sen. »Herrgott! Der war wie ein Baby Huey (ein Mini-Hubschrauber). Die Knöpfe sprangen ihm vom Mantel, er wog so etwa 300 Pfund«, so hat ihn Nick Gravenites in Erinnerung, der Leadsänger der später unter Electric Flag bekannten Gruppe. Die Gruppe existierte nicht lange, einesteils, weil ein wesentlicher Teil ihrer Mitglieder entweder am LSD oder am Heroin hing, andrerseits weil – trotz intensiven theoretischen Verständnisses für die Schau in einer Soulrevue – es für Michael Bloomfield eine ständige Peinlichkeit war, daß sein korpulenter Schützling sein Publikum so oft und so gerne aufforderte, YEAH zu schreien, wenn es ihnen Spaß machte und bis zum Gehtnicht-mehr in die Hände zu klatschen. Die Electric Flag trat in Monterey auf und obwohl ihr Auftritt im Film nicht vorkommt, hat der Direktor, D.A. Pennebaker, dankenswerterweise den Versuch Bloomfields darin aufgenommen, den Schnelligkeitsrekord zu brechen darin, wie oft man in einem einzigen Satz »Croovy« sagen kann. Immerhin gab das Festival Buddy Miles die Gelegenheit, wieder mit Jimi Hendrix zusammenzutreffen, den er zuletzt gesehen hatte, als er bei einem Pickett-Gig den Befehl zum Abmarsch bekam wegen seines Feedback in »Midnight Hour« und anderem, wie Hendrix es später beschrieben hat.

Sie blieben in Verbindung: Miles nahm noch ein Album mit der Electric Flag auf, nachdem der umherschweifende

Bloomfield seine Schöpfung im Stich gelassen hatte, sammelte einige Flag-Mitglieder um sich für die erste Ausgabe seines Buddy Miles Express, der mal da war und dann wieder weg, und landete schließlich als Schlagzeuger in New York auf einem John McLaughlin-Album, das Alan Douglas für sein eigenes Douglas-Label produzierte. Hendrix hatte kurz vorher Billy Cox als seinen regulären Bassisten angestellt, und die drei begannen nun, ganz zwanglos als »Band of Gypsys« zu jammen. Ed Chalpin hatte Hendrix, Jeffery, Reprise und Polydor immer noch in den Fängen wegen des Ein-Dollar-Kontraktes von Hendrix, und man kam überein, ihm ein ganz neues Hendrix-Album zu überlassen, das er an Capitol Records verkaufen konnte, als Anreiz, endlich abzuhauen. Da niemand wollte, daß Chalpin ein Experience-Album bekam – oder gar *überhaupt* etwas von Hendrix' unveröffentlicher Studiomusik – spielte die Band of Gypsys zwei Neujahrskonzerte im Fillmore East, und Chalpin bekam die dabei entstandenen Bänder.

Band of Gypsys ist ein unausgeglichenes Album: es enthält nur (nur?) eines von Hendrix' absoluten Meisterwerken (»Machine Gun«), es ist viel zu viel Gesang von Buddy Miles darauf (von dem einiges reichlich lange dauert), und Hendrix selber hat einige merkliche Probleme mit der Tonreinheit. Es wurde von der Presse nicht gerade enthusiastisch aufgenommen, aber die Rhythmusgruppe Cox/Miles rollt schwer und flüssig dahin und bringt so eine ganz neue Dimension in Hendrix' Spiel gegenüber dem vertrauten Redding/Mitchell-Team, das sich um Reddings Steifheit und Mitchells extrovertierte Effekte drehte. Auf Grund dieser Platte bleiben die Gypsys für Miles Davis die Jimi-Hendrix-Rhythmusgruppe, die ihm am liebsten ist. Trotz Cox' und Miles' Abschweifungen folgt das Ergebnis einem verwirrenden Weg an der gewöhnlichen Grenze zwischen Hard Funk und Heavy Metal entlang, weniger psychedelischer Soul als schwarzer Rock. »Buddy Miles konnte so schön durcheinander sein«, äußert sich Robert Wyatt. »Er war nicht so eisenfest wie ein Staxdrummer. Er war keine Schlagzeugmaschine, seine Rolls klapperten so ein bißchen herum.« Wyatt hat vollkommen recht: Miles ist weniger ein Al Jackson jr. als ein John Bonham, aber wie Hendrix sich in das satte, gemächliche Rumpeln von Cox' und Miles' Schiene, in der Einleitung zu »Who Knows«, einklinkt, das schafft eine völlig neue Art von Funk, die er mit keiner anderen Kombination erreicht hat, eine, die in den Siebzigern ihren echtesten Widerhall in der Musik eines Mannes fand, der in den Sechzigern Hendrix beeinflußt hat.

1970 verließ Curtis Mayfield die Impressions, um sich als Solist zu versuchen. So wie die offenen Rassenkonflikte der späten Sechziger seinen euphorischen Optimismus mit einem schärferen, wachsameren kompositorischen Biß versehen hatten, so schmiedeten die harte Konfrontationslinie und die apokalyptische Dringlichkeit von psychedelischem Soul, schwarzem Rock und dem neuen Funk einen neuen und frischen Kontext für die Süße und Fragilität seine Grübeleien im Falsett. In *Curtis Live* (1971) hört man ihn vor dem sparsamsten Hintergrund: zwei Gitarren (eine davon natürlich seine eigene), Baß, Schlagzeug und Congas. Seine Stimme klingt ohne die kirchenhafte Unterstützungen der Impressions fast ergreifend nackt, und seine Überarbeitungen der Standards der Gruppe sind enttäuschend, aber auf dem knappen, unheimlichen »Stare and Stare« bilden die lakonischen Wah-Wah-Einwürfe des Gitarristen Craig McMullen den perfekten Kontrapunkt zu Mayfields gnadenloser Fassade von Sly Stone und Jimi Hendrix' »Rainbow Coalition« lag.

Mayfields Triumph als Bannerträger des post-psychedelischen Soul kam, als er die Musik für *Superfly* (1972) komponierte und einspielte, einem der »Blaxploitation Thriller« – der Krimis mit Schwarzen – die die Kinos überfluteten, nachdem einigen besonders intelligenten Leuten in Hollywood aufgefallen war, daß auch die Schwarzen gerne ins Kino gehen. Es gab ziemlich viele dieser Filme, alle mit der Musik bekannter Soulmen: die berühmteste davon ist zweifellos Isaac Hayes' Musik aus *Shaft*, die eine Mode in Gang setzte, auch Marvin Gaye und Bobby Womack produzierten interessante, wenn auch nicht makellose Soundtracks für *Trouble Man*, bzw. *Across 110th Street*. Die Blaxploitation-Welle ebbte ab, nachdem einigen besonders intelligenten Leuten in Hollywood aufgefallen war, daß Schwarze zwar gerne ins Kino gingen, aber nicht bereit waren, sich immer wieder anzusehen, wie man ihre Intelligenz durch zynische, überhebliche Filme beleidigte, in denen sie stereotyp als Zuhälter, Nutten und Rauschgifthändler dargestellt wurden. Mayfields Musik zu *Superfly* – so stechend, lärmend und konzentriert städtisch wie eine nächtliche Fahrt mit der Subway von der 4th Street bis in die Bronx – war so, als spielte man Whitfields Temptation-Platten alle auf einmal auf miteinander wetteifernden Stereoportables, zusammen mit einer Sambaschule, die Percussion übt, einem Musikladen, in dem sich alle Gitarristen der Nachbarschaft treffen und nebenan im Gebäude eine Gemeinde Gottesdienst in einem Ladenlokal hält. Der große Single-Hit des Soundtracks, »Freddie's Dead«, hängt, wie am Ende eines Stricks, an einem einzigen, knurrenden Riff, der klingt wie »Who Knows«, von der Band of Gypsys, – und das genau ist es auch.

Denoch war die ungewöhnlichste Wandlung, die durch Jimi Hendrix hervorgerufen wurde, die einer Gruppe, die ihn 1964 als Gitarristen beschäftigt hatte. Die Isley Brothers – Ronald, Rudolf und O'Kelly – waren ein Familientrio der Nach-Gospelzeit, deren Hits in den späten Fünfzigern, »Shout«, »Twist and Shout« und »Respectable«, unter den Händen britischer Gruppen zu R&B Standards in England geworden waren. »Shout« hatte das Teenagerwunder Lulu aus Glasgow nach oben gebracht, und trotz ihres späteren Abstiegs in die häßlichen Niederungen der britischen Familienunterhaltung war das eine der elektrisierendsten englischen R&B-Nummern der Sechziger. (Als Hendrix dann seinen sattsam bekannten Auftritt 1968 in ihrer BBC TV Show hatte, fragte man sich, ob sie die Ironie eigentlich zu würdigen gewußt hat). »Twist and Shout« war ein Standard der Beatles bei ihren Live-Auftritten und einer ihrer frühesten Hits, und »Respectable« war eine Lieblingsnummer der Yardbirds der Clapton-Aera und anderer. Kelly Isley hatte Hendrix auf der Suche nach einem Gitarristen in Harlem aufgetrieben, nahm ihn in die Begleitband seines Bruders und ließ ihn zu Hause bei ihnen in New Jersey wohnen.

Hendrix ging mit den Isleys auf Tournee und nahm Platten mit ihnen auf, und – ungleich anderen Brötchengebern – sie ließen ihm Raum, seine eigenen einzigartigen Dinge während ihres Auftritts zu spielen (Hendrix hat später ungnädig behauptet, sie hätten das nur getan, »weil sie glauben, sie machten so mehr Geld oder etwas dergleichen«). Nachdem er weitergezogen war, unterschrieben sie bei Motown und nahmen, unter Aufsicht von Holland, Dozier und Holland, »This Old Heart of Mine« und »Behind a Painted Smile« auf, zwei der besten Singles der Firma aus den Sechzigern. Sie stürzten sich mit Vehemenz in den psychedelischen Soul und hatten sich Anfang der Siebziger zu einer der besten schwarzen Rockbands gemausert. Das war durch ein einfaches Mittel erreicht worden: sie hatten ihre jüngeren Brüder Ernie und Marvin und den Vetter Chris Jasper zugezogen. Als Hendrix bei den Brüdern spielte, war Ernie zehn Jahre alt, und seine ursprünglichen musikalischen Ambitionen drehten sich um das Schlagzeug, aber unter Hendrix' Einfluß meisterte er nun auch die Gitarre. Marvin spielte Baß und Jasper Keyboards. Im Studio spielte Ernie sowohl Schlagzeug als auch Gitarre. Ihre Spezialität war eine merkwürdige Kombination aus Funk-Bearbeitungen und vom Soul angehauchten Adaptionen der Folk-Rock-Hits von Leuten wie James Taylor und den Doobie Brothers, und eine von Ernies ersten Aufgaben bei ihnen war es, ein Medley von Neil Youngs »Ohio« und Hendrix' »Machine Gun« aufzunehmen. Ihren Höhepunkt erreichten sie mit »That Lady«, der Aufarbeitung eines ihrer frühen Hits, der ihr Album 3 + 3 anführte. Ernie, entsprechend ausstaffiert mit Stratocaster und Stirnband, was in den Siebzigern zur Standardausrüstung für Soulgitarristen wurde, aber abwechselnd sauer und geschmeichelt durch die ständigen Gerüchte, seine alles übertönenden, rhapsodischen, irren Soli und Einwürfe in »That Lady« seien tatsächlich von Hendrix selbst eingespielt.*

Die Soul-Empires der Sechziger mußten, wie alle Empires, allmählich zerfallen: Motown ging nach Hollywood, aber ihr Flaggschiff war nun der erwachsen gewordene Stevie Wonder, der sein Erwachsensein damit gefeiert hatte, daß er sich *en bloc* in Hendrix' Electric Lady Studios gebucht hatte und das Material aufnahm, aus dem das meiste von *Music of My Mind*, *Talking Book* und *Innervisions* bestand. Stax machte Bankrott. Trotz Isaac Hayes' enormem Erfolg als der maßgebliche Mann des gefühlvollen, symphonischen Soul fallierte die Firma, nachdem sie die 1968er Vertriebsabmachung mit Atlantic auslaufen ließ. Atlantic ihrerseits wandte sich dem Rock and Roll-Jet Set zu und ließ ihre Energien großzügig auf Led Zeppelin, Yes, Crosby, Stills, Nash & Young und die Rolling Stones herabregnen. James Brown hielt den Druck bis in die mittsiebziger Jahre aus, aber dann schlug ihn die Disco. Und Sly ging schlicht kaputt. So wie die Auflösung der originalen Familie Stone den Kollaps des Woodstock-Traums widerspiegelte, den sie so jubelnd symbolisiert hatte, so trug Sly diese Auflösung in dem wortgewandt erscheckenden *There's a Riot Goin' On* nach draußen. Den größten Teil der Musik hatte Sly selbst durch Überspielen zusammengebaut, mit Hilfe von Billy Prestons Keyboard und Bobby Womacks Gitarre und Baß. Seine langsamen, nach innen gekehrten Songs handelten von harten Drogen und harten Schlägen, obwohl es auch den herbstlichen

* In den frühen Achtzigern machte sich der Abgrund zwischen den Generationen endlich auch bei ihnen bemerkbar. Die jüngere Hälfte machte weiter als Isley, Jasper & Isley, während die originalen Brothers selbst dann noch weitermarschierten, als Kellys Tod sie auf ein Duo reduzierte.

Hit »Family Affair« enthielt. Alles, was dann noch folgte, inklusive der teilweisen Reklamation von Slys ursprünglichem Gebiet in dem einigermaßen erfolgreichen Small Talk, war wenig mehr als eine Übung in Schadensbegrenzung. Seine Alben trugen Titel wie *Back on the Right Track* und *Heard You Missed Me, Well I'm Back*, aber diese Behauptungen waren schon fast ein Betrug. Wie Ike Turner vor ihm, so wurde auch Sly zum Opfer des »Bad Motherfucker«-Syndroms, so verzweifelt nach Eigenständigkeit verlangend, daß er sich eher selbst zerstörte, als daß er irgend jemand anderem – und seien es seine Jünger, wie George Clinton, Michael Jackson oder Prince – gestattete, ihn zu retten.

Soul selbst zersplitterte sich in die üppige, nerzgesäumte Welt des Gefühlvollen, angeführt von Isaac Hayes, Barry White und Teddy Pendergrass (letzter der Star der Firma Philadelphia International, die sich zaghaft den Mantel der Motown umhängte) und die hartgesottenen Street-Funk Bands, die von James Brown, Sly und Hendrix lernten. Einige, wie die Commodores und Kool & the Gang, sicherten sich ihre Langlebigkeit dadurch, daß sie entweder selber einen Schnulzensänger hervorbrachten oder einen solchen engagierten – Lionel Richie und James »J.T.« Taylor, vortreten – während andere, wie die Ohio Players, sich allmählich verheizen ließen. Bei weitem das beste von allem war George Clintons Parliafunkadelicment Thang.

«Weißt Du, ich glaube, ich mach mal eine R&B-Band... ich denke, ich werde mit drei Bläsern arbeiten und sowas wie Otis [Redding] zusammenstellen, denn das ist doch eigentlich das Wahre.«

Jimi Hendrix im Gespräch mit Michael Nesmith von den Monkees in London (September 1970)

Clinton hatte in den Fünfzigern in einer Vokalgruppe namens Parliaments mit Doowop angefangen, war dann bei einigen

Indielabels gewesen und wurde dann in den späten Sechzigern schwer psychedelisch. Er setzte den Namen der Gruppe in die Einzahl und nannte sie Parliament, nannte die Begleitgruppe Funkadelic, und in den Siebzigern gelang ihm das Meisterstück, Parliament bei einer Firma und Funkadelic bei einer anderen zu buchen, während er die Platten der beiden Gruppen mit demselben Team machte. (Übrigens, die Antwort auf die Frage »Mami, was ist ein Funkadelic?« ist: »Someone from Carolina who encountered eternity on LSD and vowed to contain it in a groove – einer aus Carolina, der auf LSD der Ewigkeit begegnet ist und geschworen hat, sie in Rillen festzuhalten.«) Clinton war ungemein beschlagen auf vielen Gebieten – teils kosmischer Witzbold, teils scharfer Sozialkritiker, teils meisterhafter Organisator, teils Schamane – und seine Organisation wurde schließlich zu etwas wie einer Kreuzung zwischen Earth, Wind & Fire mit dem Sinn für Witz und Frank Zappas Mothers of Invention mit dem Gespür für Rhythmus. Er beschäftigte eine ganze Schwadron von Gitarristen, darunter Eddie Hazell, Mike Hampton und dem inzwischen verstorbenen Glen Goins, die er dazu benutzte, Hendrix' Geist heraufzubeschwören; wirklich, wenn Hendrix am Leben geblieben wäre und seinen Plan noch hätte ausführen können, den er Michael Nesmith anvertraut hatte, das hätte sehr wohl so ähnlich wie die Funkadelic klingen können.*

* Wie schon oben bemerkt, hatte Clinton das große Glück, ein beachtliches Kontingent von James Browns abgefallenen Musikern zu übernehmen, darunter das junge Bassistenmonster Bootsy Collins. Um sich im Bandbus die Zeit zu vertreiben, unterhielt Collins seine Kollegen mit improvisierten Impressionen von Hendrix' in anderen Sphären schwebendem Gemurmel. Clinton war so beeindruckt, daß er Collins ermutigte, das zu einer voll ausgearbeiteten Extra-Einlage zu machen. Als Bootsy's Rubber Band sagte Collins sich selber, liebenswert benebelt, als »Caspar the Friendly Ghost« an, und drei seiner Alben (*Stretchin' Out, Ahhh. . . , The Name is Bootsie, Baby* und *Bootsy? Player of the Year*) verkauften sich besser als die der Stammorganisation. Im Plattentext seines Comeback-Albums von 1988, *What's Bootsy Doin'?*, bezeichnet er Hendrix – noch vor Sly Stone, James Brown und den Temptations – als den wichtigsten Innovator der sechziger Jahre.

In den Achtzigern wurde es Mode bei den Soulpuristen (im wesentlichen alles Weiße), jede Soulplatte, auf der sich auch nur die Andeutung eines Gitarrensolos befand, als einen Verrat an die meisten alten Rockisten (d.h. an die weißen Rivalen um das Recht, der schwarzen Musik den Weg ihrer kulturellen Entwicklung vorzuschreiben), zu betrachten. An dieser kritischen Position festzuhalten, leugnet nicht nur die Bedeutung von Jimi Hendrix als Individuum, sondern auch weite Teile der afro-amerikanischen Kulturgeschichte, die in seiner Musik verkörpert ist. Jimi Hendrix' Musik hätte ohne die Soulmusik gar nicht existieren können – und die moderne Soulmusik wäre undenkbar ohne die seine.

Hear My ›Trane A-comin‹

Jimi Hendrix und das Vermächtnis des Jazz

«Ich kann es nicht leiden, wenn ich denselben Titel in genau derselben Art an zwei aufeinander folgenden Abenden singen soll. Wenn man das kann, dann ist das keine Musik, es ist streng befohlener Drill oder Übung oder Jodeln oder sowas, aber keine Musik.«

Billy Holiday, *Lady Sings the Blues* (1956)

PLAYBOY: In den letzten Jahren hat, nach Ansicht einiger Jazzkritiker, der Jazz seinen Reiz für die jüngere Generation weitgehend verloren. Stimmt das?

BOB DYLAN: Ich glaube nicht, daß der Jazz die jüngere Generation *jemals* gereizt hat. Ich meine, die wären sowieso in keinen Jazzclub reingekommen. Aber der Jazz ist auch nicht leicht zu verstehen; ich will damit sagen, man muß den Jazz *mögen*, um ihn begreifen zu können; und mein Motto ist: klammere dich nie an etwas. Ich weiß nicht, welches Motto die jüngere Generation hat, aber mir scheint, sie müssen sich an ihre Eltern halten. Ich meine, was würden so manche Eltern sagen, wenn ihr Junge nach Hause käme, mit einem Glasauge, einer Charlie Mingus-Platte, die Taschen voll Federn? Sie würden sagen: ›Wo bist du denn reingeraten?‹ Und der arme Junge stünde da mit Wasser in den Schuhen, einer Schleife im Ohr und Ruß, der ihm aus dem Bauchnabel kommt und sagt: »Das ist Jazz, Vater, Jazz.« Und sein Vater würde dann wahrscheinlich sagen: »Nimm dir einen Besen und mach mal erst all den Kuß weg, ehe du ins Bett gehst.« Dann würde die Mutter des Jungen all ihren Freundinnen erzählen: »Ach ja, unser kleiner Donald, das ist auch einer von der jüngeren Generation, wissen Sie.«

Nat Hentoff interviewt Bob Dylan, *Playboy* (März 1966)

»Viel Anregung für die Entwicklung [der zeitgenössischen Jazzgitarre, die sich vom Post-Bop und Rock herleitet] kamen von dem brillanten, autodidaktischen Genie der elektrischen Gitarre, Jimi Hendrix, dessen fast schon dämonische Einbrüche in die reine Struktur – bei denen Verzerrung, Feedback, ausgehaltener Ton und alles das zu einer vitalen, einheitlichen Komponente der Musik wurde, die er Mitte der sechziger Jahre mit solcher Hingabe schuf – eine aufregende, bis dato übersehene Welt von musikalischen Möglichkeiten erschloß. Wie so viele ungeschulte Visionäre, hatte auch Hendrix nur einen unvollkommenen Begriff von den konventionellen Disziplinen der Musik, mit dem Ergebnis, daß sein Spiel, trotz aller Brillanz und Originalität, mitunter chaotisch, gespreizt und, bei genauer Analyse, nicht überzeugend war. Dennoch, mit allen Auswüchsen, er zeigte uns, was die elektrische Gitarre sein könnte, und in einem sehr realen Sinn ist er der wirkliche Vater der zeitgenössischen elektrischen Gitarre, denn seine experimentelle Arbeit führte zu dem, was wir heute als ›Fusion‹-Musik bezeichnen und beeinflußte sie in vielen ihrer wichtigsten Aspekte.«

Pete Welding in der Sparte »Jazz« von *The Guitar: the History, the Music, the Players*, ed. Gene Santoro, (1984)

In gewisser Hinsicht ist Pete Weldings strenge Bewertung von Jimi Hendrix' Rolle in der Entwicklung des zeitgenössischen Jazz beinahe fair, selbst wenn der Gebrauch der Bezeichnungen »autodidaktisch« und »ungeschult«, die fast Synonyme sind, mehr als nur ein bißchen herablassend ist (das hätte man schließlich auch von Ornette Coleman, Archie Shepp, Cecil Taylor und dem verstorbenen John Coltrane, selbst von Gil Evans, sagen können). In einem anderen, sehr wesentlichen Sinn spielt Welding allerdings listig mit falschen Würfeln in seiner Kritik; vieles in der improvisierten Musik der Sechziger

– dem Free Jazz von Ornette Coleman sowohl als auch dem Psychedelic Rock von Hendrix, Cream, Pink Floyd und den Grateful Dead – war in der Tat »chaotisch, gespreizt und... nicht überzeugend«. Darum ging es ja gerade, beinahe wenigstens. Der größte Teil der Kunst, der Kultur und der Politik der Sechziger repräsentierte verschiedene Aspekte einer ernsthaften Attacke gerade auf den Begriff »Struktur«, der – vom Standpunkt der Musik aus – zur passenden Metapher für das unerwünschte Gesicht der Autorität wurde.

Wieviel von dieser »Struktur« sich im Jazz bis, sagen wir, Mitte der fünfziger Jahre angesammelt hatte, das war der Anlaß zu vielen hitzigen Debatten, von denen die meisten ein Maßstab waren für den gähnenden Abgrund zwischen dem, was die Musik für die Leute bedeutete, die sie spielten und dem, was sie vielen von denen bedeutete, die die Kriterien setzten. Die ersteren hielten sie, wie Robert Wyatt es ausdrückt – wobei er indirekt Max Roach und Charles Mingus zitiert – »für ein unglaubliches Reservoir an klassischer Musik... ein Vorrat an technischem Wissen, erfunden und erworben und wieder ausgesät von Ellington bis zum Bebop, das zum Erstaunlichsten, was dieses Jahrhundert hervorgebracht hat, gehört.« Im Gegensatz dazu akzeptieren die Eurozentriker, wie der Schriftsteller Anthony Burgess, sie nur als eine Art von leichter, amüsanter Erholung von der »richtigen« (d.h. der europäischen klassischen) Musik. Jazz, so schrieb Burgess 1967, war »analphabetisch, instinkthaft, impulsiv, dem Zufall unterworfen, nicht für eine Partitur geeignet, unvorhersehbar – darin liegt sein Charme.« Mit anderen Worten, Köpfchen brauchte man nicht, weder zum Hören noch zum Spielen von Jazz, darum, glaubte man vermutlich, seien die Schwarzen so gut darin. Burgess fände wohl die Vorstellung, daß man intelligent sein muß, um diese Musik zu spielen, entweder absurd oder bedrohlich, und den Begriff des »großen Jazzkomponisten« – wie Duke Ellington, Thelonious Monk oder Charles Mingus – sähe er als Widerspruch in sich.

Selbst Igor Stravinsky – für John Coltrane der »größte Musiker«, Charlie Parkers Idol und der Mann, bei dem Bird liebend gerne studiert hätte – hielt es ursprünglich für unmöglich, daß der Jazz sowohl die Improvisation wie die Komposition umschloß. »Jazz«, behauptete der große Mann, »hat nichts mit komponierter Musik zu tun und wenn er sich von zeitgenössischer Musik beeinflussen läßt, ist er kein Jazz mehr und auch nicht mehr gut.« Stravinskys Bemerkung wurde in den Zwanzigern gemacht, noch vor seiner Komposition *Ebony Concerto* (1945 für Woody Herman komponiert) oder dem Auftreten von Ellington, und er hat seine Ansicht später revidiert. Andere jedoch, die den Vorteil hatten, weit mehr Anschauungsmaterial zu haben als Stravinsky zu seiner Zeit, fuhren fort zu behaupten, daß die Begriffe »zeitgenössische Musik« und »komponierte Musik« den Jazz *per definitionem* ausschlössen. Zum mindesten legen Feststellungen wie diese nicht nur eine völlig willkürliche kritische Begrenzung dafür fest, was ein Jazzmusiker und Komponist mit seiner Musik machen »darf« und was nicht – es ist schwer vorstellbar, daß jemand, der Ellington wirklich *zugehört* hat, glauben könnte, es sei auch nur im geringsten möglich, zu tun, was er tat, ohne Komponist zu sein – sie sind auch ein Beispiel für das fundamentale Mißverständnis darüber, was es mit der Jazzimprovisation auf sich hat.

»Spontaneität im Jazz ist das Eliminieren des unerwünschten Zufalls durch die, bis zur Bewußtlosigkeit gründliche Beherrschung des Instrumentes, das man spielt, und der harmonischen und rhythmischen Verhältnisse, die man miteinander in Einklang bringen muß.«

Robert Wyatt in einem Interview mit dem Autor (1987)

Sicher, viele Jazzmusiker – besonders die älteren – haben die Theorie anscheinend oft verschmäht. »Wenn du es nicht lebst, kommt es auch nicht aus deinem Horn«, hat Charlie Parker einmal gesagt, aber nichts lag ihm ferner, als damit sagen zu wollen, es genüge, es zu »leben« – ohne Disziplin, Studium und üben. Die überaus komprimierte, unter Hochdruck stehende Improvisation von Parkers Bebop-Revolution in den Vierzigern erforderte die augenblickliche, blind-beliebige Verfügbarkeit einer überwältigenden Menge an schierer Musiktheorie; wie schon in Kapitel fünf angemerkt, konnte Parker die harmonische Fassung einer gegebenen Melodie in anscheinend unendlicher Vielfalt umarrangieren, und jeder Bopmusiker, der den gängigen Preis für sein Instrument im Pfandhaus wert sein sollte, mußte das gleiche können. Mehr als ein Jahrzehnt später führte John Coltrane den Prozeß noch einige Stufen weiter: er produzierte »Sheets of Sound« – Klangwände – aus seinem Tenorsaxophon, indem er sich auf die Kenntnis jeden Akkordes stützte, der in jedem beliebigen Moment in einem Stück möglich war, indem er die einzelnen Noten, aus denen der Akkord bestand, als Arpeggio »buchstabierte« und eine neue, spontane Melodielinie aus den ungefähr vierundzwanzig Noten schuf, die ihm so zur Verfügung standen. Manchmal erschienen sie in Gruppen von fünf oder sieben Noten, statt der üblichen ordentlichen vier, gelegentlich purzelten sie in einem schwindelerregenden Tempo hervor, tausend Noten in der Minute. Das mag ein »instinktiver« Prozess gewesen sein – auch darüber läßt sich streiten – aber »analphabetisch« ist er gewiß nicht. Um es anders auszudrücken, nicht nur haben Affen an der Schreibmaschine noch keinen Shakespeare hervorgebracht, es ist ihnen noch nicht einmal gelungen, einen Jeffrey Archer-Roman oder eine normale Ausgabe der *Sun* hervorzubringen.

Unnötig zu sagen, daß ein Jazzmusiker, der schöpferische Dinge in diesem Maßstab hervorbringt, nicht an Tonleitern, Tongeschlecht oder die genaue Lesart von E^2b aug9 $^2b5$ (sic) denkt, was einigermaßen erklärt, warum der Jazz für die heiligsten Grundsätze des westlichen Rationalismus (nach denen alles, was man ohne Nachdenken tut, schon an sich höchst verdächtig ist) eine solche Herausforderung darstellt. Dieser Musiker aber vollbringt einen Akt spontaner Kreativität, indem er das Wissen anruft, um Gefühle auszudrücken, was sowohl ein vollkommen anderer wie auch ein viel komplexerer Prozeß ist.

Genau gegen diese Komplexität revoltierten viele Jazzmusiker Mitte der fünfziger Jahre. »Funk« und »Soul« – beide wurden im Pop der Sechziger und Siebziger zu Schlagworten – waren Kennzeichen einer neuen Musik, entstanden zum einen, um sich der schwarzen kulturellen Identität zu versichern in einer Zeit, in der die von Weißen beherrschte »Cool School« der Westküste zum prominentesten Gesicht des Jazz in der Öffentlichkeit geworden war, zum anderen, um der Musik, die im Dickicht der immer komplizierter werdenden Harmonien zu ersticken drohte, Luft zum Atmen zu verschaffen. Die »Cool School« war durch die Zusammenarbeit von Miles Davis mit Gil Evans ins Leben gerufen worden, in einer Serie von bahnbrechenden Sessions in den späten vierziger Jahren, die später auf dem Album *Birth of the Cool* zusammengestellt wurden, und es ist bezeichnend, daß es Miles selber war, der die neue Richtung angab mit seinem Titel »Walkin'«, einem geraden, tiefempfundenen Blues, im Newport Jazz Festival von 1955.

Soul-Jazz entwickelte sich aus dem Hard- oder Post-Bop, (man übertreibt nicht *allzu* sehr, wenn man sagt, aller Jazz, der nach Charlie Parkers Tod 1955 geschaffen wurde, sei Post-Bop), und er griff zurück auf die fundamentalsten Wurzeln der schwarz-amerikanischen Musik des zwanzigsten Jahrhunderts, Gospel und Country Blues. Ray Charles spielte, neben seinen Popsingles, Jazzalben für Atlantic ein (darunter das bemerkenswerte *Soul Brothers*, mit dem Vibraphonisten Milt Jackson, der – als Mitglied des Modern Jazz Quartetts – ebenfalls eine Leuchte der Cool School war) und er war selbstverständlich eine der zentralen Inspirationen der ganzen Bewegung. Soul-Jazz brachte auch eine ganz neue Sorte von stompenden Organisten, die wie Kirchenmusiker klangen, hervor, unter ihnen Brother Jack McDuff, Jimme McGriff und, der bekannteste von allen, »The Incredible« Jimmy Smith. Der letztere besonders war es, der die Hammondorgel als Jazzinstrument »erfand«, im gleichen Maße, wie Charlie Christian die elektrische Gitarre »erfunden« hatte. In der Tat steht der akustische Eindruck, den ein Jazzorganist macht, in direktem Verhältnis zu einer (oder ihrer – Trudy Pitts und Shirley Scott nicht zu vergessen) Ähnlichkeit mit Jimmy Smith. Die Titel von vielen der wesentlichen neuen Standards sprechen eine deutliche Sprache: Smith' »Prayer Meeting« und »The Sermon«, Haroce Silvers »The Preacher«, Charles Mingus' »Wednesday Night Prayer Meeting« und »Better Git It in Your Soul«, Bobby Timmons' »Dis Here«, »Dat Dere« und »Moanin'«. (Mingus übrigens lehnt die allgemeine Schablone der stilistischen Chronologie ab; er nahm *Pithecanthropus Erectus*, seinen epischen Vorläufer des Free Jazz, 1956 auf und »Wednesday Night Prayer Meeting« 1958, als der Niedergang des Soul-Jazz bereits begonnen hatte).

Eine äußerst verführerische, übergroße Vereinfachung, der man aber aufs entschiedenste widerstehen sollte, ist die Vorstellung, der Cool Jazz stelle nichts anderes dar als den Ausverkauf an die eurozentrischen Ideen der musikalischen Legitimität. Als John Lewis' Modern Jazz Quartet im förmlichen Abendanzug auf die Bühne kam und seinen, gelegentlich blutlosen Kammerjazz spielte, da war das genau so eine emphatische Manifestation schwarzen Stolzes wie der einstudierte Anflug von ländlichem Süden bei denen, die mit Funk handelten. Die Art des Modern Jazz Quartet sollte aussagen, daß sie, wie Robert Wyatt es ausdrückt, »alles das, was ein weißer Konservatoriumsmusiker konnte, auch konnten und noch das, was jene nicht konnten.« Der anspruchsvolle John Lewis und seine Kollegen – wie auch andere schwarze Musiker vor ihnen, von Scott Joplin angefangen bis zu Jim Europe, den man zu Recht als Komponisten von Ragtime-Opern bezeichnete – versuchten, die westliche akademische Tradition mit ihren eigenen Waffen zu schlagen. Diese neo-klassische »Third Stream«-Musik erwies sich aber für alle Parteien als unbefriedigend, im gleichen Maße wie der Jazz-Rock, der sich später, in der Nachfolge von Miles Davis (und Jimi Hendrix) als schlechter Jazz und noch schlechterer Rock erwies.

»Wo immer meine eigenen Träume ausreichten, ließ ich die westliche Musiktradition völlig beiseite.«

Archie Shepp

Gegen Ende der Fünfziger war der Soul-Jazz praktisch im allgemeinen Kanon des Rhythm and Blues als Standardsound der schwarzen Barmusik aufgegangen. Trios mit Orgel, Drums und entweder elektrischer Gitarre oder Tenorsaxophon schlugen sich mit Akkordfolgen des Soul, des Blues und der Popsongs herum. Die Musiker waren indessen schon eine Stufe weiter gegangen. Nachdem sie die verschlungenen harmonischen Strukturen zum alten Eisen geworfen hatten, die die Bopper sowohl von der europäischen Musik wie vom Bigband-Jazz übernommen hatten, ließen sie auch noch die Harmoniefolgen des Blues und des Gospel fallen, die an deren Stelle getreten waren. Das Ergebnis war unendlich viel gewagter und bedrohlicher, ein Jazz, der sich nicht mehr um Tonarten, Taktstriche und regelmäßigen Beat kümmerte, »Field Hollers« für die Großstadt, afro-amerikanische Musik im reinsten Sinn. Mit anderen Worten, Free Jazz.

Wenn der Jazz, nach Whitney Balliets treffender und oft zitierter Phrase, der »Sound of Surprise« – der Sound der Überraschungen – ist, dann war nichts je so überraschend wie der Free Jazz. Er spaltete die Kritiker und die Musiker tiefer als jede andere Innovation der gesamten Musikgeschichte, er wurde für erheblich gefährlicher als der Bebop angesehen. Bop war schließlich eine durch und durch strukturierte Musik, die ein beängstigendes und abschreckendes Maß an musikalischen Kenntnissen voraussetzte – ursprünglich war sie dazu gedacht, alle die fernzuhalten, die bei Jamsessions unbedingt immer mitdudeln wollten, indem man eine Musik formulierte, die höchstens eine Elite zu meistern hoffen konnte – aber gerade die Dichte ihres harmonischen Konzeptes führte dazu, daß sie auch leicht an ihren eigenen formalen Einfällen ersticken konnte. Wenn der Bop ein Seiltanz ohne Netz war, dann war dieses Neue ein Seiltanz ohne Seil: mit anderen Worten, wenn du nicht fliegen kannst, dann laß es lieber ganz bleiben. Genau so wagemutig ging der Free Jazz zurück zu den frühesten Wurzeln des Jazz in New Orleans, indem er die Betonung auf die Kollektivimprovisation legte und den Unterschied zwischen dem Vordergrund (d.h. dem Solisten) und dem Hintergrund (der Begleitung) aufhob.

Die Dominanz des Solisten begann mit Louis Armstrong, der aus dem kontrollierten Gemenge der Kollektivimprovisation durch die schiere Reinheit, die Kraft, den Einfallsreichtum und die Kühnheit seines Spiels hervortrat. Die Nichtbeachtung der Struktur in der neuen Musik ging zurück auf den frühesten Country Blues. Die Verfestigung des dreizeiligen Blues in eine starre Zwölf-Takte-Form ergab sich, als die Betonung sich von den alten Solo-Troubadours, die nach Belieben improvisieren konnten, da keine Begleitung sie aus dem Konzept brachte, auf die Bands verlagerte. Nach 1948 findet man in Muddy Waters' »I Can't Be Satisfied« eine Elf-Takte-Struktur, und Musiker wie John Lee Hooker und Lightnin' Hopkins haben mögliche Begleitmusiker oft ins Stottern gebracht. Hopkins beantwortete einmal die Majestätsbeleidigung eines sehr jungen ZZ Top, der gesagt hatte, er (Hopkins) haben den Harmoniewechsel zu spät vollzogen, mit einem eisigen Blick und der hingeworfenen Bemerkung: »Lightnin' wechselt, wann es Lightnin' paßt.« Der Free Jazz ging mit Absicht und mit Vergnügen zurück in die Vorzeit. Darüber hinaus warf er Musiker und Hörer zurück auf die fundamentalsten Quellen. Musiker hatten gelernt, sich auf ihre Fähigkeit zu verlassen, die »richtigen« Harmonien zum »richtigen« Klang zu spielen, und die Hörer hatten gelernt, sich auf *ihre* Fähigkeit zu verlassen, zu erkennen, wann das gelang. Der Free Jazz sagte: »Also *den* Kram lassen wir mal für später: was für ein *Gefühl* habt ihr dabei?« Das war keine *bequeme* Musik, es war das unbequemste Hören, das man sich vorstellen konnte.

Harmonie ist schließlich sowohl eine Metapher wie ein musikalisches Muster. Nicht von ungefähr sprechen Regierungsbeamte von »harmonischen« rassischen oder industriellen Beziehungen, eine besänftigende Vorstellung: Platz für alles und alles an seinem Platz. In Arthur Jacobs *A Short History of Western Music* (in der übrigens als einziger Rockmusiker, abgesehen von den allgegenwärtigen Beatles und Elvis Presley, Jimi Hendrix genannt wird) zitiert der Autor ein päpstliches Dekret aus dem vierzehnten Jahrhundert, das feststellt, welche musikalischen Formen innerhalb der Kirche erlaubt sind und welche nicht. Die Harmonie war suspekt, weil jegliche Abweichung von der strikten Homophonie (dem Unisono) den Hörer vom textlichen Inhalt eines Werkes (mit anderen Worten, von den Gebeten) ablenken könnte, obwohl »es nicht Unsere Absicht ist, den gelegentlichen Gebrauch einiger Konsonanzen, z.B. der Oktave, der Quinte und der Quarte, zu verbieten, die die Schönheit der Melodie erhöhen können.« Kurze rhythmische Werte, wie die Semibrevis (die ganze Note oder der volle Taktschlag von 4/4) und die Minima (halbe Note) wurden abgelehnt, da sie »das Ohr berauschen, nicht besänftigen.« So wurde der allgemein zunehmende Gebrauch der Terz im fünfzehnten Jahrhundert ursprünglich als ein Sakrileg angesehen; die Septime wäre geradezu blasphemisch gewesen, und der gefeiertste harmonische Totem des Bebop, die »flatted fifth« (die verminderte Quinte) – schon im Mittelalter als »Diabolus in Musica« (der Teufel in der Musik) bekannt – wurde im sechzehnten Jahrhundert auf dem Konzil von Trient ausdrücklich in den Bann getan. Es ist schon ganz gut, daß Papst

Johannes XII nicht mehr erlebt hat, wie sie in einem Wirbel von Vierundsechzigstelnoten auftaucht, oder, siehe da, ziemlich boshaft in der Introduktion zu Hendrix' »Purple Haze« versteckt ist: der Titel steht in E, aber statt die Grundtonart anzugeben, werden in der Eröffnung die hartnäckigen Es im Baß mit einem sich immer wiederholenden Paar nicht harmonischer Bs gekoppelt, die eine Oktave auseinanderliegen. Das Ergebnis ist zugleich disharmonisch und amüsant.

Disharmonie war natürlich vollkommen gegen die Ordnung. »Einige Anhänger der neuen Schule«, sagte das Oberhaupt der Kirche mit Mißfallen, »... stellen ihre Methoden in Noten zur Schau, die Uns neu sind, indem sie es vorziehen, eigene Wege zu wandeln, statt in der alten Weise zu singen. Mehr noch, sie... entwürdigen [die Melodien] mit dem Diskantus [Improvisation]... wir geben den strikten Befehl, daß sich niemand fürder ermächtigt glaube, diese oder ähnliche Methoden anzuwenden...« Weiter ächtete Ignatius von Loyolas Gesellschaft Jesu 1562 Musik, »in der Teuflischen oder Laszives ihren Platz findet«, obwohl Jacobs behauptet, daß Loyolas Vorschlag, polyphone Musik insgesamt aus der Kirche zu verbannen, eine »romantische Fälschung des neunzehnten Jahrhunderts« gewesen sei. Trotzdem verblaßt im Vergleich dazu die Angst, von der *Down Beat* mißverstanden zu werden, bis zur Bedeutungslosigkeit.

Es ist jedoch bedenkenswert, daß der Jazz niemals etwas von Interesse hervorgebracht hat, das nicht an seinem Beginn bitterlich bekämpft worden wäre. (Der Jazz selbst hat natürlich jeden in schlotternde Angst versetzt, von der *Iswestija* angefangen bis zum White Citizens Council von Alabama, die erstere mit der Begründung, er stelle den Gipfel der westlichen kapitalistischen Degeneration dar, den letzteren auf Grund des üblichen »sieh mal nach, was die Nigger da machen und sieh zu, daß sie damit aufhören«). Die Geschichte, wie der junge Charlie Parker mit Hohn und Spott aus einer Jamsession in Kansas City hinausflog, als der Schlagzeugveteran Jo Jones ihm ein

Becken auf die Füße warf, ist in die Legende eingegangen (und in Clint Eastwoods Film *Bird*). Duke Ellington verglich den Bebop selbst mit »einem Scrabblespiel, aus dem man die Vokale entfernt hat« und Louis Armstrong nannte` es »Chinese Musik«. Als Miles Davis in derselben 1954er Jamsession spielen sollte wie Thelonious Monk, verlangte er, Monk solle nicht hinter seinem Trompetensolo spielen, weil die dehnbare Auffassung des Pianisten vom Rhythmus und seine ungewöhnlichen Harmonien ihn in seiner Konzentration störten... und *jedermann* haßte Ornette Coleman.

Ornette Coleman, der in der Genesis des Free Jazz die bedeutendste Einzelfigur ist (der Stil selbst wurde nach einem visionären Coleman-Album mit einem »Doppelquartett«, auf dem alle zusammen die ganzen zwei Plattenseiten lang kollektiv improvisieren, benannt), verbrachte seine ersten dreißig Jahre als vollständiger Paria. Er wurde 1930 in Fort Worth, Texas, geboren (wo er in einer Schoolband spielte, in der auch King Curtis war) und übte sein Tenorspiel, das er sich selbst beigebracht hatte (danke schön, Pete Welding) in jeder Band, die ihn haben wollte. Selten engagiert, aber oft gefeuert, wurde er, wo immer er hinkam, wegen seines angeblichen Mangels an Musikalität vernichtend kritisiert. Er litt in der R&B-Bigband von Pee Wee Crayton und wurde einmal sogar von niemand Geringerem als dem erhabenen Dexter Gordon vom Podium geschleudert. (Coleman war durchaus nicht der einzige bedeutendere Jazzer, der seine ersten Schritte in R&B-Ensembles tat und dabei manchmal stolperte: Charlie Parker war ein Zögling von Jay McShanns Bigband, John Coltrane spielte mit Eddie »Cleanhead« Vinson und Big Maybelle, Albert Ayler verbrachte in paar Sommer in der Begleitband des Chicagoer Harmonikavirtuosen Little Walter, Lester Bowie – am bekanntesten geworden durch seine Arbeit mit dem Art Ensemble of Chicago – zahlte sein Lehrgeld bei Jackie Wilson, Little Milton, Joe Tex, Albert King und Jerry Butler, Bowies Kollege aus dem Art Ensemble, Philip Wilson, verbrachte eine Zeit bei Paul

Butterfield, Colemans Hauptschlagzeuger, Ed Blackwell, arbeitete mit Ray Charles und Huey »Piano« Smith, George Benson leitete einige Jahre lang seine eigene R&B-Band in Philadelphia und so fort *ad infinitum*).

Coleman wurde wegen seiner verrückten Kleidung, wegen seines langen Haares und seines struppigen Bartes (1949!) für höchst sonderbar angesehen und wurde einmal von den Kumpels eines eifersüchtigen Typen fürchterlich verhauen, weil er dachte, Coleman sei hinter seiner Freundin her. Er wechselte dann über zum Altsaxophon (wobei er ein weißes Plastikinstrument dem üblichen metallenen Selmer vorzog) und ließ sich wieder in Los Angeles nieder, wo er im Tandem mit dem Trompeter Don Cherry sorgfältig seine persönliche Revolution aufbaute. Die erste wirklich anerkennende Kritik kam nicht von seinen Jazzer-Kollegen (mit Ausnahme von John Lewis, der mit der modernen europäischen Konzertmusik zutiefst vertraut war), sondern von weißen Kritikern und Akademikern wie Gunther Schuller und Leonard Bernstein.

Kommt einem das nicht bekannt vor?

»[Roland Kirk, John Coltrane, Eric Dolphy und Miles Davis] griffen gewisse Ideen auf und erweiterten sie, mit verblüffender Wirkung, über die bisher bekannte atembare Athmosphäre hinaus, aber als komplette und totale Musik war alles im Jazz um 1960 herum in der Idee und in der Ausführung bereits fertig und vorhanden, danach gab es nur noch Musiker, die daraus ausbrachen.«

Robert Wyatt in einem Interview mit dem Autor (1987)

Die entscheidenden Ereignisse von 1960 waren die Veröffentlichung von Ornette Colemans *The Shape of Jazz to Come* auf Atlantic und John Coltranes Weggang von der Miles Davis-Gruppe. Coltrane – 1926 in Hamlet, North Carolina, geboren – war 1955 zu Miles Davis gekommen, gerade als Miles die

Komplexitäten des Bop zugunsten der Modalismen des Blues fallenließ und damit Harmoniefolgen aus Tonarten und Melodien als erste Grundlage der Improvisation beiseite schob. Er (Coltrane) wurde allgemein als einer aus der Gruppe aufstrebender Stars auf dem Tenorsax im Sog von Sonny Rollins angesehen, der Miles' erste Wahl gewesen wäre, wenn er nicht gerade zu der Zeit damit beschäftigt gewesen wäre, von seiner schweren Heroinsucht loszukommen. ›Trane nahm ein halbes Dutzend enorm einflußreicher Alben mit Miles auf, bevor sein eigenes Alkohol- und Drogenproblem ihn zwang, ein Jahr zu pausieren, eine Zeit, in der er Dope und Fusel durch Gott und Thelonious Monk ersetzte.

Trotz seiner Heirat mit einer Muslim und seiner Verbindung zu zahlreichen Muslim-Musikern war Coltranes Spiritualität unspezifisch und allumfassend. »Ich glaube an alle Religionen«, sagte er einmal, und er warf sich enthusiastisch auf das Studium islamischer, hinduistischer, buddhistischer, jüdischer und christlicher Glaubenssysteme, die alle in seine Musik einflossen. Die Anwendung indischer Tonleitern und Tonarten wurde nach George Harrisons Experimenten mit der Sitar Allgemeingut, aber Coltrane hatte schon einige Jahre früher aus diesen (und anderen) Quellen geschöpft, und tatsächlich hatten die Byrds für ihr verwegenes »Eight Miles High« ein melodisches Fragment aus Coltranes »India« als Basis genommen, lange bevor George Harrison seine erste Ravi-Shankar-Platte hörte. So wie die Freejazzer dem Song nie erlaubten, der Musik im Wege zu sein (und der Pop, da, wo er am gründlichsten destilliert ist, der Musik nie erlaubt, dem Song im Wege zu sein), so erlaubte 'Trane der Religion nie, zwischen ihn und Gott zu treten. Selbst die Feststellung, 'Trane habe nach seinem Entzug sein Leben Gott und der Musik geweiht, ist irreführend; sie besagt, er habe zwischen beiden einen Unterschied gemacht. Coltranes allumfassender Glaube ist der vibrierende, leuchtende Kern von »*A Love Supreme*« (1964), das Werk, in dem seine Devotion am deutlichsten in seiner Karriere zutage tritt.

Mit frischen Kräften studierte Coltrane kurze Zeit bei dem radikalen Tenoristen John Gilmore und seinem Boß, Sun Ra. (Sun Ra, ein früher Befürworter elektrischer Keyboards und Leiter seines eigenen Solar Arkestra, war erst kürzlich aus Chicago nach New York gekommen. Er verblüffte die Jazzgemeinde mit seinen Bigband-Improvisationen, vervollständigt durch längere Rezitationen, und die ethnisch-afrikanischen Beigaben mit Science-Fiction-Aufputz zu seiner Musik und seiner Kleidung zogen eine fanatische Anhängerschaft an, während sie die große Mehrheit dazu veranlaßte, ihn als bloßen Spinner abzutun). Schließlich schloß sich 'Trane Thelonious Monk an – der selber gerade von fünfzehn Jahren in der Wildnis zurückgekommen war und nun endlich als der Pionier gewürdigt wurde, der er war – für ein legendäres Engagement in einer New Yorker Jazzbar. Die sechs Monate im Five Spot brachten Coltrane die Krone des neuen Königs am Tenor ein und führten zu seiner Rückkehr zu Miles Davis für die epochalen Sessions von *Milestones* und *Kind of Blue*, in denen der Gegensatz zwischen Miles' polierter, unterkühlter Melancholie und Coltranes glühend-inbrünstiger Beweglichkeit einen erstaunlichen Grad an exquisiter Spannung erzeugte. Er hatte in den Fünfzigern sporadisch als Leader für Prestige aufgenommen, aber die meisten dieser Sessions waren einfache Jams. Seine erste deutlich unterscheidbare Platte hatte er für Atlantic während seiner letzten Monate mit Miles gemacht. Sein Jahr bei der Atlantic brachte, unter anderen, *Giant Steps* und *My Favourite Things* hervor; er gesellte sich sogar zu Don Cherry und Ornette Coleman für die Platte *The Avant-Garde*, ein Programm mit Cherry- und Coleman-Titeln, das die Atlantic unverantwortlich lange, bis 1966, zurückgehalten hat.

1961 brachte er sein Quartett zu ABCs neu formierter Zweigfirma Impulse und verband sich immer enger mit dem New Thing der Nach-Coleman-Zeit. Der Drummer seiner Wahl war der phänomenal laute und ekstatische Elvin Jones, mit dem er dann einen musikalischen Non-Stop-Dialog führte, der fast fünf Jahre dauerte, und als er dann mit Jungtürken wie Eric Dolphy, Pharoah Sanders und Archie Shepp auftrat und Platten machte, entfernte sich seine Musik immer radikaler von der westlichen. 'Trane, Dolphy, Sanders, Albert Ayler und ihre Nachfolger bezogen in ihrer Musik alle die »schlimmen« Sounds ein, die die Saxophonisten von jeher loszuwerden versuchten, so wie die Beherrschung ihres Instrumentes zunahm, von dem Heulen und Quietschen, das die R&B-Bläser so liebten, bis zu dem Gerassel der Klappen und den Sounds, die ein gespaltenes Blatt bei den Holzbläsern hervorbrachte, wodurch eine Vielzahl von Tönen statt eines einzigen klaren Tones entstand. Das war für die Holzbläser der alten Schule Anathema, für die ein reiner, sauberer Ton so etwas wie der Heilige Gral war, als Kennzeichen der Reife und Kompetenz fast so allgemein anerkannt, wie es das für die europäischen klassischen Musiker gewesen war.

Trotz des außerordentlichen Werkes von Cecil Taylor – man glaubt, ein Klavier könne schreien – legte die Abkehr von Tonalität und orthodoxer Harmonie im New Thing immer weniger die Betonung auf die Saiteninstrumente, es wurde immer unabhängiger davon, namentlich vom Klavier. Als Amiri Baraka (LeRoi Jones, wie er damals noch hieß) 1961 seine Liste der wichtigsten Leute in der Avantgarde zusammenstellte, war Taylor der einzige Pianist darin neben fünf Saxophonisten, zwei Trompetern, vier Bassisten, drei Schlagzeugern und nicht einem einzigen Gitarristen. Der vorzeitige Tod von Charlie Christian – der mit Charlie Parker, Dizzy Gillespie, Thelonious Monk und dem Drummer Kenny Clarke immerhin einer der Gründerväter des Bebop gewesen war – schickte die Gitarre im wesentlichen an die Peripherie der Jazzwelt ins Exil, und trotz der Brillanz vieler Gitarristen nach Christian (Barney Kessel, Sal Salvador, Kenny Burrel, Grant Green und Herb Ellis, um nur einige zu nennen) blieb sie im Exil. Wie Robert Wyatt scharfsinnig bemerkt, klingt Kessel, als sei er noch *vor* Christian gekommen, nicht *danach*. In der Tat, hätte irgend ein mörderischer Zeitreisender *alle* Jazzgitarristen, die zwischen Christian und Wes Montgomery hervorgetreten sind, schon bei ihrer Geburt erwürgt, wäre die Entwicklung der Musik im großen und ganzen nicht anders verlaufen.

Gitarristen sind die Großen im Rock und im Blues – stellt euch bitte mal beide Musikformen ohne das vor, was Ian Hunter von Mott the Hoople mal das »sechssaitige Rasiermesser« genannt hat – aber im Jazz regieren die Bläser, Gitarristen sind entschieden nur die armen Verwandten. »Eine Gitarre wie ein Horn« mag das Ideal gewesen sein, aber in der Praxis gingen die Gitarristen ihr Instrument an wie ein Klavier, starr orthodox in technischer Hinsicht, mit dem großen Körper einer akustisch-elektrischen Gitarre und bescheidenem Einsatz von Verstärkern. Als der Sound der Bläser sich änderte, blieben die Gitarren, wie sie waren. Die meisten Jazzgitarristen klangen, um es in den Begriffen des Rock auszudrücken, als spielten sie noch mit abgedeckten Verstärkern. (Im Gegensatz dazu meinten die akustisch experimentierfreudigsten Rockgitarristen, wie Jeff Beck und Pete Townshend, damals noch, eine »diminished scale« sei eine Kürzung der Gage). Der Preis, den die Jazzer für ihren Konservativismus zahlten, war der Ausschluß von diesem New Thing.

Es ist zwar wahr, daß Miles Davis seine Band von sechzig Mann gelegentlich durch die Gitarristen Joe Beck (dem das Leben andauernd schwer gemacht wird von Leuten, die ihn mit Jeff Beck verwechseln) und George Benson erweitert hat. Der Meister der Soul-Jazz-Gitarre, Wes Montgomery, dessen mit dem Daumen gerissene Okatavenlinien ihm ein Vermögen einbrachten und der seinen Ruf durch eine endlose Serie von Alben mit dem allgemein üblichen Pop-Rock jener Zeit ruinierte, probte einige Wochen mit Coltranes Gruppe der frühen Sechziger, bevor er sich wieder freikaufte, um sich auf ein weniger mysteriöses und musikalisches Terrain zu begeben. Der erste Jazzgitarrist, der die vorherrschende Orthodoxie herausforderte, war Warren »Sonny« Sharrock, ein Schützling Sun Ras, der sein Studio-Debüt als Sideman auf Pharoah Sanders' *Tahid* (1967) gegeben hatte. »Pharoah hatte so eine gewisse Technik, sein Horn zu überblasen«, erklärte Sharrock in einem Interview. »Es klang, als arbeitete er unheimlich schnell mit der Zunge, wie eine Kreissäge. Ich habe versucht, das durch Triller auf Gitarre zu kopieren und fand heraus, daß ich dabei einen Riesensound kriegen konnte, nur menschlicher, wie eine Stimme. Dann habe ich versucht, das noch auszudehnen, indem ich Saiten zupfte und Noten verzog, und das war der Anfang.« 1969 wurde Sharrock als mit Absicht störendes Element für die ansonsten leichtgewichtige Soul-Jazz-Combo des Flötisten Herbie Mann engagiert. Da Manns Publikum aus der Sorte von Leuten bestand, deren Reaktion auf Ornette Colemans Musik und Jackson Pollocks abstrakten Expressionismus zu sein pflegte: »Das könnte mein Kleiner auch, und der ist erst vier«, war das Resultat etwas gemischt.

»Ich mag keine Gitarren. Ich mag Drums, und ich liebe Coltrane. Die Leute drehen immer durch, wenn ich mal für einen Gig engagiert werde. Ich sage dann immer: ›Ich werde keine Akkorde spielen. Das macht die Gitarre. Ich bin Bläser.‹«

Sonny Sharrock in einem Interview mit *Musician* (1970)

HENDRIX: Wer ist der andere da [Sharrock]? Ich glaube, ich habe einiges davon schon mal gehört.

BURKS: Der ist in und um und über der Gitarre. Manchmal klingt es, als wäre nicht alles so ganz in Ordnung.

HENDRIX: Kommt uns bekannt vor, nicht? [Lacht].

Jimi Hendrix in einem Interview mit John Burks (1970)

»Spiele so, als wüßtest du nicht, wie man Gitarre spielt.«
Instruktionen von Miles Davis an John McLaughlin während
der Session für *In a Silent Way*, (1969)

Unter den frühesten musikalischen Klängen, die Jimi Hendrix hörte, waren die Bigbands der vierziger Jahre. Sein Vater, Al Hendrix, war in seiner Jugend ein versierter Jazztänzer gewesen, und Jimi wuchs auf mit Duke Ellingtons Bläsergruppe im Ohr. Einer von Ellingtons Lieblingseffekten war es, die ganze Trompeten- und Posaunengruppe mit Dämpfer spielen zu lassen, um einen spöttischen oder klagenden Wah-Wah-Effekt zu erzielen. Die Meister des Wah-Wah-Dämpfers waren der Posaunist Joe »Tricky Sam« Nanton, der Trompeter Bubber Miley und Mileys Nachfolger Cootie Williams, und jede Einspielung von Ellingtons »East St Louis Toodle-Oo« gibt einen treffenden Eindruck von dem unheimlichen Grad an Ähnlichkeit mit einer menschlichen Stimme, den dieser Effekt hervorrufen konnte. Bei der Armee und auf dem Chitlin Circuit vertraute Hendrix gelegentlich seinen engen Freunden an, daß er eines Tages diesen Sound auf seiner Gitarre hinkriegen würde und das wurde natürlich als eine weitere Bestätigung dafür angesehen, daß der Junge nicht alle Tassen im Schrank hatte. Al Hendrix liebte auch die röhrenden, growlenden Tenorsaxophone des R&B der späten Vierziger und frühen Fünfziger, und ihre Klänge waren ein fester Bestandteil des musikalischen Mobiliars der Jahre, in denen der junge Hendrix heranwuchs. Sie spielten auch eine befruchtende Rolle für die Art und Weise, wie er die Gitarre »hören« lernte.

Als Hendrix dann schließlich nach Greenwich Village kam, waren die verbreitetsten Klänge in den Bars und Coffee-Houses die Folk-Musik (sowohl der traditionellen Spielart wie der aus der Zeit nach Dylan) und der Jazz. Wie der Markt nun einmal war, konnten nur die populärsten Jazzer ein Konzertpublikum anziehen, was im wesentlichen hieß, jeder mit geringerer ökonomischer Wirkung als Miles Davis oder Dave

Brubeck spielte in Lokalen wie der Half Note oder dem Village Vanguard, und die Klänge eines Roland Kirk, Charles Mingus, Ornette Coleman, Cecil Taylor und selbst von 'Trane selber ergossen sich auf den Bürgersteig. Gewiß hat Hendrix zu dieser Zeit seinen Geschmack für Bob Dylan entdeckt, ganz zu schweigen von den wilderen britischen Bands wie den Yardbirds und den Who; aber ob er nun in die Jazzclubs ging und zu Füßen von Sun Ra, Coltrane, Mingus und Coleman saß oder nicht, entgehen konnte man ihrer Gegenwart nicht.

Es ist in der Tat ganz leicht, ob man *nachweisen* kann, daß Hendrix sich diese Männer angehört hat oder daß er das nicht hat. Es ist erwiesen, daß er in London ankam mit einer abgespielten Kopie von Roland Kirks *Rip Rig and Panic* im Gepäck, und Billy Cox – der als Jazzbassist mit klassischer Schulung angefangen hatte und Charles Mingus und Ray Brown bewunderte – hat Hendrix' Kenntnis von Hotelbar-Standards wie »Misty«, »Moonlight in Vermont« und »Harlem Nocturne« bezeugt, die raffiniertere Harmonien und Tonarten enthielten, als sie in den üblichen Blues-Rock-Nummern vorkamen. Es war jedoch Mitch Mitchell – der sich an Elvin Jones, an Miles Davis' Wunderknaben Tony Williams und an Keith Moon als seine Gurus unter den Drummern anlehnte – der Hendrix mit der Musik des bemerkenswerten, blinden Multi-Instrumentalisten Roland Kirk bekanntgemacht hatte, dessen Fähigkeit, zwei Instrumente auf einmal zu spielen, eine erstaunliche Parallele zu dem bildete, was Hendrix mit den schnellen Oktavenläufen gelang, die er sich von Wes Montgomery angeeignet hatte. Mitchell hatte mit Georgie Fames Blues Flames gespielt – deren charakteristische Mischung aus Jump Blues, Soul-Jazz, Hard Funk und Ska-Neuheiten sie zu einer der wenigen britischen Bands gemacht hatte, die auch beim schwarzen Publikum ankamen – und war kürzlich wegen Lärmmachens und Insubordination gefeuert worden. Nichtsdestoweniger, ob nun Hendrix die Methoden und Techniken des New Thing oder der früheren Jazzstile studiert und angewandt hat, oder

ob er sich einfach in den Zeitgeist eingeklinkt und sie selbstän-
dig entwickelt hat, fest steht, sie sind da.

»Alles was ich dazu sagen kann ist... ›Third Stone from the
Sun‹. Und wer es noch nicht wissen sollte, man hätte sehr viel
früher auf Jimi aufmerksam werden sollen.«
  Jaco Pastorius erklärt Bill Mikowski in der Down Beat (1982),
                  was Jimi Hendrix mit dem Jazz zu tun hat.

Wir hätten viele schlechtere Beispiele nehmen können als
»Third Stone from the Sun« aus *Are You Experienced*, aufgenommen im Februar 1967 und veröffentlicht im Juni desselben
Jahres. Sie beginnt mit einem gleitenden Nonenakkord in Dur
über einem hüpfenden, swingenden Mitchell-Beat, der mann-
haft versucht, den elastischen, polyrhythmischen Fluß des
»New Thing Drumming« mit dem fest verankerten Rock-Beat
zu kombinieren. Der Grundschlag ist fest eingebunden in die
starre, Metronom-artige Linie der Baßgitarre, und die Akzente
sind auf die höheren Schlaginstrumente verteilt. Hendrix' Ar-
peggio-Akkorde und an Coltrane angelehnte Scheinorientalis-
men sind überlagert von dem geisterhaften Zischen seines
eigenen Atems, mit einem Kehlkopfmikrophon aufgenommen
und verlangsamt. Auf einer anderen Spur stellt Hendrix ein
langgezogenes Rezitativ vor, in dem er sich als Raumfahrer
porträtiert, der gerade auf der Erde landen will (der »Third
Stone from the Sun« – der dritte Stein von der Sonne – des
Titels), verschwommenes kosmisches Faseln, direkt aus Sun
Ras Science-Fiction-Textbuch. Der erste Durchgang bringt den
Beat runter in einen Funky Blues-Rock, als Hendrix die orienta-
lische Tonart gegen die gerade Tonart des Blues austauscht,
die angefüllt ist mit Double Stops à la Chuck Berry, bevor ein
bösartiger Sturzbomberangriff, mit dem Tremoloarm hervorge-
bracht, die Vorgänge krachen und knirschend abbricht.
  Dann kehrt der Jazz-Beat wieder und Hendrix beginnt – im
Sprachgebrauch des Jazz – »out« – aus – zu spielen: aus dem

Takt, raus aus der Tonart, weg von den Noten. Er entfesselt sein ganzes Arsenal schierer Sounds: Schreie, Wiehern, Sirenen, aufgedrehte Motorräder, Alarmanlagen, Explosionen, dröhnende Kreissägen, U-Bahnzüge, das Rattern zerstörter Industrieanlagen, das Heulen und Brüllen von Granatwerfern. Allmählich rast sich die Musik in Stücke.

Mitchells frühreife Meisterschaft in Rhythmen jenseits der Kenntnisse eines durchschnittlichen Rockdrummers wird noch einmal demonstriert in »Manic Depression« auf dem gleichen Album, einer aufwühlenden, donnernden Nummer im 9/8-Takt, in der Rockstrukturen, die Struktur der Bluesharmonien und ein Jazzwalzertakt kombiniert werden. »I Don't Live Today«, eine aufreizende Beschwörung der Zwangslage der eingeborenen Amerikaner, benutzt einen Cherokee-Drumbeat und wiederum Bluesstrukturen, aber die Muster sind kaum vorgestellt, da werden sie auch schon wieder weggeworfen: das Tempo wird beschleunigt, die Struktur wird zerstört, und für einige Sekunden tauchen wir ein in die ständig wechselnden Landschaften von Coltrane und Elvin Jones. Dieser Aspekt wird in der 1969er Konzertversion des gleichen Titels, die auch in *The Jimi Hendrix Concerts* enthalten ist, noch stärker betont: Mitchell jongliert mit den Akzenten des Beat vor Hendrix' gedämpftem Saitenspiel, und ein weiterer, zentraler Teil läßt Hendrix alleine und ganz »out« spielen. Geradeso wie die radikalen Tenoristen eine Vielzahl von verschiedenen Mundstücken, Ansätzen und Überblastechniken angewandt hatten, um einerseits zwei oder drei verschiedene Noten gleichzeitig zu erzeugen und andrerseits eine Oktave oder mehr über dem »rechtmäßigen« Tonumfang des Instrumentes zu spielen, verwandte Hendrix das Aushalten und das Feedback, das er erreichte, indem er seine massigen neuen Marhall-Verstärker auf ihr höchstes Volumen brachte, um das im Baß absteigende Growlen der »Sturzbomber« in immer höhere und höhere Obertöne zu verwandeln und so allmählich die ursprüngliche Tonhöhe der eigentlichen Note aufzuheben. Hier produziert er dann eine Reihe von unheimlichen Schreien... und dann, mit bitterster und wildester Ironie, beginnt er, das »Star Spangled Banner« zu spielen.

Hendrix' Adaption der Nationalhymne von Francis Scott Keyes lag immer noch ein paar Monate vor dem überragenden Statement, zu dem es, später im gleichen Jahr, auf dem Woodstock Festival wurde. Hier gehen die Auftaktzeilen unter in der zerstörerischen Kollision zwischen einem Feuergefecht in Vietnam und dem Aufstand in den Städten der Heimatfront. Dann erscheint der Gitarrenriff vom Anfang des Titels wieder, aber auf doppeltes Tempo gebracht, als gäbe die Wilson Pickett Soul Revue ihren ersten Abend einer ewigen Saison in der Hölle, bevor dann auch das in einen perkussiven Tumult der Verdammten in ihren Höllenqualen untergeht.

Hendrix' »Out«spiel war nicht unbedingt immer ein Ausdruck von Schmerz, Wut oder Kummer: die kurze Übung in dem schieren pyrotechnischen Zusammenschlagen und Verbrennen, mit dem er, bei seinem Debüt auf dem Höhepunkt des Monterey Pop Festivals, »Wild Thing« eröffnete, das war im wahrsten Sinne des Wortes für Hendrix ein *Spiel*. Es war verspielt, boshaft, übermütig, euphorisch, extrovertiert, die sprühende Slapstick-Nummer des ehemaligen Underdog: »Sieh mal, was ich alles kann!« Aber so wie die Stimmung der Zeit düsterer wurde, so auch Hendrix' Musik. Wenn er nun in seine Trickkiste griff, dann immer häufiger deshalb, weil das, was er ausdrücken wollte, auf keine andere Weise gesagt werden konnte. Es gibt keinen Vorläufer im Rock and Roll, in der Soulmusik oder dem Blues für das, was Hendrix mit seiner Nationalhymne machte, im Schlamm dieses Montagmorgens nach dem letzten Versuch der Masse, ihre Idee von einer Gegenkultur darzustellen. Herausfordernd und couragiert in seinen Zielen, todernst in seiner Absicht und leidenschaftlich inspiriert in der Ausführung, ist die Woodstock-Version des »Star Spangled Banner« Hendrix' Schlüssel zum Königreich geworden.

>In diesem Augenblick wurde er zu einem der Großen wie Coltrane oder Parker oder Dolphy. Er stieg da in etwas sehr Tiefes ein, etwas jenseits von gutem oder schlechtem Spiel. Es war einfach ein >Das ist es<.«

Vernon Reid in einem Interview mit dem Autor (1988)

In Woodstock trat Hendrix mit Sky Church auf, einer Band mit Mitchell und, zum ersten Mal, Billy Cox am Bass. Ein gewisser Larry Lee (von dem man weder vorher noch nachher viel gehört hat), spielte die zweite Gitarre, neben zwei Perkussionisten: Juan Velez an den Bongos und Juma Sutan, ein früherer Coltrane-Gefährte, spielte die Congas. (Leider kamen da einige Dinge zusammen, wie die einsetzende Müdigkeit bei den Tontechnikern und ein Mißverständnis, was die Natur dieser Musik anging, und das hieß, daß das Spiel von Sutan und Velez auf den später herausgekommenen Aufnahmen kaum zu hören ist). »The Star Spangled Banner« kam fast am Ende dessen, was viele Anwesende anscheinend für eine ziemlich lahme Vorstellung hielten. Es entwickelte sich aus einem Jam (möglicherweise über »Room Full of Mirrors«) mit Hendrix' und Lees Gitarren eingebunden in einen beständigen Call-and-Response von drei Noten. Dann steigt die Band aus, und Hendrix spielt, ohne Begleitung und aus dem Takt (OK, also *a capella* und *rubato*), das unverkennbare Erkennungsmotiv von »Voodoo Chile (Slight Return)«. Er spielt es langsam und gedankenvoll, wie es Miles Davis gespielt hätte, und preßt den letzten Tropfen Bedeutung aus jeder Note heraus. Dann, ohne Lee und Cox, aber mit Mitchell, Sutan und Velez, die hinter ihm toben, fängt er an, die Nummer zu spielen – eine Nummer, die Amerika inzwischen mehrere tausend Mal gehört hat.

Oder besser, er *versucht*, sie zu spielen, aber unterwegs gerät sie irgendwie in einen Hinterhalt. In diesen klaren, reinen Ton – irgendwo zwischen einer Trompete und einer hohen, weithin klingenden Glocke – drängen sich ständig geisterhafte, bösartige Obertöne, das würdevolle Entfalten der Melodie wird zum Entgleisen gebracht durch Klänge von Krawall und Krieg, Sirenen und Schreien, Chaos und Alarm. Ein Jahr vorher hatte eine britische, »progressive« Band mit Namen »The Nice« (geleitet von dem Organisten Keith Emerson) einen ähnlichen Angriff auf Leonard Bernsteins »America« (aus der *West Side Story*) versucht, der darin gipfelte, daß auf der Bühne die US-Flagge verbrannt wurde. Aber das war, verglichen hiermit, nur Kinderei. Hendrix präsentierte die eindrucksstarke musikalische Allegorie einer Nation, die sich selbst blutig zerriß, in ihren eigenen Ghettos, auf dem Campus und in einem fremden Land, das seinen Folterern nichts getan hatte. Immer wieder einmal kam die volle, reine Linie der Melodie an die Oberfläche, eine stolz wehende Flagge hoch über dem ganzen Durcheinander, und immer wieder schwoll die Woge der Gewalt und des Schreckens an und verschlang sie, daß sie versank. Die Nation, wie die Melodie, war gejagt und überschwemmt, hoffnungslos in Stücke gerissen und verloren, und die Träumer trieben bedrückt und steuerlos in den Alptraum. Das Feedback und die Verzerrung fraßen sich wie Säure in die Melodie und zersetzten alles, was sie nicht verschlangen. Kurt Weill hätte die Idee haben können, Albert Ayler hätte es spielen können, aber nur Hendrix konnte das symbolische Gewicht stemmen.

Und dann, als ob er »Fuck it!« sagte, noch bevor der letzte Feedback-Nebel gewichen war, explodierte Hendrix in die wahrscheinlich desinteressierteste Version von »Purple Haze«, die er je in seinem Leben gespielt hat. Zur gleichen Zeit, während sich die Hippies in dem Müll wälzten, den sie auf einer, ursprünglich einmal sehr schönen Wiese verstreut hatten, arbeitete Miles Davis an seinem ehrgeizigen Doppelalbum *Bitches Brew*.

> I got no kick against modern Jazz
> Unless they try to play it too darn fast
> They change the beauty of the melody
> Until it sounds just like a symphony...

(Mich stört der moderne Jazz nicht, wenn sie ihn nicht so

verdammt schnell spielen. Sie verändern die Schönheit der Melodie, bis sie wie eine Symphonie klingt).

Chuck Berry, »Rock and Roll Music« (1956)

»Wenn Fusion erwachsen wird, kann es die künstlerische Bedeutung des »Cool« der fünfziger Jahre bekommen.«

Robert Christgau über John McLaughlin in *Rock Albums of the '70s* (1982)

Dies ist die kurze Geschichte der Fusion: als das Miles Davis Quintet der Sechziger (Miles, Drummer Tony Williams, Pianist Herbie Hancock, Bassist Ron Carter und Saxophonist Wayne Shorter) sich dem Ende seines kreativen Lebens nähert, fallen dem Zenmeister der Trompete einige Sly-, Hendrix- und James-Brown-Platten in die Hände und – bums! – ist ein neues Genre geboren. In Sekundenschnelle stehen Musikgeschäfte ohne elektrische Klaviere und Synthesizer da, und plötzlich hätte man nur noch in einer Einsiedelei allem Mahavishnu Orchestra, Weather Report, Return to Forever und Herbie Hancock's Headhunters entkommen können. Wie alle kurzgefaßte Geschichten, ist auch diese im großen und ganzen genau und doch tief irreführend.

Jazz und Rock pflegten schon seit den Mittfünfzigern eine gesunde, gegenseitige Abneigung. Für die Bewohner der Jazzwelt war der Rock ein straffällig gewordener, zurückgebliebener Neffe, dem es einfach durch Dusel gelungen war, den Familienbesitz zu erben. Was die Rocker anging, war der Jazz entweder ein Verschnitt von Cocktailmusik oder formloses Getöse, und all das gespielt von einer patzigen Elite, die ein Vergnügen noch nicht einmal dann erkennen würde, wenn es sie in den Hintern bisse. Immerhin waren in den sechziger Jahren vorsichtig diplomatische Beziehungen aufgenommen worden, hauptsächlich durch die ehrliche Vermittlung des R&B. Gerade so wie Bob Dylans Eintauchen in den Folk Rock es unzähligen erfolglosen Folkies (wie den Mitgliedern der

Byrds, der Jefferson Airplane und den Grateful Dead) erlaubte, sich als Rock and Roller neu zu erfinden (obwohl uns Robert Wyatt daran erinnert, daß sie nur »sehr laute Folkbands« geblieben seien), so bot der Boom des weißen R&B nach den Stones einen Zugang für die britischen Jazzer. Gruppen wie Georgie Fame & the Blue Flames, Manfred Mann und die Graham Bond Organisation (die letzere mit dem Bassisten Jack Bruce, dem Drummer Ginger Baker und, zu verschiedenen Zeiten, dem Gitarristen John McLaughlin und dem Tenoristen Dick Heckstall-Smith) legten das Fundament für eine neuerliche Annäherung. Manfred Manns Gruppe z.B. überspielte eine Flöte, ein Tenor und ein Vibraphon über ihre Standard-R&B-Instrumentierung und waren durchaus imstande, einen Chicago-Bluesstandard wie »Hoochie Coochie Man« und »Smokestack Lightnin'« neben einen Souljazz-Hit wie Cannonball Adderleys »Sack O'Woe« oder Mongo Santamarias Dauerbrenner »Watermelon Man« (von Herbie Hancock komponiert) zu stellen, während sie gleichzeitig zwischen den Pop-Soul-Schnulzen aus dem Brill Building, wie »Oh No, Not My Baby« und »Come Tomorrow« und Bob-Dylan-Einspielungen nach Art des »With God On Our Side« und »If You Gotta Go, Go Now« wechselten. Paul Butterfield's Blues Band, für viele der Inbegriff einer Revival Band des orthodoxen Chicago Blues, stellte auf ihrem zweiten Album, *East West* (1966), eine swingende, intensive, sprühende Version von Cannonball Adderleys »Work Song« vor, die aber überschattet wurde von dem Titelsong, einer »Rage-Rock«-Improvisation von dreizehn Minuten, die dem Shankarismus von John Coltrane bei weitem mehr verdankt als dem von George Harrison. In England nahmen Polydor Record Chas Chandlers und Mike Jefferys Schützling Soft Machine (mit Robert Wyatt, Drums und Vocals) unter Vertrag, konnten sich aber nicht gesellschaftlich einig werden, ob die Softs der Bestseller der Firma unter den Jazzgruppen oder der Worstseller unter den Rockgruppen war.

Das wahrscheinlich wagemutigste Jazz-Rock-Werk – wenn es auch zu der Zeit nicht als solches erkannt wurde – stammt von Captain Beefheart & His Magic Band, die fieberhafte Dada-Texte mit einer Musik kombinierten, die eine ausdrückliche Verbindung herstellten zwischen frühem, regellosem Delta Blues und der wilden Nach-Coleman-Improvisation des New Thing. »Beefheart« selbst war Don Van Vliet, ein zeitweiliger Freund und Kollege von Frank Zappa. Er hat sich jetzt von der Musik zurückgezogen und lebt weit besser von der Malerei. Zappa selbst hat sehr viel aus dem Free Jazz in seine Arbeit mit den Mothers of Invention übernommen, teils weil er dessen einzigartig expressives Potential erkannte, teils weil er damit Leute ärgern konnte.

Prosaischer ausgedrückt, war der nächste Schritt eine Schwemme von Rockgruppen mit Bläsersektionen, von denen die bekanntesten – Blood, Sweat & Tears und Chicago – Blechbläserriffs à la Stan Kenton mit einer Acid-Rock-Gitarre à la Jefferson Airplane versetzten, dann klotzige Rhythmusgruppen darauf wuchteten und das ganze unhandliche Durcheinander mit einem peinlich überdrehten und prahlerischen »White Soul«-Geschrei verbanden, das selbst eines Tom Jones unwürdig war. Natürlich waren beide Gruppen rasend erfolgreich und wurden zum Idol der Barbands überall in den Holiday Inns. (Die Ehrlichkeit zwingt mich einzugestehen, daß Chicago – oder »Chicago Transit Authority«, wie sie damals hießen – eine von Hendrix' Lieblingsgruppen war, obwohl er eher ihre Konzerte empfahl, nicht so sehr ihre Platten. Geschichtstreue fordert gleichzeitig die Erwähnung von »Free Form Guitar«, eine New-Thing-Angelegenheit von sechs Minuten Dauer auf ihrem ersten Album, ausgeführt von dem inzwischen verstorbenen Gitarristen Terry Kath, rührend anspruchsvoll, aber keine Konkurrenz für Sharock oder Hendrix). Blood, Sweat & Tears hatten ursprünglich, wie Michael Bloomfields Electric Flag, als »progressive« Soulband angefangen. Ihr inzwischen verjagter Gründer, der vielseitige Al Kooper, nahm seine Zuflucht zu einem Job als A&R Man bei der CBS, und in dieser Eigenschaft hörte er sich Lifetime mit Tony Williams und John McLaughlin an und wies sie ab. Er arbeitete auch mit Bloomfield zusammen an dessen »His Holy Modal Highness« (*Super Session*, 1968), dem elegantesten und authentischsten Tribut an Coltrane.

Es gab auch ein neugieriges Schnüffeln auf der Jazzseite des Zauns. Der West-Coast-Tenorist Charles Lloyd brachte seine Gruppe ins San Francisco Fillmore Auditorium zu einem begeisterten Empfang und dem reichlichen Verkauf von Platten wie *Love In* und *Journey Within*, aber trotz der Anwesenheit so illustrer Namen wie Keith Jarrett (Klavier) und Jack De Johnette (Drums), damals noch Newcomer, haben Lloyds Platten nur als Kuriositäten überlebt. Das Gary Burton Quartet, eine Gruppe aus New York, geleitet von dem Vibraphonisten Burton, die sich auf leichtgewichtigen Souljazz mit Latin Touch spezialisiert hatte, bezirzte die Hippies mit sprießenden Schnurrbärten und Koteletten und gestattete ihrem Gitarristen, Larry Coryell, einen Zeh auf Sonny Sharrocks Territorium zu setzen in Titeln wie »General Mojo Cuts Up« aus *Lofty Fake Anagram*, das als echtes 1968er Hippie-Jazz-Artefakt nur eine Konkurrenz hatte, Lloyds *Journey Within*. (Man muß allerdings zugeben, daß einige der Platten von der Don Ellis Band, die Al Kooper produziert hatte, dem sehr nahe kamen. Ellis ist dankenswerterweise in einem Abgrund verschwunden, der noch tiefer ist als der, der Charles Lloyd verschlungen hat).

Wenn Chicago, Blood, Sweat & Tears und andere Rock-Bigbands aufs anschaulichste die Fallen aufzeigen, denen sich Rocker dem Jazz gegenüber ausgesetzt sehen, dann bietet Larry Coryell (und, aus gänzlich anderen Gründen, Tony Williams) das beredteste Beispiel für das umgekehrte Dilemma. Coryell, ein Musiker mit abnormer Geläufigkeit und großem Erfindungsreichtum, fegt aus dem Stegreif und mit großer

Geschicklichkeit durch seine Bebopläufe, aber sobald er einen verzerrten Ton und eine verzogene Saite anschlägt, wird er magisch in ein Jüngelchen aus einer Garagenband verwandelt, der gerade seinen ersten Joint geraucht hat und nun einen Riff probieren will, den er von Barry Melton von Country Joe & the Fish abgeguckt hat. Sein Verhängnis ist sein Abstand vom städtischen Blues, der der allererste Einfluß für Jimi Hendrix, Eric Clapton und andere Rockgitarristen, die er bewunderte, war, mit ihrer Anwendung von verzogenen und ausgehaltenen Tönen, den pseudo-vokalen Tonfärbungen, die ihnen zur zweiten Natur geworden waren. Da gibt es den alten Spruch vom Jazzer, der keinen Blues spielen kann: Coryell bestätigt ihn. Wie so viele Jazzmusiker, nahm auch er an, daß Rock eine so simple Form sei, daß es da nichts zu lernen gäbe, um ihn spielen zu können.

Robert Wyatt, dessen Soft Machine über ein Jahr als Vorgruppe für Hendrix durch die USA gereist ist, erinnert sich: »Ich habe Coryell einmal gesehen – er war einer der wenigen, die sich je hingestellt und versucht haben, Hendrix an die Wand zu spielen. Das war noch im alten Scene Club in New York, und er sprang hin und her, seine Finger flogen, und Hendrix – als dann sein Solo kam – machte nur ›ba-WO-O-O-OWWWW‹ und die letzten zehn Minuten waren *ausgelöscht* [Gelächter] mit einer einzigen Note. Es war blöd von Coryell, es auch nur zu versuchen. Es war, als wäre er in eine Lötlampe gelaufen... der Narr!« Coryell, vernünftig genug, zog später den Schluß: »Ich gehe mal lieber zurück und übe meinen Bebop und höre mir meine Joe-Pass-Platten an, denn bis meine Rockversion so aus einem Guß ist wie seine, das dauert noch Jahre.«

Der Sache mehr entsprechend, braute sich langsam ein magnetischer Sturm zusammen, der die wissensdurstigeren Jazz- und Rockmusiker immer mehr zueinander zog, und das ruhende Auge im Zentrum des Sturms war Miles Davis. Während die »Führung« im Jazz der Sechziger auf Ornette Coleman und Coltrane übergegangen war, hatte Miles ein elegantes Quintett geleitet, dessen Musik ganz eigenständig war, über und neben dem Dreschen und Hupen des New Thing, dennoch freier und fließender als die Horden des Post-Bop. Gefesselt von den Sounds, die der Pianist von Cannonball Adderley, der aus Österreich ausgewanderte Josef Zawinul, aus dem elektrischen Fender-Rhodes-Klavier herausholte, hatte er verlangt, daß Herbie Hancock ein Rhodes-Klavier spielen und Ron Carter ganz auf den elektrischen Baß umsteigen sollte. Als Carter Einwände erhob und Hancock leise Zweifel äußerte, engagierte Miles einen anderen Pianisten, Chick Corea, und ließ den britischen Bassisten Dave Holland einfliegen, der sowohl mit akustischem wie auch mit elektrischem Fenderbaß Erfahrung hatte. Holland brachte Bänder eines Freundes und Gitarristen mit, der mit Jazz-Rock-Veteranen wie Jack Bruce und Ginger Baker (musikalisch) großgeworden war und mit ihnen gespielt hatte und mit Leichtigkeit zwischen Popsessions und Blues-, Rock- oder Jazzgigs hin und her pendelte. Miles' junger Drummer, Tony Williams, war immer unruhiger geworden und als er diese Bänder hörte, ergriff er die Gelegenheit und schickte dem Gitarristen eine Fahrkarte nach New York. Nicht lange danach kam John McLaughlin in New York an.

Miles und Hendrix hatten schon ein paar Monate umeinander herumgeschnüffelt, Hendrix etwas eingeschüchtert von der turmhohen Reputation des anderen, und Miles mehr als nur ein wenig feindselig, teilweise wegen der mächtigen Anziehungskraft, die zwischen seiner neuen Frau, der früheren Betty Mabry, und dem jungen Strahlemann herrschte. (Nach ihrer Trennung von Miles machte sie eine kurze Solokarriere als Sängerin. Einer ihrer Songs. »He Was a Big Freak«, handelte von einem Mann, der es liebte, mit einem Lavendelgürtel geschlagen zu werden. Es wurde allgemein angenommen, der Song bezöge sich auf Miles: der Trompeter behauptete dagegen, er bezöge sich auf Hendrix. Ich möchte hier die Gelegenheit ergreifen, jedem künftigen Hendrix-Biographen herzlich zu gratulieren, der sich unterfängt, *darüber* die authentische Version herauszufinden). Als Betty sich entschloß, im Heim der Davis eine Party für Hendrix zu geben, richtete es Miles selber so ein, daß er wegen einer Plattensitzung nicht anwesend sein konnte, entwarf aber eine musikalische Skizze auf Notenpapier und ließ sie im Musikzimmer liegen, damit Hendrix sie sich ansehen konnte. Als Miles dann später anrief, um zu hören, wie die Reaktion des Gitarristen darauf war, mußte Hendrix gestehen, daß er keine Noten lesen und nichts damit anfangen konnte. Hendrix war sich sehr klar über seinen Mangel an formalen, technischen Kenntnissen, die von den Jazzmusikern so hoch geschätzt wurden, und in seinem letzten Lebensjahr sprach er immer öfter davon, daß er ein Jahr aussetzen wolle, um Musik zu studieren, um all die Lücken auszufüllen, deren er sich so schmerzlich bewußt war. »Sag mal ehrlich, was halten die Leute von mir?« fragte er seine Freunde immer wieder mit Sorge. »Glauben die nicht, ich mache nur Schau?« Die Antwort lautete, nein, das täten sie nicht. Aber Hendrix war seiner zu wenig sicher, als daß er das akzeptiert hätte.

Trotzdem entwickelte sich um die Zwillingsachsen Miles und Hendrix eine lose Jam-Gemeinde. Dazu gehörten Larry Coryell, Buddy Miles, John McLaughlin, Tony Williams, Dave Holland, Stevie Winwood, Jack De Johnette, Mitch Mitchell, Jack Bruce und der Organist Larry (Khalid Yasin) Young. Miles lud McLaughlin zu den Sessions ein, aus denen dann *In a Silent Way*, das Präludium zu *Bitches' Brew*, wurde und seine Gitarre wurde zum alternativen Zentrum von Miles' eigener Trompete, obwohl das Album beherrscht wurde von dem glitzernden Gekräusel auf dem Soundsee, der von drei elektrischen Klavieren hervorgebracht wurde (gespielt von Hancock, Corea und Joe Zawinul, der auch den Titelsong beigesteuert hatte. *Bitches' Brew*, später im Jahr 1969 aufgenommen, war ähnlich beladen mit dem elektrischen Elfenbein, wobei hier Larry Young neben

Zawinul und Corey saß). Williams, McLaughlin und Young bildeten die Lifetime, die von Al Kooper, trotz ihrer unstreitigen musikalischen Brillanz, abgewiesen wurde, was wohl auch damit zu tun hatte, daß Williams darauf bestand, seine eigenen »Texte« zu singen und seine eigene »Lyrik« zu rezitieren. Jack Bruce ging mit einer Band auf Tour, die keine Platten gemacht hat, neben Coryell und Mitchell, während Hendrix mit der Band of Gypsys unterwegs war und 1970 kurz bei Lifetime mitmachte.

Trotzdem blieben Hendrix und Miles getrennt. Der Produzent Alan Douglas, der McLaughlin und Buddy Miles für *Devotion*, die erste USA-Aufnahme des Gitarristen als Bandleader, zusammengebracht hatte, hatte mit Gil Evans, dem virtuosen Arrangeur solcher Meilensteine wie *Birth of the Cool*, *Miles Ahead*, *Porgy and Bess* und *Sketches of Spain*, einen Plan ausgeheckt, Miles, Hendrix, Tony Williams und Evans' eigenes Orchester zusammenzubringen, aber Hendrix' Manager waren strikt dagegen, auch verlangten Miles sowohl als auch Tony Williams horrende Gagen. Im Lauf der Zeit vereinfachten Hendrix, Douglas und Evans das Projekt erheblich. Die Arbeit sollte spät im Jahr 1970 beginnen mit Proben für eine Live-Aufnahme, die Douglas in der Carnegie Hall machen wollte. Hendrix sollte der Solist sein in einem Programm mit seinen eigenen Kompositionen unter Benutzung von Evans' Arrangements und dessen Orchester. Und dann passierte es: Hendrix starb eine Woche vor der ersten Probe. Das Konzert fand 1974 statt, mit dem Gitarristen Ryo Kawasaki und John Abercrombie, die versuchten, den Platz des Meisters auszufüllen. Später im selben Jahr kam dann das Album *The Gil Evans Orchestra Plays the Music of Jimi Hendrix* heraus.

Trumpets and violins
I hear in the distance
(Trompeten und Geigen höre ich in der Ferne)

Jimi Hendrix, Are You Experienced (1967)

»Hendrix war als Musiker die unglaublichste Naturbegabung
... er wußte nicht, wie die wirklich progressiven Musikformen
hießen, die er schuf, aber das brauchte er auch nicht – das ist
was für Akademiker... er hatte weder klassisches noch sonst
ein Training, aber er hatte ein Talent wie Stravinsky oder
Berg.«

Larry Coryell in einem Interview mit *Guitar Player*, (1975)

»Hendrix wußte nichts von modaler Musik, er war als Musiker
eine Naturbegabung, wissen Sie, er hatte nicht studiert, er
kümmerte sich um keinen Markt, so wenig wie ich.«

Miles Davis (1974)

Als Hinweis darauf, was hätte sein können, ist Gil Evans'
Album faszinierend, es kommt dem am nächsten, was daraus
geworden wäre, wenn Hendrix seinen speziellen Traum hätte
verwirklichen können. »Ich möchte eine Bigband haben«, sagte er in einem seiner letzten Interviews. »Ich meine nicht drei
Harfen und vierzehn Geigen. Ich meine eine Bigband mit lauter kompetenten Musikern, die ich leiten und für die ich schreiben kann... Ich glaube, ich bin jetzt ein besserer Gitarrist, als
ich früher war. Ich habe viel gelernt. Aber ich muß noch viel
über Musik lernen, da spuken mir noch Dinge im Kopf herum,
die erst rausmüssen. Mit einer größeren Band möchte ich auch
nicht so viel Gitarre spielen. Ich möchte, daß andere Musiker
meine Sachen spielen. Ich möchte ein guter Komponist werden.« Wenn Hendrix etwas über Orchestrierung lernen wollte,
dann hätte er keinen besseren Lehrer als Gil Evans finden
können.

In der ganzen Jazzgeschichte hat allein Duke Ellington
selbst Evans' Fähigkeit übertroffen, die ganze Orchesterpalet-
te zu nutzen, um Klangfarben hervorzubringen, die zugleich
delikat und aufreizend sind, und diese Arrangements hier
sind die letzte Bestätigung der »orchestralen« Natur von
Hendrix musikalischen Ideen. Auf Platten wie *Miles Ahead*

und *Miles Davis at Carnegie Hall* scheint Evans' Orchestrierung sich organisch aus der Musik von Davis' Quintetts zu entwickeln, und im Hendrix-Programm ist alles, was die Band spielt, einfach eine Erweiterung dessen, was Hendrix selbst auf einer einzigen Gitarre mit gelegentlichen Überspielungen gespielt hat. Es ist jedoch nicht makellos und ohne Fehler in der Einschätzung: Stompnummern wie »Foxy Lady« und »Voodoo Chile« verlieren jede Bedeutung, wenn Hendrix nicht selber dabei ist, dessen Abwesenheit noch fühlbarer wird durch die Unzulänglichkeit der Gitarristen. Weder Kawasaki noch Abercrombie sind schlechte Gitarristen *per se* (ganz im Gegenteil), aber es bleibt wahr, daß Rockgitarristen zwar die Art von Disziplin fehlt, die nötig ist, um in den Schranken so raffinierter Arrangements wie derjenigen von Evans zu arbeiten, ihren Jazzgegenspielern aber – wie Kawasaki und Abercrombie – fehlt wiederum die Kühnheit, die Noten beiseite zu lassen und in die Gefilde des schieren *Klanges* einzutreten. Selbst heute sind die einzigen Gitarristen, denen ich es zutraue, daß sie diesen Job hätten übernehmen können, Sonny Sharrock, Vernon Reid und Ronnie Drayton von Defunkt. Vielleicht hätte Evans die Idee, Gitarristen zu nehmen, ganz fallen lassen und statt dessen Archie Shepp als Solisten einsetzen sollen.

Evans blieb sein ganzes Leben lang ein ergebener Bewunderer von Hendrix' Musik und nahm Titel wie »Up from the Skies« und »Castle Made of Sand« bis zum Schluß in sein Bandrepertoire auf. In seinem beinahe letzten kreativen Akt nahm er zwei Hendrix-Arrangements auf mit einem Jazzbassisten, aus dem die allseits verwendbare Post-Punk-Zelebrität Sting geworden ist. »Little Wing« erschien auf Stings Album *Nothing Like the Sun* (1968), und eine Version von »Up from the Skies«, bei derselben Session aufgenommen, ist unveröffentlicht geblieben. (Stings Live-Interpretationen von »Little Wing« haben oft damit geendet, daß sein Gitarrist, Jeff Campbell, mit dem »Star Spangled Banner« losdonnerte, während er dabei oben auf einem Verstärker stand). Zur Zeit von Evans' Tod versuchte ich gerade, ihn für ein detailliertes Interview über diese und ähnliche Themen aufzutreiben, so aber müssen seine Kommentare für die *Guitar World*, Bill Milkowski gegenüber, genügen: »Ich spiele immer [(Hendrix')] Songs, weil ich sie mag... Ich komme immer auf Jimis Musik zurück und finde darin neue Möglichkeiten, und jedesmal, wenn ich seine Songs höre, höre ich darin etwas Neues. Das ist das Kennzeichen eines großen Komponisten.«

Es läßt sich nicht leugnen, »es gab vieles, was Hendrix nicht wußte, was über seinen Horizont hinausging,« wie Robert Wyatt es ausdrückt. Er hätte dringend einen Lehrer gebraucht, und die Jazzer, mit denen er jammte, in der Zeit nach Woodstock, als er sich zurückzog (1969–70), hatten nicht die Autorität für eine solche Rolle. Alben sind aufgetaucht, die aus den »New Thing Jams« mit Juma Sutan und dem Pianisten Mike Ephron hervorgegangen sind. Letzterer hat die Bänder an diverse Billigfirmen verkauft, wo sie dann unter Titeln wie *Jimi Hendrix 64* herausgekommen sind. Das gab ihm die Möglichkeit, zu behaupten, die Bänder seien vor Hendrix' Vertragsverpflichtungen, Ed Chalpin oder Chandler oder Jeffery gegenüber, aufgenommen worden. Weder Sutan noch Ephorn sind kraftvoll genug, Hendrix zu leiten, er ist seinerseits nicht selbstsicher genug, sie zu leiten. Ergebnis: keiner weiß, wo's langgeht. (Die Ephron-Sessions sind auch als *Jimi Hendrix at His Best vol 1–3* vermarktet worden. Ich vertraue darauf, daß Ihre Bewunderung für die Freie Marktwirtschaft so unvermindert anhält wie die des Autors). Der Lehrer, den Hendrix gebraucht hätte, hätte sehr wohl Gil Evans sein können; es hätte auch Roland Kirk sein können, mit dem Hendrix gejammt und vor dem er großen Respekt hatte. Aber der, der es hätte sein *müssen*, war Miles Davis.

»Die Versuche des Jazz, Hendrix zu vereinnahmen – und ich würde da Miles Davis, meinen Lieblingsmusiker in diesem

Jahrhundert, nicht ausschließen – waren und sind ein Fehler, ein ziemlich peinliches Debakel... was mir dabei immer wieder einfällt, ist die Menge von Coryells und McLaughlins, die denken: ›Mit meiner Geläufigkeit und Jazzkenntnis, wenn ich da aufdrehen und viel Feedback einsetzen würde, dann könnte ich Hendrix glatt abhängen.‹ Am Ende war der Einfluß, den [Hendrix] schließlich auf den Jazz hatte, ziemlich verhängnisvoll. Miles holt sich all solche psychedelischen Heavy-Metal-Gitarristen dazu, und ich glaube, so im großen und ganzen, das klappt nicht.«

Robert Wyatt in einem Interview mit dem Autor (1987)

In dem Kapitel über Ornette Coleman in *All American Music* (1983) bindet John Rockwell Hendrix und Miles aneinander als die »Pioniere unter den Jazz-Rock-Fusionisten.« In der Tat hat Hendrix' Schatten – wie der von James Brown und Sly Stone – fast die ganzen letzten zwei Jahre über Miles Davis' Musik gehangen, wenn es auch in keinem seiner Werke aus den Siebzigern so offen zutage trat wie in *Jack Johnson* (1971) und *Agharta* (1976). Das erstere war der Soundtrack zu einem Dokumentarspiel über den großen schwarzen Schwergewichtsboxer, dessen Abneigung, sich den weißen Standards, wie ein Schwarzer sich benehmen sollte, anzupassen, in Miles zweifellos eine verwandte Saite angeschlagen haben muß, und es hatte wohl auch nicht wenig mit den Anspielungen auf Hendrix zu tun, die von Anfang bis Ende die beiden Stücke »Right off« und »Yesternow« beherrschen, die über zwei Seiten gehen. Für die *Jack Johnson*-Sessions nahm Miles seinen neuesten Bassisten, Michael Henderson, ein achtzehn Jahre altes R&B-Wunderkind, das er von der Motown und Aretha Franklins Tourneeband weggeholt hatte, und Billy Cobham, ein muskulöses junges Kraftbündel, der wie ein Buddy Miles mit Technik klang. Herbie Hancock kam noch mit der Orgel dazu, und der Sopransaxophonist Steve Grossman steuerte einige planlose Cortranismen bei, aber der wirkliche Star der Platte ist John

McLaughlin, der durch das Ganze hindurch wilde, zupackende Wah-Wah-Riffs spielt. Für die Ausklangspartie von »Yesternow« wird das Ensemble verstärkt durch Sonny Sharrock, dessen Feedback-Gewitterwolken sich unheilschwanger durch die Musik ziehen.

Noch ausgeprägter ist das Doppelalbum *Agharta*, das einem so deutlich wie nur irgend etwas, das man zu hören bekommen könnte, klarmacht, was daraus geworden wäre, wenn Miles und Hendrix zusammen ins Studio gegangen wären und es ihnen gelungen wäre, Sly Stone, Larry Graham, Buddy Miles und einige von Fela Kutis Perkussionisten der Reihe nach für die Sessions an Land zu ziehen. Hendrix spukt von Anfang bis Ende durch *Agharta*, Miles beschwört ihn pausenlos, sowohl durch die Gitarristen Pete Cosey und Reggie Lucas wie auch durch seine eigenen, mit Wah-Wah-Dämpfern ausgestatteten Instrumente Trompete und Orgel. Cosey stürzt sich kopfüber in eine Serie von Konfrontationen mit den New-Thing-Anspielungen von Hendrix' lautmalerischen Gitarrenimprovisationen. Im Gegensatz dazu repräsentiert Luxas Hendrix' Soul-Seite, seinen Zugriff, zugleich lyrisch und funky, auf das Grundmaterial des R&B. Miles selber ringt einmal mit dem Phantom, dann betrauert er es wieder. Auf den ganzen vier Seiten spielt er eine Serie Soli, die abwechselnd lakonisch und beredt sind, schluchzt rückhaltlos, dennoch ohne den leisesten Anflug von Sentimentalität. Interviewer brauchen nicht zu fragen, was er für Hendrix empfindet, alles, was sie wissen müssen, ist auf *Agharta*.

Von ständiger Krankheit geplagt, zog sich Miles bis 1980 ins Privatleben zurück, aber in gewisser Weise war ihm sein Donner schon gestohlen worden. Ein ganzes Genre war als Folge von *Bitches Brew* aus dem Boden geschossen, das meiste davon von seinen früheren Sidemen ausgeführt, und das meiste *davon* auf CBS Records, und das meiste davon verkaufte sich besser als Miles selber. Der Boss des Labels, Clive Davis, hatte Jazz-Rock seit den alten Tagen von Blood, Sweat & Tears/

Electric Flag unterstützt; Chicago war bei seiner Firma, und mit Ausnahme von Tony Williams' Lifetime und Chick Coreas Return to Forever fing er die meisten von Miles Leuten auf, als sie nach der Bandauflösung fortgingen. Josef Zawinul und Wayne Shorter formierten Weather Report, die am Anfang ganz niedlich war, dann aber streng funky wurde, als sie einen extrovertierten jungen Bassisten namens Jaco Pastorius einstellten. Herbie Hancock kaufte alles an elektrischen Keyboards, was in den Geschäften zu haben war und schuf eine Hi-Tech-Neufassung des Soul-Jazz, genannt die *Headhunters*, die nicht nur die Verkaufszahlen aller Jazzalben übertrafen, die je veröffentlicht worden waren (inklusive *Bitches' Brew*), sondern auch die R&B-Charts geradezu bei lebendigem Leibe auffraßen. John McLaughlin und Billy Cobham gründeten das Mahavishnu-Orchestra zusammen mit dem tschechischen Pianisten Jan Hammer, dem Hippie-Geiger Jerry Goodman und dem Bassisten Rick Laird, den McLaughlin von London her kannte. Ihr Vorhaben war, das massive Gewicht und das muskulöse des Hardrock mit der hochentzündlichen Spiritualität von John Coltrane und dem fließenden Wortreichtum des Bebop zu kombinieren. Ihre Bewunderer glauben fest daran, daß ihnen das gelungen ist. Ich kann zu Protokoll geben, daß sie die meist bewunderte und imitierte Fusionband der siebziger Jahre waren.

Chick Coreas Return to Forever – bei der der andere Spitzenbassist der Fusion, Stanley Clarke, im Rampenlicht stand – begann als leichte, rein akustische Latin-Jazz-Combo, die Alben machte wie das mit dem passenden Namen *Light as a Feather*, schaffte sich aber bald monströse Verstärker an und spielte die Titel wie *Hymn to the Seventeenth Galaxy*. Im Laufe der Zeit machten Coreas Sidemen – Clarke, Drummer Lenny White und nacheinander die Gitarristen Al DiMeola und Bill Conners – alle ihre eigenen Platten und formierten ihre eigenen Fusionbands. Larry Coryell stellte The Eleventh House zusammen, zum Teufel, *jeder* stellte eine eigen Fusionband auf. Selbst Jeff Beck, der König der scharfen britischen Rockgitarre, stürzte sich mit *Blow by Blow* und *Wired* in die Fluten der Fusion, mit Hilfe und Unterstützung von Jan Hammer, unter anderen, und entwickelte einen Hang zu Gastspielen auf Stanley Clarkes Alben. Inmitten all des Wirrwarrs der üblichen vieltönigen Fusion-Albernheiten enthüllte Beck eine, bis dato unvermutete und durch und durch bezaubernde Begabung für die Ballade. Nicht nur Stevie Wonders »Now We've Ended as Lovers«, sondern auch Mingus' »Goodbye Pork Pie Hat« eröffnete seiner ironischen, neugierigen Gitarre ein neues, unerforschtes Territorium.

Im Grunde haben Robert Christgau, Robert Wyatt und alle, die der gleichen Ansicht sind, völlig recht: künstlerisch gesehen, war Fusion eine Katastrophe. Da, wo sie am meisten »funky« war (bei Weather Report, nach Jaco, und in den besseren Momenten von Hancock und Stanley Clarke), bereitete sie den Soul-Jazz für den Street-Funk in den Siebzigern auf und eröffnete noch einmal die verkümmerten Kommunikationsmöglichkeiten zwischen Jazz und zeitgenössischer schwarzer Popmusik. In ihrem »künstlerischsten« Aspekt (bei Weather Report, vor Jaco, in den weniger betäubenden Momenten von Mahavishnu und Corea) war es moderner Cool Jazz für die Vorläufer der Yuppies. Da wo sie am lautesten war, war sie einfach ein totalitäres Niederknüppeln, Heavy Metal mit Juillard-Diplom. Insgesamt kombinierte Fusion die Elastizität des Rock mit der Prägnanz des Jazz, den Drang des Jazz, populär zu sein, mit den elitären Ambitionen des Rock, die Publikumswirksamkeit und Tanzbarkeit des Bebop mit der Eignung des Rock als Bühne für Marathon-Soloimprovisationen. Lieber Gott, es war schlimm. Und dabei machen immer noch viele Leute Miles Davis und Jimi Hendrix für Stanley Clarkes »Vulcan Princess« oder Return to Forevers *Romantic Warrior* verantwortlich.

Kurz gesagt, Fusion kam zu Fall durch seine Humorlosigkeit

und seine Schwäche für stupiden Monumentalismus. Beide, Hendrix und Miles, haben menschliche, eigenwillige, tönende »Stimmen«, meist widerstehen sie der Versuchung zum Grandiosen, der die nachfolgenden Fusionpraktiker so leicht erlegen sind.

»Hendrix' Solistik lag ganz gewiß in der Jazztradition, und viele Mitglieder der Jazzgemeinde haben das aufgegriffen. Nicht jeder natürlich – es gibt viele Musiker der alten Schule, die Hendrix nicht hören können. Aber in meiner Generation wird fast jeder zugeben, daß er eine Leitfigur war.«

Al DiMeola in der *Down Beat* (1982)

Die beredteste Anerkennung, die Hendrix von der Schule der Fusion nach *Bitches Brew* gezollt wurde, kam eher von den Bassisten als den Gitarristen, die sich lieber McLaughlin zum Vorbild nehmen. Stanley Clarke, der in seinen überaktiven Zeiten gleichzeitig Jimi Hendrix und Larry Graham in sich aufnahm, benutzte einen Piccolobaß (ein Instrument mit kurzem Griffbrett, das eine Oktave höher gestimmt wird, um in das Register der Gitarre zu kommen) und nahm Sessiongäste dazu (Jeff Beck, McLaughlin und Ray Gomez) für einige sagenhafte Momente auf seinen Alben der mittsiebziger Jahre, obwohl seine unheimlichsten, schönsten und beredtesten Anspielungen auf Hendrix erst im Jahr 1985 entstanden, mit dem verträumten Präludium, anscheinend aus der Einleitung zu »One Rainy Wish« aus *Axis: Bold As Love* entnommen, zu einer verblüffenden Rapversion von Bruce Springsteens »Born in the USA«. Der inzwischen verstorbene Jaco Pastorius, der praktisch als der »Erfinder« des bundlosen elektrischen Basses angesehen wird, demonstrierte seine Ansicht von Hendrix' Bedeutung für den zeitgenössischen Jazz dadurch, daß er Zitate aus Charlie Parkers »Donna Lee«, John Coltrances »Giant Steps« und Hendrix' »Third Stone from the Sun« in seinem Solomedley miteinander verschmolz (eine Version des Medleys ist auf dem 1979er Live-Album *8:30* der Weather Report, unter dem Titel »Slang«, erschienen). Hendrix' Einfluß auf den Jazz kam erst in den Achtzigern zu voller Blüte, und es bedurfte der Rückkehr zweier Altmeister in die öffentliche Arena, um das zu begreifen.

»Hendrix war eines meiner Idole. Für mich war er einer der Götter, und das ist die einzig passende Bezeichnung, denn er spielte wie niemand sonst. Hendrix war jenseits aller Kategorien, und das ist das, was ich mag, Sachen, die die irdischen Kategorien übersteigen. Mag alles übrige zum Teufel gehen, das Interessanteste in der Musik ist die Magie. Da sind wir alle drauf aus – die pure Magie!«

Steve Lacy, der Mann, der Coltrane zum Sopransaxophon gebracht hat, und der einzige weiße Saxophonist, der Thelonious Monk verstanden hat.

»Sehen Sie, die führenden Jazzmusiker, die die Gelegenheit ergriffen hatten, sich in Hendrix zu vertiefen, stimmten so ziemlich alle darin überein, daß, wenn er mit seiner Musik direkt in Richtung Jazz gegangen wäre, wozu er auch durchaus fähig war, Jimi einer der ganz Großen im Jazz geworden wäre.«

Miles Davis, der es ja wissen muß.

Miles war 1980 wieder da, weiser geworden, prägnant und treffsicher und charakteristischer als je zuvor. Er leitete eine verkleinerte Band, aufgebaut auf dem harten, federnden Grund von Markus Millers, mit stählernem Daumen gespielten Funk-Baß, und er nahm die Gitarren von Mike Stern und/oder John Scofield als hauptsächlichen instrumentalen Hintergrund. Seine neue Musik (die 1981 höchst eindrucksvoll auf dem Live-Doppelalbum *We Want Miles* vorgestellt wurde), scheint da einzusetzen, wo *Jack Johnson* aufhört. Während er Scofield meist seinen eigenen Post-Bop-Weg gehen läßt, verließ er sich auf Stern als neuestes Hendrix-Surrogat. Aber wie Vernon Reid erklärt, ist »das, was in Mike Sterns Spiel fehlt, eben die Selbstvergessenheit. In Hendrix war eine ungezähmte Raserei, der unbezähmbare Geist der Dinge, und das machte ihn so außerordentlich.«

Von zentraler Bedeutung war ein musikalischer Wirbel, der sich um Ornette Coleman bildete, der sich in den späten Siebzigern wie besessen dem elektrischen Instrumentarium zugewandt hatte. Ein aufregendes Album, aufgenommen mit seiner neuen Prime Time Band, *Dancing in Your Head*, verwandte ein melodisches Motiv aus Colemans 1972er Symphonie *Skies of America* als Ausgangspunkt für holprige, überschäumende Improvisationen, die Funk und Rock in ähnlicher Weise zusammenpreßten, wie der Bebop den Swing komprimiert hatte. Es stellte Bern Nix und Charles Ellerbee vor, die beiden Gitarristen, die seitdem zu Stützen der Prime Time geworden sind, und es rief ein ganz neues musikalisches Kontinuum ins Leben, das sich von Colemans Heimatstandort Texas bis zur Kunstszene in New Yorks SoHo erstreckt. Unter dem irreführenden, verschleiernden Titel »No Wave« entsprang eine Schule von Musikern, die den Vor-Funk und Colemans Theorie der »Harmolodik« erforschten. (Ich habe mir das von einigen, sehr klugen Leuten mehrere Male erklären lassen und verstehe es *immer* noch nicht. Nach allgemeiner Ansicht befreit die Harmolodik die Melodie von den Beschränkungen der Harmonie und erlaubt volle chromatische Improvisation).

Unter den prominentesten Harmolodikern ist der Drummer Roland Shannon Jackson, ein Zögling der Prime Time, der sehr bald seine eigene Band formierte, die Decoding Society, mit Vernon Reid an der Gitarre, dem Bassisten Melvin Gibbs und James Blood Ulmer, der ein aufsehenerregendes Debüt mit seinem *Captain Black* hatte, auf Colemans Label Artists House, neben dem Bassisten Jamaladeen Tacuma, Colemans Sohn Denardo am Schlagzeug und dem großen Mann selber auf dem Alt. Ulmers Karriere war, gelinde gesagt, unstet. Er spielte auf der Höhe seines Ruhms *Black Rock* und *Free Lancing* für CBS ein, aber seine Musik blieb dann auf dieser Stufe stehen. Im allgemeinen arbeitet er gegen den donnernden Funk-Baß von Amin Ali – dem ältesten Sohn des Drummers Rashid Ali, der Elvin Jones in Coltranes letzten Jahren ersetzt hatte – an und ist auf seine Weise ebenso sehr ein Bindeglied zwischen John Lee Hooker und Sonny Sharrock wie Hendrix selber. »Ornette Coleman hat den Weg gewiesen für diese besondere Spielart des Jazz« erklärt Robert Wyatt, »und von daher war es Ulmer möglich, den Hendrix in sich selbst zu nutzen. *Das* ist in Wirklichkeit die Stelle, an der Hendrix in den Jazz eintritt. Die Tür wurde von Ornettes merkwürdigen Theorien geöffnet und davon, daß Blood, als der Gitarrist, der er ist, die Informationen zu nutzen wußte, die Hendrix hinterlassen hat.«

Die achtziger Jahre haben auch die Wiedergeburt von Sonny Sharrock gesehen, der nun solo auftritt und solo Platten macht, mit seiner eigenen Band und in dem brüllenden Tornado einer improvisierenden Funk-Rock-Band mit dem Saxophonisten Peter Brötzmann, Drummer Ronald Shannon Jackson und dem Bassisten/Produzenten Bill Laswell, der für das Mixing der Vor-Rap-Single von Lightnin' Rod, »Dorielle DuFontaine«, eine spontane Zusammenarbeit zwischen Hendrix, Buddy Miles und Jalal von den Last Poets, verantwortlich ist. Jackson spielt auch mit Melvin Gibbs in Power Tools, einem Trio mit dem Gitarristen Bill Frisell, und Coleman selbst kehrte mit *Song X* ins Blickfeld der Öffentlichkeit zurück, in dem er den immens populären Gitarristen und Gitarren-Synthesisten Pat Metheny davor rettet, im New Age-Gefasel zu versinken. Man füge dem Stew noch Defunkt – eine funkensprühende Metalband des Vor-Funk, geleitet von dem Posaunisten Joe Bowie, dem jüngeren Bruder von Lester Bowie vom Art Ensemble of Chicago – hinzu, und man bekommt ein neues, merkwürdiges Gebräu, in dem nicht nur die Gitarristen, sondern auch die Bläser und die Rhythmusgruppen zumindest

»die Information nutzen können, die Hendrix hinterlassen hat« und eine deutliche und funktionierende Definition seiner Rolle schaffen können in der sich ständig weiter entwickelnden Tradition der »schwarzen klassischen Musik«. Das Überraschende ist nur, daß es so lange gedauert hat.

Coda

The English And American
Combined Anthem
(Slight Return)

»Hey! Whew! Rock and Roll!«
    Jeff Bridges sagt das TV-Special *Legends of Rock* an (1978)

»Macht ist die Fähigkeit, Phänomene zu definieren und sie entsprechend reagieren zu lassen.«
    Huey P. Newton, Mitbegründer der Black-Panther-Partei

Kategorisierung ist etwas Wunderbares. Vor einigen Jahren kämmte ich die Plattenregale einer größeren englischen Firmenkette durch auf der Suche nach Ersatz für eine schrecklich verkratzte Kopie von *A 25th Anniversary in Showbusiness Salute to Ray Charles*. Brother Ray war jedoch nirgendwo zu finden. Ich durchsuchte das Soulregal; ich suchte unter Blues; ich sah den Jazz durch. Schließlich gab ich mich geschlagen und fragte einen Verkäufer: der wies mich zu »easy listening«, wo ich fand, was ich suchte, versteckt unter Barry-Manilow-und-Julio-Iglesias-Platten. Das war geradezu lächerlich unpassend, um es milde auszudrücken. Noch traumatischer war es, daß eine andere führende Firma ihre Jimi-Hendrix-Platten unter »Heavy Metal« laufen ließ, in direkter Nachbarschaft mit Größen wie Iron Maiden und Guns 'N' Roses.

Diese Art von brutaler Reduzierung reflektiert ganz genau die Art und Weise, wie die Popkultur tatsächlich funktioniert. Letzten Endes sieht man, was man sehen will und was man sieht, das bekommt man auch. Es kommt letztlich nicht darauf an, was ein Schriftsteller für das Thema eines Buches hält –

oder ein Regisseur für das eines Films oder ein Komponist für das eines Songs. Wichtig ist, was der Leser, Zuschauer oder Hörer dafür hält. Es ist vollkommen sinnlos, daß sich der Künstler oder Kritiker aufs hohe Roß setzt und entweder Klagelieder singt, wie mißverstanden er ist oder verdrießlich von der Herrschaft des Philistertums redet. Ihre Kunden interessieren sich für die Leiden des Künstlers nur, wenn sie eine gute Klatschgeschichte abgeben, und für Kunst interessieren sie sich nur, wenn sie was *bietet* – eine spannende Geschichte, einen guten Beat zum Tanzen, etwas zum Lachen, Tränen, Lärm, was auch immer. (Auf diese Weise wird ein Kritiker im Haus der Kultur praktisch zum Oberkellner, aber von der vertrauenswürdigen Art, der einem *wirklich* sagt, was heute gut ist und was »off«). Um dem besagten Kunden zu ermöglichen, das, was er sucht, mit einem Minimum an Aufwand zu finden, ist es ganz in Ordnung, daß das Layout für den Einzelhandel eher den Gebrauch betont, für die die Geschäftsführer diverse Musikformen bestimmt haben, als die Absichten, Ziele und wirklichen Leistungen des betreffenden Künstlers. (Die Idee eines Geschäftes, das seine Platten klassifizierte als »Alben, die gemacht wurden, um aus einem Vertrag herauszukommen, A–Z«, »Alben, dazu bestimmt, die Verflossenen der Künstler zu ärgern, A–Z«, »Platten, die Männer beim Sex gerne hören, A–Z« und »Platten, die Frauen beim Sex gerne hören, A–Z« sind zugegebenermaßen ganz reizvoll, aber es würde ganz schön lange dauern, bis man alle Marvin-Gaye-Platten gefunden hätten).

Dennoch, die bloße Vorstellung von »easy listening« – leichtem Hören – scheint doch eine unsäglich verfehlte Bezeichnung für das extreme Ausgeliefertsein an Schmerz und Freude in der Musik von Ray Charles zu sein.

Aber schließlich, wen kümmert's? Hendrix sagte gerne, es gäbe »nur zwei Arten von Musik, gute und schlechte«, und wenn er die Zeile auch nicht erfunden hat – es gibt sie mindestens schon seit Louis Armstrong – so hat er doch fest daran geglaubt. (Also *das* wäre doch was für einen Plattenladen: »Gute Musik, A–Z« und »Schlechte Musik, A–Z«). Seine eigene Musik nährte sich frei von allem, was er gehört hatte und was ihm gefiel, und er hatte die Erfahrung eines ganzen Lebens, die ihm sagte, wie erniedrigend, wie tödlich es für alles und jedes ist – jede Musik, jede Kultur, jeden Künstler, jedes Volk, jeden *Menschen* – von außen definiert zu werden, besonders, wenn diese Definition ausgesprochen feindselig ist. Vielleicht bedeutet deshalb letzten Endes Hendrix' Vision, und das Vermächtnis dieser Vision, so viel mehr als nur eine verbrannte Stratocaster und ein verschwitztes Stirnband.

> Hey Joe
> Where you gonna run to now?
> I'm goin' way down south
> Way down where I can be free
> There ain't NO ONE gonna find me!

(Hey Joe, wo rennst du jetzt hin? Ich gehe nach Süden, dahin, wo ich frei sein kann, so mich NIEMAND findet).
  Jimi Hendrix (nach William M. Roberts), »Hey Joe« (1966)

Anhang

Music, Sweet Music,
Drips From My Fender's Fingers

Hendrix and Hardware

That's all right, I still got my git-tar.
Look out, baby!
   (Es ist in Ordnung, ich hab immer noch meine Gitarre. Paß
auf, Baby!)

Jimi Hendrix, »Red House« (1967)

»Every guitar player has to go to the father.«
(Jeder Gitarrist muß zum Vater gehen).
      Bobby Womack in einem Interview mit dem Autor (1988)

Wenn die Musiker in den Sechzigern, wie Robert Wyatt sagt,
»im Schlepptau der Erwartungen ihres Publikums mitgezogen
wurden«, dann wurden die Instrumentenhersteller und Auf-
nahmetechniker ihrerseits im Schlepptau der Vorstellungen
der Musiker mitgezogen. So wie Kriege traditionell mit Strategien ausgefochten worden sind, die sich in früheren Konflik-
ten als erfolgreich erwiesen hatten, so wurde gleichermaßen
jedes neue Stadium in der Entwicklung der Musik mit einer
älteren Generation der Technik erreicht. Die frühesten Tonaufnahmen dienten lediglich der Dokumentation von Schnappschüssen »wirklicher« Ereignisse. Die elektrische Gitarre wurde ursprünglich nur als lautere Version ihrer akustischen Vor-
läuferin angesehen. Die Aufgabe des Tonmeisters war es, alles
so aufzunehmen, daß es so »realistisch« wie möglich klang, die
des Produzenten – wenn es die Bezeichnung »Produzent« damals überhaupt schon gab – war es, den besten Vortrag aus

den Musikern herauszulocken oder zu -zwingen, den er erreichen konnte. Platten wurden auf die Schnelle gemacht, um Kosten zu sparen. Jerry Lee Lewis rühmte sich einmal, daß »das Aufnehmen von ›Whole Lotta Shakin' Goin' On‹ genauso lange gedauert hat wie das Anhören.« Die zehn Titel des ersten Beatles-Albums, die noch nicht als Singles herausgekommen waren, wurden in einer einzigen, vierzehn Stunden dauernden Session eingespielt. Als sie ihre legendäre Open-Air-Show im Shee-Stadium vor 55.000 Leuten spielten, setzten die Beatles weniger Verstärker ein, als die Bands heute in einen geräumigen Club mitbringen.

In den Sechzigern wurde Phil Spector zum D.W. Griffith oder Cecil B. de Mille der Aufnahmetechnik: er arbeitete im großem, wagnerianischem Stil, brachte für seine Mikrophone überwältigende Spektakel auf die Bühne – fünf Gitarristen, drei Schlagzeuger, Kompanien von Streichern – geradeso wie Griffith und de Mille es für ihre Kameras gemacht hatten. Angespornt durch die drogengetränkten akustischen Visionen der Beatles, setzte George Martin alles, was er als Produzent der surrealistischen Comedy-Platten der Goons gelernt hatte, ein und schuf das außerordentliche Blendwerk und die Zaubertricks der späteren Phantasien des berühmten Quartetts. Martins Produktion der Beatles-Platten regte Jimi Hendrix' Phantasie genauso mächtig an, wie es Bob Dylans lyrische Virtuosität getan hatte: wie Martin, so sah auch er im Aufnahmestudio eine Ergänzung seines Instrumentes, eher einen Pinsel als eine Leinwand.

Sowohl als Gitarrist wie als Plattenstar trat Hendrix in die Fußstapfen von Les Paul, einer Schlüsselfigur in der Entwicklung der Musiktechnologie im zwanzigsten Jahrhundert. Paul – geboren 1916 als Lester Polfuss – war in erster Linie Musiker, und ein sehr erfolgreicher dazu, aber seine größte Wirkung hatte er als Erfinder. Mit neun Jahren »verstärkte« er seine akustische Gitarre, indem er die Nadel des Grammophons seiner Eltern in die vibrierende hölzerne Decke steckte. Er war ein Pionier der Multitrack-Aufnahme und baute sich in den frühen vierziger Jahren schon elektrische Gitarren mit massivem Korpus. Die Platten-Bestseller, die er mit seiner Frau Mary Ford gemacht hat, waren Meisterwerke der Ton-auf-Ton-Kollage, bei denen ca. zwanzigmal Gitarre und Stimme überspielt wurden, manchmal beschleunigt, manchmal verlangsamt. Seine Instrumentenentwürfe wurden später von Gibson übernommen – einer von Amerikas führenden Herstellerfirmen – und die erste Massenproduktion einer Gitarre mit massivem Korpus trägt noch heute seinen Namen. (Anfangs waren die Angestellten bei Gibson so skeptisch gegenüber der »Bretter«-gitarre, daß ihr erster Impuls war, die Les-Paul-Gitarre ohne das Logo der Firma auf den Markt zu werfen). Wenn noch ein Bindeglied zwischen Charlie Christian und Jimi Hendrix gefehlt hat, dann ist es Les Paul. Er war der erste Mensch, der wirklich begriff, daß die elektrische Gitarre im weitesten Sinne ein neues Instrument war, so verschieden von der akustischen wie die Hammondorgel von einem Steinway-Klavier – oder ein Auto von einem Pferd.

Buchstäblich Hunderte von Firmen haben im Lauf der Jahre elektrische Gitarren auf den Markt gebracht; die besten davon bauen Instrumente mit unverkennbarem Sound und ebensolcher Aufmachung. Auf den Platten der Beatles hört man zunächst das Rockabilly-Klimpern von George Harrisons bevorzugten Gretsch-Instrumenten und die schrillen, hellen Klänge von John Lennons Rickenbackers, aber von den fünziger Jahren an wurde die Gitarrenherstellung in den USA im wesentlichen von Gibson und Fender beherrscht, zwei Firmen, die deutlich unterscheidbar waren, sowohl in ihrer individuellen Geschichte wie auch in ihren Ansichten über Design. Gibson wurde im späten neunzehnten Jahrhundert gegründet von dem brillanten, autokratischen Lautenmacher Orville Gibson, und das Wachstum der Firma wie auch die Entwicklung ihrer Produkte waren ein würdevoller, aber unerbittlicher Marsch in den Fortschritt. Technische Neuerungen und traditionelle, konservative Gestaltung wurden bei jeder Wende kombiniert. Das Korpus der Gibson Les Paul mag ein dicker, geschnitzter Klotz erstklassigen, soliden Mahagonis gewesen sein, ebenso war sie aber auch eine Miniaturausgabe der Reihe von hervorragenden, hoch im Kurs stehenden Jazzgitarren der Firma. Wie bei ihren großen, hohlen Vorläufern, wurde auch hier der Mahagonihals fest angeklebt, und die entscheidenden 243/4inch-»Skalen«länge (die Länge der Saite zwischen Obersattel und Steg) blieb erhalten.

Fendergitarren waren eine ganz andere Tierart. Leo Fender hat gewiß die Festkörpergitarre nicht erfunden – da war ihm Les Paul zuvorgekommen, ebenso der kalifornische Erfinder Paul Bigsby und eine ganze Reihe anderer – aber er war der Henry Ford des Instrumentes. Er war derjenige, der herausfand, wie man die Massenproduktion und den Massenverkauf erschwinglicher »Solids« auf die Beine brachte. Seine erste Gitarre, die Broadcaster – 1949 vorgestellt und zwei Jahre später in Telecaster umbenannt – wurde aus einem Stück geformt und dann zusammengeschraubt und -geklebt. Ihr Hals war aus einem einzigen Stück Bergahorn, die Bünde waren direkt in das blonde Holz eingeschnitten, der Kopf war abgewinkelt und die Wirbel lagen alle in einer Reihe, um die Saiten über ihre ganze Länge gerade zu halten, und die Skalenlänge der Fender von 251/2inch gab der Tele eine höhere Saitenspannung, die die Hochfrequenzspannung der Pick-ups vervollständigte. Leo Fender spielte nicht einmal selber Gitarre. Er war ein früherer Rundfunktechniker, dessen Firma auf seinen Verstärkern aufgebaut war. Die Telecaster war so unkonventionell, wie eine Gitarre nur sein konnte. Man kann sich keinen größeren Unterschied vorstellen als den zu dem plüschig-opulenten Tonumfang der Gibson.

Jimi Hendrix war durch und durch ein Fendermann. Er experimentierte gelegentlich mit der Gibson (seine bevorzugte war die Flying V), aber das Instrument seiner Wahl war die Fender Stratocaster, 1954 zum ersten Mal präsentiert. Im Lauf der Jahre besaß er davon mehr als hundert, von denen dem Vernehmen nach nur noch wenige existieren. (Buddy Miles, Monika Dannemann, Al Kooper, Frank Zappa und Mitch Mitchell besaßen authentische Hendrix-Strats. Billy Gibbons von ZZ Top hat eine von etwas weniger makelloser Abstammung). Bis zum heutigen Tage bezeichnen die Instrumentenhändler in Großbritannien die Stratocasters, die zwischen 1966 und 1971 entstanden sind (oder ihre Nachbildungen), als »Hendrix Strats«.

Leo Fender und sein Team entwarfen die Stratocaster als eine elegantere und feiner ausgearbeitete Form der schlichten, handwerksmäßigen Telecaster. Das Korpus der Telecaster war ein flaches Brett, das der Stratocaster hatte einen ausgeformten Boden, der sich dem Brustkorb des Musikers anpaßte und eine unten abgeschrägte Decke, die dem rechten Unterarm Spielraum gab. Wo die Telecaster den einzigen Ausschnitt der vorhergehenden elektrischen Gitarren nachahmte, war sie an beiden Seiten des Halses ausgeschnitten, es sah aus, als hätte sie zwei Hörner. Die Telecaster hatte zwei Pickups, einen am Ende des Halses und einen direkt über dem Steg – die Stratocaster hatte drei. Fender hatte ursprünglich vorgesehen, daß die Pickups der Strat getrennt zu hören sein sollten, weil ihm der kombinierte Sound nicht gefiel. Die Gitarristen waren allerdings anderer Meinung, und er fand bald heraus, daß zwei weitere Sounds zu erreichen seien, wenn er die Wahlschalter für die Pickups sorgfältig zwischen den vorgesehenen Positionen anbrachte. (In den frühen Siebzigern begannen die Ersatzteilfirmen mit der Herstellung von Fünffachschaltern zum Einbau in die Stratocaster. Ein paar Jahre später gab Fender nach und fing an, Strats mit Fünffachschaltern als Standardausrüstung zu liefern).

Anders als bei den Gibson-Gitarren – und, was das betrifft, auch den Telecasters – waren bei den Strats Ton- und Lautstärkeregler nahe beim Steg angebracht, so daß der Spieler sie handhaben konnte, ohne die Musik zu unterbrechen und sich runterzubeugen. Gibson, der die elektrische Gitarre immer noch als eine andere Art von akustischer betrachtete, arbeitet wohl nach dem Grundsatz, ein Musiker stelle den Sound sorgfältig, seinen oder ihren Ansprüchen entsprechend, ein und konzentriere sich dann auf das Spiel. Die Ausstattung der Stratocaster setzt voraus, daß der Gitarrist den Ton, das Volumen und die Pickup-Auswahl ändern möchte, *während er spielt*.

Schließlich kam die Strat mit dem elegantesten und zuverlässigsten Vibratosystem heraus, das es damals gab, einem dünnen Metallstab, der über dem Steg lag und die Spannung (und damit die Tonhöhe) der Saiten hob oder senkte. Die meisten Musiker, die Fender kannte, spielten Country Music, und die leichte Erreichbarkeit des Lautstärkereglers und des Handvibratos (allgemein fälschlich »Tremolo« genannt) befähigte den Gitarristen, das Anschwellen und Tonschleifen der Steel Guitar mit Pedal nachzuahmen. Was Fender im Sinn hatte, als er das Strat-Tremolo entwarf, war etwas viel Sanfteres als das wilde, bis zum Geht nicht mehr-Aufs-Pedal-Treten von Hendrix. Darum ist es auch nicht weiter verwunderlich, daß Hendrix auf vielen seiner Live-Aufnahmen so oft unrein klang. Das Tremolosystem konnte da nicht mit (sowenig wie die damals erhältlichen Gitarrensaiten), und die Gitarristen, die keine Lust hatten, zwischen den – oder gar während der – einzelnen Nummern groß herumzustimmen, scheuten daher das Tremolo, bis stabile, feststellbare Versionen von den Firmen Floyd Rose und Kahler in den frühen Achtzigern auf den Markt gebracht wurden.

Die Stratocaster war der Favorit bei einigen der radikalen Bluesgitarristen der Fünfziger – Buddy Guy, Ike Turner, Otis Rush, Pee Wee Crayton und andere fanden sie ungemein geeignet für ihre Belange – aber bis zum Auftreten von Jimi Hendrix wurde sie (in den USA) meistens mit Buddy Holly und (in Großbritannien) mit Hank B. Marvin von den Shadows in Verbindung gebracht. Beide waren begabte, einfallsreiche

Gitarristen, die die Stratocaster um ihres reinen Tones, ihrer Vielseitigkeit und leichten Handhabung willen schätzten, aber für die jungen Blues-Rock-Größen war es eine Gitarre für magere, bebrillte Langweiler. Die meistgepriesene Snobgitarre, die man 1966 haben mußte, war die Gibson Les Paul, einmal weil ihr voller, reicher Ton (der auf die Konstruktion ihres Korpus zurückging und auf die zweispuligen »Humbucking«-Pickups, die Gibson seit 1958 einsetzte) sich für die neue Mode des übersteuerten, verzerrten Tonaushaltens gut eignete und weil Gibson die Les-Paul-Serie 1960 hatte auslaufen lassen, einesteils wegen der zurückgehenden Verkaufszahlen, aber auch wegen einiger Meinungsverschiedenheiten mit Les Paul selber. Alle Trendsetter unter den Gitarristen – Eric Clapton, Jeff Beck, Peter Green, Michael Bloomfield – spielten sie, und man mußte schon reichlich cool und überlegen sein, um eine solche überhaupt nur zu *besitzen*, geschweige denn etwas damit anfangen zu können.

Während seiner Zeit auf dem Chitlin Circuit hatte Hendrix jede Gitarre gespielt, die er gerade erschwingen konnte: Fender Jazzmasters und Duo-Sonics, Epiphone Coronets und Wilshires und noch eine Auswahl anderer. Er hatte in mageren Zeiten zu viele Gitarren ins Pfandhaus bringen oder verkaufen müssen, um sein Herz an ein Instrument zu hängen, aber die Stratocaster war, seit den Tagen bei den Isley Brothers, sein Lieblingsinstrument gewesen. Obwohl er Linkshänder war, hatte er sich an das konventionelle Rechtshändermodell gewöhnt, das er dann neu bespannte und seinen persönlichen Bedürfnissen anpaßte. Er nahm den Sattel mit den Kerben ab, drehte ihn herum und justierte die Saitenhöhe und -lage am Steg neu. Anders als Bobby Womack, Otis Rush, Albert King und Ronnie Drayton von Defunkt hielt er lieber am herkömmlichen Akkord- und Tonleiteraufbau fest, als daß er neue Methoden entwickelte, um auf einer Gitarre spielen zu können, deren Saiten für Rechtshänder aufgezogen waren; er kümmerte sich auch selten um spezielle Linkshändermodelle, einmal weil die Rechtshändergitarren häufiger und leichter zu bekommen waren, aber auch weil er – mit dem rührenden Vertrauen der Amerikaner auf die Massenproduktion – glaubte, sie hätten höchstwahrscheinlich einen höheren Standard in der Herstellung. Der doppelte Ausschnitt ermöglichte es ihm alle oberen Bünde zu erreichen, besonders da seine Finger ungewöhnlich lang waren.

Unweigerlich gaben seine Änderungen dem Instrument einen etwas anderen Sound. Die Pickups waren so gesetzt, daß sie, nach Fenders Ansicht, die beste Reaktion von jeder Saite bekamen, aber Hendrix' umgekehrtes Bespannen hieß natürlich, daß die Saiten nicht da lagen, wo sie es sollten. Darüber hinaus war der Pickup am Steg so abgewinkelt, daß er den Klang der höheren Saiten näher am Steg »hörte« – also stärker aufnahm – als die Bässe. Bei Hendrix war es umgekehrt. Die einseitige Kopflatte war so eingerichtet, daß die Saitenspannung am stärksten beim tiefen E war und am geringsten bei den hohen Saiten, aber auch das funktionierte bei Hendrix andersherum. Das Ergebnis, das er mit seinem behelfsmäßigen Set-up erzielte, war so spektakulär, daß rechtshändige Gitarristen – Steve Miller ist ein Beispiel dafür – anfingen, sich Linkshänder-Stratocasters zu kaufen; sie neu bespannten und für Rechtshänder umrüsteten. »Umgekehrt angeordnete« Pickups kann man bei verschiedenen Ersatzteilfirmen bekommen, Stevie Ray Vaughan hat eine seiner Stratocasters mit einem Tremolosystem für Linkshänder ausstatten lassen, und umgekehrte Kopfplatten sind im Moment äußerst in Mode. Alle diese Einrichtungen sollen den Gitarristen einen blödsinnigen Millimeter näher an Hendrix' eigenen Sound bringen.

Die Stratocaster ließ sich nicht entfernt so leicht verzerren wie die Les Paul, aber Hendrix nutzte auch das zu seinem Vorteil. Der unveränderte Fendersound reagiert in der Hochfrequenz so sauber und scharf, daß eine Gibson da einfach nicht mitkommt, aber die verschiedenen Bodenpedale zum Erzeugen der Verzerrung, die er benutzte – »Fuzz-Box« war damals die allgemeine Bezeichnung dafür – zerfetzte seinen Sound so, daß er dem, was eine Gibson hervorbringen konnte, in nichts nachstand. Endergebnis: eine unvergleichliche Palette an Gitarrensounds, die sonst nirgendwo erreicht wurde.

Fast so wichtig wie Hendrix' Stratocaster war der Erwerb – kaum daß er in England angekommen war – eines brandneuen 100-Watt-Marshallverstärkers. Er war die Schöpfung von Jim Marshall, eines früheren Bigband-Drummers und Schlagzeuglehrers (Mitch Mitchell gehörte zu seinen Schülern), der in Ealing eine höchst erfolgreiche Musikalienhandlung eröffnet hatte. Als die Musiker immer mehr Power und Volumen verlangten und die äußerst seltenen und teuren Fender- oder Voxverstärker, die führenden einheimischen Marken, beliebt bei den Shadows, den Beatles und ihren Bewunderern, das nicht leisten konnten, wurde es Marshall langsam leid, sie immer wieder zu reparieren und – angetrieben von Eric Clapton und den Who – so machte er sich daran, etwas Robusteres zu bauen. Als Marshall schließlich die 100-Watt-Head entwikkelt hatte, bestand Pete Townshend auf einem monströsen Cabinet mit acht 12inch-Lautsprechern, sah sich aber einem möglichen Streik der Roadies gegenüber und traf ein handlicheres Arrangement, nämlich zwei aufeinandersetzbare Cabinets mit jeweils vier 12inch-Lautsprechern. Das wurde dann schnell zum Industriestandard, der heute noch besteht und der »Wall of Marshalls« wurde als Markenzeichen der Zweiten Britischen Invasion zur Institution. (Townshend beklagt sich immer noch leise darüber, daß Hendrix seine Marshalls zum Monterey Festival gekarrt hatte, während er sich mit geliehenen Fenders begnügen mußte. Nicht nur, daß diese Verstärker den Sound nicht brachten, den die Who gewöhnt waren, sie durften sie auch nicht in ihrem großen Finale zerschmettern.)

Die Marshalls waren nicht nur lauter als alles, was es vorher gegeben hatte, seine Vorverstärker saugten auch mehr vom Sound der Gitarren-Pickups auf als Fenders oder Voxes. Für Hendrix hieß das, daß seine Gitarre buchstäblich »lebendig«

wurde, ganz und gar. Er konnte schon Töne hervorbringen, indem er nur den Hals oder das Korpus der Gitarre leicht antippte (natürlich auch, indem er sie so hart anging, wie er nur konnte) und konnte so seine eigene lautmalerische Gitarrensprache kreieren, ohne auch nur eine einzige wirkliche Note zu spielen. Bei hoher Lautstärke riß die Wucht die Gitarre in die Rückkoppelung – das Feedback – (der Sound der Verstärkerlautsprecher, wieder zurückgeführt in die Pickups, wo er umgehend in ein Summen oder Kreischen umgesetzt wird), dadurch entstanden Töne, die mehr denen eines Synthesizers als denen einer Gitarre glichen. Die sich daraus ergebende Tonhöhe konnte mit dem Tremolo erhöht oder herabgesetzt werden und gab Hendrix Zugang zu Sounds, die, vor der Einführung erschwinglicher Synthesizer-Technik, für jedermann unerreichbar waren. (Als Beispiel: die vielfach überspielte Studioversion des »Star Spangled Banner«, auf der nachgelassenen *Rainbow Bridge* herausgekommen, ist schierer »Synthesizer« – obwohl es in der Tat mit Hilfe einer Vielfalt von Feedback-Gitarren und Bässen hergestellt wurde, die noch dazu mit variabler Bandgeschwindigkeit verändert wurden.) Gewöhnlich fuhr Hendrix seine Marshalls mit sämtlichen Ton- und Lautstärkereglern voll bis 10 aufgedreht, wobei er die Stärken direkt an der Gitarre einstellte. In Jahren der Erfahrung hatte er gelernt, die Stellung seines Körpers und seiner Gitarre ins Verhältnis zu setzen zu den Lautsprechercabinets der Verstärker, so daß das entstehende Feedback sich in genau den Ton verwandelte, den er haben wollte: einen hohen harmonischen, einen tiefen Grundton oder einen Ton im Übergang zwischen den beiden. Für solche Extravaganzen wie Zerschmettern und Abbrennen, wie auf dem Höhepunkt von »Machine Gun« oder der Einleitung zu »Wild Thing« auf dem Monterey Festival, brachte er eine Explosion von Sounds hervor, indem er auf die Gitarre einschlug, die gewünschte Frequenz »wählte«, indem er vor- und zurückging, bis sie aus dem ganzen Gemisch hervortrat, bis sie durch Heben oder

Senken des Tremoloarms rauf- oder runterging und er sie »unterbrach« oder »flattern« ließ, indem er seinen Körper zwischen die Gitarrenpickups und die Verstärker-Lautsprecher brachte. Wenn er zur konventionellen Spielweise zurückkehren wollte, konnte er das, indem er einfach die Lautstärke der Gitarre auf eine akzeptable Höhe zurückdrehte und dann aus der Feedback-Reichweite hinausging.

Sobald er Geld genug hatte, sich etwas leisten zu können, wurde Hendrix sehr schnell zum begeisterten Technik-Freak. Er machte ungeheure Rechnungen bei renommierten New Yorker Musikgeschäften und kaufte jedes neue Zusatzgerät, das auf den Markt kam. Sein Electric Lady-Aufnahmestudio sollte das modernste, das luxuriöseste und bestausgestattete der Welt sein. Daß sein Werk, sowohl als Studiomusiker wie als Bühnenkünstler, heute ein leuchtendes Testament dessen ist, was man mit »alter« und »einfacher« Technik erreichen kann, ist eine Ironie der Geschichte. Er benutzte das progressivste Material an üblichen Bodenpedalen, wie das Oktavia, und das Univibe, das er damals bekommen konnte und das er bei Roger Mayer bestellte, in jener Zeit eine futuristische Ausstattung, die er im Electric Ladyland installierte. Hendrix wäre nicht nur durchaus zu Hause in der zeitgenössischen Welt von Synclaviers, Fairlights und der Musik-Software von Apple Macintosh, er wäre auch – wenn er noch lebte – einer der ersten gewesen, sie als grundlegendes, tägliches Handwerkszeug zu übernehmen.

Alan Douglas, der viel von Hendrix späteren Aufnahmessessions überwacht hat, hat gesagt, keiner hätte Hendrix' Platten produzieren können. Alles, was ein Produzent tun konnte, war ihm zu helfen, sie selbst zu produzieren. Das mag 1969 noch wahr gewesen sein – als sie ihre ersten gemeinsamen Aufnahmen machten – es sieht aber eher wie ein Seitenhieb gegen Chas Chandler aus und nicht wie eine objektive Feststellung über Hendrix' Plattenkarriere. Als Produzent war Hendrix' Stärke das Hervorbringen seltsamer und wunderbarer neuer Klänge und Effekte. Die orthodoxe und irdische Aufgabe, ganz normale, elementare instrumentale Klänge aufzunehmen, kam ihm wohl eher trivial vor. Electric Ladyland (1968) war das erste Album, für das er Produktionsrechte beanspruchte (obwohl einige der Titel im Jahr davon unter Chandlers Verwaltung aufgenommen worden waren), und es beleuchtet sehr deutlich diesen Zwiespalt. Baß und Schlagzeug – beispielsweise – in »Voodoo Chile (Slight Return)« sind, selbst auf der CD, abscheulich dumpf und undeutlich, gar nicht zu vergleichen mit dem klaren, mitreißenden Rhythmus auf George Martins Beatlesplatten, den Soulhits der Stax oder selbst seiner eigenen, frühen Experience-Platten, die alle auf weit primitiveren Apparaten aufgenommen worden waren als *Ladyland*. Mehr als nur einige seiner späteren Platten – viele davon wurden ja bekanntlich erst nach seinem Tode von anderen gemixt und vervollständigt – sind chaotisch und orientierungslos, mit unausgeglichener Ausbalancierung und exzentrischen Stereoeffekten. Im Gegensatz dazu baute Jimmy Page, sein Beinahe-Zeitgenosse und als Gitarrist und Produzent sein Kollege, seine Led Zeppelin-Platten, die mehrfach Platin geholt hatten, auf einem unerschütterlich festen und klaren Baß- und Drum-Untergrund auf und »professionalisierte« so die Hard-Rock-Aufnahmen ebenso, wie die Megawatt-PA-Systeme, die die Gruppe bei ihren Live-Auftritten einsetzte, die Rock-Shows in den Stadien »professionalisierte«. Wieder zeigt die Flut von Live-Aufnahmen von Hendrix, die in den letzten Jahrzehnten herausgekommen sind, klar und deutlich, wie seine Stimme – die selbst in den besten Zeiten schon nicht das stärkste aller Instrumente war – unter dem Mangel an wirkungsvoller Bühnentechnik gelitten hat, wobei die fürchterlichen Erschütterungen des Verstärkerlevels es ihm unmöglich machten, zu hören, was er sang. (Seine Tendenz, den Text auf der Bühne zu vergessen, war auch nicht sehr hilfreich, wie man zugeben muß).

Nichtsdestoweniger demonstrieren die beiden längsten

Stücke auf *Electric Ladyland* – »Voodoo Chile« auf Seite eins und »1983/A Mermaid I Should Turn to Be« auf Seite drei – wirkungsvoll die beiden Extreme seiner Methoden als Produzent und Musiker. »Voodoo Chile« ist eine Jamsession: eine gerade Fortsetzung ehrwürdiger Delta-Blues-Themen, mehr oder weniger spontan ausgeführt von Hendrix mit Mitch Mitchell an den Drums, Jack Casady von Jefferson Airplane am Baß und Stevie Winwood an der Orgel. Hier sehen wir Hendrix im Kampf mit Holz und Leitungsdrähten, auf festem Boden stehend, kreativ in einer Form, in der die Inspiration alles ist. (Ein Blues-Jam ohne echtes Feeling oder ständigen Ideenfluß erreicht ein Maß an Langweiligkeit, das außerhalb einer Tagung über den Verkauf von Doppelfenstern unbekannt ist). »Live im Studio« aufgenommen, ist es ein Musizierpraktikum der traditionellsten Low-Tech-Spielart, eine ausführliche Unterhaltung zu viert, die wahrscheinlich unwiederholbar war. »1983« hingegen ist eine längere Studiophantasie, eine Kollage aus einer Vielzahl von Titeln, verschönt mit Soundeffekten und auf Band zusammengebaut in einer Weise, die in einem Live-Auftritt so wenig wiederzugeben war wie seinerzeit *Sgt. Pepper* der Beatles. Die Schluß»darbietung« war nicht von der Band, sie war von Hendrix und seinem Techniker Eddie Kramer, und das »Instrument« war ein Mischpult. Es gibt nirgendwo im ganzen Pop etwas Vergleichbares. Es steuert einen todsicheren Kurs zwischen den tastenden Abstraktionen der zeitgenössischen Pink-Floyd-Platten und dem »Art Deco Cartooning« der Beatles. Es ist das erste Science-Fiction-Rock-Opus. Hendrix war der erste Cyberpunk, so funky wie keiner sonst.

Als Gitarrist bleibt er viel imitiert, aber unerreicht. Eddie Van Halen, bei weitem der einflußreichste »Hard and Heavy«-Gitarrist der Achtziger, hat von Hendrix' Vokabular geborgt – Tremolotricks und alles – um nur sehr wenig zu sagen, während er trotzig Eric Clapton (dem er so sehr gleicht wie ich Tom Cruise) als seinen wichtigsten Einfluß bezeichnet. Prince, in ähnlichem Eigensinn, nennt Carlos Santana als seinen Gitarrenguru, obwohl er offenkundig von Hendrix abgeleitete Verzierungen losläßt, sowohl in seiner Bühnenshow wie in den Soundeffekten – obwohl man sagt, er habe behauptet, daß es für jeden angehenden elektrischen Gitarristen ein wesentliches Ritual in seiner Entwicklung ist, das »Star Spangled Banner« zu meistern. Inzwischen geht der Hendrix-Fetischismus in der Gitarrenbruderschaft unvermindert weiter: die wertvollsten neueren Beiträge kommen von Magazinen wie *Guitar Player* und *Guitar World* (das letztere hat innerhalb der letzten fünf Jahre zwei Spezialausgaben ganz Jimi Hendrix gewidmet), und er scheint, noch aus dem Grab heraus, genauso vielen Produkten seinen Stempel aufzudrücken, wie die meisten lebenden Stars.

Die »Hendrix Strats«, die von britischen Fenderhändlern angeboten werden, stellen wohl eher die Kurzbezeichnung eines inoffiziellen Sammlers dar, als ein Modell mit autorisierter Signatur wie Fenders Eric Clapton und Yngwie Malmsteen Stratocasters, aber Hendrix' Name und Abbild erscheinen auf Jim Dunlops neuer Auflage der Spezialausgabe der alten Dallas-Arbiter Fuzz Face-Verzerrerbox und dem Vox Cry Baby Wah-Wah-Pedal, das er bevorzugte. Ich habe mir ein »Jimi Hendrix« Wah-Wah (Modell JH-1) gekauft – natürlich rein aus Forscherinteresse – und fand unten drunter ein Logo mit einer Silhouette von Hendrix, einer Diskographie empfehlenswerter Alben (inklusive des nachgelassenen, geschnittenen und zusammengestückelten *Crash Landing*, das nicht oft auf solchen Listen auftaucht) sowie eine eindringliche Warnung, »daß jeder Gebrauch des Namens Jimi Hendrix in Verbindung mit Pedalen ohne Genehmigung des Hendrix Estate Management und der Dunlop Mfg Co. gesetzlich verboten ist.«

Dagegen ist nichts einzuwenden – schließlich hat Hendrix in der Tat alle diese Apparate verwendet, und die Neuauflagen sind mit genau den gleichen Merkmalen versehen wie die Originale – aber das täuschendste »postume Gerät mit Hendrix' Siegel« kam 1985, als Schecter, die Gitarren- und Zubehörfirma aus USA, ihr Jimmi-Hendrix-Modell vorstellte, eine genaue Nachbildung der Rechtshänder-Strat mit Linkshänder-Hals und umgekehrt angeordneten Pickups, »Jimi Hendrix Signature Model«, vervollständigt durch ein eingeritztes »Jimi Hendrix«« auf der Schutzplatten das aber kein Faksimile von Jimi Hendrix' echter Unterschrift war. Duran Durans Gitarrist Andy Taylor erschien in der Anzeige der Firma mit dem Ausspruch: »Hendrix hat eine ganze Generation von Gitarristen inspiriert. Nun hat er die Anregung zu einer Gitarre gegeben.« Die Anzeige hat wohl auch die Anregung zu einer bündigen Mitteilung von seiten der Anwälte des Hendrix Estate gegeben: das Jimi-Hendrix-Modell verschwand aus Schecters Katalog und wurde durch ein Instrument ersetzt, bekannt unter H Series und in allen Stücken identisch, nur daß die »Signatur« fehlt. Hendrix nächste Anregung wird von Gitarristen in aller Welt ungeduldig erwartet.

Diskographie

Teil eins: Im Vordergrund

Die dichtgeschlossenen Reihen der momemtan erhältlichen Hendrix-Platten in jeder anständigen Ladenkette bieten ein etwas abschreckendes Bild, dabei könnten sie ohne weiteres in ziemlich klare Gruppen eingeteilt werden. Die folgenden Listen sind notwendigerweise nur eine Auswahl, alle Vorurteile oder Vorlieben sind die des Autors. Die Platten in den USA sind meist auf Reprise herausgekommen, in Großbritannien erschienen Hendrix' Platten meist auf dem nicht mehr existierenden Track Label und sind später zu Polydor gekommen.

(I) Platten, die zu Hendrix' Lebzeiten veröffentlicht wurden

The Jimi Hendrix Experience
  Are You Experienced, (1967)
  Axis: Bold As Love, (1967)
  Smash Hits, (1968)
  Electric Ladyland, (1968)
  Band of Gypsys, (US Capitol, 1970)

Are You Experienced, Acis: Bold as Love und *Electric Ladyland* sind authentisch. Die ersten beiden wurden von Chas Chandler produziert, der auch die frühen *Ladyland*-Sessions überwachte, obwohl Hendrix das Projekt selbst übernahm und selbst die Rechte des Produzenten beanspruchte. *Experienced* ist dicht, extrovertiert, überschäumend und ohne Schliff, *Axis* leichter, lockerer und melodiöser, *Ladyland* ehrgeizig, experimentell und gelegentlich gespreizt.

In *Smash Hits* sind die A- und die B-Seite von Hendrix' ersten vier britischen Singles mit ein paar Titeln von *Experienced* kombiniert. Eine spätere britische Kollektion, *The Singles Album*, modernisiert zwar *Smash Hits*, scheitert aber an der Beliebigkeit, mit der verschiedene der Albumtitel später auf 45ern auf den Markt geworfen worden sind, auch läßt sie die späteren Singles aus den USA aus, die bis heute noch nicht zur Zufriedenheit zusammengestellt worden sind.

Band of Gypsys war das Live-Album für Chalpin. Es ist ein bißchen unzusammenhängend, aber immerhin enthält es »Machine Gun« und einige amüsante Stücke auf der zweiten Seite, in denen sie als Soulband posieren.

»The Star Spangled Banner« erscheint auf *Woodstock II* (US/UK Cotillion, 1971). Während dieses Buch in den Druck geht, soll Alan Douglas – der Verwalter des musikalischen Hendrix-Nachlasses – ein komplettes Video und ein Album von Hendrix' Show auf der Isle of Wight in Arbeit haben: ein Vorhaben, daß mindestens diesen IoW-Veteranen hier mit Entsetzen erfüllt. Ein komplettes Woodstock hingegen...

(II) Platten, die postum fertiggestellt wurden

Der ganze Berg von Material, an dem Hendrix zur Zeit seines Todes gerade arbeitete, kam bald danach heraus. Die unvollendeten Titel wurden von Mitch Mitchell und Eddie Kramer fertiggestellt.

Jimi Hendrix
  The Cry of Love, (1971)
  Soundtrack from Rainbow Bridge, (UK Reprise, 1971)

Wie »legitim« auch immer – besonders im Vergleich zu den zusammengekratzten Resten, die noch folgten – demonstrieren *Cry* und *Bridge* beide Hendrix' schwindendes Interesse an Hard Rock-Titeln, seine unvermindert gute Nase für elegische Soulballaden und seine immer noch wachsende Faszination von Studiomöglichkeiten und Instrumentalmusik. Wenn sie auch nicht so machtvoll und so unmittelbar sind wie das original Triptychon der Experience-Alben, so lohnt sich doch das Anhören immer wieder. Die folgenden postumen Studioveröffentlichungen, wie *War Heroes*, (1972) und *Loose Ends*, (1973), mischen interessante Goldkörnchen mit unverzeihlichem Mist; nur die unentwegtesten Hendrix-Fans könnten an mehr als einem Bruchteil beider Alben Freude haben.

(III) Hendrix live

Es überrascht nicht, daß Konzertmitschnitte den Großteil der »neueren« Hendrix-Veröffentlichungen ausmachen, mit der rühmlichen Ausnahme von *Radio One*, (US Rykodisc, UK Castle Communications) mit einer 1989er Produktion von einer Stunde mit den 1967er Sessions, die live im Studio für die BBC aufgenommen worden waren und beide Versionen der Experience-Standards enthielten, sowie auch aus dem Handgelenk geschüttelte Jams über Titel, die vom »Day Tripper« der Beatles (bei dem John Lennon mit den Leadvocals einstieg), bis zu Muddy Waters' Klassikern, »Catfish Blues« und »Hoochie Goochie Man«, reichten, »*Radio One* is a lot of fun.« Die Live-Alben sind anfällig für alle Übel, die solchen Dingen eigen sind. Hendrix, ganz faul und ganz Klischee, und Hendrix aufs höchste erfindungsreich und kühn.

Jimi Hendrix
  Hendrix in the West, (1972)
  The Jimi Hendrix Concerts, (UK CBS, 1982)
  Jimy Plays Monterey, (1986)
  Live at Winterland, (US Rykodisc, 1987)

Die ersten beiden dieser Live-Alben enthalten Auftritte aus den verschiedensten Shows, die letzteren beiden sind sogar vollständige Konzerte von 1967 bzw. 1968. Dabei sind Überschneidungen des Materials (*The Jimi Hendrix Concerts* enthalten die gleiche Version von »Fire« wie *Winterland*) und des Repertoires (drei Versionen von »Hey Joe«, je zwei von »Voodoo Chile«, »Little Wing«, »Wild Thing« und »Purple Haze«) unvermeidlich, aber Hendrix' Fähigkeit, seine Musik während eines Auftritts neu zu erfinden, heißt letzten Endes, sie sind es alle wert.

(IV) Posthum vervollständigte Studiodemos

Mitte der siebziger Jahre machte Alan Douglas den Versuch, mit einer neuen Methode Hendrix' unvollendete Studiodemos zu retten. Er engagierte Studiomusiker, die die Begleitung im Hintergrund zu denjenigen Titeln spielen sollten, auf denen Hendrix »annehmbare« Vocals, Lead- und Rhythmusgitarre aufgenommen hatte. Die meisten Hendrixfans halten das Ergebnis für leblos, aber manche, die Hendrix' Werk ein bißchen allzu turbulent finden, mögen hier leichter zuhören können als beim Original.

Jimi Hendrix
Crash Landing, (1975)
Midnight Lightning, (1976)

Die Studioversionen von »Power of Soul« der Band of Gypsys sind am interessantesten, ebenso »Message to Love« (mit mehr oder weniger intaktem Cox/Miles-Rhythmus), beide auf *Crash Landing*, auch einige der Instrumentalnummern. Aber im großen und ganzen sind das alles nur Fußnoten.

(V) Merkwürdigkeiten

Jimi Hendrix
Woke Up This Mornin' and Found Myself Dead,
(UK Red Lightnin', 1980)

Hendrix hatte die Angewohnheit, seine gelegentlichen Jamsessions auf Band zu nehmen; *Woke Up* ist eine besonders schlecht aufgenommene Transkription eines solchen Ereignisses. Man hört darauf auch einen scheußlich betrunkenen Jim Morrison und einen Gitarristen, der Johnny Winter sein könnte oder auch nicht. Ausschnitte aus dem Band – bemerkenswert eine schnelle Version von »Red House« über dem Riff der Creams aus »Crossroads« – sind bei zahlreichen Gelegenheiten erschienen. Das Album wurde 1978 in den USA von Nutmeg Records auf rotem Vinyl unter dem Titel *High, Live und Dirty* herausgebracht. Es ist in beiden Versionen – hm – »interessant.«

Universe ist eine Zusammenstellung von Studiojams, die Douglas gemacht hat, um Hendrix' Jazzanlehnungen zu demonstrieren. Das ist kaum mehr als Produzentengewäsch, obwohl einiges davon (darunter ein Jam mit dem zeitweiligen Organisten der Lifetime, Larry (Khalid Yasin) Young, sehr intensiv ist.

(VI) Frühe Studio-Aufnahmen

Das Aussortieren der besten unter Hendrix' »prähistorischen« Einspielungen – d.h. seine Studioarbeit vor seiner Adoption durch Chandler – ist eine schwierige und nicht unbedingt erfreuliche Aufgabe, denn die Mehrheit dieser Aufnahmen ist so verpackt, daß man irregeleitet werden muß und ist in einer Fülle von unterschiedlichen Zusammenstellungen erschienen, von denen nicht eine auch nur annähernd genau und verständlich ist und die offenbar von Territorium zu Territorium drastische Unterschiede aufweisen. Die erste, bedeutendste Gruppe besteht aus Curtis Knight Sessions, die von 1965 und 1966 datiert sind, abgerundet durch ein paar illegal aufgenommene Jams von 1967. Das Folgende ist eine einigermaßen repräsentative Kostprobe dessen, was man in den unerforschten

Regionen des Hendrix-Regals in seinem lokalen Kaufhaus finden kann.

Jimi Hendrix & Curtis Knight
Get That Feeling, (US Capitol, UK London, 1967)

Jimi Hendrix
In the Beginning, (Everest, 1983)
Guitar Giants Vol I, (Babylon, undatiert)
Guitar Experience, (Timewind, undatiert)
Legends of Rock, (Strand, 1981)

In the Beginning ist eine hübsche Kollektion von Rock-Standards von Curtis Knight & the Squires in einem Nachtclub in New Jersey. Hendrix' Einstieg in dieses Repertoire bietet einen interessanten Hintergrund zu seinem späteren Werk. Die anderen sind hauptsächlich wegen ihrer Bluestitel bemerkenswert, wie in Kapitel 6 ausgeführt. Der Wert der Produktion ist unerheblich, die musikalische Qualität höchst unterschiedlich. Mit *größter* Vorsicht zu genießen. Andere frühe Studio-Aufnahmen von Hendrix zeigen ihn als Begleitmusiker für den Saxophonisten Lonnie Youngblood. Sie sind auch in einer Vielzahl von verschiedenen Umgebungen aufgetreten.

Jimi Hendrix
The Genius of Jimi Hendrix, (AFE, 1981)
For Real, (UK DJM, 1975)

Sowohl das DJM-Doppelalbum wie die Vierplattenbox von AFE beginnen mit Variationen über die erste Seite von *Woke Up This Morning* und stürzen sich dann in Youngbloods ansprechenden, aber nicht besonders herausragenden »Bar-Room-Funk«, angeführt vom Saxophon. Weder außerordentlich noch anfechtbar, wären sie weit weniger ärgerlich, wenn die Aufmachung weniger prätentiös und irreführend wäre.

(VII) Hendrix als Sideman

Die mitgeschnittenen Auftritte als Sideman für die Stars sind relativ selten und nicht sehr erhellend. Dies hier sind wahrscheinlich die erfreulichsten.

Little Richard
The Georgia Peach, (Ariston, 1984)

Little Richard & Jimi Hendrix
Friends from the Beginning, (US Ala, UK Stateside, 1972)

The Isley Brothers & Jimi Hendrix
... In the Beginning, (US T-Neck/Polydor, 1971)

Teil zwei: Hintergrund

Jeder allgemein verständliche Führer durch die Musik, die Hendrix beeinflußt und die er seinerseits beeinflußt hat, nähme gut und gerne ein ganzes Buch für sich alleine ein. Die folgende Auswahl ritzt also nur die Oberfläche, sollte aber doch eine allgemeine Übersichtskarte des Terrains sein, mit Hinweisen zur weiteren Erforschung.

Warnung: das Anführen von beispielsweise einem Album von Bo Diddley gegenüber dreien von Stanley Clarke heißt nicht notwendigerweise, daß Clarkes Arbeit dreimal so wichtig ist wie die von Bo, sondern nur, daß das eine Album eine ausreichende Menge der einflußreichsten Dinge von Bo Diddley enthält, während die Clarke-Titel sich über drei verschiedene LP's verteilen können.

Es muß auch noch angemerkt werden, daß die aufgeführten Künstler nicht notwendigerweise die einzigen auf ihrem jeweiligen Gebiet sind, die hervorstechen und um die es sich lohnt, auch sind die aufgelisteten Platten nicht unbedingt die *beste*

Arbeit des fraglichen Künstlers, was eine feststellbare absolute Qualität (und den Geschmack des Autors) betrifft. Sie sind die, die für den Text die größte Bedeutung haben.

(I) Der Blues: Robert Johnson und was danach kommt

Robert Johnson
  King of the Delta Blues Singers, (Columbia/CBS, 1966)
  King of the Delta Blues Singers Vol 2, (Columbia/CBS 1970)

Son House
  Father of the Folk Blues, (Columbia/CBS, 1964)

Muddy Waters
  A/K/A McKinley Morganfield, (Chess, 1972)
  Hoochie Coochie Man, (Epic, 1988)

Howlin' Wolf
  A/K/A Chester Burnett, (Chess, 1972)
  The London Howlin' Wolf Sessions, (US Chess/UK Rolling Stones, 1972)

John Lee Hooker
  This is Hip, (UK Charly, 1979)
  The Blues, (US-United Superior, undatiert)

B.B. King
  The Beste of B.B. King, (UK Ace, 1986)
  Blues ist King, (US ABC/UK HMV, 1966)
  His Best: The Electric B.B. King, (US ABC/UK HMV, 1968)
  The Best of B.B. King, (US ABC/UK MCA, 1973)

Albert King
  King of the Blues Guitar, (Atlantic, 1973)
  Blues Power, (Stax, 1968)

I Wanna Get Funky, (Stax, 1977
Albert Live, (Utopia, 1977)

Albert Collins
Ice Pickin', (Alligator, 1979)

Albert Collins, Robert Cray & Johnny Copeland
Showdown!, (Alligator, 1985)

Ike Turner
Rockin' Blues, (UK Stateside, 1986)

Johnny Guitar Watson
Gangster of Love, (UK Red Lightnin', 1976)

Buddy Guy
Buddy Guy, (Chess, undatiert)

Buddy Guy & Junior Wells
Buddy Guy & Junior Wells Play the Blues, (Atco, 1972)
Drinkin' TNT and Smokin' Dynamite, (Red Lightnin', 1981)

Junior Wells
It's My Life, Baby!, (US Vanguard/UK Fontana, 1964)

Various Artists
The New Bluebloods, (Alligator, 1987)
Blues Guitar Blasters, (UK Ace, 1988)

Robert Cray
Stron Persuader, (Mercury, 1987)

(NII) Die unvermeidlichen Beatles und Dylan

Rubber Soul, (UK Parlophone, 1965

Revolver, (Parlophone, 1966)

Sgt. Pepper's Lonely Hearts Club Band, (US Capitol/UK Parlophone, 1967)

Magical Mystery Tour, (US Capitol/UK Parlophone, 1967)

The Beatles (auch unter dem Namen The White Album), (Apple, 1968)

Abbey Road, (Apple, 1969)

Bringing It All Back Home, (US Columbia/UK CBS 1965)

Highway 61 Revisited, (US Columbia/UK CBS, 1965)

Blonde on Blonde, (US Columbia/UK CBS, 1966)

John Wesley Harding, (US Columbia/UK CBS, 1968)

Before the Flood, (US Asylum/UK Island, 1974)

(III) Blues-Rock, weißer R&B, Hard Rock und dergleichen

The Rolling Stones

The Rolling Stones, (UK Decca/US London, 1964)

Let it Bleed, (UK Decca/US London, 1969)

The Yardbirds

Five Live Yardbirds, (UK Columbia, 1964)

Yardbirds, (UK Columbia, 1966)

The Who

My Generation, (UK Brunswick/US Decca, 1965)

Live at Leeds, (UK Track/US Decca, 1970)

Meaty Beaty BIG & Bouncy, (UK Track/US Decca, 1971)

The Animals

The Animals, (UK Columbia, 1964)

John Mayall mit Eric Clapton

Blues Breakers, (UK Decca/US London, 1966)

The Paul Butterfield Blues Band
  Paul Butterfield Blues Band, (Elektra, 1965)
  East-West, (Elektra, 1966)

John Hammond
  So Many Roads, (Vanguard, 1965)

Cream
  Disraeli Gears, (UK Reaction/US Atco, 1967)
  Wheels of Fire, (UK Polydor/US Atco, 1968)

Electric Flag
  A Long Time Comin', (US Columbia/UK CBS, 1968)

Mike Bloomfield
  Super Session, (US Columbia/UK CBS, 1968)

Jeff Beck Group
  Truth, (UK Columbia/US Epic, 1968)

Johnny Winter
  Second Winter, (US Columbia/UK CBS, 1970)

Led Zeppelin
  Led Zeppelin, (Atlantic, 1969)
  Led Zeppelin II, (Atlantic, 1970)
  Led Zeppelin IV (Atlantic, 1972)

Dr Feelgood
  Malpractice, (UK United Artists/US Columbia, 1976)

Fabulous Thunderbirds
  Portfolio, (Chrysalis, 1987)
  Tuff Enuff, (Epic, 1986)

Stevie Ray Vaughan
Couldn't Stand the Weather, (Epic, 1984)
Soul to Soul, (Epic, 1985)

ZZ Top
The Best of ZZ Top, (Warner Bros, 1977)
Deguello, (Warner Bros, 1979)
Eliminator, (Warner Bros, 1983)

Jeff Beck
Flash, (Epic, 1985)

Van Halen
Van Halen, (Warner Bros, 1978)

Jeff Healy
See the Light, (Arista, 1988)

(IV) Soulmusik

Ray Charles
The Ray Charles Story, (Atlantic, undatiert)
Ray Charles at Newport, (Atlantic, 1959)

James Brown
Solid Gold, (UK Polydor, 1977)
Live and Lowdown at the Apollo Vols 1 & 2, (Polydor, 1962)

Various Artists
Atlantic Rhythm & Blues, (Atlantic, 1987)

Otis Redding
The Otis Redding Story, (Atlantic, 1988)
Otis Blue, (US Volt/UK Atco, 1965)

Otis Redding & Jimi Hendrix
  Monterey International Pop Festival, (Reprise, 1970)

Wilson Pickett
  Wilson Pickett's Greatest Hits, (Atlantic, 1973)

Stevie Wonder
  Anthology, (Motown, 1971)

Aretha Franklin
  The First Lady of Soul, (UK Stylus, 1985)

Sam & Dave
  The Best of Sam & Dave, (Atlantic, 1972)

Booker T. & the MGs
  The Best of Booker T. & the MGs, (US Stax/UK Atco, 1968)

The Impressions
  Big Sixteen, (ABC, 1965)

Ike & Tina Turner
  Tough Enough, (UK Liberty, 1984)
  Nice'N Rough, (UK Liberty, 1984)

(V) Schwarzer Rock & Psychedelic Soul

Bo Diddley
  Got My Own Bag of Tricks, (Chess, 1973)

Chuck Berry
  Golden Decade Vols 1 & 2, (Chess, 1973)

Little Richard
  His Greatest Recordings, (UK Ace, 1984)

The Isley Brothers
The Isley Brothers Do Their Thing, (US Sunset, undatiert)
It's Our Thing, (T-Neck, undadiert)
Timeless, (T-Neck, 1978)
3 + 3, (US T-Neck/UK Epic, 1977)

The Chambers Brothers
The Time Has Come, (Epic, 1967)
A New Time – A New Day, (Epic, 1968)

Buddy Miles Express
Expressway to Your Skull, (Mercury, 1969)

Sly & the Family Stone
Greatest Hist, (Epic, 1970)
There's a Riot Goin' On, (Epic, 1971)

The Temptations
Anthology, (Motown, 1974)
All Directions, (Motown, 1972)

Jackson 5
Greatest Hits, (Motown, 1971)

Isaac Hayes
Isaac's Moods – The Best of Isaac Hayes, (Stax, 1988)

Marvin Gaye
What's Goin' On, (Motown, 1971)

Stevie Wonder
Musik of My Mind, (Motown, 1972)
Talking Book, (Motown, 1972)
Innervisions, (Motown, 1973)
Original Musiquarium, (Motown, 1982)

Curtis Mayfield
Curtis Live, (Curtom, 1971)
Superfly, (Curtom, 1972)
America Today, (Curtom, 1975)

Parliament
Up for the Down Stroke, (Casablanca, 1975)
Chocolate City, (Casablanca, 1975)
Mothership Connection, (Casablanca, 1976)

Funkadelic
Maggot Brain, (Westbound, 1971)
Funkadelic's Greatest Hits, (Westbound, 1975)
Hardcore Jollies, (Warner Bros, 1976)
One Nation Under a Groove, (Warner Bros, 1978)

Bootsy's Rubber Band
Stretchin' Out, (Warner Bros, 1976)

Graham Central Station
Graham Central Station, (Warner Bros, 1974)
My Radio Sure Sounds Good to Me, (Warner Bros, 1978)

Prince
Dirty Mind, (Warner Bros, 1980)
1999, (Warner Bros, 1982)
Purple Rain, (Warner Bros, 1984)
Around the world in an Day, (Paisley Park, 1985)
Sign 'O' The Times, (Paisley Park, 1987)

Cameo
Alligator Woman, (Chocolate City, 1982)
She's Strange, (US Atlanta Artists/UK Club, 1984)

Michael Jackson
Thriller, (Epic, 1982)

Trouble Funk
In Times of Trouble, (D.E.T.T., 1983)
Say What!, (Island, 1986)

Defunkt
Thermonuclear Sweat, (Hannibal, 1983)
In America, (Island, 1988)

Stanley Clarke Band
Look Out! (Epic, 1985)

RUN-DMC
Raisin' Hell, (Profile, 1986)

LL Cool J
Bigger and Deffer, (Def Jam, 1987)

Public Enemy
Yo! Bum Rush the Show, (Def Jam, 1987)
It Takes A Nation of Millions to Hold Us Back, (Def Jam, 1988)

Sonny Sharrock Band
Seize the Rainbow, (Enenmy, 1987)

Livin Colour
Vivid, (Epic, 1988)

Fishbone
Truth and Soul, (US Columbia/UK CBS, 1988)

Roachford
Roachford, (US Columbia/UK CBS, 1988)

(VI) Jazz: von Charlie Christian bis *Bitches Brew*

Charlie Christian
  Solo Flight, (US Columbia/UK CBS, 1972)
  With the Benny Goodman Sextett, (UK CBS Realm, undatiert)
  Live 1939/1941, (Jazz Anthology, undatiert)
  1941 Live Sessions, (Jazz Legacy, 1982)

Duke Ellington
  The Blanton Webster Band, (Bluebird, 1986)

Charlie Parker
  Bird, (Verve, 1988)

Charles Mingus
  Better Git It in Your Soul, (US Columbia, 1977)
  Pithecantropus Erectus, (Atlanctic, 1956)
  Blues and Roots, (Atlantic, 1962)

Jimmy Smith
  Prayer Mettin', (Blue Note, undatiert)
  The Organ Grinder Swing, (Verve, 1965)
  Jimmy Smith's Greatest Hits, (Verve, 1966)

Wes Montogemery
  Yesterdays, (Milestone, 1980)
  Midnight Guitarist, (Jazz Masterworks, 1985)
  The Small Group Recordings, (Verve, 1975)

Miles Davis mit John Coltrane
  Kind of Blue, (US Columbia/UK CBS, 1985)

Miles Davis mit Gil Evans
  Porgy and Bess, (US Columbia/UK CBS, 1959)
  Sketches of Spain, (US Columbia/UK CBS, 1960)

Miles Ahead, (US Columbia/UK CBS, 1958)
Miles Davis at Carnegie Hall, (US Columbia/UK CBS, 1961)

John Coltrane
  Giant Steps, (Atlantic, 1960)
  Live at the Village Vanguard, (Impulse, 1961)
  A Love Supreme, (Impulse, 1964)
  Ascension, (Impulse, 1965)
  Om, (Impulse, 1965)
  Live at the Village Vanguard Again!, (Impulse, 1966)

Ornette Coleman
  Tomorrow Is the Question, (US Contemporary/UK Boplicity, 1959)
  The Shape of Jazz to Come, (Atlantic, 1960)
  Free Jazz, (Atlantic, 1961)

Roland Kirk
  The Inflated Tear, (Atlantic, 1968)
  The Best of Rahsaan Roland Kirk, (Atlantic, 1971)
  Blacknuss, (Atlantic, 1972)

Pharoah Sanders
  Tauhid, (Impulse, 1966)

Albert Ayler
  Re-evaluations: the Impulse Years, (Impulse, 1973)

Carla Bley/Gary Burton Quartet
  A Genuine Tong Funeral, (RCA, 1967)

Archie Shepp
  Yasmina, a Black Woman, (UK Affinity, 1969)

Sonny Sharrock
  Monkey-Pokie-Boo, (UK Affinity, 1970)

Miles Davis
  In a Silent Way, (US Columbia/UK CBS, 1969)

(VII) Fusion

Miles Davis
  Bitches' Brew, (US Columbia/UK CBS, 1970)
  Music from Jack Johnson, (US Columbia/UK CBS, 1971)
  Agharta, (US Columbia/UK CBS, 1975)
  We Want Miles, (US Columbia/UK CBS, 1982)

John McLaughlin
  Devotion, (Douglas, 1970)

Lifetime
  Emergency!, (Polydor, 1969)
  Turn it Over, (Polydor, 1970)

Mahavishnu Orchestra
  The Inner Mounting Flame, (US Columbia/UK CBS, 1971)

Herbie Hancock
  Headhunters, (US Columbia/UK CBS, 1973)

Jeff Beck
  Blow by Blow, (Epic, 1975)
  Wired, (Epic, 1976)

Weather Report
  Heavy Weather, (Epic, 1977)
  8:30, (US Columbia/UK CBS, 1979)

Jaco Pastorius
  Jaco Pastorius, (Epic, 1976)
  Invitation, (Warner Bros, 1983)

Stanley Clarke
  Stanley Clarke, (Atlantic, 1974)
  School Days, (Nemperor, 1976)

(VIII) Die harmolodische Verschwörung (und die Mitreisen-
den)

Ornette Coleman
  Dancing in Your Head, (US Horizon/UK A&M, 1979)
  Of Human Feelings, (Antilles, 1982)
  Ornette Opens the Caravan of Dreams, (Caravan of Dreams,
1985)
  Virgin Beauty, (Portrait, 1988)

Ornette Coleman & Pat Metheny
  Song X, (Greffen, 1986)

Ronald Shannon Jackson & Decoding Society
  Nasty, (Moers, 1981)
  Mandance, (Antilles, 1982)
  Barbecue Dog, (Antilles, 1983)
  Decode Yourself, (Antilles, 1985)

James Blood Ulmer
  Tales of Captain Black, (Artists House, 1979)
  Are You Happy to Be in America?, (Rough Trade, 1980)
  Free Lancing, (US Columbia/UK CBS, 1981)
  Black Rock, (US Columbia/UK CBS, 1982)
  America – Do You Remember the Love?, (Blue Note, 1987)

Sonny Sharrock
Guitar, (Enemy, 1987)

Last Exit
Iron Path, (Venture, 1989)

Power Tools
Strange Meeting, (Antilles, 1989)

Teil drei: The Music of Jimi Hendrix

Hendrix' Kompositionen haben bei seinen Musikerkollegen beträchtliche Aufmerksamkeit erregt, besonders, wenn man bedenkt, daß er ja nicht in erster Linie als Komponist bekannt ist, um es gemäßigt auszudrücken. Den stolzesten Platz unter den Hendrix-Interpretationen nimmt da natürlich *The Gil Evans Orchestra Plays Jimi Hendrix*, (RCA, 1974), ein, eine großartige, quälende Vision einer der vielen Zukunftsmöglichkeiten, die Hendrix' Musik hätte ausschöpfen können. Es gibt jedoch noch andere bemerkenswerte Variationen einiger seiner Themen. Dabei z.B.:

The Kronos Quartet
»Purple Haze«, aus
Sculthorpe/Sallinen/Glass/Nancarrow/Hendrix, (Nonesuch, 1986)

Derek & the Dominoes
»Little Wing«, aus *Layla & Other Assorted Love Songs*, (US Atco/UK Polydor, 1970)

Rod Stewart
»Angel«, aus *Never a Dull Moment*, (Mercury, 1972)

Wilson Pickett
  »Hey Joe«, aus *Wilson Pickett Vol 2*, (Atlantic, 1981)

Pretenders
  »Room Full of Mirrors«, aus *Get Close*, (UK Real/US Sire, 1986)

Stevie Ray Vaughan
  »Voodoo Chile«, aus *Couldn't Stand the Weather*, (Epic, 1984)

The Cure
  »Foxy Lady«, aus *Three Imaginary Boys*, (Fiction, 1978)

The Isley Brothers
  »Machine Gun«, aus *Timeless*, (T-Neck, 1978)

Sting (mit Gil Evans)
  »Angel«, aus *Magic Touch*, (Blue Note, 1986)

The Red Hot Chilli Peppers
  »Fire«, eine 12inch Single, (EMI, 1987)

Soft Cell
  »Hey Joe«/»Purple Haze«, eine 12inch Single, ergänzt durch *The Art of Falling Apart*, (Some Bizarre, 1983)

Jeff Healy
  »All Along the Watchtower«,* CD-Single, limitierte Ausgabe, (Arista, 1989)

---

* Ich weiß natürlich, daß das nicht Hendrix' eigene Kompositionen sind... aber was zählt, ist die Idee.

Eugene Chadbourne
  »House Burning Down«, aus *LSDC & W*, (Fundamental,
undatiert)

Übrigens, »Let Jimi Take Over« von STP_{23}, (Mr. Moto/W.A.V.
Recordings, 1983) ist bisher die erste House Single, die auf
Hendrix-Stücken aufgebaut ist... sie wird sicherlich nicht die
letzte sein.

Jimi Hendrix auf Video

Das Beste

Jimi Hendrix, (1973, Warner Home Video, 98 Minuten)

Diese filmische Biographie in Form einer Dokumentationskollage von Auftritten und Interviews geht notwendigerweise über die »Greatest Hits« an Hendrix' Leben und Werk heran, aber wenn sie auch an vielen der Unterströmungen vorbeigeht oder sie trivialisiert, trifft sie doch die meisten der Höhepunkte. Die Interviewpartner sind, unter anderen, Mick Jagger, Lou Reed, Little Richard, Eric Clapton, Pete Townshend, Al Hendrix, Linda Keith, Fayne Pridgeon und Arthur und Albert Allen. Den größten Durchblick hat Germaine Greer, während das bewegendste Interview das mit dem koboldhaften Mitch Mitchell ist. Das liebevolle Leuchten, das aus Mitchells Augen strahlt, als er sich an seine Verbindung mit Hendrix erinnert, ist schon in sich selbst ein Zeugnis. Hendrix kommt auch zu Wort, wenn auch etwas rätselhaft; der Auftritt enthält eine alternative Version von »Star Spangled Banner« aus *Woodstock* (diesmal sind die Kameras auf Hendrix gerichtet und nicht auf irgendwelche verdreckten Hippies, die den Müll auflesen), das unvermeidliche »Wild Thing« von Monterey, einen verwaschenen Schwarz-Weiß-Film mit der epochemachenden Version des Titels »Machine Gun« mit der Band of Gypsys, das bezaubernde akustische »Hear My Train A-Comin« (aus Peter Neals 1968er Film *Experience*) und einige, ziemlich lustlose Auftritte von der Isle of Wight. Nicht ganz einwandfrei, aber unerläßlich.

Jimi Plays Monterey, (1987, Virgin Music Video, 50 Minuten)

Der Auftritt, mit dem Hendrix der Durchbruch gelang, ist hier vollständig eingefangen (nun ja, fast: D.A. Pennebaker ließ seine Kamera fallen, als »Purple Haze« gerade zu einem Drittel gelaufen war, und so verpaßte er »Can You See Me«, während er mit der Reparatur beschäftigt war). Der Film ist vollgestopft – nicht unbedingt unerfreulich – mit den wirren Reminiszenen von »Papa« John Phillips (dem führenden Komponisten der Mamas und Papas, einem der Organisatoren des Festivals und dem Mann, der bewies, daß man nicht »nein« zu Drogen sagen muß, wenn man nur hernach in lukrativen Memoiren »es tut mir leid« sagt), einer Einleitung, in der ein Maler eine Wand zur Musik von »Can You See Me« mit dem Potrait von Hendrix bespritzt, und einigen Filmmetern von Hendrix beim »Christmas on Earth Continued«-Konzert in London im Dezember 1967. In der letzteren Sequenz spielt Hendrix eine gestutzte Version von »Sgt. Pepper's Lonely Hearts Club Band« und schickt »Wild Thing« die außerordentliche Impression einer Dudelsackband voraus. Eric Burdons »Monterey« läuft vor einer Montage von typischen Hippies, die zur Show kommen, und Schnappschüssen von den übrigen Gruppen des Festivals ab. Als die Experience dann endlich auf die Bühne kommt, ist der Appetit der Zuschauer auf höchste gesteigert. »Alles, was uns noch blieb, war unser Auftritt«, sagt Pete Townshend, der die zweifelhafte Ehre hatte, unmittelbar vor Hendrix aufzutreten. »Was er hatte, war sein Genie.« Es läßt sich kein anschaulicheres Beispiel denken als *Jimi Plays Monterey* für die Auftritte, auf denen seine Legende aufgebaut ist.

Jimi Plays Berkeley, (1971, Palace Video, 50 Minuten)

In scharfem Kontrast zu der glühenden Acid-Euphorie von *Jimi Plays Monterey* steht die Stimmung auf dem Moratorium Day im Februar 1971 auf dem Berkeley Community Center, die entsprechend aufgeladen und voller Gegensätze ist. In eine wilde Darbietung von »Machine Gun« sind neue Filmaufnahmen von Straßenschlachten hineingeschnitten, bei denen die Polizei einen Anti-Kriegsmarsch abbricht; ein zum Aktivisten gewordener Vietnam-Veteran streitet sich mit Fanatikern herum und ein selbstgefälliges kleines Hippiemädchen, das ein paar hinter die Ohren haben müßte, verlangt freien Eintritt zum *Woodstock*-Film. Begleitet von Mitch Mitchell und Billy Cox rast ein entspannter, glattrasierter Hendrix durch einen umwerfenden Set, darunter das immer wieder zitierte »Johnny B. Goode«, ein elektrisierendes »Hear My Train A-Comin'« und ein »Star Spangled Banner«, das fast das von Woodstock übertrifft. Das Zungenspiel und die akrobatischen Einlagen sind schon fast Routine; hier ist Hendrix mehr an der Musik als an der Show interessiert. Es sind mehr Schwarze in der Menge zu sehen, als man bei Hendrix zu sehen gewohnt ist. Mit absichtlicher Betonung sagt er zum Publikum: »Danke, daß ihr *zusammen* gekommen seid.«

... und der Rest...
Jimi Hendrix Experience, (1968, Palace Video, 33 Minuten)

Dieser merkwürdige kleine Film wurde Ende 1967 bis Anfang 1968 von dem Regisseur Peter Neale gemacht. Er enthält Interview-Material, das zugleich ein bißchen verrückt und nachdenklich ist, dann einige interessante Nebeneinanderstellungen von Hendrix' Musik und Szenen von Indianermassakern aus alten Western und sublime, gleitende Fallschirmsequenzen. Da gibt es auch eine völlig überflüssige Sequenz vor dem Hintergrund von »Foxy Lady«, in der ein Püppchen aus dem Swinging London in einem dicken weißen Pelzmantel von einer bedrohlichen Kamera quer durch die Stadt gejagt wird, eine unterschwellige Andeutung, daß eine sexuell provokative Frau den sexuellen Angriff geradezu *herausfordert*. Die besten Szenen: »Interviews« von Mitch Mitchell und Noel Redding mit Hendrix, und das akustische »Hear My Train A-Comin'«, das auch in der Joe Boyd-Dokumentation erscheint, ob mit besserer Wirkung, ist fraglich.

Rainbow Bridge, (1971, Hendring, 72 Minuten)

Als ein erstaunlicher Mischmasch von Acid-verseuchtem Gefasel, produziert von Mike Jeffery und gesponsort von Warner Brothers, ist diese »Dokumentation« von Hendrix' Besuch in einer Hippie-Kolonie auf der hawaianischen Insel Maui unter der Regie eines gewissen Chuck Wein entstanden, dessen hauptsächliche Leistung es war, das Original der Tonaufnahmen des Open-Air-Konzertes zu verlieren, das einzige, was einen überhaupt dazu hätte bewegen können, sich diesen Film freiwillig anzusehen. Irgendwelche Gammeltypen des Neuen Zeitalters reiten da auf Pferden herum, meditieren, quasseln von »mal echt den Durchblick kriegen« und »bereit sein für die Leute aus dem Weltraum«, rauchen das schärfste Gras, das sie innen in den Surfbrettern schmuggeln und diskutieren – gerade als man sich anschickt, zu gehen – mit Hendrix, der ins Bild schlendert und mindestens so ausgebrannt erscheint wie das East End von London im Zweiten Weltkrieg, über die Wiedergeburt. Die Vorstellung – als sie dann schließlich losgeht – ist nicht eine von Hendrix' denkwürdigsten; der einzige Grund, warum *Rainbow Bridge* überleben sollte, ist der, daß es eine schreckliche Warnung vor den möglichen Folgen eines Hippie-Revivals ist.

Johnny B. Goode, (1985, Virgin Music Video, 26 Minuten)

Die Bezeichnung »rip-off« – klauen – ist natürlich relativ (ganz zu schweigen von strafbar), so werde ich mich damit begnügen, die einzelnen Teile dieses schmalen Programms aufzuzählen: »Are You Experienced« ist eine hübsche, wenn auch zusammmenhanglose Mixtur von zusammengekratzten, schon existierenden Hendrix-Filmstreifen, die als MTV-Video für die *Kiss the Sky*-Kompilation werben sollten. Das »Johnny B. Goode« aus Berkeley ist sehr schön, vorzugsweise aber in dem Zusammenhang, in dem es schon mal erschienen war. »*All Along the Watchower*«, (vom Atlanta Pop Festival), ist – gelinde gesagt – etwas glanzlos, besonders da Hendrix fast den ganzen Text vergessen hat. »Art Attack« ist die Szene mit dem Maler in Aktion aus *Jimi Plays Monterey*, nur zu einer anderen Musik. »*The Star Spangled Banner*«, (auch aus Atlanta), ist kein Fortschritt gegenüber Woodstock oder Berkeley, und »Voodoo Chile« verbindet den Auftritt im Film mit einer bemalten Tanztruppe, die ein »Ballett« mit geballt »moderner« Thematik darbietet. Das ist genau das Zeug, das Alan Douglas und dem Hendrix-Nachlaß einen so schlechten Ruf einträgt.

Star Licks Master Series: Jimi Hendrix Heavy Guitar Hero, (1984 Star Licks, 50 Minuten)

Ein lehrreiches Video, in dem ein liebenswerter Langhaariger namens Mike Wolf etwas von Hendrix' Gitarrentechnik demonstriert, unterstützt von Filmclips des großen Mannes. Leider sieht man Hendrix nicht selbst die von Wolf ausgewählten Beispiele ausführen, obwohl das Band ein schwarz-weißes »Voodoo Chile« enthält, das ich noch nirgendwo sonst gesehen habe, außer in privaten Sammlungen. Wolfs Kommentar ist fern von jeder verblüffenden Einsicht – er beschreibt einige Phrasen damit, sie hätten »so eine Art Bluesfeeling«, andere wieder als »interessant« – und seine Vorliebe gehört den Beispielen mit Hochgeschwindigkeitsläufen statt Hendrix' charakteristischen Akkord- und Melodie-Arpeggien oder seinen »Crash-and-Burn«-Lautmalereien. Darüber hinaus ist Wolfs langsames Vibrato, wenn er die Phrasen mit halber Geschwindigkeit spielt, häßlich und ungleichmäßig. Nützlich für Gitarristen jedenfalls – und das sollte es ja in erster Linie sein.

Bibliographie

Während Der Arbeit an *Crosstown Traffic* (dtsch. *Purple Haze*) sind so viele Bücher und Magazine gewälzt worden, daß sie ein kleines Zimmer füllen würden; in der Tat *füllen* sie ein kleines Zimmer, und ich sitze gerade mitten drin. Nicht alle sind direkt im Text zitiert, die folgende Liste ist eine repräsentative Auswahl. Die zitierten Ausgaben sind nicht unbedingt die ersten oder die neuesten. Gelegentlich handelte es sich um revidierte oder auf den neuesten Stand gebrachte Versionen der Originalausgaben; in diesem Fall habe ich das Datum der revidierten Ausgabe angegeben.

Begreiflicherweise waren die grundlegenden Quellen:

David Henderson, »*Scuse Me While I Kiss the Sky*«, Bantam. 1981
Jerry Hopkins, *Hit and Run*, Perigee, 1983
Curtis Knight, *Jimi: An Intimate Biography of Jimi Hendrix*, Star Books, 1974
Roger St. Pierre (ed.), *Jimi Hendrix: Recorded Poems*, International Music Publications, 1986
Victor Samspon, *Hendrix: An Illustrated Biography*, Proteus, 1984
Steve Tarshis, *Original Hendrix: An Annotated Guide to the Guitar Technique of Jimi Hendrix*. Wise Publications, 1982
Chris Welch, *Hendrix: A Biography*, Ocean Books, 1972

Nicht weniger wertvoll waren die Hendrix-Spezialausgaben von *Guitar Player* (September 1975) und *Guitar World* (September 1985, März 1988), wie auch zahlreiche andere Artikel, die im Laufe der Jahre in beiden Publikationen erschienen sind. Ich habe ebenfalls Artikel und Berichte in *Guitarist, Musician,*

Down Beat, *Rolling Stone*, *Q*, *New Musical Express* und *Melody Maker* zu Rate gezogen. Besonders treffend war Bill Milkowskis »Jimi Hendrix: The Jazz Connection«, erschienen in der Oktober 1982er Ausgabe der *Down Beat*.

Der Rest auf dem Bücherregal sieht etwa so aus:

Gordon W. Allport, *The Nature of Prejudice*, Doubleday Anchor, 1958

James Baldwin, *Notes of a Native Son*, Corgi, 1964
– *Nobody Knows My Name*, Gorgi, 1964
– *The Fire Next Time*, Penguin, 1964

Whitney Balliet, *The Sound of Surprise*, Pelican, 1963

Michael Bane, *White Boy Singin' the Blues*, Penguin, 1982

Joachim E. Berendt, *The Jazz Book*, Paladin, 1984

Chuck Berry, *The Autobiography*, Faber & Faber, 1987

Hugh Brogan, *The Pelican History of the United States of America*, Pelikan, 1986

James Brown (with Bruce Tucker), *James Brown, the Godfather of Soul*, Fontana, 1986

Eric Burdon, *I Used to Be an Animal but I'm All Right Now*, Faber & Faber, 1986

Ian Carr, *Miles Davis: A Critical Biography*, Paladin, 1984

In Chambers, *Urban Rhythms*, Macmillan, 1985

Ray Charles & David Ritz, *Brother Ray*, Futura, 1978

Samuel Charters, *The Poetry of the Blues*, Avon 1963
– *Robert Johnson*, Oak Publications, 1973

Robert Christgau, *Christgau's Guide: Rock Album of the '70s*, Vermillion 1982

Eldridge Cleaver, *Soul on Ice*, Panther, 1968

Nik Cohn, *Awopbopaloobop Alopbamboom*, Paladin, 1969
– *Ball the Wall*, Picador, 1989

Bill Cole, *John Coltrane*, Schirmer Books, 1976

Ray Coleman, *Survivor: The Authorized Biography of Eric Clapton*, Sidgwick & Jackson, 1986

James Lincoln Collier, *The Making of Jazz*, Delta, 1978

Stephen Davis, *Bob Marley*, Arthur Baker, 1983

– *Hammer of the Gods*, Sidgwick & Jackson, 1985

Bob Dylan, *Lyrics 1962–1985*, Paladin, 1988

Jonathan Eisen (ed.) *The Age of Rock*, Vintage, 1969

Evan Eisenberg, *The Recording Angel*, Picador, 1988

Jenny Fabian, *Groupie*, Mayflower, 1970

Julio Finn, *The Bluesman*, Quartet, 1986

Paul Garon, *Blues and the Poetic Spirit*, Eddison Bluesbooks, 1975

Nelson George, *Where Did Our Love Go?*, Omnibus, 1985

– *The Death of Rhythm & Blues*, Omnibus, 1988

Charlie Gillett, *The Sound of the City*, Souvenir Press, 1983

Ralph J. Gleason, *The Jefferson Airplane and the San Francisco Sound*, Ballantine,1969

Richard Goldstein, *Goldstein's Greatest Hits Tower*, 1970

Jonathan Green (ed.) *The Book of Rock Quotes*, Omnibus, 1977

– *A Dictionary of Contemporary Quotations*, David & Charles, 1982

– *Days in the Life*, William Heinemann, 1988

Alan Greenberg, *Love in Vain: The Life and Legend of Robert Johnson*, Doubleday Dolphin, 1983

Germaine Greer, *The Madwoman's Underclothes*, Picador, 1986

Guitar Player (eds.) *The Guitar Player Book*, Grove Press, 1983

Peter Guralnick, *The Listener's Guide to the Blues*, Blandford, 1982

– *Sweet Soul Music, Virgin Books, 1986*

– *Lost Highway*, Vintage, 1982

– *Feel Like Goin' Home*, Omnibus, 1971

John Hammond (with Irving Townsend) *John Hammond on Record*, Penguin 1977

Michael Harambulos, *Right On: From Soul to Blues in Black America*, Eddison Bluesbooks, 1974

Phil Hardy & Dave Laing (eds.), *The Encyclopedia of Rock, Vols 1–3*, Panther, 1976

Sheldon Harris, *Blues Who's Who*, Arlington House, 1979

David Hatch & Stephen Millward, *From Blues to Rock*, Manchester University Press, 1987

Nat Hentoff, *The Jazz Life*, Panther, 1964

Nat Hentoff & Nat Shapiro, *Hear Me Talkin' to Ya*, Penguin, 1962

Calvin C. Hernton, *Sex and Racism*, Paladin, 1970

Michael Herr, *Dispatches*, Picador, 1978

Gerri Hershey, *Nowhere to Run*, Times Books, 1984

Dave Hill, *Prince: A Pop Life*, Faber & Faber, 1988

Jan Haare (ed.), *The Soul Book*, Methnen, 1975

Billy Holiday (with William Dufty), *Lady Sings the Blues*, Abacus, 1973

Barney Hoskyns, *Prince: Imp of the Perverse*, Virgin Books, 1988

– *Say It One More Time for the Brokenhearted*, Fontana, 1988

Arthur Jacobs, *A Short History of Western Music*, Pelican, 1981

Maxim Jakubowski (ed.), *The Wit and Wisdom of Rock and Roll*, Unwin, 1983

Leroi Jones, *Blues People*, Quill, 1963

– *Black Music*, Quill, 1967

Charles Keil, *Urban Blues*, University of Chicago Press, 1966

Bernard Levin, *The Pendulum Years*, Pan, 1970

Michael Lydon, *Boogie Lightning*, Da Capo, 1974

Craig McGregor, *Bob Dylan, A Retrospective*, Picador, 1975

– *Pop Goes the Culture*, Pluto Press, 1984

Michael McLear, *Vietnam: The Ten Thousand Day War*, Thames Methuen, 1981

Norman Mailer, *The Armies of the Night*, Signet, 1968

– *Advertisements for Myself*, Panther, 1961

– *The Presidential Papers*, Corgi, 1965

– *Miami and the Siege of Chicago*, Penguin, 1989

Grail Marcus, *Mystery Train*, Omnibus, 1977

Dave Marsh, *Before I Get Old*, St. Martins Press, 1983

– *Trapped: Michael Jackson & the Crossover Dream*, Bantam, 1985

George Melly, *Revolt Into Style*, Penguin, 1970

Jim Miller (ed.), *The Rolling Stone Illustrated History of Rock & Roll*, Rolling Stone Press/Random House, 1976

Robert Neff & Anthony Connor, *Blues*, Latimer, 1976

A.X. Nicholas (ed.); *The Poetry of Soul*, Bantam, 1971

Eric Nisenson, *'Round About Midnight*, Dial Press, 1982

Lynda Rosen Obst, *The Sixties*, Random House/Rolling Stone, 1977

P.J. O'Rourke, *Republican Party Reptile*, Picador, 1987

Harry Oster, *Living Country Blues*, Minerva Press, 1975

Robert Palmer, *Deep Blues*, Papermac, 1981

John Phillips (with Jim Jerome), *Papa John*, Virgin Books, 1986

Brian Priestley, *Mingus: A Critical Biography*, Paladin, 1982

David Ritz, *Divided Soul*, Grafton, 1986

John Rockwell, *All American Music*, Kahn & Averill, 1985

Rolling Stone (ed.), *The Rolling Stone Interviews*, Paperback Library, 1971

– *The Rolling Stone Interviews Vol. 2*, Warner Paperback Library, 1973

– *The Rolling Stone Record Review*, Pocket Books, 1971

– *The Rolling Stone Record Review Vol. 2*, Pocket Books, 1974

– *The Rolling Stone Rock 'n' Roll Reader*, Bantam, 1974

– *The Rolling Stone Rock Almanac*, Rolling Stone Press, 1983

Mike Rowe, *Chicago Breakdown*, Eddison Bluesbook, 1973

Lillian B. Rubin, *Quiet Rage*, Faber & Faber, 1987

James Sallis, *The Guitar Players*, Quill, 1982

James Sallis (ed.), *Jazz Guitars*, Quill, 1984

Gene Santoro (ed.), *The Guitar: the History, the Music, the Players*, Columbus, 1984

Charles Sawyer, *B.B. King, the Authorized Biography*, Blandford, 1980

Bobby Seale, *Seize the Time*, Arrow, 1970

Nat Shapiro (ed.), *An Encyclopedia of Quotations about Music*, David & Charles, 1978

Robert Shelton, *No Direction Home: The Life and Music of Bob Dylan*, Penguin, 1987

Ben Sidran, *Black Talk*, Da Capo, 1981
Robert Somma (ed.), *No One Waved Goodbye*, Charisma, 1973
George Steiner, *Language and Silence*, Faber & Faber,1985
David A. Stockman, *The Triumph of Politics*, Coronet, 1986
John Swenson, *Stevie Wonder*, Plexus, 1986
J. C. Thomas, *Chasin' the Trane*, Da Capo, 1976
Alice Walker, *You Can't Keep a Good Woman Down*, Women's
Press, 1982
Ed Ward, *Michael Bloomfield: The Rise and Fall of an American
Guitar Hero*, Cherry Lane, 1983
Ed Ward, Geoffrey Stokes & Ken Tucker, *Rock of Ages: The
Rolling Stone History of Rock & Roll*, Penguin, 1987
Tom Wheeler, *The Guitar Book*, Macdonald, 1981
– *American Guitars*, Harper & Row, 1982
Francis Wheen, *The Sixties*, Century/Channel Four, 1982
Charles White, *The Life and Times of Little Richard, the Quasar of
Rock*, Pan, 1985
Timothy White, *Catch a Fire: The Life of Bob Marley*, Elm Tree,
1983
Garry Wills, *Reagan's America*, William Heinemann, 1988
Valerie Wilmer, *As Serious as Your Life*, Quartet, 1977
Tom Wolfe, *The Electric Kool-Aid Acid Test*, Bantam, 1968
– *Radical Chic & Mau-mauing the Flak-Catchers*, Bantam, 1970
– *Mauve Gloves and Madmen, Clutter and Vine*, Bantam, 1977
Malcolm X with Alex Haley, *The Autobiography of Malcolm X*,
Penguin, 1965

Jimi Hendrix schimmert auch durch einige Romanfiguren: man
findet ihn in Michael Moorcocks Novelle von 1974, »The Dead
Singer« (in der Sammlung *Moorcock's Book of Martyrs*, Quartet,
1976) und auch in Lewis Shiners Roman *Deserted City of the
Heart*, (Abacus, 1987).

HEYNE
BÜCHER

Internationale Stars der Rock- und Popmusik

Ihr Leben - ihre Musik

Jerry Hopkins/
Daniel Sugerman
**Keiner kommt
hier lebend raus**
*Die Jim-Morrison-
Biographie*
01/8159

Christopher P.
Andersen
Mick Jagger
*Die nicht-
autorisierte
Biographie*
01/8529

Rick Sky
Freddie Mercury
*Das Leben des
legendären Popstars*
01/8703

Victor Bockris
Keith Richards
*Die Biographie des
legendären Gitarristen
der Rolling Stones*
01/8830

Mick Wall
Guns n´ Roses
*Lügen, Fakten und der
unzensierte Rest*
01/8845

J. P. Bean
Joe Cocker
*Durch die Hölle
zum Erfolg*
01/8858

Charles Shaar
Murray
Jimi Hendrix
*Die Legende der
Rockmusik*
01/8886

Wilhelm Heyne Verlag
München

Starke Männer

Hollywoods neue Helden

HEYNE FILM- UND FERNSEHBIBLIOTHEK

Meinolf Zurhorst

ROBERT DeNiro

Seine Filme - sein Leben

32/108

Außerdem lieferbar:

Norbert Stresau
Kevin Costner
32/164

Norbert Stresau
Michael Douglas
32/147

Paul Honeyford
Harrison Ford
32/139

Meinolf Zurhorst
Richard Gere
32/180

Jeff Lenburg
Dustin Hoffman
32/60

Quentin Falk
Anthony Hopkins
Der Mann, der Hannibal Lecter war
32/184

Burt N. Silva
Arnold Schwarzenegger
32/158

Ulli Weiss
Sylvester Stallone
32/126

Wilhelm Heyne Verlag
München

John Grisham

Der "König des Thrillers" *FOCUS*
Die neuen Weltbestseller im Heyne-Taschenbuch!

01/8822

Außerdem erschienen:
Die Jury
01/8615

Wilhelm Heyne Verlag
München

Musik zum Lesen

Die Bücher, die Rockmusik schrieben:

Charles Shaar Murray
Jimi Hendrix · Purple Haze

Geller/Spector/Romanowski
Elvis Presley · I Was The One

John Densmore
The Doors · Riders On The Storm

J. P. Bean
Joe Cocker · With A Little Help From My Friends

Nicolas Schaffer
Pink Floyd · Saucerful Of Secrets

Myra Friedman
Janis Joplin · Buried Alive

Harry Shapiro
Eric Clapton · Slowhand

Timothy White
Bob Marley · Catch A Fire

Brown/Tucker
James Brown · Godfather Of Soul

Cole/Trubo
Led Zeppelin · Stairway To Heaven

Ewbank/Hildred
Rod Stewart · Forever Young

Hunter Davies
The Beatles · A Hard Day's Night

Bob Woodward
John Belushi · Überdosis

Mark Bego
Madonna · Who's That Girl?

Schröder/Klüsener
Scorpions · Wind Of Change

Mick Wall
Guns N' Roses · Shotgun Blues

Chris Crocker
Metallica · Nothing Else Matters

Wir garantieren für die Legenden der Popgeschichte!

Kostenloses Gesamtverzeichnis anfordern bei: HANNIBAL-Verlag,
A-3423 St. Andrä-Wördern, R.-Gebhart-Gasse 3, Fax 0043/2242/38637